Katrin Augsten

Mobile Arbeit – Desksharing – Homeoffice

Praxisratgeber für Betriebs- und Personalräte

aktiv in Betriebs- und Personalrat

Katrin Augsten

Mobile Arbeit – Desksharing – Homeoffice

Praxisratgeber für Betriebs- und Personalräte

3., aktualisierte und erweiterte Auflage

BUND
VERLAG

Bibliografische Information der Deutschen Nationalbibliothek
Die Deutsche Nationalbibliothek verzeichnet diese Publikation in der Deutschen Nationalbibliografie; detaillierte bibliografische Daten sind im Internet über *http://dnb.d-nb.de* abrufbar.

3., aktualisierte und erweiterte Auflage 2025

Umschlag: Bernd Adam, Weinheim
Satz: Dörlemann Satz, Lemförde
Druck: CPI books GmbH, Birkstr. 10, 25917 Leck

ISBN 978-3-7663-7404-2

kontakt@bund-verlag.de
www.bund-verlag.de

Vorwort

Die Arbeitswelt ist in ständiger Bewegung. Insbesondere die rasante Entwicklung der Digitalisierung verändert die Art und Weise wie wir arbeiten unaufhaltsam. Homeoffice und Desksharing sind nicht mehr nur temporäre Lösungen oder Ausnahmen, sondern fester Bestandteil in vielen Unternehmen und Verwaltungen. Diese neuen Arbeitsformen bieten Chancen und Flexibilität, stellen aber zugleich die betrieblichen Interessenvertretungen vor neue Herausforderungen.
Dieses Buch ist zunächst während der besonderen Situation der Covid-19-Pandemie als Ratgeber zum Themenkomplex Homeoffice entstanden. Das Interesse der Leser:innen macht nun bereits eine 3. Auflage möglich: Dafür möchte ich Ihnen ganz herzlich danken.
Zugleich ist nicht nur das Thema Homeoffice in Bewegung und bringt immer wieder Neues hervor. Die andere Seite der Medaille ist das Thema Desksharing. Zurzeit treibt gerade dieser Aspekt viele Betriebs- und Personalräte um. Wir haben uns deshalb entschlossen, den Ratgeber entsprechend zu erweitern.
Sie finden die Sorgen und Gedanken der betrieblichen Gremien und vor allem die möglichen Lösungsansätze in den folgenden Kapiteln. Denn für den Inhalt dieses Buches gilt seit der ersten Auflage:
Das Buch bietet Ihnen etwas Besonderes:

Sie halten eine Art gedruckten Workshop in den Händen.

Der Ratgeber ist nicht einsam am Schreibtisch entstanden, sondern in der Praxis. Die Inhalte des Buches habe ich in enger Zusammenarbeit mit vielen Betriebs- und Personalräten in mehreren (online und offline-) Workshops entwickelt und weiterentwickelt.
Die Fragen, die in diesem Buch behandelt werden, sind Fragen, die mir von Betriebs- und Personalräten aus ihrer tagtäglichen Arbeit gestellt wurden. Der Ratgeber bündelt nicht nur rechtliche Informationen, er gibt auch eine Menge Hinweise für praktische, taktische und strategische

Überlegungen. Denn erst die Grenzen der Rechtsordnung markieren den Anfang der eigentlichen Arbeit des Gremiums. Von da an steht das »Kreativ werden« im Vordergrund, werden taktische Maßnahmen und strategische Überlegungen wichtig. Von da an wird es spannend.
Dieses Buch möchte Ihre Straßenkarte sein und Sie auf der Reise ins Homeoffice begleiten. Sie werden die Strecke kennenlernen, die zu fahren ist. Sie erhalten Tipps zu den Sehenswürdigkeiten am Straßenrand, zu den Schlaglöchern auf dem Weg und den Gegenden, die Sie besser vermeiden. Mit dem Thema Desksharing haben wir nun auch die Rückreiseroute mit aufgenommen.
Sie werden am Ende der Reise erschöpft sein, aber schlauer und erfahrener als zu Beginn und hoffentlich zufrieden.
Ich möchte mich immer noch und immer wieder ganz herzlich bei all denen bedanken, die mich bei der Arbeit an diesem Praxisratgeber unterstützt haben und unterstützen. Zuerst bei Ihnen: Sie interessieren sich für das Ergebnis dieser Arbeit, für Sie haben wir uns alle die Mühe gemacht! Ich hoffe, Sie können die Überlegungen, Hinweise und Ratschläge gut nutzen und erfolgreich umsetzen. Ich danke aber auch von Herzen all jenen, die mich in der Konzeption, Vorbereitung und Umsetzung dieses Praxisratgebers begleitet haben. Mein Dank gilt den Teilnehmenden meiner Seminare zum Thema, aus deren Fragen und Praxisbeispielen ich wie immer viel gelernt habe, und den Leser:innen der vorangehenden Auflagen, die mir mit ihrem Feedback geholfen haben, die aktuelle Auflage noch ein Stück besser zu machen. Mein Dank gilt den Gewerkschaftssekretär:innen, die mir geistige Sparringspartner und Ideenfundus waren, allen voran Nicole Rufin und Thomas Hampel, beide aus dem Fachbereich Postdienste, Speditionen und Logistik der ver.di in Bayern. Ebenso danke ich meinen Interviewpartner:innen, zu denen ja auch Thomas Hampel gehört, der mir Wertvolles aus seinen Erfahrungen zur Organisation von Streiks mit Beschäftigten im Homeoffice berichtet hat; Brigitte Hagen, der Steuerberaterin meines Vertrauens, die mir erklärt hat, welche steuerlichen Regelungen für unser Thema wichtig sind, und Matthias Knüttel, dem Geschäftsführer der GUV/FAKULTA, der mir mit wichtigen Tipps zur Haftungsbegrenzung nicht nur im Homeoffice zur Seite stand. Mein Dank gilt den Jurist:innen, die mich bei meinen rechtlichen Recherchen und Überlegungen begleitet haben, allen voran Tanja Keller, Richterin am Arbeitsgericht in Regensburg und Christian Götz, Bundesrechtsabteilung in ver.di. Ebenso danke ich den Kolleg:innen des DGB Bildungswerks Bayern, mit denen ich noch vor Corona die Idee für ein Homeofficeseminar entwickelt hatte und den Kolleginnen vom ver.di Bildungswerk Bayern, mit denen ich das Thema Desksharing zum gut laufenden Semi-

nar entwickeln konnte. Ich danke besonders dem Verlag, vor allem den Lektorinnen, die hoffentlich alle meine Tippfehler und Buchstabendreher aussortiert und die mich bei der Entstehung und Weiterentwicklung dieses Ratgebers sehr unterstützt haben. Last but not least: Einen ganz lieben Dank an meine Freunde und meine Familie für die Anregungen, die Unterstützung, Geduld und Nachsicht, die es braucht, damit ein Projekt wie dieses Buch werden kann.
Nun soll es aber losgehen – viel Spaß auf der Reise, kommen Sie gut und gesund ans Ziel! Wenn Sie mögen, schicken Sie mir gern einen kurzen Reisebericht. Ich freue mich über Erfahrungen, Anregungen und Hinweise. Für die zweite Auflage hatte ich dafür eine eigene E-Mail-Adresse vorbereitet, das Postfach freut sich nun auf Ihre Reiseberichte zum weiteren Update des Ratgebers:
homeoffice2.0@web.de

Regensburg, im November 2024
Katrin Augsten
Rechtsanwältin & Mediatorin

Inhaltsverzeichnis

Abkürzungsverzeichnis

a. A.	andere Ansicht
Abs.	Absatz
AG	Arbeitgeber
AN	Arbeitnehmer
ArbG	Arbeitsgericht
ArbMedVV	Verordnung zur arbeitsmedizinischen Vorsorge
ArbSchG	Arbeitsschutzgesetz
ArbStättV	Arbeitsstättenverordnung
ArbZG	Arbeitszeitgesetz
ASiG	Arbeitssicherheitsgesetz
BAG	Bundesarbeitsgericht
Baua	Bundesanstalt für Arbeitsschutz und Arbeitsmedizin
BayPVG	Bayerisches Personalvertretungsgesetz
BDSG	Bundesdatenschutzgesetz
BetrSichV	Betriebssicherheitsverordnung
BetrVG	Betriebsverfassungsgesetz
BGB	Bürgerliches Gesetzbuch
BGleiG	Bundesgleichstellungsgesetz
BImSchG	Bundesimmissionsschutzgesetz
BMI	Bundesministerium des Innern, für Bau und Heimat
BPersVG	Bundespersonalvertretungsgesetz
BR-Drucks.	Bundesratsdrucksache
BSG	Bundessozialgericht
BT-Drucks.	Bundestagsdrucksache
BV	Betriebsvereinbarung
BVerwG	Bundesverwaltungsgericht
BYOD	Bring your own device

DGB	Deutscher Gewerkschaftsbund
DGUV	Deutsche Gesetzliche Unfallversicherung
d. h.	das heißt
DKW	Däubler/Kittner/Wedde, BetrVG, Kommentar
DSGVO	Datenschutzgrundverordnung
DV	Dienstvereinbarung
ebd.	ebenda
ErfK	Müller-Glöge/Preis/Schmidt, Erfurter Kommentar zum Arbeitsrecht
EuGH	Europäischer Gerichtshof
f.	folgend
ff.	fortfolgend
GBR	Gesamtbetriebsrat
gem.	gemäß
GewO	Gewerbeordnung
ggf.	gegebenenfalls
GK	Wiese/Kreutz/Oetker/Raab/Weber/Franzen/Gutzeit/Jacobs, Gemeinschaftskommentar zum Betriebsverfassungsgesetz
GL	Galperin/Löwisch, Kommentar zum Betriebsverfassungsgesetz
grds.	grundsätzlich
GUV/FAKULTA	Gewerkschaftliche Unterstützungseinrichtung der DGB-Gewerkschaften
HWGNRH	Hess/Worzalla/Glock/Nicolai/Rose/Huke, Kommentar zum Betriebsverfassungsgesetz
HWK	Henssler/Willemsen/Kalb, Arbeitsrecht, Kommentar
i. d. R.	in der Regel
IKT	Informations- und Kommunikationstechnik
insb.	insbesondere
i. S. d.	im Sinne des
i. S. v.	im Sinne von
i. V. m.	in Verbindung mit
LAG	Landesarbeitsgericht
LSG	Landessozialgericht

MAG	Mobile-Arbeit-Gesetz
m. w. N.	mit weiteren Nachweisen
NK-GA	Böcken/Düwell/Diller/Hanau, Gesamtes Arbeitsrecht, Kommentar
Nr.	Nummer
OVG	Oberverwaltungsgericht
Rn.	Randnummer
S.	Seite / Satz
s.	siehe
SARS-COV-2	severe acute respiratory syndrome Coronavirus 2
SBV	Schwerbehindertenvertretung
SGB VII	Sozialgesetzbuch Siebtes Buch – Gesetzliche Unfallversicherung
SGB IX	Sozialgesetzbuch Neuntes Buch – Rehabilitation von Menschen mit Behinderungen
StGB	Strafgesetzbuch
TV	Tarifvertrag
TVG	Tarifvertragsgesetz
TV-L	Tarifvertrag für den öffentlichen Dienst der Länder
TVöD	Tarifvertrag für den öffentlichen Dienst
VBG	Verwaltungsberufsgenossenschaft
vs.	versus
WSI-Report	Report des wirtschafts- und sozialwissenschaftlichen Instituts der Hans-Böckler-Stiftung
z. B.	zum Beispiel

Literaturverzeichnis

Altvater/Baden/Baunack/Berg/Dierßen/Herget/Kröll/Lenders/Noll, Bundespersonalvertretungsgesetz, Kommentar für die Praxis, 11. Auflage 2022 (zitiert: Altvater-*Bearbeiter*)

Bachner, BetrVG für den Betriebsrat, Kommentar zum Betriebsverfassungsgesetz, 4. Auflage 2023

Böcken/Düwell/Diller/Hanau, Gesamtes Arbeitsrecht, Kommentar, 2. Auflage 2023 (zitiert: NK-GA-*Bearbeiter*)

Däubler/Klebe/Wedde, BetrVG, Kommentar, 19. Auflage 2024 (zitiert: DKW-*Bearbeiter*)

Däubler, Digitalisierung und Arbeitsrecht, 8. Auflage 2022

Fitting/Engels/Schmidt/Trebinger/Linsenmaier, Betriebsverfassungsgesetz, Kommentar, 32. Auflage 2024 (zitiert: *Fitting*)

Galperin/Löwisch, Betriebsverfassungsgesetz, Kommentar, 6. Auflage 1982 (zitiert: *GL*)

Henssler/Willemsen/Kalb, Arbeitsrecht, Kommentar, 11. Auflage 2024 (zitiert: HWK-*Bearbeiter*)

Hess/Worzalla/Glock/Nicolai/Rose/Huke, Kommentar zum Betriebsverfassungsgesetz, 10. Auflage 2018 (zitiert: HWGNRH-*Bearbeiter*)

Hilber, Handbuch Cloud Computing, 2014

Kollmer/Wiebauer/Schucht, Arbeitsstättenverordnung, Kommentar, 4. Auflage 2019

Müller-Glöge/Preis/Gallner/Schmidt, Erfurter Kommentar zum Arbeitsrecht, 24. Auflage 2024 (zitiert: ErfK-*Bearbeiter*)

Richardi, Betriebsverfassungsgesetz, Kommentar, 17. Auflage 2022 (zitiert: Richardi-*Bearbeiter*)

Wiebauer: Die Novelle der Arbeitsstättenverordnung 2016, NZA 2017, 220

Wiese/Kreutz/Oetker/Raab/Weber/Franzen/Gutzeit/Jacobs, Gemeinschaftskommentar zum Betriebsverfassungsgesetz, 12. Auflage 2021 (zitiert: GK-*Bearbeiter*)

I. Roadmap – im Ratgeber zurechtfinden

1. Lohnt es sich für mich, diesen Ratgeber zu lesen?

Auf jeden Fall!
Das Thema »Desksharing« ist bis dato arbeitsrechtlich noch verhältnismäßig wenig beleuchtet; speziell für betriebliche Interessenvertretungen noch viel weniger. Hier bekommen Sie das Werkzeug für gute Arbeit im Gremium.
Scheinbar anders sieht es zum Thema Homeoffice aus, da gibt es jede Menge Bücher auf dem Markt.
ABER:
Meist bemühen sich die Autor:innen, die rechtliche Situation ausgewogen darzustellen. Es werden die Rechte der Beschäftigten behandelt und die Interessen des Arbeitgebers bei den Vorschlägen »angemessen« berücksichtigt.
Das ist nicht das Ziel dieses Ratgebers.
»Mobile Arbeit – Desksharing – Homeoffice. Praxisratgeber für Betriebsräte und Personalräte«. So lautet der Titel dieses Arbeitsbuches.
Mein Ziel ist es, dass die Interessen der Beschäftigten optimal vertreten und gewahrt werden. Das bedeutet zwar trotzdem, dass man sich über mögliche Gegenpositionen der Arbeitgeber Gedanken machen muss. Dies aber nur zu dem Zweck, um mit diesen Gegenargumenten / -positionen richtig umgehen zu können. Zu Eigen machen muss man sich die Positionen der betrieblichen Gegenspieler[1] sicher nicht und schon gar nicht Selbstzensur im betrieblichen Alltag üben. Deshalb steht dieses Buch klar auf der Seite der Beschäftigten und ihrer Interessenvertretungen.

---

1 Die Dienststellenleitung ist »Gegenspieler« des Personalrates, so drückt es das BVerwG regelmäßig aus, vgl. z. B. BVerwG v. 16.7.2020 – 5 P 8/19, Rn. 17; das BAG sieht das für Arbeitgeber und Betriebsrat naturgemäß genauso, vgl. z. B. BAG v. 23.5.2018 – 7 ABR 60/16, Rn. 27.

Greifen Sie nach den Sternen! Wenn Sie dann (nur) die Decke erreichen, sind Sie deutlich weiter, als wenn Sie sich freiwillig bücken!
Der Ratgeber wendet sich wie gesagt an Betriebs- und Personalräte. Sollten Sie weder Betriebs- noch Personalratsmitglied sein, möchte ich Sie aber dennoch bitten, dem Werk noch ein paar Minuten Ihrer Aufmerksamkeit zu schenken. Vielleicht sind Sie Mitglied einer Mitarbeitervertretung nach kirchlichem Arbeitsrecht. Oder Sie sind eine Arbeitnehmerin, die sich über Möglichkeiten, Rechte und Pflichten informieren möchte. Dann sind auch Sie hier goldrichtig.
Kollektivrechtlich werden in diesem Arbeitsbuch zwar in der Tat (nur) die Regelungen nach Betriebsverfassungsgesetz (BetrVG) und Bundespersonalvertretungsgesetz (BPersVG) näher beleuchtet und vorgestellt.

Hinweis:
Die Hinweise und Überlegungen, die für Betriebsräte und Bundespersonalräte Sinn machen, können und sollen aber auch den Mitgliedern betrieblicher Interessenvertretungen nach den anderen Rechtsgrundlagen helfen. Die Tipps und Überlegungen können Sie oft eins zu eins übernehmen oder jedenfalls mit ein klein wenig Denkarbeit auf Ihre betriebliche Situation übertragen.

Der Gesetzgeber hat an kaum einer Stelle das Rad neu erfunden und einzigartige Regelungen geschaffen. Sieht man sich die Regelungen des BetrVG und des BPersVG zu unseren Themen an, deckt sich da – auch und gerade in den Neufassungen vom Juni 2021 – schon Vieles. Die anderen betrieblichen Interessenvertretungen brauchen sich meist nur die jeweiligen Regelungen im Wortlaut anzusehen, dann lässt sich leicht die Bestimmung finden, die zu Ihrer Rechtsgrundlage passt.
Wie erwähnt, auch wenn Sie in keiner betrieblichen Interessenvertretung aktiv sind, soll Ihnen dieser Ratgeber dennoch wertvolle Unterstützung sein. Wenn Sie wissen, welche Möglichkeiten Ihr Betriebs- oder Personalrat hat, dann fällt es Ihnen vielleicht auch leichter, sich dort Unterstützung zu organisieren.

Beachten:
Die praktischen Ratschläge, die Grundlagen des Arbeits- und Gesundheitsschutzes, das Arbeitszeitrecht, Steuern, Datenschutz etc. – all diese Fragen sind ohnehin für alle Beschäftigten letztlich gleich und damit für alle interessant.

Eine Einschränkung muss ich aber machen:
Wir beschäftigen uns in diesem Ratgeber mit den Regelungen und Schutzvorschriften, die für Arbeitnehmer:innen gelten. Auch da gilt wieder – die Regelungen für andere Beschäftigte unterscheiden sich meist nicht grundlegend. An manchen Stellen unterscheiden sich die Grundlagen aber eben doch.
Der wesentliche Inhalt eines Arbeitsverhältnisses ist die Erbringung von Arbeitsleistung, die in der Regel in Zeit gemessen wird, gegen Vergütung. § 611 Abs. 1 BGB drückt das so aus: »Durch den Dienstvertrag wird derjenige, welcher Dienste zusagt, zur Leistung der versprochenen Dienste, der andere Teil zur Gewährung der vereinbarten Vergütung verpflichtet.«
Für Beamt:innen ist das anders, für diese gilt das sogenannte Alimentationsprinzip. Die zugrunde liegende Alimentationstheorie ist die Theorie, wonach Beamt:innen im Unterschied zu Arbeitnehmer:innen kein Entgelt für eine Leistung, sondern im Gegenzug für ihre Dienste eine Alimentation durch den Staat erhalten. Der Dienstherr ist verpflichtet, Beamt:innen und ihre Familien lebenslang angemessen zu versorgen. Dabei ist ihnen ein angemessener Lebensunterhalt zu gewähren, der sich unter anderem nach ihrem Dienstrang, ihrer Qualifikation, der mit ihrem Amt verbundenen Verantwortung und letztlich den allgemeinen wirtschaftlichen und finanziellen Verhältnissen und den allgemeinen Lebensstandards der Bevölkerung richtet.[2]
Es würde den Umfang dieses Ratgebers sprengen, an dieser Stelle auch näher auf die entsprechenden beamtenrechtlichen Problemlagen der Arbeit im Homeoffice, inklusive der Frage der Vergütung von zusätzlicher Arbeit / Arbeit zu ungewöhnlichen Zeiten etc. einzugehen.
Gleiches gilt, wo unter Umständen spezielle kirchenrechtliche Bestimmungen oder Regelungen für Soldat:innen etc. greifen.
Ich bitte die betroffenen Kolleg:innen daher um Nachsicht, dass sich die individualrechtlichen Fragen dieses Ratgebers ausschließlich auf die individualarbeitsrechtlichen Aspekte für Arbeitnehmer:innen konzentrieren.

---

2 Vgl. BVerfG v. 17.11.2015 – 2 BvL 19/09, 2 BvL 20/09, 2 BvL 5/13, 2 BvL 20/14.

2. Klärung wichtiger Begriffe

Was immer wichtig ist:
Ich stelle in meinen Seminaren den Betriebs- und Personalräten immer gern folgende Frage:
»Für wen, glaubt ihr, werden betriebliche Vereinbarungen geschrieben?«
Die Hitliste der Antworten führt für gewöhnlich die Antwort »für die Beschäftigten« an. Danach folgen dann meist »für den Arbeitgeber«, »für den Arbeitgeber und den Betriebsrat / Personalrat«.
Die Antwort sollte aber meiner Überzeugung nach lauten:
Betriebliche Vereinbarungen werden für die Gerichte geschrieben.
Die Erklärung dieser Aussage ist schlicht, dass der Text eines jeden Vertrages (und etwas wirklich anderes sind betriebliche Vereinbarungen ja im Grunde auch nicht) immer nur für den Streitfall niedergeschrieben wird.
Wenn Du und ich uns einig sind und eine Vereinbarung treffen, dann genügt es doch, diese einmal durchgesprochen zu haben und dann mit Handschlag zu besiegeln. Schon klar, Betriebs- und Dienstvereinbarungen bedürfen aus gesetzlichen Gründen einer bestimmten Form. Aber auch das ist kein Zufall: Den Text des Vertrages brauchen Du und ich, ebenso wie die Betriebsparteien, für den Fall, dass sich zu irgendeinem Zeitpunkt einer der Vertragspartner an den Inhalt der getroffenen Vereinbarung nicht mehr erinnern kann oder will. Wenn dann die schlichte Lektüre der Vereinbarung der Erinnerung auf die Sprünge hilft, ist die Einigkeit wiederhergestellt und alles gut.
Die Erfahrung zeigt aber, dass es meist eher so ist: Wenn sich eine Vertragsseite an den Inhalt der Vereinbarung gar nicht mehr erinnern kann oder will oder – was häufiger vorkommt – den Inhalt der Vereinbarung anders verstanden haben möchte, als die andere Vertragsseite – landet der Streit schlussendlich vor Gericht.
Natürlich muss das nicht so sein und es gibt, z. B. mit der Mediation, wunderbare Werkzeuge, um diese Eskalation zu verhindern. Lassen sich die Vertragsparteien darauf ein, diese Werkzeuge zu benutzen, wird es aber letzten Endes im Erfolgsfall darauf ankommen bzw. hinauslaufen, dass sich beide Seiten mit Herz und Menschenverstand zusammenraufen. Dann ist der alte Vertragstext vielleicht gar nicht mehr so wichtig, die aktuell gefundene Lösung ist die Richtige für die aktuelle Situation.
In dem Fall, in dem das alles nichts hilft, nicht versucht wird oder aus welchen Gründen sonst die Auseinandersetzung vor Gericht landet, in dem Fall aber, ist der Vertragstext das Einzige, auf das es ankommt.

Und dieser Vertragstext wird dann von ausgebildeten Jurist:innen gelesen, interpretiert und, wie wir das nennen, ausgelegt. Diese ausgebildeten Jurist:innen entscheiden, natürlich mithilfe der ehrenamtlichen Richter:innen, darüber, welche Rechte unsere betriebliche Vereinbarung uns gibt oder eben nicht gibt.

> **Hinweis:**
> Es ist deshalb so wichtig, den Text der betrieblichen Vereinbarung so zu gestalten, dass er der Auslegung nach juristischen Kriterien standhält. Das geht am leichtesten, indem die betriebliche Vereinbarung spätestens in der Schlussphase unter Beteiligung von Menschen, die genauso wie die gegebenenfalls später befassten Berufsrichter:innen ausgebildet sind, abgefasst wird. Der Betriebs- oder Personalrat sollte also vor Abschluss jeder Betriebs- oder Dienstvereinbarung die Hinzuziehung qualifizierter juristischer Zuarbeit durch die Rechtsanwält:in seines Vertrauens prüfen. Die Kosten der erforderlichen Unterstützung hat der Arbeitgeber (§ 80 Abs. 3 BetrVG) / die Dienststelle (§ 46 BPersVG) zu tragen.

Aber auch dem Gremium, das diesen Rat beherzigt, schadet es nicht, sich die nachfolgenden Überlegungen immer wieder vor Augen zu führen.
Beim Erstellen betrieblicher Vereinbarungen muss geklärt werden, ob bestimmte Begriffe vom Gesetzgeber definiert wurden und wie diese Definition lautet.

> **Beachten:**
> Bei der Verwendung von im Gesetz nicht definierten Begriffen ist es immer wichtig – fast noch wichtiger als bei definierten – dass man sich Gedanken um deren Bedeutung macht. Das bedeutet dann auch, dass die in einer Betriebs- oder Dienstvereinbarung benutzen Begriffe in dieser Vereinbarung definiert werden sollten, um spätere Auslegungsstreitigkeiten von vornherein möglichst zu begrenzen.

Diese Praxishilfe steht unter dem Titel:
»**Mobile Arbeit – Desksharing – Homeoffice**«.
Gerade die Begriffe »Mobile Arbeit« und »Homeoffice« verwenden wir im Alltag recht austauschbar und selten sauber abgegrenzt. Für das Konzept sind aber, z. B. mit »remote work« auch noch andere Begriffe gängig. Ebenso gibt es mit der »Telearbeit« eine sehr spezielle und geregelte Unterform des »Homeoffice«.
Auch für das Konzept, das hier unter »Desksharing« gefasst wird, gibt es jede Menge verschiedener Begriffe in den Betrieben und Dienststellen.

Wenn es um rechtliche Fragen und Klärungen geht, ist es also immer von absoluter Wichtigkeit, sich mit der Bedeutung der verwendeten Begriffe auseinanderzusetzen. Werden diese Begriffe in der Praxis benutzt wie eine Wundertüte, braucht es die Definitionen umso mehr.

a. Homeoffice

Beginnen wir unsere Reise durch die Definitionen also mit dem Begriff: »Homeoffice«. Dieser Begriff wird uns in diesem Ratgeber sicher am meisten beschäftigen. Es handelt sich hierbei um eine Alltagsbezeichnung – ein Begriff, der sich eingebürgert hat. Jede hat sofort eine Vorstellung, wenn ihr jemand sagt, er arbeite gerade aus dem Homeoffice. Diese Vorstellung mag individuell gefärbt sein, hat aber irgendwie etwas mit Arbeiten von zu Hause oder bestenfalls dem Garten / Café oder Strand zu tun.

Der Begriff täuscht uns, wie so viele andere auch. Wer glaubt nicht, wenn er »Homeoffice« sagt und »irgendwas mit nicht im Büro arbeiten« meint, dass er einen englischen Begriff benutzt, der sich in die deutsche Sprache geschmuggelt hat? Zugegeben, »Homeoffice«[3] ist glücklicherweise deutlich näher an seiner englischen Originalbedeutung als »Public Viewing«[4] oder Handy[5]. Wörtlich übersetzt ist das »Homeoffice« aber eigentlich nichts anderes als der Ort, an dem die Telearbeit – ein Begriff, den wir uns gleich als nächstes ansehen werden – geleistet wird. In der deutschen Alltagssprache, und auch in diesem Praxisratgeber, wird der Begriff »Homeoffice« trotzdem wie erwähnt weitergehend verstanden.

Homeoffice soll uns im Folgenden also als **Sammelbegriff** dienen. Mit Homeoffice meinen wir (meist im Alltag und immer in diesem Ratgeber) die **Arbeit, die**

- nicht in der Betriebsstätte geleistet wird,
- aber auch
- nicht unbedingt Telearbeit im Sinne des Gesetzgebers sein muss.

3 *https://dict.leo.org/forum/viewGeneraldiscussion.php?idThread=1353802&idForum=4&lang=de&lp=ende.*

4 *https://www.noz.de/deutschland-welt/gut-zu-wissen/artikel/489008/public-viewing-ist-mehr-als-nur-leichenschau#gallery&0&0&489008.*

5 *https://de.wiktionary.org/wiki/Handy.*

Beachten:
Der Begriff »Homeoffice« steht in diesem Ratgeber also für »irgendwie etwas mit Arbeiten von zu Hause oder bestenfalls dem Garten / Café oder Strand«.
Die wieder außer Kraft getretene SARS-CoV-2-Arbeitsschutzregel (Corona-ArbSchV) definierte erstmals und leider nur übergangsweise den Begriff Homeoffice. Die Definition war im Grunde die juristische Langfassung unserer Kurzfassung:
2.2 Homeoffice als Form mobiler Arbeit
(1) Mobiles Arbeiten ist eine Arbeitsform, die nicht in einer Arbeitsstätte gemäß § 2 Absatz 1 Arbeitsstättenverordnung (ArbStättV) oder an einem fest eingerichteten Telearbeitsplatz gemäß § 2 Absatz 7 ArbStättV im Privatbereich des Beschäftigten ausgeübt wird, sondern bei dem die Beschäftigten an beliebigen anderen Orten (zum Beispiel beim Kunden, in Verkehrsmitteln, in einer Wohnung) tätig werden.
(2) Für die Verrichtung mobiler Arbeit werden elektronische oder nichtelektronische Arbeitsmittel eingesetzt.
(3) Homeoffice ist eine Form des mobilen Arbeitens. Sie ermöglicht es Beschäftigten, nach vorheriger Abstimmung mit dem Arbeitgeber zeitweilig im Privatbereich, zum Beispiel unter Nutzung tragbarer IT-Systeme (zum Beispiel Notebooks) oder Datenträger, für den Arbeitgeber tätig zu sein.
(4) Regelungen zur Telearbeit bleiben unberührt.

b. Telearbeit

Der Begriff der Telearbeit kommt uns heute etwas angestaubt vor. Die Telearbeit wird definiert in **§ 2 Abs. 7 der Arbeitsstättenverordnung**. Demnach sind Telearbeitsplätze:

»vom Arbeitgeber fest eingerichtete Bildschirmarbeitsplätze im Privatbereich der Beschäftigten, für die der Arbeitgeber eine mit den Beschäftigten vereinbarte wöchentliche Arbeitszeit und die Dauer der Einrichtung festgelegt hat. Ein Telearbeitsplatz ist vom Arbeitgeber erst dann eingerichtet, wenn Arbeitgeber und Beschäftigte die Bedingungen der Telearbeit arbeitsvertraglich oder im Rahmen einer Vereinbarung festgelegt haben und die benötigte Ausstattung des Telearbeitsplatzes mit Mobiliar, Arbeitsmitteln einschließlich der Kommunikationseinrichtungen durch den Arbeitgeber oder eine von ihm beauftragte Person im Privatbereich des Beschäftigten bereitgestellt und installiert ist.«

Für **Telearbeit** in diesem Sinne / einen Telearbeitsplatz benötigen wir also

- einen fest eingerichteten Bildschirmarbeitsplatz, der
  - vom Arbeitgeber eingerichtet wurde
  - sich im Privatbereich der Beschäftigten befindet
- eine Vereinbarung zwischen Arbeitgeber und Beschäftigten
  - die die wöchentlich an diesem Arbeitsplatz zu erbringende Arbeitszeit
  - und den Beginn (und ggf. das Ende) der Einrichtung dieses Telearbeitsplatzes regelt.

Mit Letzterem ist gemeint, dass geregelt sein muss, ab wann die Beschäftigten das Recht / die Pflicht haben, an diesem Telearbeitsplatz zu arbeiten und wann diese Regelung wieder endet bzw. ob die Telearbeit unbefristet vereinbart ist.

Um den Begriff der Telearbeit zu erfassen, müssen wir demnach zumindest wissen:

- Was ist ein Bildschirmarbeitsplatz?
- Was bedeutet: »vom Arbeitgeber eingerichtet«?
- Was ist der »Privatbereich der Beschäftigten«?

aa. Was ist der Privatbereich der Beschäftigten?

Diese Frage wird in den mir bekannten Publikationen zum Thema eher selten thematisiert. Die meisten scheinen im Moment vorauszusetzen, dass klar ist, was mit dem Privatbereich der Beschäftigten gemeint sein soll. In der Regel wird dabei wohl davon ausgegangen, dass dies die von den Beschäftigten genutzten Wohnräume sind.

In Zeiten, in denen einerseits Wohnraum knapp und teuer ist und wohl eher knapper und teurer wird, andererseits Co-Working Spaces langsam aus den Metropolen heraus auch die kleineren Städte erobern und den ländlichen Raum ins Visier nehmen, sollte man aber als die betriebliche Interessenvertretung weniger eng denken.

> **Hinweis:**
> Der »Privatbereich« der Beschäftigten ist in Abgrenzung einerseits zur Betriebsstätte des Arbeitgebers, andererseits zum quasi öffentlichen Bereich beim Mobile Working zu verstehen. Der Privatbereich ist damit der Bereich, der unter der Kontrolle der Beschäftigten steht. Ob das die eigene (Miet- oder Eigentums-)Wohnung ist, das eigene (Miet- oder Eigentums-)Haus oder eine extra vom Beschäftigten angemietete Einheit, kann dabei grundsätzlich keine Rolle spielen.

Ebenso gesehen wird das z. B. im Online-Kommentar des Beck Verlages zur Arbeitsstättenverordnung. Dort heißt es:

»In aller Regel befinden sich Telearbeitsplätze in diesem Sinne in der Wohnung des Beschäftigten. Abs. 7 verwendet jedoch den weiteren Begriff des »Privatbereichs«. Gemeint sind damit Arbeitsplätze in Räumlichkeiten, die der Kontrolle des Beschäftigten und nicht des Arbeitgebers unterliegen. Das kann beispielsweise auch ein vom Beschäftigten angemietetes externes Arbeitszimmer sein. Nicht um Telearbeitsplätze, sondern um »echte« betriebliche Arbeitsplätze handelt es sich hingegen bei vom Arbeitgeber betriebenen »Satellitenbüros« (Wiebauer in Landmann/Rohmer, GewO ArbSchG, § 1 Rn. 48), die den Beschäftigten zur Verfügung gestellt werden, um dort zu arbeiten.«[6]

Von den Gerichten entschieden werden musste diese Frage wohl bisher noch nicht.

Damit steht es den Arbeitsvertragsparteien grundsätzlich offen, statt eines Arbeitsbereichs in der Wohneinheit auch eine von den Beschäftigten extra zum Arbeiten angemietete weitere Wohnung, ein angemietetes Büro oder z. B. auch einen Co-Working Platz als Telearbeitsplatz zu vereinbaren und zu nutzen.

> **Praxistipp:**
> Die betrieblichen Interessenvertretungen sollten darauf achten, den Arbeitsvertragsparteien hier nicht mit zu eng gefassten Definitionen in Betriebs- / Dienstvereinbarungen ohne Grund Steine in den Weg zu legen.

bb. Was ist ein Bildschirmarbeitsplatz?

Laut § 2 Abs. 5 ArbStättV ist ein Bildschirmarbeitsplatz der Bereich, der sich in einem Arbeitsraum befindet und mit Bildschirmgeräten sowie ggf. mit Zusatzgeräten und sonstigen Arbeitsmitteln ausgerüstet ist.

Unter Bildschirmgeräten sind gem. § 2 Abs. 6 ArbStättV Funktionseinheiten zu verstehen, zu denen insbesondere Bildschirme zur Darstellung von visuellen Informationen, Einrichtungen zur Datenein- und -ausgabe, sonstige Steuerungs- und Kommunikationseinheiten (Rechner) sowie eine Software zur Steuerung und Umsetzung der Arbeitsaufgabe gehören.

Unter einem Bildschirmarbeitsplatz versteht man also einen Arbeitsplatz, der wie folgt ausgestattet ist:

6 Kollmer/Wiebauer/Schucht ArbStättV/Wiebauer, § 2 Rn. 69.

- einem Bildschirmgerät (Monitor),
- Zusatzgeräten, wie z. B. Rechner (PC, workstation o. ä.),
- der für die Tätigkeit notwendigen Software (oder Zugang zu dieser z. B. via Datenleitung),
- Dateneingabegeräte (z. B. Tastatur, Maus).

Zum Arbeitsplatz gehören dann aber auch

- die sonstigen Arbeitsmittel (z. B. Vorlagenhalter),
- sowie die unmittelbare Arbeitsumgebung.

Hinweis:
Die frühere Bildschirmarbeitsplatzverordnung steht nun im Anhang Nr. 6 der Arbeitsstättenverordnung.
Dort (in Punkt 6.4.) ist auch der Grundsatz niedergelegt, dass die Verwendung von Laptops / Notebooks oder gar Tablets zur Erfüllung von Arbeitsaufgaben ohne Zusatzgeräte grundsätzlich nur kurzfristig zulässig ist. Als Arbeitsmittel für den Dauereinsatz sind diese Geräte nur dann zulässig, wenn sie durch entsprechende Zusatzausstattungen genauso ergonomisch nutzbar sind, wie klassische Computerlösungen. Wichtig ist hier vor allem der reflexionsarme Bildschirm (also kein spiegelndes Display) und die eigenständig anordenbare Tastatur / Maus.

cc. Was bedeutet: »vom Arbeitgeber eingerichtet«?

Diese Frage beantwortet uns § 2 Abs. 8 der Arbeitsstättenverordnung. Dort heißt es:

Einrichten ist das Bereitstellen und Ausgestalten der Arbeitsstätte. Das Einrichten umfasst insbesondere:

- bauliche Maßnahmen oder Veränderungen,
- das Ausstatten mit Maschinen, Anlagen, anderen Arbeitsmitteln und Mobiliar sowie mit Beleuchtungs-, Lüftungs-, Heizungs-, Feuerlösch- und Versorgungseinrichtungen,
- das Anlegen und Kennzeichnen von Verkehrs- und Fluchtwegen sowie das Kennzeichnen von Gefahrenstellen und brandschutztechnischen Ausrüstungen und
- das Festlegen von Arbeitsplätzen.

Einrichten des Arbeitsplatzes bedeutet also nichts anderes als das vollständige Ausstatten eines Arbeitsplatzes.

Für den Telearbeitsplatz regelt allerdings bereits § 2 Abs. 7 Satz 2 ArbStättV, dass ein solcher Arbeitsplatz erst dann eingerichtet ist, wenn Arbeitgeber und Beschäftigte die Bedingungen der Telearbeit arbeitsvertraglich oder im Rahmen einer Vereinbarung festgelegt haben und die benötigte Ausstattung des Telearbeitsplatzes mit Mobiliar, Arbeitsmitteln

einschließlich der Kommunikationseinrichtungen durch den Arbeitgeber oder eine von ihm beauftragte Person im Privatbereich des Beschäftigten bereitgestellt und installiert ist.
Der Arbeitgeber kann die Bereitstellung und Installation der erforderlichen Einrichtung des Telearbeitsplatzes also delegieren. Damit ist es auch möglich, dass eine entsprechende vertragliche Vereinbarung den Beschäftigten berechtigt bzw. verpflichtet, die entsprechende Installation selbst vorzunehmen.

> **Praxistipp:**
> Die betrieblichen Interessenvertretungen sollten darauf achten, dass Beschäftigte ein Wahlrecht bekommen, ob sie Installationen am heimischen Arbeitsplatz selbst vornehmen wollen. Für diesen Fall müssen Vorgehensweisen, Kostenfragen und Verantwortlichkeiten aber unbedingt transparent geregelt sein.

dd. Fazit

Der **Telearbeitsplatz** im Sinne der Arbeitsstättenverordnung ist im Grunde ein voll ausgestatteter **Büroarbeitsplatz**, der sich **vom Arbeitsplatz in der Betriebsstätte** im Wesentlichen nur durch seine **Einbindung in den heimischen Bereich der Beschäftigten unterscheidet**.
Echte Telearbeit wird deshalb in der Praxis meist nur dann durchgeführt, wenn auf die Anwesenheit der Beschäftigten in der Betriebsstätte vollständig oder zumindest nahezu vollständig verzichtet werden kann. Wird echte Telearbeit alternierend (das heißt im tage- oder wochenweisen Wechsel mit Arbeit in der Betriebsstätte) durchgeführt, entstehen für den Arbeitgeber erhebliche Kosten, da dieser für die Beschäftigten sowohl in der Betriebsstätte als auch im heimischen Bereich im Grunde voll ausgestattete Arbeitsplätze zur Verfügung stellen muss.

> **Praxistipp:**
> Die Einführung von Homeoffice, insb. in Form alternierender Telearbeit, gibt es oft nur im Kopplungsgeschäft mit sogenannten Desksharing Konzepten. Betriebliche Interessenvertretungen sollten sich daher auch über deren Vor- und Nachteile informieren und dann gut abwägen, ob sie diesbezügliche Initiativen starten wollen.

c. Mobile Arbeit (Remote Work, Mobile Office, Mobile Working etc.)

Der Begriff der mobilen Arbeit oder des Mobile Working (auch bezeichnet als Remote Work oder Mobile Office oder ähnliches) ist gesetzlich genauso wenig definiert wie der Begriff des Homeoffice.
Allerdings hat das LAG Köln festgestellt: »Der Begriff ›mobiles Arbeiten‹ hat sich mittlerweile … zu einem juristisch hinreichend klar umrissenen Terminus entwickelt.«[7] Der Begriff umfasst demnach nicht nur die Tätigkeit im Homeoffice.
Beschäftigte arbeiten immer dann mobil, wenn sie die geschuldete Arbeitsleistung unter Verwendung von Informationstechnologie außerhalb der Betriebsstätte erbringen, von einem Ort / von Orten Ihrer Wahl, die sie frei wählen können bzw. die zuvor mit dem AG vereinbart wurden.[8]

Mobile Arbeit erfolgt naturgemäß ohne die Bindung an ein festes Büro.
Klassischerweise erbringen Beschäftigte ihre mobile Arbeit an verschiedenen und wechselnden Orten.
Typische Beispiele hierfür sind Außendienstmitarbeiter, Monteurinnen oder Handwerkerinnen, die von Kunden zu Kunden unterwegs sind und in gewissem Umfang Bürotätigkeiten (meist Dokumentationstätigkeiten) erbringen.
Mit dem Begriff der mobilen Arbeit wird dabei in der Regel der Teil der Arbeitsleistung gemeint, bei dem von unterwegs aus eben jene Bürotätigkeiten erbracht werden. Diese Tätigkeiten werden dann z. B. direkt bei den Kunden, während Zugfahrten, in Hotels oder Cafés durchgeführt. Die Wahl des Ortes, an dem die Bürotätigkeiten erbracht werden, obliegt dabei den Beschäftigten selbst.
Mittlerweile wird diese Art der mobilen Arbeit aber nicht mehr nur von den oben genannten Berufsgruppen erbracht. Mit der zunehmenden Verbreitung nicht nur tatsächlich tragbarer Computer und Arbeitsgeräte, sondern auch der Möglichkeit, an vielen Orten mittels Datenübertragung auf betriebliche Daten zuzugreifen und Arbeitsergebnisse in den betrieblichen Bereich zu schicken, spielt es für immer weniger Bürotätigkeiten eine wesentliche Rolle, von wo aus sie erbracht werden.
Wichtig und schwierig zugleich ist die Abgrenzung von mobiler Arbeit und (verkappter) Telearbeit vor allem dann, wenn die Beschäftigten Teile ihre Arbeitsleistung aus ihrem Privatbereich heraus erbringen, ohne dass

7 LAG Köln v. 23. 4. 2021 – 9 TaBV 9/21, Rn. 36.
8 Ebd.

tatsächlich ein entsprechend eingerichteter Arbeitsplatz im Sinne der Arbeitsstättenverordnung, also ein Telearbeitsplatz zur Verfügung steht.

Hinweis:
Ein starkes Indiz für echte mobile Arbeit ist dabei, wenn den Beschäftigten nur wenige und ausschließlich durch den Inhalt der geschuldeten Arbeitsleistung zwingend erforderliche Beschränkungen bezüglich der Wahl des Ortes, an dem die Arbeitsleistung erbracht werden darf, auferlegt werden.[9] Im Umkehrschluss liegt vermutlich eher der Versuch der Umgehung der Vorschriften der Arbeitsstättenverordnung vor, wenn die Arbeit zwar als mobile Arbeit bezeichnet wird, die Beschäftigten aber verpflichtet werden, diese ausschließlich aus ihrer Wohnung oder gar einem abgeschlossenen Arbeitszimmer in dieser Wohnung zu erbringen.

Praxistipp:
Betriebliche Interessenvertretungen und Beschäftigte sollten hier bei der Prüfung weniger auf die Bezeichnung der Tätigkeit als darauf achten, wie die konkrete, vom Arbeitgeber verlangte, praktische Umsetzung der Tätigkeit aussieht. Diese praktische Umsetzung ist im Prüfungsfall auch Beurteilungsmaßstab für die entsprechenden Aufsichtsbehörden oder Gerichte. Der Begriff Mobile Working wird gern benutzt, um die klaren Bestimmungen der Arbeitsstättenverordnung in Bezug auf Telearbeit zu umgehen. Betriebliche Interessenvertretungen sollten hier genau hinsehen und sich gegebenenfalls sachverständiger Hilfe bedienen, um im Einzelfall überprüfen zu können, ob es sich tatsächlich um mobiles Arbeiten oder doch um Telearbeit handelt.

d. Desksharing

Beim sogenannten Desksharing (in manchen Behörden auch »Desktop-Sharing« genannt) stellt der Arbeitgeber nicht mehr für alle Beschäftigten »eigene« Büroarbeitsplätze zur Verfügung. In der Regel gibt es dann auch weniger Büroarbeitsplätze, als eigentlich im Büro beschäftigte Mitarbeiter arbeiten. Meist sieht das Konzept vor, dass jeden Arbeitstag ein Wechsel der Nutzenden stattfindet.
Man sucht sich also jeden Arbeitstag einen freien Schreibtisch aus. Sinnvollerweise wird ein solches Konzept dann mit Verpflichtungen dazu, den Schreibtisch am Ende des Arbeitstages wieder leer und aufgeräumt zu verlassen (sog. clean desk policy) und der Ausstattung der Mitarbei-

9 Zur Abgrenzung: *https://www.baua.de/DE/Aufgaben/Geschaeftsfuehrung-von-Ausschuessen/ASTA/pdf/Mobile-Arbeit-Telearbeit.pdf?__blob=publicationFile&v=5.*

ter:innen mit geeignetem Rollkoffer oder Ähnlichem zum Verstauen und Transport der benötigten Utensilien und Arbeitsmaterialien, verbunden.

> **Praxistipp:**
> Für die Aufbewahrung der privaten Gegenstände gibt es manchmal einen »Trolley« (ein rollbares Beistellregal / Rollcontainer), in dem auch kleine Kaffeemaschinen, Pflanzen etc. Platz haben. Es gibt sogar Behörden, da hat der Container sogar einen eingebauten »Briefkasten« – einen Schlitz, in den auch Post für die Person eingeworfen werden kann, der der Container zugeordnet ist. Dieser Briefschlitz darf aber nicht für die eigentliche Dienstpost genutzt werden. Er ist Ersatz dafür, dass man bei klassisch zugeordneten Arbeitsplätzen kurze (dienstliche wie private) Notizen auf dem Schreibtisch / am Monitor hinterlassen kann, wenn XY gerade nicht am Platz ist.
> Die betriebliche Interessenvertretung kann solche Lösungen, die dort, wo sie genutzt werden, sehr zur Arbeitszufriedenheit beitragen, anregen. Dann ist auch darauf zu achten, dass es geeignete Aufbewahrungsräume für diese Container in der Nähe der potenziellen Arbeitsplätze gibt.

Desksharing-Arbeitsplätze sind fest eingerichtete (Bildschirm-)Arbeitsplätze im Sinne des Arbeitsschutzgesetzes und der Arbeitsstättenverordnung. Bei geplanter Einrichtung ist eine entsprechende Gefährdungsbeurteilung zu erstellen.

> **Praxistipp:**
> Betriebliche Interessenvertretungen sollten unbedingt darauf achten, dass auch die besonderen psychischen Belastungen, die sich aus dem Verlust des festen Arbeitsplatzes / dem ständigen Wechsel ergeben, ausreichend berücksichtigt werden.

e. Weitere Begriffe

aa. Häusliches Arbeitszimmer

Wikipedia definierte den Begriff einmal so:

»Das (häusliche) Arbeitszimmer (englisch study (room); ferner auch Homeoffice oder Home-Office für einen mit Rechner und Kommunikationstechnik ausgestatteten Arbeitsplatz in der eigenen Wohnung [1]) ist in einer Wohnung ein Zimmer, das von Arbeitnehmern für Zwecke der Heimarbeit oder Telearbeit oder von Selbständigen zwecks Berufsausübung genutzt wird. Im künstlerisch-kreativen Bereich wird ein solcher separater Raum auch als Atelier oder Studio bezeichnet. Historisch gesehen bildeten Wohnung und

Werkstätten bis zur Einführung von Manufakturen meist eine Einheit und waren nicht klar zu trennen.«

Im Gegensatz zum »Privatbereich der Beschäftigten«, der sich eben nicht zwingend in der Wohnung der Beschäftigten befinden muss, ist gerade das beim häuslichen Arbeitszimmer immer der Fall. Relevant für unser Thema wird der Begriff im Grunde aber nur in steuerrechtlichen Zusammenhängen, die im Kapitel »Steuerrechtliche Aspekte des Homeoffice« beschrieben sind.

bb. Heimarbeit

Eine große Gefahr besteht darin, zu glauben, dass Heimarbeit der deutsche Begriff für das Homeoffice sei. Der Begriff der Heimarbeit ist allerdings bereits seit 1951 im deutschen Recht – Heimarbeitsgesetz HAG – verankert.
Demnach ist Heimarbeiter:in, wer in selbstgewählter Arbeitsstätte allein oder mit seinen Familienangehörigen im Auftrag von Gewerbetreibenden oder Zwischenmeistern erwerbsmäßig arbeitet, jedoch die Verwertung der Arbeitsergebnisse dem unmittelbar oder mittelbar auftraggebenden Gewerbetreibenden überlässt.
Anders als Arbeitnehmer:innen können Heimarbeiter:innen nach der Rechtsprechung des BAG sowohl die Zeit als auch die Durchführung und den Ort ihrer Arbeitsleistung frei bestimmen. Sie sind berechtigt, Hilfspersonen hinzuzuziehen und ihre Werkzeuge und Arbeitsmethoden selbständig zu wählen. Damit sind Heimarbeiter:innen, ganz im Gegensatz zu Arbeitnehmer:innen, eben gerade nicht in das Unternehmen ihre Auftraggeber eingegliedert. Heimarbeiter:innen sind also keine Arbeitnehmer:innen.

> **Beachten:**
> Obwohl also Heimarbeiter:innen keine Arbeitnehmer:innen im Sinne des § 611a BGB sind, unterfallen sie unter bestimmten Voraussetzungen dennoch der Zuständigkeit des Betriebsrats (§ 5 Abs. 1 Satz 2 BetrVG).

Hier in die Tiefe zu gehen, würde den Rahmen dieses Praxisratgebers sprengen. Wichtig für Betriebsräte ist es, zu wissen, dass hier Probleme und Fallstricke lauern. Gibt es im konkreten Betrieb also Heimarbeiter:innen oder Personen, bei deren Einordnung sich der Betriebsrat nicht sicher ist, ist es wichtig, sich sachverständiger Hilfe bei der Lösung der Abgrenzungsprobleme zu bedienen.

Das Bundespersonalvertretungsgesetz und das Mitarbeitervertretungsgesetz (MVG-EKD) kennt eine solche ausdrückliche Zuordnung nicht.

cc. Workation

Im Zusammenhang mit dem Homeoffice (im Sinne der mobilen Arbeit) wird – befeuert durch das Internet – zurzeit noch ein weiterer Begriff jongliert: »workation«. Unschwer ist der Wortmix zu erkennen. »Work«, also eine Form von eher geistiger Arbeit und »vacation«, also Urlaub, stecken drin.

Wenn man sich vom gedanklichen Bild von Laptop vor dem Hintergrund eines tropischen Strandes und Cocktail statt Kaffee innerlich wieder gelöst hat, wird einem schnell klar:

Letztlich geht es bei diesem Begriff um die mobile Arbeit, die von Beschäftigten, die deutschem (Arbeits-)Recht unterliegen, außerhalb des Hoheitsgebietes der Bundesrepublik geleistet wird.

So unromantisch formuliert, springen einen die Probleme gerade zu an.

Gilt das deutsche Recht denn überhaupt im Ausland?

Das Arbeitsrecht? Das Sozialrecht? Das Arbeitsschutz- und das Arbeitszeitrecht? Das Steuerrecht? Darf denn jede:r einfach so überall auf der Welt arbeiten, gibt es vielleicht Staaten, die das gar nicht mögen, wenn Ausländer:innen bei Ihnen schuften?

Ok, mögen jetzt die meisten Lesenden denken. Für das Homeoffice auf Bali kann das alles zum Problem werden, aber es kann ja wohl keinen Unterschied machen, ob ich von meiner Wohnung in Passau (D) für den Münchner Autobauer arbeite oder ob die Kollegin das Gleiche von ihrer Wohnung in Schärding (A) aus macht? Und aus dem Italienurlaub mal eben einen halben Tag lang die IT-Probleme im deutschen Stammwerk lösen – kein Problem?

Ungünstigerweise ist das auch innerhalb der EU alles andere als unproblematisch.[10]

Ganz im Gegenteil, mit den Rechtsproblemen, die die mobile Arbeit aus dem Ausland begleiten, könnte man fast ein eigenes Buch füllen.

Den Umfang dieses Ratgebers würde es jedenfalls sprengen, diese Rechtsfragen zu erörtern.

---

10 Siehe z. B. *https://www.deutsche-rentenversicherung.de/SharedDocs/FAQ/a1_bescheinigung/a1_bescheinigung_faq_liste.html#22109cc9-da3c-4610-82ea-86eaa5cefa84;* auch für das Beispiel Österreich siehe auch: *https://www.bmas.de/SharedDocs/Downloads/DE/Internationales/handhabung-bescheinigung-a1.pdf?__blob=publicationFile&v=2*

Ich möchte mich deshalb darauf beschränken, darauf hingewiesen zu haben, dass sich in der »Workation« jede Menge Fußangeln verbergen, mit denen sich Beschäftigte und ihre Interessenvertretungen unbedingt intensiv befassen müssen, wenn mit dem Gedanken gespielt wird, mobile Arbeit aus dem Ausland zu leisten.[11]

Die Alternative, sich zu denken: »Wie sollen die Österreicher (wahlweise Italiener / Kanadier etc.) denn merken, dass ich aus ihrem Land arbeite?« kann von juristischer Seite natürlich ganz ausdrücklich nicht empfohlen werden. Klar – »Wo kein Kläger, da kein Richter«. Falls der Kläger aber in Form eines blöden Zufalls oder missgünstigen Nachbarn oder schlecht gelaunten Liegestuhlnebenfrau – von neidischen Arbeitskolleg:innen wollen wir gar nicht reden – überraschend um die Ecke biegt, kann ich nun wenigstens sagen, ich hatte Sie, liebe Lesende, gewarnt.[12]

11 Siehe dazu auch ArbG München v. 27. 8. 2021 – 12 Ga 62/21, welches einen individualrechtlichen Anspruch auf Genehmigung von Homeoffice aus dem Ausland (Schweiz) im konkreten Fall klar abgelehnt hat

12 Vgl. auch LSG Berlin-Brandenburg v. 11. 1. 2024 – L 14 KR 139/22; in diesem Fall ging es darum, dass eine israelische Staatsbürgerin bei einem israelischen Unternehmen beschäftigt war und eine Zeit lang aus einem Homeoffice in Deutschland ihre Arbeitsleistung erbrachte. Als das aufflog, musste sie die in Deutschland angefallenen Sozialversicherungsbeträge aus eigener Tasche zahlen. Ob das israelische Arbeitsrecht die Möglichkeit bietet, sich das Geld wieder zu holen, ist mir nicht bekannt. Nach deutschem Arbeitsrecht könnte ein solcher Regress in entsprechend gelagerten Fällen aber schwierig werden – unterstellt, der AG hat weiter die heimischen Abgaben bezahlt und die Workation fand wie im Fall rein auf Wunsch und Veranlassung der Arbeitnehmerin statt.

II. Studienlage, Erfahrungen und Überlegungen

1. Das Fazit zu Beginn

Diese Grafik, die dem DGB Index Gute Arbeit entnommen wurde, zeigt eindrucksvoll, wie zerrissen sich viele Beschäftigte im Homeoffice oft fühlen. Dieser »Report 2020: Mehr als Homeoffice – Mobile Arbeit in Deutschland« hat sich sehr intensiv mit dem Thema befasst.

Auch wenn er schon etwas älter und leider seither nicht nochmal upgedatet worden ist, hat sich an der abgebildeten Situation nichts Grundlegendes verändert.

Noch immer sind die Einflüsse der Arbeit im Homeoffice auf verschiedene Aspekte des Arbeitsalltags der Beschäftigten vielfältig und zum Teil widerstreitend.

Der Analyse der Studienlage der letzten Jahre, fast Jahrzehnte, zum Homeoffice lässt sich aus meiner Sicht eigentlich nur ein ganz klares Fazit entnehmen, welches aber für die Arbeit der betrieblichen Interessenvertretungen absolut zentral ist. Dieses Fazit lässt sich grundsätzlich auch auf das Thema Desksharing übertragen.

> **Hinweis:**
> Die Arbeitszufriedenheit der Beschäftigten hängt letztlich nur unwesentlich davon ab, wo sie die Arbeitsleistung erbringen müssen.

Eine gute Vereinbarkeit beruflicher und familiärer Verpflichtungen, ein gesundheitserhaltendes und förderndes Arbeitsumfeld und damit langfristig auch produktives und erfolgreiches Arbeiten im Interesse der Arbeitgeber:innen / Dienststellen steht und fällt damit, wie viel Einfluss Beschäftigte auf **zwei Faktoren** ihres Arbeitslebens haben:
Faktor 1 ist **Einfluss auf die Planung und** den **Inhalt der eigenen Arbeit** und **Faktor 2** der **Einfluss** darauf, wie viel **Arbeitsleistung** zu erbringen ist und wann diese Arbeitsleistung erbracht werden muss.[1]
Stellt die betriebliche Interessenvertretung diese Erkenntnisse ins Zentrum ihrer Überlegungen, dann wird einerseits klar, dass das bestausgestattete Homeoffice den Beschäftigten wenig nützt, wenn sie mit Arbeitsanforderungen und Aufgaben überschüttet werden, ständig für Kolleg:innen, Kund:innen und Vorgesetzte erreichbar sein sollen und insgesamt wenig bis keinen Einfluss auf die Planung ihrer beruflichen Arbeitsleistung haben.
Andererseits wird auch deutlich, dass die betriebliche Interessenvertretung auch für Beschäftigte, deren arbeitsvertragliche Aufgaben eine Verlagerung ins Homeoffice kaum oder gar nicht zulassen, unglaublich viel tun kann, wenn sie sich darauf konzentriert, an den richtigen Stellschrauben zu drehen.
Mit dieser Erkenntnis wiederum lässt sich auch Vorbehalten oder gar Neiddiskussionen innerhalb des Gremiums und / oder der Belegschaft der Wind aus den Segeln nehmen.

---

1 Baua Fokus 2020: baua Veränderungen in der Arbeitswelt – Reflexion des Arbeitsschutzsystems, Beate Beermann, Nils Backhaus, Lena Hünefeld, Valentin Janda, Britta Schmitt-Howe, Sabine Sommer – 3 Fazit und Gestaltungsansätze. Siehe auch selbst organisiertes Arbeiten als Ressource für Beschäftigte nutzen! (pdf), Policy Brief der Forschungsförderung in der Hans-Böckler-Stiftung Nr. 3, Juli 2017 – *https://www.boeckler.de/pdf/p_fofoe_pb_003_2017.pdf*.

> **Hinweis:**
> Die Verbesserung der Work-Life-Balance und gesundheitserhaltendes bzw. förderndes Arbeiten hängen im Wesentlichen nicht vom Arbeitsort, sondern davon ab, als wie selbstwirksam sich Beschäftigte im beruflichen Alltag tatsächlich erleben.
> Hier muss der Ansatz für die betriebliche Interessenvertretung liegen, wenn es um die Verbesserung der Arbeitsbedingungen der Beschäftigten im Betrieb bzw. der Dienststelle geht.
> Und dieser Ansatzpunkt steht sowohl für Beschäftigte offen, deren Tätigkeiten sich ins Homeoffice verlagern lassen, als auch für Beschäftigte, die ihre arbeitsvertraglichen Tätigkeiten zwangsläufig nur an bestimmten festgelegten Orten (sei es die Betriebsstätte, sei es z. B. aber auch der Bus, der Müllwagen oder der Zustellbezirk etc.) erbringen können.[2]

Im Folgenden möchte ich die oben aufgestellten Thesen ein wenig genauer belegen. Ich hoffe, dass diese Belege sich auch in den Diskussionen als nützlich erweisen, die im Zuge der Neustrukturierung oder Einführung von betrieblichen Homeoffice-Vereinbarungen zu erwarten sind.
Dabei sollte bedacht werden, dass die **Daten**, auch für den oben bereits benannten DGB-Index Gute Arbeit »Report 2020: Mehr als Homeoffice – Mobile Arbeit in Deutschland«, **vor Beginn der Covid-19-Pandemie** erfasst wurden. Diese Daten und die daraus erarbeiteten Auswertungen spiegeln also einen Stand der Dinge aus dem früheren »Normalbetrieb« wider. Zwischenzeitlich wurde das Homeoffice für deutlich mehr Beschäftigte als zu Zeiten dieser Datenerhebung Teil des Arbeitsalltags. An den strukturellen Problemlagen hat sich aber meiner Beobachtung nach grundlegend nichts geändert. Die Erkenntnisse des DGB-Indexes von 2020 sind daher aus meiner Sicht wohl so lange eine gute Arbeitsgrundlage, bis es ggf. eine Neuauflage dieses Indexes geben wird.[3]

2 Wichtige Stellschrauben: siehe ebd. ab Seite 9.

3 Falls für die betriebliche Diskussion aktuelle Daten benötigt werden, finden sich diese zum Komplex »Verbreitung und Akzeptanz von Homeoffice« (letzte Erhebung September 2023) z. B. hier: *https://www.bidt.digital/publikation/verbreitung-und-akzeptanz-von-homeoffice-ende-2023/*.

2. Wissenschaftliche Erkenntnisse – Nutzen für die betriebliche Arbeit

a. Auch beim Homeoffice geht es nicht gerecht zu

Eine wichtige Erkenntnis: Homeoffice ist nicht gerecht verteilt. Der Status im Betrieb bestimmt darüber, ob jemandem Homeoffice »zugestanden« wird.

Dabei stellt der DGB-Report fest, dass bei einem steigenden Niveau der Anforderungen an die formale berufliche Qualifikation häufiger mobil gearbeitet wird. Beschäftigte mit Hilfs- und Anlerntätigkeiten leisten zu ca. 1/5 (20 %) auch mobile Arbeit. Der Anteil steigt dann mit jeder Qualifikationsstufe an und liegt bei Beschäftigten mit hochkomplexen Tätigkeiten (z. B. Berufe in Forschung und Entwicklung oder der Wissensvermittlung) bei über der Hälfte (53 %).

Da der berufliche Status statistisch gesehen nach wie vor ganz wesentlich auch vom Geschlecht abhängt, verwundert es zudem nicht, dass auch der DGB-Report feststellt, dass Männer fast doppelt so häufig im Homeoffice arbeiten als Frauen.

Auch der WSI-Report der Hans-Böckler-Stiftung[4] stellt fest, dass der Zugang zu Homeoffice in der Regel den Beschäftigten in höheren betrieblichen Positionen vorbehalten ist.

Damit ist die Möglichkeit, ortsflexibel zu arbeiten, Privileg. Ausgeschlossen sind oft Beschäftigte in niedriger betrieblicher Hierarchiestufe, ethnische Minderheiten und Frauen. Das führt dann zu Ausgrenzungen und Interessenkonflikten.

> **Beachten:**
> Für die betrieblichen Interessenvertretungen ist es deshalb wichtig, Homeoffice allen Beschäftigten zu ermöglichen, deren Arbeitsplatz das zulässt bzw. **jeden** Arbeitsplatz auf zumindest teilweise Geeignetheit zu prüfen. Bei der Entscheidung über die Vereinbarung von Homeoffice müssen unbedingt objektivierbare und arbeitsplatzbezogene Kriterien angelegt werden, die Entscheidung muss transparent sein.

Betriebliche Interessenvertretungen sollten sich bemühen, subjektive und schwer prüfbare Kriterien, wie z. B. »Selbstdisziplin und Eigenverantwortung« oder »Fähigkeit zur Beziehungspflege« etc. nicht als Ent-

4 WSI Report Nr. 54 / Januar 2020: *https://www.boeckler.de/pdf/p_wsi_report_54_2020.pdf*.

scheidungskriterien für Homeoffice in der betrieblichen Vereinbarung zu verankern. Mit solchen Kriterien wird meines Erachtens dem »**Nasenprinzip**« der Weg geebnet.
Stattdessen sollte auf **Freiwilligkeit des Homeoffice für die Beschäftigten** und das Recht entsprechende Fortbildungen / Coachings in Anspruch zu nehmen, geachtet werden. Damit können die, die sich auf Grund von empfundenen Eigenschaftsdefiziten nicht in der Lage sehen, produktiv im Homeoffice zu arbeiten, diese Defizite bearbeiten und später einen (erneuten) Versuch starten.
Genauso wichtig ist es, um das Hierarchiegefälle bei der »Gewährung« von flexiblen Arbeitsbedingungen abzubauen, **Alternativen wie Zeitflexibilität** im Sinne echter **Zeitsouveränität** zu **prüfen** und zumindest diese Alternativen auch den Beschäftigten, **bei denen Homeoffice wegen der Notwendigkeiten des Arbeitsplatzes nicht möglich** ist, anzubieten.

b. Im Homeoffice flexibel arbeiten – bis der Arzt kommt?

Auf den ersten Blick erfreulich:
2/3 der befragten Beschäftigten geben an, einen hohen Einfluss auf die Planung ihrer eigenen Arbeit zu haben. Bei den Beschäftigten mit mobiler Arbeit ist dieser Wert nochmals deutlich höher und bewegt sich im Bereich zwischen 70 und 87 %.
Auch auf die Planung der eigenen Arbeitszeit hatten Beschäftigte im Deutschland des Jahres 2019 mit mobiler Arbeit offenbar einen deutlich höheren Einfluss als die Beschäftigten, die an einen festen Arbeitsplatz tätig sind.
Während nur knapp die Hälfte der Beschäftigten mit festem Arbeitsplatz angab, Einfluss auf die Gestaltung der Arbeitszeit zu haben, bewegt sich der Anteil der mobil arbeitenden Beschäftigten an diesem Punkt zwischen 59 und stolzen 84 %.

> **Beachten:**
> Die problematische Kehrseite dieser Gestaltungsfreiheit zeigt sich, wenn die Wissenschaftler:innen die Frage danach stellen, wie häufig erwartet wird, dass die Beschäftigten auch außerhalb der normalen Arbeitszeit erreichbar für Arbeitsaufgaben sind.

Hier ergaben die Antworten im DGB-Report, dass »nur« 15 % der Beschäftigten mit festem Arbeitsplatz derartigen Zumutungen ausgesetzt

sind, allerdings zwischen 34 und 52 % der Beschäftigten mit mobilen Arbeitsformen.
Noch **problematischer** wird die Lage, wenn man bedenkt, dass **mobiles Arbeiten und überlange Arbeitszeiten** praktisch **Hand in Hand** gehen. 48 Stunden (und meines Erachtens ist eigentlich auch das schon viel zu viel) ist die Höchstgrenze dessen, was das Arbeitszeitgesetz grundsätzlich als zulässige regelmäßige Arbeitszeit erlaubt (6 Werktage á 8 Arbeitsstunden). Ausnahmen davon sind eng umrissen. Für 6 % der Beschäftigten mit festem Arbeitsplatz ist eine regelmäßige höhere Arbeitszeit Arbeitsalltag. Bei den Beschäftigten mit mobilem Arbeitsplatz gaben aber in der Befragung zwischen 16 und 20 % an, regelmäßig mehr als 48 Stunden die Woche zu arbeiten.
Die Autor:innen des DGB-Reports weisen darauf hin, dass die hohe Autonomie in der **Einteilung der Arbeitszeit** sich bei mobiler Arbeit gerade nicht in kürzeren Arbeitszeiten, sondern im Gegenteil, in überlangen Arbeitszeiten niederschlägt. Ihre Erklärung: der **Handlungsspielraum** bei der Einteilung der Arbeitszeit **nützt** den Beschäftigten gar **nichts**, da sie durch entsprechend **hohe Arbeitsbelastungen** von diesen Spielräumen im Interesse ihres Gesundheitsschutzes gar keinen Gebrauch machen können.
Schon von den Beschäftigten, die auf einem festen Arbeitsplatz arbeiten, gaben 46 % an, bei der Arbeit häufig oder sehr häufig gehetzt zu sein. Die Befragten, die in mobiler Arbeit tätig waren, kreuzten hier zu 54 bis 62 % an, unter extremem Arbeitsdruck zu stehen.
Zu den Ursachen dieser ständigen Erhöhung der Arbeitshetze nimmt der **Baua Fokus 2020**[5] wie folgt Stellung:

»Neben den gesamtgesellschaftlichen Erklärungsfaktoren … lassen sich weitere vielseitige Faktoren auf betrieblicher Ebene für eine hohe Arbeitsintensität finden. Zu nennen sind hier unter anderem:

- *Technologische Innovationen (moderne Informations- und Kommunikationstechnologien, andauernde Zunahme von Rechnerleistungen, Einsatz von künstlicher Intelligenz; Carstensen 2015)*
- *Veränderungen in der Arbeitsorganisation (Lean Management, ergebnisorientiertes Arbeiten, Zielvereinbarungen; Green 2002)*
- *veränderte Leistungserwartungen (hohe Kundenorientierung, Projektarbeit, Multitasking; Menz/Kratzer 2015) sowie*

5 Baua Fokus 2020: Veränderungen in der Arbeitswelt – Reflexion des Arbeitsschutzsystems: *https://www.baua.de/DE/Angebote/Publikationen/Fokus/Veraenderungen-Arbeitswelt.pdf?__blob=publicationFile&v=9.*

- *Rationalisierung und Restrukturierung (Boes/Kämpf/Langes/Lühr 2016).«*

Zudem wird diese **überlange Arbeitszeit** von den Beschäftigten **oft auch noch ohne jegliche Vergütung** erbracht.
Während Beschäftigte mit festem Arbeitsplatz »nur« zu 10 % berichteten, dass sie häufig unbezahlte Arbeit für den Betrieb erledigen, berichteten dies zwischen 20 und 37 % der Beschäftigten, die auch in mobilen Formen der Arbeit tätig waren.

> **Hinweis:**
> Die Erkenntnis für die Arbeit der betrieblichen Interessenvertretungen kann also nur sein, sämtliche Möglichkeiten, die die jeweilige Rechtsgrundlage hergibt, auszunutzen, um auf die Arbeitsbelastung der Beschäftigten – nicht nur im Homeoffice – dahingehend Einfluss zu nehmen, dass diese nicht zu Raubbau an der Gesundheit mit entsprechenden Folgen für Körper und Geist führt.

Auch hierfür können die Gremien den Baua Fokus 2020 fruchtbar machen. In diesem wird nachgewiesen, dass die gesundheitlichen Risiken, die eine hohe Arbeitsintensität für die Beschäftigten hat, mit psychosomatischen Beschwerden wie Erschöpfung oder Schlafstörungen einhergehen und diese an ihre Leistungsgrenzen bzw. darüber hinaus belasten.[6] Umso mehr Faktoren zusammenkamen, die im Zusammenhang mit hoher Arbeitsintensität stehen, desto häufiger waren die Beschäftigten körperlich und emotional erschöpft.
Die Wissenschaftler:innen schreiben: »Die Auswertungen verdeutlichen, dass eine angemessene Arbeitsintensität einen bedeutsamen Faktor für die Arbeitsqualität von Erwerbstätigen darstellt und somit ein hoch relevantes Thema für den Arbeits- und Gesundheitsschutz in Deutschland ist.«[7]

---

6 Baua Fokus 2020: Veränderungen in der Arbeitswelt – Reflexion des Arbeitsschutzsystems: *https://www.baua.de/DE/Angebote/Publikationen/Fokus/Veraenderungen-Arbeitswelt.pdf?__blob=publicationFile&v=9 Gesundheitliche* Risiken hoher Arbeitsintensität.

7 Baua Fokus 2020: Veränderungen in der Arbeitswelt – Reflexion des Arbeitsschutzsystems: *https://www.baua.de/DE/Angebote/Publikationen/Fokus/Veraenderungen-Arbeitswelt.pdf?__blob=publicationFile&v=9* Gesundheitliche Risiken hoher Arbeitsintensität.

> **Praxistipp:**
> Wichtigster Ansatzpunkt für die Gremien, um Einfluss auf die Arbeitsbelastung und -intensität für die Beschäftigten zu nehmen, sind demnach die Mitbestimmungsrechte im Arbeits- und Gesundheitsschutz.

Diese Erkenntnis wird unterstützt, wenn man sich die weiteren im DGB Report untersuchten Punkte ansieht und feststellt, dass von den Beschäftigten in mobiler Arbeit zwischen 18 und 30 % berichten, dass zwischen dem Ende ihres Arbeitstages und dem Beginn des nächstens sehr häufig weniger als die gesetzlich vorgeschriebenen 11 Stunden liegen.
Ebenso erschreckend ist es, dass die Untersuchung zeigt, dass es bereits 34 % der Beschäftigten mit festem Arbeitsplatz nicht gelingt, sich in der Freizeit gedanklich von der Arbeit zu lösen und entsprechend zu erholen. Dieser Anteil steigt bei den Beschäftigten in mobilen Arbeitsformen nochmals auf bis zu 59 % an, die entsprechende Angaben gemacht haben.

> **Fazit:**
> Dem WSI-Report der Hans-Böckler-Stiftung lässt sich dazu der Schluss entnehmen, dass gesundes Arbeiten erfordert, die Konditionen des flexiblen Arbeitens möglichst durch die Beschäftigten festlegen zu lassen bzw. wenigstens verhandelbar zu gestalten, und dabei die Einflussnahmemöglichkeiten für die betriebliche Interessenvertretung in Konfliktfällen nicht zu vergessen.

Zeit, Ort, Häufigkeit von Homeoffice sollten soweit irgend möglich von den Beschäftigten selbst entschieden werden. Die angelegten Kriterien und eingeräumten Verhandlungsspielräume müssen dabei aber wieder transparent und einheitlich gestaltet werden, um eine Gesamtzufriedenheit im Team zu erreichen.

c. Work-Life-Balance / Vereinbarkeit von Arbeit und Privatleben

Im DGB-Report berichtet ein Viertel aller Beschäftigten von häufigen Schwierigkeiten, Arbeit und Privatleben zeitnah miteinander in Einklang zu bringen. Anders als dies die Hoffnung vieler Beschäftigter ist, wenn sie erstmalig ins Homeoffice starten, sind die Vereinbarkeitsprobleme der Beschäftigten in mobiler Arbeit statistisch gesehen sogar höher als die der Beschäftigten mit festen Arbeitsplätzen.
Diese Erkenntnis stimmt mit dem WSI-Report der Hans-Böckler-Stiftung grundsätzlich überein, denn auch dort gaben 48 % der Beschäftigten,

die im Homeoffice tätig waren, an, dass sich die Vereinbarkeit von Arbeit und Privatleben durch das Homeoffice nicht verbessert habe. 34 % sahen darin allerdings sogar eine klare Verbesserung, 18 % nahmen zwar eine Verbesserung wahr, gaben aber an, dass die Grenzen zwischen Arbeit und Freizeit verschwimmen würden.[8]

> **Wichtige Erkenntnis:**
> Homeoffice als verlässlicher Vertragsbestandteil unterstützt Vereinbarkeit Familie / Beruf sehr wohl!

Die Wahrscheinlichkeit, ausschließlich positive Vereinbarkeitserfahrungen mit Homeoffice zu machen, liegt laut einer Studie aus dem Jahre 2014 bei 31,9 % für die Beschäftigten, die keine vertragliche Homeoffice-Regelung haben, sondern nur »irgendwie Homeoffice machen« dürfen. Dagegen liegt die Wahrscheinlichkeit, diese positiven Erfahrungen zu machen, bei 46,2 % für diejenigen, die über eine vertragliche und damit verlässliche Regelung zum Homeoffice verfügen.[9]
Erlebte Fairness ist dabei ein wichtiges Kriterium für Arbeitszufriedenheit und positiv empfundene Vereinbarkeit. Die Verlässlichkeit (Homeoffice ist vertraglich – am besten betrieblich / tariflich – geregelt und nicht Goodwill) ist ein wichtiger Faktor für die positive Work-Life-Balance, und damit auch für die Gesundheit der Beschäftigten.

> **Beachten:**
> Im Einzelfall bei Vorgesetzten um Homeoffice verhandeln bzw. betteln zu müssen, setzt Stressfaktoren.[10]

d. Wie viel Homeoffice ist gut?

Leider ist die Studienlage an dieser Stelle sehr widersprüchlich.
Laut einer Metaanalyse über 46 Einzelstudien wirkt sich alternierende Telearbeit grundsätzlich positiv auf das Autonomieempfinden von Beschäftigten aus und verringert das Risiko von Work-Family-Konflikten[11]. Dabei wird in dieser Metaanalyse insbesondere intensiver Telearbeit (mehr

---

8 WSI Report Nr. 54 / Januar 2020 Hans-Böckler-Stiftung.
9 WSI Report Nr. 54 / Januar 2020 Hans-Böckler-Stiftung.
10 WSI Report Nr. 54 / Januar 2020 Hans-Böckler-Stiftung.
11 Baua Bericht 2018: Orts- und zeitflexibles Arbeiten: Gesundheitliche Chancen und Risiken – 3.2.3 Alternierende Telearbeit/Homeoffice.

als 2,5 Tage pro Woche) eine positive Wirkung durch die Verringerung von Work-Family-Konflikten entnommen.
Einer anderen zitierten Studie nach (T.D. Golden, 2012), hängen die arbeitsbedingte Erschöpfung sowie das Auftreten von Work-Family-Konflikten jedoch maßgeblich vom Ausmaß der Telearbeit ab: Je extensiver zuhause gearbeitet wird, desto negativere Wirkungen für die Vereinbarkeit von Beruf und Privatleben und desto stärkere arbeitsbedingte Erschöpfung seien zu beobachten.
Die Erfahrung vieler Betriebs- und Personalräte, die zum Teil schon jahrzehntelange Erfahrungen mit dem Thema Telearbeit in den verschiedenen Formen haben, bestätigen – gerade für die klassische Telearbeit mit Arbeitsplatz im häuslichen Bereich – aber eher die Erkenntnisse der neueren Studie bzw. auch des WSI-Reports der Hans-Böckler-Stiftung.

Fazit:
Ausschließliche oder sehr umfangreiche Telearbeit ist ähnlich belastend, wie unkoordiniertes und stundenweises Homeoffice. Soweit machbar, sollte den Beschäftigten deshalb geraten werden, wenige Arbeitstage pro Woche, diese aber möglichst vollständig im Homeoffice zu arbeiten.

e. Desksharing – keine Unterschiede zur normalen Büroarbeit?

Desksharing spielt sich in der Betriebsstätte / der Dienststelle ab. Dennoch gibt es im Vergleich zur herkömmlichen Büroarbeit mit fest zugewiesenen Arbeitsplätzen natürlich wichtige Unterschiede mit entsprechenden Auswirkungen auf Gesundheit / Wohlbefinden / Arbeitszufriedenheit und Produktivität.
Die Berufsgenossenschaften (genau genommen das Institut für Arbeit und Gesundheit der Deutschen Gesetzlichen Unfallversicherung) hat im April 2024 den sehr aufschlussreichen Themenmonitor »Desk Sharing: Umfrage zu psychischer Belastung, Beanspruchung und Beanspruchungsfolgen« veröffentlicht.[12]
Demnach schätzen 23,5 % der Befragten die Auswirkungen des Desksharing auf ihre Gesundheit negativ ein. 29 % der Befragten sehen zudem negative Auswirkungen auf ihre Arbeitsproduktivität.
Aus den jeweiligen Top 3 der negativen Einflussfaktoren lassen sich die entsprechenden Konsequenzen für hilfreiche Einflussnahme durch die betrieblichen Interessenvertretungen direkt ableiten.

12 Zum Download unter: *https://publikationen.dguv.de/widgets/pdf/download/article/4920.*

Hinweis:
»Zeit und Aufwand für Arbeitsplatzwechsel, Neueinrichten und Anpassen« findet sich sowohl im Bereich Gesundheit als auch im Bereich Produktivität unter den Top 3 Negativfaktoren. Daher ist es eine der wichtigsten Aufgaben als Interessenvertretung dafür zu sorgen, dass dieser beim Wechsel der Arbeitsplätze nicht vermeidbare Aufwand vollständig vergütet und zudem bei der Bemessung und Festlegung der Arbeitsmenge / Zielvorgaben ausreichend berücksichtigt wird.
Ebenfalls in beiden Bereichen prominent: »Hohe Lautstärke, Unruhe«. Es bietet sich daher an, auch auf diesen Komplex wesentliches Augenmerk zu legen. Lediglich im 3. Punkt sind die Ursachen der Negativquote im Bereich Produktivität (»Störungen, Unterbrechungen, Ablenkung«) andere als im Bereich Gesundheit (»Ungünstige Umgebungsbedingungen: Temperatur, Klima, Licht«).
Zusammenfassend lassen sich diese Störungen aber sämtlich damit beschreiben, dass das klassische Großraumbüro durch die Hintertür des Desksharing keine Renaissance erleben sollte und langfristig auch aus Gründen der durch Produktivitätsverluste und Arbeitsausfälle verursachten versteckten Kosten nicht erleben wird.

Wenig überraschend würden deshalb auch fast die Hälfte der Beschäftigten einen festen Arbeitsplatz vorziehen – nur 26,6 % der Befragten sind mit Desksharing derzeit so glücklich, dass sie dieses Konzept bevorzugen würden.

III. Vertragliche Fragen / Kosten / Haftung

1. Vorüberlegungen

a. Kollektiv- oder Individualarbeitsrecht?

Wenn wir uns fragen, ob Arbeitgeber XY etwas von der Beschäftigten Z verlangen darf, ob Z bestimmte Anweisungen hinnehmen und erfüllen muss oder ob Z Rechte hat, an denen XY (so einfach) nicht vorbeikommt, dann bewegen wir uns zunächst immer auf der Ebene des Individualarbeitsrechts.

Individualarbeitsrecht – dieser Begriff steht für die arbeitsrechtlichen Beziehungen zwischen den einzelnen (individuellen) Beschäftigten und deren Arbeitgebern.

In diesem Buch, einem Praxisratgeber für Betriebs- und Personalräte, spielt aber natürlich auch das Kollektivarbeitsrecht eine große Rolle.

Kollektivarbeitsrecht – dieser Begriff steht für die Beziehungen zwischen einer Vielzahl von Beschäftigten (einem Kollektiv) und der Arbeitgeberseite. In unserem Ratgeber drehen sich die kollektivrechtlichen Fragestellungen also im Wesentlichen um die Betriebsverfassung bzw. das Personalvertretungsrecht.

In Betrieben mit Betriebsrat müssen wir natürlich schlussendlich immer die Auswirkungen des Betriebsverfassungsrechts auf das Individualarbeitsrecht bedenken; in den Dienststellen entsprechend die Auswirkungen des jeweiligen Personalvertretungsrechtes.

Damit die Situation übersichtlich bleibt, lohnt es sich immer, zunächst einen Blick auf die individuelle (individualrechtliche) Lage zu werfen und danach zu prüfen, ob das Kollektivrecht des Betriebs- / Personalrates auf diese Situation Einfluss nimmt.

Wir beginnen also auch in diesem Buch zunächst mit einer Betrachtung der individualrechtlichen Fragestellungen und heben uns die kollektivrechtlichen Punkte noch etwas auf.

b. Wer schuldet wem was wo?

Das deutsche Arbeitsrecht geht davon aus, dass Arbeitnehmer:innen den Arbeitgebern lediglich ihre Arbeitskraft schulden. Die Mittel, mit denen gearbeitet wird, also Werkzeuge, Arbeitsmaterialien, Rohstoffe müssen vom Arbeitgeber gestellt werden.[1] Zu diesen Arbeitsmitteln gehören auch geeignete Räume inkl. Ausstattung. Ganz klar: Es ist Sache des Betriebes / der Dienststelle, geeignete Räume zur Verfügung zu stellen, in denen dann, je nach auszuübender Tätigkeit, die entsprechenden Maschinen oder auch die entsprechenden Schreibtische mit der passenden Ausstattung etc. stehen.

Ist nichts anderes wirksam vereinbart, ist also davon auszugehen, dass Beschäftigte ihre Arbeitsleistung in der Betriebsstätte des Arbeitgebers und mit dessen Betriebsmitteln erbringen sollen / müssen / dürfen.

Wenn wir wissen wollen, ob der Arbeitgeber irgendetwas darf oder ob Beschäftigte auf irgendetwas einen Anspruch haben, gehen wir bekanntlich immer dem Schema der Normenpyramide nach.

Wir fangen also oben an und fragen uns: Gibt es eine gesetzliche Regelung, die uns als Grundlage für den Anspruch dienen kann?

Wie bereits dargestellt, gibt es derzeit (noch) keine gesetzliche generelle Grundlage für die Erbringung der Arbeitsleistung im Homeoffice als solche. Und auch das Desksharing als Konzept ist gesetzlich nicht speziell geregelt.

Die Anordnung von Homeoffice oder Desksharing braucht also immer eine **vertragliche Grundlage**.

In solchen Situationen ist es immer sinnvoll, drei Ebenen zu prüfen / **drei Fragen** zu stellen:

1. Gibt es einen auf das Arbeitsverhältnis anwendbaren Tarifvertrag, der uns eine Grundlage für unseren Anspruch bietet?
2. Gibt es eine betriebliche Vereinbarung, aus der Ansprüche abgeleitet werden können?
3. Bietet der Arbeitsvertrag in seiner aktuell gültigen Fassung eine Grundlage für einen entsprechenden Anspruch?

Bei diesen Prüfungen ist zu bedenken, dass ein eventuell tarifvertraglich normiertes Recht / eine tarifvertraglich normierte Pflicht natürlich nur dann unmittelbar und zwingend zur Anwendung kommen kann, wenn dieser Tarifvertrag auf das konkrete Arbeitsverhältnis Anwendung findet. Nach § 4 Abs. 1 TVG ist das nur dann der Fall, wenn beide Parteien des Arbeitsvertrages auch **tarifgebunden** sind.

---

1 Siehe dazu auch BAG 10.11.2021 – 5 AZR 334/21.

Zur Erinnerung und etwas vereinfacht: Der Tarifvertrag kommt nur dann unmittelbar und zwingend zur Anwendung, wenn der Arbeitgeber entweder selbst Vertragspartner des gegenständlichen Tarifvertrages ist oder aber Mitglied im entsprechenden Arbeitgeberverband mit Tarifbindung. Auf Seite der Beschäftigten ist die Tarifbindung dann gegeben, wenn der oder die Betreffende selbst Mitglied der Gewerkschaft ist, die den Tarifvertrag abgeschlossen hat.
Soweit der Arbeitgeber nicht selbst an den Tarifvertrag gebunden ist oder der oder die Beschäftigte nicht Mitglied der entsprechenden Gewerkschaft ist, kann es natürlich sein, dass ein entsprechender Tarifvertrag über die sogenannte arbeitsvertragliche Bezugnahme trotzdem Rechte und Pflichten fürs Arbeitsverhältnis regelt. Eine solche **arbeitsvertragliche Bezugnahmeklausel** findet sich in der Tat auch in vielen, vermutlich in den meisten, Arbeitsverträgen wieder. Im Grundprinzip bedeutet die arbeitsvertragliche Inbezugnahme eines Tarifvertrages aber nichts anderes als das Abschreiben dessen, was im Tarifvertrag geregelt ist. Ob dieser Tarifvertrag dabei vollständig (volle Inbezugnahme) oder in Teilen (teilweise Inbezugnahme) abgeschrieben wurde, erschließt sich durch eine entsprechende Prüfung des Arbeitsvertrages.
Ebenso ist es möglich, dass der Tarifvertrag nur statisch in Bezug genommen wurde. In diesem Fall wurde er sozusagen an dem Tag des Arbeitsvertragsschlusses abgeschrieben. Änderungen des Tarifvertrages, die nach Abschluss des Arbeitsvertrages vorgenommen werden, ändern dann aber den Inhalt des Arbeitsvertrages nicht mehr.
In der Praxis wohl am verbreitetsten sind sogenannte dynamische Bezugnahmeklauseln. Mit einer solchen dynamischen Klausel wird der Inhalt des Tarifvertrages sozusagen bei jeder Änderung neu in den Arbeitsvertrag übernommen.
Ganz egal wie die Bezugnahmeklausel genau aussieht, eines haben alle diese Klauseln gemeinsam:
Der Tarifvertrag, der lediglich arbeitsvertraglich in Bezug genommen ist, gilt für dieses Arbeitsverhältnis nicht unmittelbar und zwingend, wie ein Gesetz. In all diesen Fällen ist der Tarifvertrag letzten Endes nur ein Teil des Arbeitsvertrages.

Beachten:
Dieser Unterschied kann gewaltig sein, da ein Gewerkschaftsmitglied z. B. ohne Zustimmung seiner Gewerkschaft auf Rechte aus dem Tarifvertrag selbst dann nicht wirksam verzichten kann, wenn es unter Druck einen entsprechenden Vertrag unterschreibt. Ist der Arbeitsvertrag dagegen erst

einmal geändert, gibt es in der Regel keine Möglichkeiten, entsprechende Verschlechterungen wieder rückgängig zu machen.
Gilt für den konkreten Betrieb und das konkrete Arbeitsverhältnis also ein Tarifvertrag, der bestimmte Rechte oder auch Pflichten zum Thema Homeoffice enthält, so sind dessen Bestimmungen für die weitere Prüfung unbedingt zu beachten.

Im Bereich des öffentlichen Dienstes (Bund) ist hierzu vor allem die »Tarifeinigung über mobile Arbeitsformen«, in Kraft seit 1. 1. 2022 zu beachten. In vielen anderen Betrieben und Dienststellen gelten aber auch für Gewerkschaftsmitglieder derzeit noch keine Tarifverträge, die hinsichtlich unserer hier zu beantwortenden Frage nach dem Homeoffice oder Desksharing weiterhelfen würden. **Betriebs- oder Dienstvereinbarungen zu diesen Themen** gibt es schon häufiger. Soweit vorhanden, sind die entsprechenden Regelungen natürlich unbedingt zu beachten.
Im Folgenden gehen wir für die Frage, ob es einen Rechtsanspruch auf Homeoffice oder eine Pflicht gibt, die Arbeit im Homeoffice zu erledigen oder am Desksharing teilzunehmen, aber zunächst davon aus, dass weder ein Tarifvertrag noch eine betriebliche Vereinbarung hierzu Antworten liefern. Außerdem stellen wir uns eine Situation vor, in der auch der Arbeitsvertrag keine ausdrückliche weiterführende Regelung zum Thema beinhaltet.
Diese Situation wird letzten Endes für die meisten Beschäftigten zutreffen: Es gibt keinen Tarifvertrag, es gibt keine Betriebs- / Dienstvereinbarung und es gibt auch keinen Passus im Arbeitsvertrag, die sich mit der Frage, ob die Arbeitsleistung auch außerhalb der Betriebsstätte des Arbeitgebers zu erbringen ist, auseinandersetzen.

2. Homeoffice

a. Einführung des Arbeitsmodells – Gibt es ohne ausdrückliche vertragliche Regelung eine Pflicht für Beschäftigte, aus dem Homeoffice zu arbeiten?

Mit der Pandemie im Frühjahr 2020 kam ein völlig neuer Gedanke in die juristische Debatte. In all den Jahren vor Frühjahr 2020 ging es immer nur darum, ob und gegebenenfalls unter welchen Umständen, Beschäftigte das Recht haben könnten, einen Anspruch auf Homeoffice durchzusetzen. In den meisten Betrieben und Unternehmen stieß der Wunsch von

Beschäftigten, ihre Arbeit ganz oder auch nur tageweise, von zu Hause aus zu leisten, auf wenig Gegenliebe. Mit dem ersten Lockdown im Frühjahr 2020 jedoch sollten plötzlich möglichst alle Beschäftigten, deren Arbeitsleistung auch nur ansatzweise verlagerbar war, von zu Hause aus arbeiten. Passend zu dieser neuen Interessenlage wurde auf einmal in der juristischen Literatur, in Zeitschriften, auf Homepages und in juristischen Fortbildungsveranstaltungen über die Pflicht der Beschäftigten zum Homeoffice philosophiert. Nun (er-)fand man ganz plötzlich die Pflicht der Beschäftigten, gerade in der Pandemie-Situation, die Arbeit, soweit vom Arbeitgeber angeordnet, von zu Hause aus zu erbringen.
Argumentiert wird dabei wie folgt:
Wenn dem Arbeitgeber die Annahme der Tätigkeit der Beschäftigten in der Betriebsstätte unmöglich oder unzumutbar ist, den Betroffenen dagegen die Arbeit im Homeoffice möglich oder zumutbar, dann gäbe es auch eine Pflicht der Beschäftigten, entsprechend im Homeoffice zu arbeiten. Das arbeitsvertragliche Direktionsrecht soll in einem solchen Fall entsprechend erweitert werden, so dass es dem Arbeitgeber dadurch möglich wäre, die Beschäftigten auch ohne eine arbeitsvertragliche Vereinbarung und gegen ihren Willen ins Homeoffice zu zwingen.
Einmal in der Welt, wird dieser Gedanke auch stets aktuell bleiben. Dazu bedarf es dann gar nicht unbedingt weiterer Wellen oder neuer Viren. Falls die Logik zwingend ist, dann greift sie natürlich auch, wenn der Arbeitgeber Geld sparen und z. B. Büroflächen reduzieren und Desksharing einführen will. Es lohnt daher, sich die Argumentation der Arbeitgeber-Anwält:innen genauer anzusehen.

aa. Arbeitsvertragliches Direktionsrecht

Um die Überlegung inhaltlich nachvollziehen zu können, muss man sich zunächst vor Augen führen, was das arbeitsvertragliche Direktionsrecht überhaupt bedeutet.
Geregelt ist dieses Recht in **§ 106 Gewerbeordnung**. Dort heißt es in Satz 1:

»Der Arbeitgeber kann Inhalt, Ort und Zeit der Arbeitsleistung nach billigem Ermessen näher bestimmen, soweit diese Arbeitsbedingungen nicht durch den Arbeitsvertrag, Bestimmungen einer Betriebsvereinbarung, eines anwendbaren Tarifvertrages oder gesetzliche Vorschriften festgelegt sind.«

Das **Direktionsrecht umfasst** also ganz zweifellos **auch den Ort, an dem die Beschäftigten die Arbeitsleistung zu erbringen haben.** Mit anderen

Worten, natürlich hat der Arbeitgeber das Recht, den Beschäftigten anzuweisen, wann sie wo welche Arbeitsleistung erbringen sollen.
Dieses Recht wird allerdings eingeschränkt durch die Schutzbestimmungen. Dabei steht – noch über den geltenden Gesetzen – das Grundgesetz. Sodann sind gesetzliche Regelungen und dann die entsprechenden Regelungen in anwendbaren Tarifverträgen oder Betriebs-/Dienstvereinbarungen und die arbeitsvertraglichen Bestimmungen selbst zu beachten. Dabei – und das vergessen viele Arbeitgeber in der Praxis gern – müssen die Anweisungen immer dem sogenannten billigen Ermessen entsprechen.

bb. Billiges Ermessen

> **Bedeutung:**
> Der Arbeitgeber darf nicht nur einseitig seine Interessen beachten, wenn er seine Anweisungen trifft, sondern er muss auch die Interessen und Belange der jeweiligen Beschäftigten ausreichend in seine Überlegungen einbeziehen.

Das BAG formuliert das regelmäßig in etwa so: »Die Leistungsbestimmung nach billigem Ermessen *(§ 106 Satz 1 GewO, § 315 BGB)* verlangt eine Abwägung der wechselseitigen Interessen nach verfassungsrechtlichen und gesetzlichen Wertentscheidungen, den allgemeinen Wertungsgrundsätzen der Verhältnismäßigkeit und Angemessenheit sowie der Verkehrssitte und Zumutbarkeit. In die Abwägung sind alle Umstände des Einzelfalls einzubeziehen.«[2]
Konkret übersetzt auf das Beispiel des Homeoffice bedeutet dies: Tritt ein Beschäftigter an den Arbeitgeber heran und bittet, die Arbeitsleistung / einen Teil der Arbeitsleistung im Homeoffice erbringen zu dürfen, darf der Arbeitgeber nicht mit einem schlichten »Wo kämen wir denn da hin, ham' wa' ja noch nie gemacht« reagieren. § 106 GewO i. V. m. § 315 BGB verlangen vom Arbeitgeber, dass er sich die vom Arbeitnehmer vorgebrachten Gründe, warum dieser die Veränderung wünscht, anhört und diese ernsthaft gegen seine Gründe, die Veränderung abzulehnen, abwägt. Nur wenn dann die Interessen des Arbeitgebers die des Arbeitnehmers tatsächlich überwiegen, dürfte abgelehnt werden.
Gleiches gilt natürlich für den umgekehrten Fall, dass der Arbeitgeber – z. B. wie in der Covid-19-Pandemie wegen Abstandsregelungen – die Ar-

---

2 Aus BAG v. 18.10.2017 – 10 AZR 330/16, vgl. auch BAG v. 30.11.2022 – 5 AZR 336/21.

beitnehmerin am Bürostandort nicht beschäftigten darf und deshalb die Verlagerung der Arbeitsleistung ins Homeoffice wünscht. Auch in diesem Fall kann nicht einfach über die Interessen der Beschäftigten, die damit nicht einverstanden sind, hinweggewalzt werden.
Wieder sind die Interessen beider Seiten gegeneinander abzuwägen.
Die Verfechter der Theorie von der Pflicht auf Homeoffice argumentieren deshalb weiter, dass ein Arbeitnehmer, den sein Arbeitgeber angewiesen hat, nicht mehr im Büro zu erscheinen, sondern stattdessen seine Arbeit von nun an aus dem Homeoffice zu erbringen, im Falle der Weigerung nicht nur arbeitsvertragliche Konsequenzen befürchten müsste, sondern auch keinen Anspruch auf Arbeitsentgelt mehr hätte.

cc. Der Annahmeverzug

Ankerpunkt dieser Argumentation ist § 615 BGB. Dort ist das Annahmeverzugsentgelt geregelt.
Schickt der Arbeitgeber die Beschäftigte nach Hause, ohne dass es dafür einen Grund, wie z. B. Urlaub, gibt, behält die Beschäftigte, die ja arbeitswillig ist und nichts dafür kann, dass sie nicht arbeiten darf, ihren Anspruch auf Arbeitsentgelt. Allerdings muss sich unsere Beschäftigte für den entsprechenden Zeitraum, indem sie auf Wunsch des Arbeitgebers ihren arbeitsvertraglichen Pflichten nicht nachgehen darf, Verdienst anrechnen lassen, den sie anderweitig erhält oder aber »böswillig« zu erzielen unterlässt.
Dabei ist das mit der Anrechnung anderweitig erzielten Verdienstes so zu verstehen:
Wenn unsere Beschäftigte eigentlich von montags bis freitags von 8 bis 16:30 Uhr bei ihrem Arbeitgeber arbeiten müsste, nun aber wegen der Freistellung in dieser Zeit z. B. bei einem Einzelhändler an der Kasse sitzt und dafür bezahlt wird, dann muss sie sich das Geld, das sie vom Einzelhändler erhält, auf den Annahmeverzugslohn vom Ursprungsarbeitgeber anrechnen lassen.
Der Gedanke dahinter: Sie konnte die Zeit, in der sie eigentlich beim Ursprungsarbeitgeber im Betrieb gewesen wäre, dazu nutzen, anderweitig Arbeitsentgelt zu erzielen und **soll nicht für die gleiche Zeit mit Annahmeverzugslohn und diesem Arbeitsentgelt quasi doppelt bezahlt werden.**
Etwas schwieriger zu verstehen ist das Konstrukt des **böswilligen Unterlassens anderweitigen Erwerbs**.
Gemeint ist hier im Grunde, dass die freigestellte Arbeitnehmerin in Erfüllung ihrer arbeitsvertraglichen Rücksichtnahmepflichten auf den Ursprungsarbeitgeber verpflichtet ist, sich ausreichend um eine zumut-

bare Ersatzbeschäftigung in der neu gewonnenen freien Zeit zu bemühen bzw. eine solche angebotene Ersatzbeschäftigung auch anzunehmen. Mit dem in der Ersatzbeschäftigung verdienten Geld könnte sie Annahmeverzugsentgeltansprüche, die ihr ihr Ursprungsarbeitgeber schuldet, entsprechend mindern.
Dahinter steckt wieder der gleiche Gedanke.
Die freigestellte Arbeitnehmerin hat nun freie Zeit, die sie dazu benutzen soll, die Zahlungsverpflichtungen ihres Arbeitgebers zu verringern, anstatt mit Geld und Freizeit wieder einen Doppelvorteil zu genießen.
Unterlässt unsere Arbeitnehmerin diese Minderung, weil sie in dem Wissen, dass sie ja aus Annahmeverzug sowieso zu bezahlen ist, schlicht keine Lust hat, anderweitig zu arbeiten, dann greift die Strafe des »böswilligen Unterlassens«. Das Geld, das unsere Arbeitnehmerin in der freigestellten Zeit hätte verdienen können, aber nicht verdient hat, das muss ihr der Arbeitgeber auch nicht bezahlen.
Mit diesem Wissen nochmal zurück zur Theorie von der Pflicht, im Homeoffice zu arbeiten. Die Überlegung ist also:

- In einer Situation, in der der Arbeitgeber die Beschäftigten in der Betriebsstätte nicht beschäftigen kann (z. B. Pandemie mit Abstands- und Hygieneregelungen und nicht genügend Platz in der Betriebsstätte) und darf, muss er diese anweisen, nicht zur Arbeit zu kommen.
  Soweit unbestritten richtig.
- Nun müsste unser Arbeitgeber dann aber im Grundsatz das Entgelt der Beschäftigten weiterbezahlen, denn diese können ja nichts dafür, dass der Arbeitgeber sie heimschickt (oder auch heimschicken muss).
  Das ist grundsätzlich auch richtig.
- Unser Arbeitgeber weist die Beschäftigten nun aber an, im Homeoffice zu arbeiten. Das bedeutet, er bietet diesen Beschäftigten eine Alternative an, wie sie arbeiten und damit Geld verdienen können. Beschäftigte, die diese Alternative ablehnen, verstoßen gegen ihren Arbeitsvertrag oder haben zumindest keinen Anspruch auf das Annahmeverzugsentgelt; bekommen also kein Gehalt mehr überwiesen.
  Auch das ist juristisch natürlich nicht falsch.

Es blendet aber einen kleinen, ganz entscheidenden Punkt geflissentlich aus:

dd. Die Frage der Zumutbarkeit

Die Anrechnung fiktiven Arbeitsverdienstes knüpft an die Merkmale des böswilligen Unterlassens und der Zumutbarkeit der Arbeitsannahme an. Eine **Pflicht der Beschäftigten**, im **Homeoffice** zu arbeiten, kann daher meines Erachtens **nur dann** angenommen werden, **wenn**

- dort die Einhaltung des Arbeits- und Gesundheitsschutzes vollständig gewährleistet ist
- der Arbeitgeber alle (zusätzlich) entstehenden Kosten trägt / Nachteile ausgleicht
- und die Beschäftigten einen geeigneten Raum zur Verfügung haben, um die Arbeit dort ohne Beeinträchtigung anderer Mitbewohner:innen und ihrer eigenen privaten Interessen leisten zu können.

Mit anderen Worten: Wer seit Wochen oder gar Monaten bei der Arbeit immer wieder erzählt, dass er da diesen gut beleuchteten und beheizbaren Raum in der Wohnung hat, der leer steht und von dem er beim besten Wissen nicht weiß, was er damit machen soll, der ist wohl tatsächlich verpflichtet, sich vom Arbeitgeber die komplette Büroausstattung in diesen Raum stellen zu lassen und dort zu arbeiten. Dies gilt insbesondere dann, wenn z. B. Hygiene- und Abstandsgebote die Arbeit im Büro unmöglich machen.

Aber selbst in diesen Fällen wird man genau hinsehen müssen. Bei dem einen soll plötzlich die Mutter einziehen und der Raum wird gebraucht, bei der anderen stellt die Hausärztin vielleicht fest, dass sie schon beim Gedanken an das Homeoffice Schlafstörungen und Kopfschmerzen bekommt, beim dritten verweigert die Gattin das Einverständnis, dass Fremde (ggf. Besichtigung des Arbeitsplatzes durch den Arbeitgeber, Handwerker, die den Arbeitsraum einrichten etc.) die Wohnung betreten. Es kommt, wie fast immer in juristischen Fragen, also wieder auf die Umstände des Einzelfalles an, wenn entschieden wird, ob die Zurverfügungstellung von Platz (oder gar eines ganzen Raumes) im höchstpersönlichen Privatbereich zumutbar ist.

ee. Fazit

Praktisch gesehen gibt es wohl keine Pflicht für Beschäftigte, aus dem Homeoffice zu arbeiten, wenn sie sich nicht zuvor ausdrücklich dazu verpflichtet haben.[3]

b. Kann eine betriebliche Vereinbarung oder ein Tarifvertrag die Beschäftigten verpflichten, im Homeoffice zu arbeiten?

Wer die vorstehenden Ausführungen gelesen hat, ahnt die Antwort bereits. Eine Betriebs- oder Dienstvereinbarung oder ein Tarifvertrag könnte eine solche Verpflichtung allenfalls dann rechtswirksam einführen,

3 Siehe auch: LArbG Berlin-Brandenburg v. 14.11.2018 – 17 Sa 562/18.

wenn sichergestellt wäre, dass die Zuweisung des Homeoffice-Arbeitsplatzes den betroffenen Beschäftigten zumutbar wäre.
Das Benutzen der eigenen Wohnräume, des höchstpersönlichen privaten Bereiches, zur Erbringung von Arbeitsleistung wird aber bis auf wenige, eher theoretisch konstruierte, Ausnahmefälle in aller Regel keinem Beschäftigten zuzumuten sein, der dagegen einigermaßen rationale Argumente vorbringen kann.
Dieser Grundgedanke kann auch in einem Ausnahmefall, wie z. B. einer Pandemie-Situation nicht unter den Tisch fallen. Hinzu kommt, dass in den meisten Familien in solchen Ausnahmefällen ja nicht nur ein Beschäftigter vor dem Problem steht, dass sein Arbeitgeber ihn nicht mehr im Büro sehen möchte, sondern die Arbeitsleistung von zu Hause aus erbracht werden soll. In vielen, wenn nicht den meisten, Fällen stehen ja dann in der Regel mindestens zwei Erwachsene vor dem gleichen Problem. Dazu kommt, dass gegebenenfalls zusätzlich auch noch die schulpflichtigen Kinder ausreichend Ruhe, Arbeitsplatz und Internet-Kapazität für das Homeschooling benötigen, Kleinkinder betreut werden und / oder Studierende aus dieser Wohnung heraus ihrem Studium nachgehen müssen.

> **Hinweis:**
> Beim Vorschlag für eine betriebliche Vereinbarung zum Thema Homeoffice wird daher aus gutem Grund davon ausgegangen, dass die Zuweisung von Arbeitsleistung im Homeoffice immer einer individualvertraglichen Vereinbarung bedarf, deren Abschluss für die betreffenden Beschäftigten unbedingt freiwillig sein muss.

c. Gibt es ohne ausdrückliche vertragliche Regelung ein Recht für Beschäftigte, aus dem Homeoffice zu arbeiten?

In dieser Form beschäftigt die Frage die Juristinnen und Juristen der Bundesrepublik schon länger. Aktuell kann mobile Arbeit individualrechtlich zwar jederzeit vereinbart werden, eine gesetzliche Regelung für diese Problematik gibt es aber derzeit noch nicht.
Für Beschäftigte des öffentlichen Dienstes lohnt sich jedoch immer auch ein Blick in das jeweilige Personalvertretungsgesetz. So ist in Hamburg z. B. die Ablehnung des Antrags auf Teilnahme an der alternierenden Telearbeit eine mitbestimmungspflichtige Maßnahme im Sinne von § 80 Abs. 2, 3 Satz 1 PersVG HA.[4]

4 Vgl. Hamburgisches OVG v. 29.6.2022 – 14 Bf 68/21.PVL.

Soweit sich also nicht aus Spezialgesetzen oder z. B. Pandemieregelungen Ansprüche »ziehen« lassen oder sich die Rechtslage ändert, bleibt zur Beantwortung auch hier wieder nichts Anderes übrig, als zunächst zu prüfen, ob es denn einen auf das Arbeitsverhältnis anwendbaren Tarifvertrag gibt und ob der gegebenenfalls ein solches Recht enthält.
Allerdings hat das BAG[5] im April 2021 mit einer Begründung eine Entscheidung des Arbeitsgerichtes Offenbach am Main bestätigt, die geeignet ist, der Anwendung des »Nasenprinzips« im Betrieb in Zukunft den zugehörigen »Nasenstüber«[6] zu geben.
Das BAG hat nämlich festgehalten: *»Der arbeitsrechtliche Gleichbehandlungsgrundsatz ist nicht nur dann anwendbar, wenn der Arbeitgeber Leistungen nach einem bestimmten erkennbaren und generalisierenden Prinzip gewährt, sondern grundsätzlich auch dann, wenn er – nicht auf besondere Einzelfälle beschränkt – nach Gutdünken oder nach nicht sachgerechten oder nicht bestimmbaren Kriterien leistet.«*[7]
Das BAG erklärt dann in der Randnummer 17 seiner Entscheidung folgendes:

> **Beachten:**
> Wenn der Arbeitgeber einzelnen Beschäftigten eine Leistung gewährt, dann muss er anderen Beschäftigten, die sich in einer vergleichbaren Lage befinden, die gleiche Leistung gewähren, auch wenn er ursprünglich gar nicht zur Leistung verpflichtet war.

Gegenstand der Entscheidung war zwar nicht das Homeoffice, die Überlegung ist aber an dieser Stelle eins zu eins darauf übertragbar.
Gewährt der Arbeitgeber manchen Beschäftigten das Homeoffice, anderen aber nicht, dann ist im Lichte dieser Entscheidung immer genau zu prüfen, ob die Situation bei denen, die ins Homeoffice dürfen, wirklich so einzigartig ist, dass diese mit den anderen, die nicht ins Homeoffice dürfen, nicht vergleichbar sind. Ergibt sich Vergleichbarkeit, ergibt sich auch ein Recht auf Homeoffice.[8]
Eine zweite Ebene – und das ist ja der Inhalt unseres Ratgebers –, aus der sich Ansprüche herleiten lassen könnten, wären natürlich betriebliche

---

5 BAG v. 27.4.2021 – 9 AZR 662/19.
6 Synonyme laut Duden (*https://www.duden.de/synonyme/Nasenstueber*): Abreibung, Anpfiff, Anschiss, Belehrung, Rüffel, Rüge, Strafpredigt, Zurechtweisung.
7 BAG v. 27.4.2021 – 9 AZR 662/19 – Orientierungssatz.
8 … und damit natürlich auch die betriebsverfassungsrechtliche bzw. personalvertretungsrechtliche Mitbestimmung bei der Ausgestaltung!

Vereinbarungen. Wird man auch hier nicht fündig, ist allerdings in den meisten Fällen auch wirklich das Ende der Fahnenstange erreicht.
Um diese Vereinbarungen erfolgreich verhandeln zu können, bzw. auch in Ergänzung dazu, bedarf es also der Kenntnisse über die aktuelle Rechtslage.

aa. Recht auf Homeoffice auf gesetzlicher Grundlage

Bislang gibt es kein allgemeines gesetzlich verankertes Recht auf Homeoffice. Der DGB fordert aber seit einiger Zeit ein Recht auf Homeoffice. Allerdings verlangt er aus gutem Grund auch strikte Vorgaben, um eine Entgrenzung der Arbeit zu verhindern.

Homeoffice für schwerbehinderte Beschäftigte

Gem. § 164 Abs. 4 SGB IX haben schwerbehinderte und gleichgestellte Beschäftigte Anspruch auf eine Beschäftigung, bei der sie ihre Fähigkeiten und Kenntnisse möglichst voll einsetzen und entwickeln können und behinderungsgerechte Einrichtung und Unterhaltung der Arbeitsstätten einschließlich der Betriebsanlagen, Maschinen und Geräte sowie der Gestaltung der Arbeitsplätze, des Arbeitsumfelds, der Arbeitsorganisation und der Arbeitszeit, unter besonderer Berücksichtigung der Unfallgefahr. Soweit schwerbehinderte bzw. gleichgestellte Beschäftigte das Homeoffice benötigen, um ihre Fähigkeiten und Kenntnisse im konkreten Arbeitsverhältnis möglichst voll einsetzen und entwickeln zu können, lässt sich aus dieser Bestimmung wohl grundsätzlich auch ein Anspruch auf die Zustimmung zur Ableistung von Teilen der Arbeitsleistung im Homeoffice herleiten, soweit dies unter Berücksichtigung der Interessen des Arbeitgebers zumutbar erscheint.[9]
Zu berücksichtigen sind dabei die ggf. entstehenden Kosten und die Interessen des Arbeitgebers, z. B. betreffend Geheimhaltung, erforderliche Kundenkontakte etc.

Homeoffice für bestimmte Beschäftigte im öffentlichen Dienst

§ 16 Bundesgleichstellungsgesetz gibt den Beschäftigten der Bundesgerichte, von Behörden und Verwaltungsstellen der unmittelbaren Bundesverwaltung einschließlich solcher im Bereich der Streitkräfte sowie von Körperschaften, Anstalten und Stiftungen des öffentlichen Rechts des Bundes, unter bestimmten Voraussetzungen ein Anrecht auf ermessensfehlerfreie Entscheidung über einen Antrag auf Einrichtung von Telear-

9 Vgl. LAG Niedersachsen 6.12.2010 – 12 Sa 860/10 und zu ArbG Hamburg v. 3.7.2019 – 17 Ca 41/19.

beit oder mobiles Arbeiten.[10] Voraussetzung ist, dass diese Beschäftigten Familien- oder Pflegeaufgaben übernehmen und die dienstlichen Möglichkeiten die Zuweisung von Telearbeitsplätzen oder mobilen Arbeitsplätzen gestatten.
Manche Bundesländer haben ähnliche Regelungen, hier lohnt es sich in die jeweiligen Gleichstellungsgesetze der Länder zu schauen.
Wichtig ist, daran zu denken, dass dieses Recht nach § 16 Abs. 1 Satz 2 BGleiG »nur« den Anspruch auf ermessensfehlerfreie Entscheidung, nicht aber auf den Homeoffice-Arbeitsplatz per se garantiert.[11]
Soweit die Erfüllung der dienstlichen Aufgaben im Homeoffice aber nicht objektiv unmöglich oder unverhältnismäßig ist, sollte sich im Ergebnis für Beschäftigte, die die Voraussetzungen des § 16 Abs. 1 Satz 2 BGleiG erfüllen, Homeoffice durchsetzen lassen.
Bei der Entscheidung kommt es dann wieder auf die konkrete Sachlage, die ggf. entstehenden Kosten und die Interessen der Dienststelle, z. B. betreffend Geheimhaltung, erforderliche Behörden- oder Kundenkontakte etc. an.

Homeoffice in sonstigen Fällen
Von diesen Ausnahmefällen einmal abgesehen, wird es Beschäftigten ansonsten ohne entsprechende betriebliche oder tarifliche Regelungen schwerfallen, ein Recht auf Arbeitsleistung im Homeoffice darzulegen oder gar durchzusetzen.

> **Hinweis:**
> Nicht völlig ausgeschlossen, aber dann jeweils im individuellen Einzelfall genau zu prüfen, wäre ein solches Recht z. B. für Beschäftigte, die, ohne schwerbehindert oder gleichgestellt zu sein, trotzdem aus **gesundheitlichen Gründen** (zeitweise) im Homeoffice arbeiten möchten / müssen.

So könnte man z. B. in einer Situation ähnlich der Covid-19-Pandemie prüfen, ob nicht die Interessen von Angehörigen bestimmter Risikogruppen, deren Ansteckungsgefahren durch den Weg zur / die Arbeit in der betrieblichen Arbeitsstätte so groß sind, dass die Rücksichtnahme und Fürsorgepflicht des Arbeitgebers eine entsprechende, gegebenenfalls

10 Siehe auch VG Berlin v. 16. 4. 2021 – 5 L 61/21.
11 Vgl. BVerwG v. 31. 8. 2008 – 2 C 31/06. Rn. 22 (aktueller Inhalt § 16 entspricht damals § 13) und BayVGH v. 29. 10. 2019 – 6 CE 19.1386.

vorübergehende, neu Ausübung des Direktionsrechts erforderlich macht und so effektiv zu einem Recht auf Homeoffice für diese Zeit führt.[12]

bb. Fazit

So wie eine Pflicht zur Arbeit im Homeoffice ohne eine konkrete vertragliche Grundlage höchstens in Ausnahmefällen gegeben sein wird, so wird aber auch ein solches Recht nur in seltenen Ausnahmefällen gerichtlich durchsetzbar sein.

d. Beendigung der Arbeit im Homeoffice

aa. Bindung des Arbeitgebers

»Eine Vereinbarung in allgemeinen Arbeitsvertragsbedingungen, welche die Beendigung einer vereinbarten alternierenden Telearbeit für den Arbeitgeber voraussetzungslos ermöglicht und nicht erkennen lässt, dass dabei auch die Interessen des Arbeitnehmers zu berücksichtigen sind, ist wegen Abweichung vom gesetzlichen Leitbild des § 106 Satz 1 GewO gemäß § 307 Abs. 1 Satz 1 BGB i. V. m. § 307 Abs. 2 Nr. 1 BGB unwirksam«.[13]

Die Arbeit im Homeoffice auf der Grundlage einer vertraglichen Vereinbarung wird, wie wir gesehen haben, die Regel sein. Demnach kommt es bzgl. der Beendigung dieser Arbeitsform auch auf die vertragliche Grundlage an. Soweit Arbeitgeber nicht durch Gesetz, Tarifvertrag oder betriebliche Vereinbarung gebunden sind, werden diese daher erfahrungsgemäß versuchen, sich so wenig wie möglich zu binden / festzulegen. Es würde diesen Ratgeber sprengen, hier zu tief in das Arbeitsvertragsrecht einzusteigen. Daher nur wenige Stichworte.
Soweit – was man noch öfter liest, als man glauben mag – Arbeitsvertragsbedingungen als freiwillig und jederzeit widerruflich bezeichnet werden, wird diese Kombination in der Regel unwirksam sein. Wenn dagegen das Homeoffice den Beschäftigten tatsächlich ohne jede Rechtsgrundlage rein freiwillig »gestattet« wird, dürfte eine dementsprechende vertragliche Regelung wohl auch halten.[14]

---

12 Siehe dazu z. B. auch LAG Düsseldorf v. 19. 4. 2023 – 12 Sa 621/22; wobei es im entschiedenen Fall um eine Arbeitskraft ging, die sich nicht impfen lassen wollte und bei der die arbeitsvertraglichen Aufgaben Homeoffice gerade nicht möglich machten.

13 LAG Düsseldorf v. 10. 9. 2014 – 12 Sa 505/14 – Rn. 83.

14 Vgl. LAG Köln v. 24. 6. 2010 – 9 Ta 192/10.

In Betrieben und Dienststellen mit betrieblicher Interessenvertretung wird diese aber unter Berücksichtigung der wissenschaftlich erkannten negativen Auswirkungen des reinen »Nasenprinzips« ihre Möglichkeiten nutzen, um die Zuweisung / den Entzug von Homeoffice-Tätigkeiten an transparente und nachvollziehbare Kriterien zu knüpfen.

Hinweis:
Gerade in diesen Fällen wird das Homeoffice wohl in der Regel widerruflich vereinbart werden. Das ist grundsätzlich auch zulässig, soweit die Widerrufsgründe im Vertrag nachvollziehbar angekündigt wurden.

Zum Homeoffice selbst gibt es derzeit diesbezüglich noch relativ wenig Rechtsprechung, aber z. B. das LAG Düsseldorf sieht im Entzug des Homeoffice eine Versetzung und wendet zu Recht die Rechtsprechung, die sich zu Versetzungsklauseln entwickelt hat, auf das Thema an. Es verlangt die Ausübung billigen Ermessens und ausreichende Interessenabwägung für einen wirksamen Widerruf[15].
Im Bereich des Betriebsverfassungsgesetzes ist natürlich zudem daran zu denken, dass der Entzug von Homeoffice als ggf. betriebsverfassungsrechtliche Versetzung (§ 95 Abs. 3 BetrVG) gem. § 99 BetrVG beteiligungspflichtig ist. Entsprechend gibt es zur Beendigung von Telearbeit, auch »nur« alternierender, also an bestimmten Tagen stattfindender, Telearbeit mittlerweile eine BAG-Entscheidung. Demnach ist diese Beendigung nach § 99 BetrVG als Versetzung mitbestimmungspflichtig.[16]
Sollte Beschäftigten das Homeoffice rechtswidrig entzogen werden, sind diese grundsätzlich nicht verpflichtet, der Weisung zur Arbeitsleistung in der Betriebsstätte Folge zu leisten.[17] Die Beschäftigten, die meinen, dass ihnen da Unrecht geschieht, sollten sich daher dringend qualifiziert juristisch beraten lassen. Die Mitglieder der DGB-Gewerkschaften erhalten diese Beratung in der Regel kostenfrei bei ihrer Gewerkschaft.

bb. Bindung der Beschäftigten

Auch die Frage, ob die Beschäftigten sich von der Vereinbarung des Homeoffice wieder lösen können, hängt von der vertraglichen Grundlage ab.

15 Vgl. LAG Düsseldorf v. 10.9.2014 – 12 Sa 505/14, Rn. 83.
16 Vgl. BAG v. 20.10.2021 – 7 ABR 34/20.
17 Vgl. BAG v. 14.9.2017 – 5 AS 7/17.

> **Praxistipp:**
> Eine betriebliche Regelung sollte dazu ebenfalls möglichst klare und nachvollziehbare Regelungen enthalten.
> Dabei sollte z. B. an folgende Punkte gedacht werden:
> - Wohnungsverlust / Umzug
> - Eigenbedarf am Zimmer / Änderung der häuslichen Situation
> - Erkenntnis der Beschäftigten, dass ihnen Homeoffice nicht liegt / nicht guttut

Ohne klare Regelung haben die Beschäftigten unter Umständen ein großes Problem.
Nehmen wir den Extremfall: Jemand wurde ausschließlich für die Arbeit im Homeoffice (in echter Telearbeit) eingestellt. Wenn diese Person nun die Wohnung verliert und keine Möglichkeit findet, wieder an adäquate Räumlichkeiten zur geschuldeten Erbringung der Arbeitsleistung zu gelangen, ist der Weg zur personenbedingten Kündigung durch den Arbeitgeber grundsätzlich offen.
Natürlich wäre in diesem Zusammenhang zu prüfen, ob es mildere Mittel gibt. Ein solches milderes Mittel wäre wohl die Neuausübung des Direktionsrechts – ggf. die Änderung des Arbeitsvertrages – und Zuweisung eines Arbeitsplatzes in einer Betriebsstätte. Dazu ist der Arbeitgeber nur dann verpflichtet, wenn er entsprechende Möglichkeiten dann auch tatsächlich zur Verfügung hat. Vorhalten muss er solche Möglichkeiten für den Eventualfall nicht.
Haben die Beschäftigten dagegen ein Recht auf (vollständige) Rückkehr an den betrieblichen Arbeitsplatz, liegt es am Arbeitgeber, dafür zu sorgen, dass dieser dann auch zur Verfügung steht, wenn es erforderlich ist. Alternativ entstehen dann wenigstens Annahmeverzugsansprüche für die Beschäftigten (§ 615 BGB).

e. Kosten im Homeoffice

aa. Ausstattung / Verbrauch

Aus § 2 Abs. 7 ArbStättV ergibt sich klar, dass der Arbeitgeber für die Ausstattung des Arbeitsplatzes verantwortlich ist, wenn er mit Beschäftigten eine regelmäßige Arbeit an einem festgelegten Telearbeitsplatz vereinbart. Im Falle der Telearbeit muss grundsätzlich also der Arbeitgeber auf seine Kosten die für den Arbeitsplatz erforderlichen Arbeitsmittel zur Verfügung stellen. Das betrifft z. B.

- elektronische Geräte wie Computer, Drucker
- Einrichtungsgegenstände wie Bürostuhl, Schreibtisch etc.
- aber auch geeignete Bürobeleuchtung etc.

Bringen die Beschäftigten diese Ausstattung (teilweise) selbst ein, indem vereinbarungsgemäß z. B. der private Schreibtisch / Bürostuhl oder gar Computer genutzt wird, entsteht grundsätzlich ein Anspruch auf Aufwendungsersatz gem. § 670 BGB.
Das Gleiche gilt, wenn das Homeoffice nicht unter § 2 Abs. 7 ArbStättV fällt.

Beachten:
Eine vertragliche Regelung bzw. klare Regelung in der betrieblichen Vereinbarung zu diesem Thema ist im Grunde unabdingbar notwendig.

Ohne eine solche Regelung haben die Beschäftigten zwar Ansprüche, müssen diese aber immer klein / klein und notfalls gerichtlich durchsetzen. Eine Voraussetzung für die Durchsetzung des Aufwendungsersatzes ist es dabei, dass das Homeoffice nicht im ausschließlichen Interesse der Beschäftigten liegt.[18] Oft wird aber gerade das der Fall oder die Grenzen fließend sein.
Und auch ansonsten bleiben ohne klare Regelung viele Fragen offen, die eine differenzierte und einzelfallbezogene Betrachtung erforderlich machen:

- Beim Verbrauchsmaterial (Büromaterial inkl. Druckpapier, Druckpatronen etc.) kann grundsätzlich leicht und genau zwischen beruflich veranlassten Aufwendungen und den privaten Kosten differenziert werden. Im Zweifel ist den Beschäftigten da einfach zu raten, zwei Stapel zu haben (einen beruflichen und einen privaten) und die Anzahl der Drucke und ähnliches aufzuzeichnen. Zu ersetzen sind dann die nachgewiesenen Kosten für die beruflich genutzten Materialien.
- Schwierig wird es aber bereits beim Drucker selbst. Bei Geräten, die zum Teil privat und zum Teil beruflich genutzt werden (z. B. private Drucker, Laptops, Bildschirme, die auch beruflich genutzt werden) wird die Berechnung und der Nachweis des Anteils beruflicher Nutzung sehr schwierig oder kaum möglich sein.

Eine Möglichkeit ist es, in der Auseinandersetzung darauf abzustellen, ob die Beschäftigten das private Gerät bereits vor der Einführung des Homeoffice besessen / genutzt haben oder ob das Gerät für das Home-

18 Vgl. BAG v. 12.4.2011 – 9 AZR 14/10, Rn. 32.

office gekauft wurde. Im zweiten Fall könnte man geltend machen, den Kaufpreis des privaten Geräts ganz oder teilweise »für« den Arbeitgeber aufgewendet zu haben und unter Umständen einen Aufwendungserstattungsanspruch durchsetzen. Im ersten Fall bleibt ohnehin nur ein Anspruch bzgl. der zusätzlichen Abnutzung des privaten Geräts, eine zusätzliche Schwierigkeit dann in der Ermittlung des Anteils der beruflichen Nutzung.

Das gleiche Problem haben wir bei der Berechnung der anteiligen Strom-, Wasser- und Heizkosten, die den Beschäftigten im Homeoffice entstehen. Hier mag es zwar möglicherweise gelingen, durch einen Vergleich der durchschnittlichen Kosten vor Aufnahme der Homeoffice-Tätigkeit mit den durchschnittlichen Kosten während der Tätigkeit zu einer tragfähigen Berechnung der durch das Homeoffice entstanden Differenz zu gelangen. Auf der anderen Seite entstehen durch das Homeoffice aber eben nicht nur beruflich bedingte Mehraufwendungen z. B. für den Strom, sondern auch letztendlich dem privaten Bereich zuzurechnende Aufwendungen wie z. B. höhere Aufwendungen für Wasser, das man für das Kochen, sei es Kaffee, sei es das Mittagessen usw. verbraucht.

So kann z. B. auch der Besuch der Toilette, der letztendlich eine sehr private Verrichtung ist, wohl kaum dem Interesse des Arbeitgebers mit entsprechendem Anspruch auf Aufwendungsersatz zugerechnet werden, obwohl er in der Betriebsstätte die Sanitäreinrichtungen zur Verfügung stellt.

Hinsichtlich Geräte und Anschlüssen, die zur Erfüllung der Arbeitspflicht zwar nützlich sind, jedoch nicht im Hinblick auf die Arbeitspflicht getätigt wurden, sieht es ähnlich aus. Nehmen wir als Beispiel den Internetanschluss. Verfügen Beschäftigte bei Aufnahme der Homeoffice-Tätigkeit bereits aus privaten Gründen über den Anschluss und entstehen durch die berufliche Nutzung keine exakt zuordenbaren Extrakosten (Verbindungsentgelte), dann kommt auch kein durchsetzbarer Kostenerstattungsanspruch in Frage.

Und selbst hinsichtlich der Wohnungsmiete / Finanzierungskosten wird so argumentiert.[19] Etwas anderes gilt möglicherweise dann, wenn die Beschäftigten nachweisen können, wegen des Homeoffice eine Wohnung mit entsprechendem Büro angemietet zu haben.

Pragmatischer Lösungsansatz

Gerade im Interesse der Beschäftigten, die sich sonst dem oben dargestellten Kleinkrieg ausgesetzt sehen und in der Praxis meist nicht in

19 Vgl. LAG Düsseldorf v. 23. 1. 2008 – 7 Sa 864/06.

der Lage sind, sich für ihre diesbezüglichen Interessen auch nachhaltig einzusetzen, erscheint der Abschluss einer Vereinbarung über den Umgang mit den im Homeoffice anfallenden Kosten also geradezu zwingend. Dabei hat es sich bewährt, vor allem für die Aufwendungen, die sonst schwer zu berechnen / nachzuweisen sind, Pauschalen zu vereinbaren.
Ein Stromkostenvergleichsportal hat Ende 2020 die Mehrkosten allein für Strom durch Homeoffice auf ca. 250 Euro pro Jahr geschätzt. Die in der Praxis nicht unübliche Pauschale für den Verbrauch von Strom und Wasser, sowie anfallende Heizkosten in Höhe von monatlich 50 Euro erscheint da den derzeitigen Kosten angemessen.
Rechtlich möglich, aus Sicht der Beschäftigten aber wohl in der Regel nicht erstrebenswert, wäre auch, dass vereinbart wird, dass die Aufwendungen bereits mit dem Arbeitsentgelt abgegolten sind, sofern die Aufwendungen einen geringen Teil des Entgelts ausmachen. Etwas Anderes wäre aber auch hier der Fall, wenn dadurch der Mindestlohn nach Mindestlohngesetz (§ 3 MiLoG) oder ein auf Basis § 4 TVG geschuldetes Tarifentgelt unterschritten würde.
Sowohl bei der Pauschale als auch bei der Abgeltung verlangt das Transparenzgebot (§ 307 Abs. 1 Satz 2 BGB) dass sich der Abgeltungsumfang aus der Vereinbarung klar ergibt. Die Beschäftigten müssen also erkennen können, welche Aufwendungen konkret abgegolten sein sollen.

Fazit
Auch im Homeoffice bleibt es bei dem Grundsatz, dass der Arbeitgeber die Kosten für Arbeitsplatz und Arbeitsmittel zu tragen hat.
Anders als bei der Arbeit am betrieblichen Arbeitsplatz geht der Arbeitnehmer jedoch häufig in Vorleistung und kann die Höhe der getätigten Aufwendungen nur unter unangemessenem Aufwand konkret beziffern. Um den Aufwand mit der Kostentragung für Arbeitgeber und Arbeitnehmer überschaubar zu halten, empfiehlt es sich, pragmatische Lösungsansätze – wie Pauschalen, ggf. mit der Möglichkeit, höhere Kosten nachzuweisen – zu vereinbaren.

bb. Fahrtkosten

Wir haben **§ 670 BGB** ja bereits kennengelernt:

»Macht der Beauftragte zum Zwecke der Ausführung des Auftrags Aufwendungen, die er den Umständen nach für erforderlich halten darf, so ist der Auftraggeber zum Ersatz verpflichtet.«

Für den Arbeitsweg (also die Fahrten von Beschäftigten von zu Hause zur Arbeit und zurück) nützt uns diese Bestimmung grundsätzlich natürlich wenig. Auch wenn der Arbeitgeber natürlich ein sehr großes Interesse daran hat, dass seine Beschäftigten überhaupt zur Arbeit erscheinen, Arbeitsleistung erbringen, und ihm so den Betrieb des Unternehmens / der Dienststelle erst ermöglichen: In der juristischen Betrachtungsweise legen die Beschäftigten den Weg zur Arbeit im Eigeninteresse zurück. Erst wenn sie am vereinbarten Arbeitsort erschienen sind, sind sie in der Lage, ihre Arbeitskraft anzubieten und so Entgeltansprüche (oder in bestimmten Fällen Annahmeverzugsansprüche) zu erwerben.

Anders sieht es aus, wenn Beschäftigte aufgrund ihrer vertraglichen Situation gar nicht verpflichtet sind, die Arbeitsleistung in der Betriebsstätte zu erbringen. Das kann entweder bei klassischen Außendienstmitarbeiter:innen, Monteur:innen, Kundendienstmitarbeiter:innen etc. der Fall sein oder aber auch bei Beschäftigten, die einen echten Telearbeitsplatz im Sinne von § 2 Abs. 7 ArbStättV innehaben und tatsächlich ihre volle Arbeitsleistung aus dem heimischen Bereich heraus erbringen.

Irgendwo dazwischen bewegen sich die Beschäftigten, die gelegentlich, oder nur an bestimmten Tagen in der Woche, aus dem Homeoffice und an anderen Tagen aus der Betriebsstätte heraus tätig werden.

Wir müssen uns also drei Fallgestaltungen ansehen:

1. Beschäftigte, die an ständig wechselnden Einsatzorten tätig werden
2. Beschäftigte, deren Erfüllungsort nur das Homeoffice ist
3. Beschäftigte, die gelegentlich aus dem Homeoffice arbeiten

Beschäftigte, die an ständig wechselnden Einsatzorten tätig werden

Für diese Beschäftigten gilt wieder § 670 BGB. In diesen Fällen liegt es im Interesse des Arbeitgebers, dass die Beschäftigten überhaupt an den jeweiligen Einsatzort gelangen, um dort die Arbeitsleistung erbringen zu können. Demzufolge ist der Arbeitgeber natürlich auch verpflichtet, die durch den entsprechenden Weg zum Kunden entstehenden Fahrtkosten zu ersetzen.

Allerdings haben wir auch in diesen Fällen das Problem, das § 670 BGB nicht sehr detailliert gehalten ist. In welcher Höhe diese Fahrtkosten also exakt zu erstatten sind, wäre im Streitfall wieder eine Frage des konkreten Einzelfalles. In der Regel haben wir in solchen Vertragsverhältnissen jedoch von vornherein kein Problem, weil diese Fragen üblicherweise durch den einschlägigen Tarifvertrag oder zumindest durch eine entsprechende arbeitsvertragliche Klausel geregelt werden.

Anhaltspunkt für die angemessenen Kosten, die gegebenenfalls auch zu erstatten sind, sind als unterer Ankerpunkt an dieser Stelle die jeweils geltenden Kilometerpauschalen des Steuerrechts bzw. die nachgewiesenen Fahrtkosten mit öffentlichen Verkehrsmitteln mindestens zweiter Klasse oder ähnliches.

Beschäftigte, deren Erfüllungsort nur das Homeoffice ist

Auch für Beschäftigte, die ihrer arbeitsvertraglichen Regelung nach ausschließlich im Homeoffice (hier dann in der Regel in einem klassischen Telearbeitsverhältnis) tätig sind, liegen Fahrten, die dann ausnahmsweise doch in die Betriebsstätte unternommen werden, im Interesse des Arbeitgebers.

Ordnet dieser die Teilnahme an Besprechungen, Schulungen und ähnlichem an, dient die Fahrt nicht mehr dem Eigeninteresse der Beschäftigten. Diese können – wenn ihr Vertrag so gestaltet ist – die Arbeitsleistung aus dem Homeoffice erbringen und damit von dort aus die Arbeitskraft wirksam anbieten.

Die Fahrt in die Betriebsstätte zum Meeting ist in diesen Fällen, wie auch bei den Außendienstmitarbeiter:innen, eine Dienstreise und die Fahrtkosten damit gem. § 670 BGB (oder speziellerer tariflicher / vertraglicher Regelungen) zu erstatten, wenn nichts anderes vereinbart ist.

Beschäftigte, die gelegentlich aus dem Homeoffice arbeiten

Auch für diese Beschäftigten gilt: Der Weg zum vertraglich vereinbarten Arbeitsort ist grundsätzlich Privatangelegenheit. Etwas anderes gilt nur dann, wenn dieser Weg der Befriedigung eines ausschließlich fremden Bedürfnisses (des Arbeitgebers) dient und den Beschäftigten aufgrund des arbeitsvertraglichen Direktionsrechts abverlangt wird.

Wenn also Beschäftigte an Tagen oder zu Zeiten, an denen sie berechtigt sind, ihre Arbeitsleistung im Homeoffice zu erbringen doch (noch, nochmals) im Arbeitgeberinteresse / auf entsprechende Anweisung den Betriebssitz aufsuchen müssen, liegt der Weg nicht mehr in ihrem eigenen Interesse.

Voraussetzung: Die Beschäftigten können und dürfen ihre Arbeitsleitung im Homeoffice anbieten. Nimmt der Arbeitgeber die Arbeitsleistung dort nicht an, kommt er in Annahmeverzug und muss die Zeit in der Regel dann dennoch vergüten (§ 615 BGB). Der Weg liegt also ausschließlich im Interesse des Arbeitgebers, der die Arbeitsleistung im Homeoffice nun doch nicht haben will, stattdessen aber an einem anderen Ort.

In diesen Fällen entsteht für die (zusätzliche) Fahrt grundsätzlich auch ein Anspruch auf Erstattung der entstehenden Fahrtkosten. Etwas Anderes kann natürlich auch hier vertraglich vereinbart sein, soweit nicht andere Regelungen entgegenstehen (z. B. Tarifvertrag, Mindestlohngesetz etc.).

3. Deskharing

a. Einführung des Arbeitsmodells – Gibt es ohne ausdrückliche vertragliche Regelung eine Verpflichtung für Beschäftigte, an einem Desksharing-Modell teilzunehmen?

Wie oben bereits angedeutet, sind Homeoffice und Desksharing praktisch oft zwei Seiten einer Medaille. In dem Moment, wo in einem Betrieb / einer Dienststelle wegen Homeoffice in einigem Umfang Büroflächen leer stehen, liegt der Gedanke, diese zu reduzieren und Desksharing einzuführen, nahe. Andersherum – wenn die Büroflächen teurer werden, ist der Gedanke, die Mietkosten auf die Beschäftigten abzuwälzen und diese von zu Hause aus arbeiten zu lassen, keine betriebswirtschaftliche Raketentechnik.
In diesen Fällen stellt sich dann also die Frage:
»Kann mir mein Arbeitgeber »meinen Schreibtisch«, vielleicht sogar mein (Einzel-)Büro wegnehmen und mich zwingen, mir jeden Arbeitstag einen neuen Platz in einem Großraumbüro zu suchen oder gar ins Homeoffice zu gehen?«
Auf diese Frage kann man leider nur eine halbe Entwarnung geben.

> **Beachten:**
> Dass es grundsätzlich ohne vertragliche Grundlage nicht möglich ist, Beschäftigte ins Homeoffice zu zwingen, das haben wir oben bereits geklärt. Dass ggf. das Mehrpersonenbüro und der tägliche »Schreibtischtanz«[20] bei der Arbeitsplatzsuche in den meisten Fällen per Direktionsrecht angeordnet werden kann, bedeutet daher nicht, das Betroffene deshalb gezwungen werden können, außerhalb des Bürostandortes zu arbeiten.

Sehen wir uns die Lage wieder Stück für Stück an:

aa. Arbeitsvertragliches Direktionsrecht

Erinnern wir uns an die Normenpyramide und § 106 GewO / § 315 BGB. Der Arbeitgeber kann den Ort der Arbeitsleistung nach billigem Ermessen näher bestimmen, soweit ihn nicht individual- oder kollektivvertragliche Regelungen einschränken.

---

20 Der Begriff ist angelehnt an das bekannte Kinderspiel, »Reise nach Jerusalem / Stuhltanz«, in dem immer ein Stuhl entfernt wird und die Mitspielenden, die keinen Sitzplatz mehr bekommen, ausscheiden müssen. Zu regional anderen Bezeichnungen etc. siehe z. B. *https://de.wikipedia.org/wiki/Reise_nach_Jerusalem* (abgerufen 18. 11. 2024).

Das bedeutet, dass Beschäftigte i.d.R. keinen Anspruch auf einen bestimmten Arbeitsplatz im räumlichen Sinn haben. In der Praxis betreffen die bestehenden vertraglichen Einschränkungen meist bestenfalls den Standort (meist als Bezeichnung einer politischen Gemeinde). Sie beziehen sich schon eher selten auf eine konkrete Büroadresse. Noch nie erlebt habe ich dagegen einen Arbeitsvertrag, aus dem sich ein Anspruch auf Beschäftigung ausschließlich im Büro »im dritten Stock, hinten rechts« oder den Schreibtisch »am zweiten Fenster von links« herauslesen ließ. Die vertragliche Situation wird der Anordnung von Desksharing-Lösungen deshalb in aller Regel nicht entgegenstehen.

bb. Billiges Ermessen / Zumutbarkeit

Wenn es dem Arbeitgeber grundsätzlich also möglich ist, ein Bürokonzept einzuführen, welches ggf. auch Mehrpersonenbüros und wechselnde Schreibtischbelegung vorsieht, müssen natürlich dennoch die jeweiligen Interessen der Beschäftigten in die Überlegungen mit einbezogen werden. Soweit dabei aber auf Seiten der Beschäftigten relevante Interessen gegen das Desksharing ins Feld geführt werden können, werden diese oft auch eine Herausnahme der konkreten Person aus dem Konzept geradezu erzwingen. Dies wird z.B. i.d.R. dann der Fall sein, wenn Betroffene aus gesundheitlichen Gründen nicht nur eine ruhige Arbeitsumgebung brauchen, sondern auch Veränderungen nicht oder schlecht verarbeiten können.

In solchen Sonderfällen kann es also auch gut sein, dass sich aus einer Vereinbarung im Rahmen des BEM (Betriebliches Eingliederungsmanagement), aus den besonderen Anforderungen einer Schwerbehinderung oder chronischen Krankheit oder ähnlichem ein Anspruch auf den fest zugewiesenen Arbeitsplatz ggf. auch im Einzelbüro ergibt.

b. Was geschieht, wenn die Desksharing-Arbeitsplätze nicht ausreichen?

Wie wir festgestellt haben, macht die Einführung von Desksharing-Konzepten in der Regel nur dann einen Sinn, wenn dabei die Anzahl der zur Verfügung stehenden Arbeitsplätze (z.T. deutlich) unter die Anzahl der Beschäftigten sinkt. Es kann deshalb in der Praxis durchaus vorkommen, dass Beschäftigte bei Arbeitsbeginn oder beim Versuch sich einen geeigneten Arbeitsplatz zu buchen, keinen freien Platz mehr finden.

Selbstverständlich sollte diese Situation vorausschauend bedacht und kollektivrechtlich geregelt sein (siehe dazu auch die Vorschläge in den

späteren Teilen dieses Buches). Die folgenden Überlegungen sind aber auch dabei zu beachten.
Beschäftigte, aus deren arbeitsvertraglicher Situation sich (ob grundsätzlich oder nur für diesen Tag spielt keine Rolle!) keine Verpflichtung ergibt, im Homeoffice zu arbeiten, haben das Recht auf einen ergonomischen Arbeitsplatz im Betrieb.
Kann der Arbeitgeber diesen Arbeitsplatz nicht zur Verfügung stellen, weil er zu knapp kalkuliert hat, darf dies nicht zu Nachteilen für die Beschäftigten führen.
Hier greifen dann wieder die Überlegungen, die wir bereits weiter oben zum Thema Annahmeverzug und Homeoffice angestellt haben.
§ 615 BGB sieht vor, dass Beschäftigte, denen der Arbeitgeber keine geeignete Aufgabe oder eben keinen geeigneten Arbeitsplatz zur Verfügung stellen kann, trotzdem den Anspruch auf ihr Arbeitsentgelt behalten. Beschäftigte, die zur Erbringung der Arbeitsleistung im Homeoffice grundsätzlich nicht verpflichtet sind, können deshalb auch nicht mit dem Argument des »böswilligen Unterlassens anderweitigen Erwerbs« an den heimischen Schreibtisch (oder schlimmer noch, den Küchentisch) verwiesen werden. Wozu ich nicht verpflichtet bin, das ist mir sicher nicht zumutbar. Was mir nicht zumutbar ist, das muss ich nicht machen. Folglich kann es nicht böswillig sein, dieses zu unterlassen.
Anders kann sich die Lage darstellen, wenn der Arbeitsplatz im Homeoffice grundsätzlich vorhanden ist und an diesem Tag auch zumutbar nutzbar wäre. Allerdings ergibt sich dann aus der Situation in der Regel ein Anspruch darauf, die im Interesse des Arbeitgebers aufgewendete Zeit für die nun wieder nötige Heimfahrt auch vergütet zu bekommen (mehr dazu im Kapitel über die Arbeitszeitfragen).

4. Versicherung und Haftung

a. Grundsätzliches

Desksharing-Arbeitsplätze sind normale Büroarbeitsplätze. Besonderheiten bezüglich Versicherung und Haftung im Verhältnis zum fest zugewiesenen Arbeitsplatz im Mehrpersonen- oder auch Einzelbüro gibt es daher grundsätzlich nicht.
Dagegen war lange umstritten, in welchem Umfang die gesetzliche Unfallversicherung auch für Tätigkeiten im Homeoffice greift. Diese Frage wurde im Grundsatz aber durch das seit Juni 2021 geltende Betriebsräte-

modernisierungsgesetz geklärt. Wichtig zu beachten – die hier besprochene Regelung findet sich im SGB VII, gilt also natürlich auch für die öffentlich-rechtlichen Arbeitgeber oder die dem kirchlichen Arbeitsrecht unterliegenden Betriebe.
Seit Juni 2021 bestimmt § 8 Abs. 1 SGB VII, dass im Homeoffice der Unfallversicherungsschutz in gleicher Weise wie im Betrieb besteht.
§ 8 Abs. 1 und 2 SGB VII lautet nun mit Blick auf das Homeoffice bzw. die mobile Arbeit wie folgt:

(1) Arbeitsunfälle sind Unfälle von Versicherten infolge einer den Versicherungsschutz nach § 2, 3 oder 6 begründenden Tätigkeit (versicherte Tätigkeit). Unfälle sind zeitlich begrenzte, von außen auf den Körper einwirkende Ereignisse, die zu einem Gesundheitsschaden oder zum Tod führen. Wird die versicherte Tätigkeit im Haushalt der Versicherten oder an einem anderen Ort ausgeübt, besteht Versicherungsschutz in gleichem Umfang wie bei Ausübung der Tätigkeit auf der Unternehmensstätte.
(2) Versicherte Tätigkeiten sind auch
...
2a.
das Zurücklegen des unmittelbaren Weges nach und von dem Ort, an dem Kinder von Versicherten nach Nummer 2 Buchstabe a fremder Obhut anvertraut werden, wenn die versicherte Tätigkeit an dem Ort des gemeinsamen Haushalts ausgeübt wird,
...

Mit der Regelung wird eine Versicherungslücke geschlossen, die zuvor für die Tätigkeiten bestand, die von zu Hause aus erbracht werden. Bisher bestand im Homeoffice und bei sonstiger mobiler Arbeit zwar grundsätzlich gesetzlicher Unfallversicherungsschutz. Dieser Schutz im Homeoffice war aber deshalb deutlich lückenhafter als in der betrieblichen Arbeitsstätte, weil viele Unfallquellen außen vor blieben.
Aber sehen wir uns die Veränderungen und damit die neue und deutlich bessere Rechtslage einfach systematisch an.
Die gesetzliche Unfallversicherung greift auch im Homeoffice immer dann, wenn der Unfall auf die im betrieblichen Interesse durchgeführten Tätigkeiten zurückzuführen ist und nicht auf Tätigkeiten im »eigenwirtschaftlichen« und damit unversicherten Bereich.

> **Beachten:**
> Für den Versicherungsschutz kommt es also nicht auf den Ort der Tätigkeit an, sondern auf die Frage, ob die Tätigkeit in einem engen Zusammenhang mit den beruflichen Aufgaben steht.

Bisher dagegen beschränkte sich bei Arbeiten im Homeoffice der Versicherungsschutz in der Regel auf die unmittelbare Arbeitstätigkeit.

b. Arbeitsunfälle

Wer also auf dem Weg zum Drucker stolpert, weil er dabei war, einen betrieblichen Ausdruck zu holen, war und ist versichert.

> **Beachten:**
> Die Beweislast für die betriebliche Veranlassung der Tätigkeit liegt bei den Beschäftigten, die im Schadenfall Leistungen der gesetzlichen Unfallversicherung in Anspruch nehmen wollen.

Problematisch war es aber bisher, wenn es nicht um den Ausdruck geht, der geholt wird, sondern um das Glas Wasser / die Tasse Kaffee. Unterschiede – also Lücken im Versicherungsschutz – bestanden bei den Wegen, die entweder im Betrieb oder eben im eigenen Haushalt, zum Holen eines Getränks, zur Nahrungsaufnahme, zum Toilettengang etc. unternommen werden. Diese Gänge waren nach der gängigen Rechtsprechung bisher nur dann versichert, wenn sie in der Betriebsstätte erfolgten.
Das hat sich durch die Gesetzesänderung nun deutlich verbessert. Der Umfang des Versicherungsschutzes in der gesetzlichen Unfallversicherung hängt nun nicht mehr vom Ort der Erbringung der Arbeitsleistung ab.

> **Beispiel:**
> Geht Irina im Betrieb in die Kaffeeküche, um sich ein Glas Wasser zu holen, stürzt und verletzt sich, fällt sie unter den Schutz der gesetzlichen Unfallversicherung mit allen Leistungen, die das zur Folge hat. Passiert ihr das Gleiche im Homeoffice, gibt es mit der seit 18.6.2021 geltenden Rechtslage nun den gleichen Versicherungsschutz, also die gleichen Leistungen der gesetzlichen Unfallversicherung.[21]

21 Zur bisherigen Rechtslage vgl. BSG v. 5.7.2016 – B 2 U 5/15 R.

Praxistipp:
Zumindest für den Transport einer schweren Kiste mit Akten in das und aus dem Homeoffice wurde auch für eine Beamtin bereits entschieden, dass ein dabei erlittener Unfall mit Personenschaden als Dienstunfall nach – in diesem Fall bayerischem – Beamtenrecht zu qualifizieren sein kann.[22]

Sogar ein explodierender Heizkessel kann zum Arbeitsunfall führen. Was für Heizer und Heizungsmonteurinnen einleuchtend erscheint, verwundert vielleicht zunächst für klassische Bürojobs, noch dazu im Homeoffice. Im vom BSG 2024 entschiedenen Fall wollte der Kläger, dem, wie er vortrug, im Wohnzimmer seines Hauses, das er auch als Arbeitszimmer nutzte, kalt geworden war, die Heizung hochdrehen. Als er feststellte, dass dies nicht gelang, im Gegenteil, alle Heizungen im Haus kalt blieben, begab er sich in den Heizungskeller. Dort explodierte ihm ein Teil des Heizkessels ins Gesicht und fügte ihm schwere Verletzungen zu. Die Berufsgenossenschaft verweigerte die Anerkennung als Berufsunfall, weil der Kläger mit seinem Weg in den Heizungskeller nicht nur sich selbst mit einem warmen Arbeitsort ausstatten, sondern auch für Wärme in den Kinderzimmern habe sorgen wollen. Im Instanzenzug verloren dann die Kinderzimmer ihre Bedeutung als Begründung, warum kein Arbeitsunfall vorläge, nun war es der Heizkessel, der im privaten Verantwortungsbereich des Klägers gelegen habe, der den Arbeitsunfall ausschließen sollte.[23] Fast 9 Jahre nach dem Unfall entschied das BSG 2024[24] zugunsten des Betroffenen. Es hält dabei nochmals fest, dass ein Unfall nur dann als Arbeitsunfall einzustufen ist, wenn das Verhalten der Betroffenen, bei dem sich der Unfall ereignet, der versicherten Tätigkeit zuzurechnen ist, was im Wesentlichen dann der Fall ist, wenn die Tätigkeit dem Unternehmen dienen sollte. Dabei spielt es aber keine Rolle, dass (quasi nebenbei) die Tätigkeit auch noch einen zusätzlichen privaten Aspekt hatte – die anderen Räume, inkl. Kinderzimmer, hätten auch wieder warm werden können, hätte das Hochdrehen des Heizungskessels funktioniert. Und es spielt auch keine Rolle, dass der explodierte Heizkessel ein Privatgegenstand war bzw. ob der Betroffene ggf. Mitschuld hat, weil er z. B. seinen privaten Heizungskessel nicht anständig gewartet hatte.

22 Vgl. VG Bayreuth v. 23. 1. 2024 – B 5 K 22.1031.
23 Bayerisches LSG v. 12. 5. 2021 – L 3 U 373/18.
24 BSG v. 21. 3. 2024 – B 2 U 14/21 R.

Praxistipp:
Gefahren, die von schlecht gewarteten Privatgegenständen ausgehen, sollten eigentlich in der Gefährdungsbeurteilung erkannt worden sein.

c. Wegeunfälle

Wegeunfälle, also die Unfälle, die auf dem Weg von und zur Arbeit geschehen, stehen ebenfalls unter dem Schutz der gesetzlichen Unfallversicherung. Das gilt grundsätzlich sogar dann, wenn vom üblichen Weg abgewichen wird, um Kinder in den Kindergarten oder zur Kita bzw. zur Schule zu bringen.
Im Homeoffice war das nach der Rechtsprechung des BSG[25] anders. Seit 18.6.2021 unterfallen aber auch diese Wege aus und ins Homeoffice dem gesetzlichen Unfallschutz.
Allerdings lauern hier auch weiterhin neben den Unfallgefahren der realen Welt noch rechtliche Fußangeln.
Der Gesetzgeber unterstellt nur den unmittelbaren Weg zwischen den Orten, an denen die Kinder betreut werden, und die »Bringenden« bzw. »Holenden«, die Arbeitsleistung erbringen, dem Versicherungsschutz.
Und: der Schutz gilt nur, wenn es sich bei den bewegten Kindern um Kinder der Versicherten handelt.
Darunter fallen zwar sogar unter Umständen Enkel (nämlich wenn sie im gleichen Haushalt leben) und Pflegekinder – aber nicht die Kinder, mit denen man unter einem Dach lebt und um die man sich kümmert, ohne mit ihnen verwandt oder verschwägert zu sein.

Beispiel:
Während also Erkan in der gesetzlichen Unfallversicherung versichert ist, wenn er auf dem Weg vor Arbeitsbeginn die Tochter seiner Ehefrau zur Kita bringt und dabei einen Unfall erleidet, ist Maria, die den Sohn ihres Freundes (auch wenn dieser seit Jahren der nichteheliche Lebensgefährte ist) nach der Arbeit aus der Kita holt, unversichert.[26]

Noch von der Rechtsprechung zu klären war und ist die Frage, ob ein Unfall, der in der (Mittags-)Pause aus dem Homeoffice erlitten wird, während man sich für den unmittelbaren Verzehr gedachtes Essen besorgt, als Arbeitsunfall gewertet werden kann. Im Norden,[27] bezogen auf den Er-

25 Zur bisherigen Rechtslage vgl. BSG v. 30.1.2020 – B 2 U 19/18 R.
26 Vgl. LSG Berlin-Brandenburg v. 3.5.2018 – L 3 U 156/16.
27 Vgl. LSG Niedersachsen-Bremen v. 16.3.2023 – L 14 U 29/22; abgesehen vom aus AN-Sicht erfreulichen Ergebnis des Verfahrens, die Sachverhaltsdarstellung insb. Rn. 24 ist manch gedrucktem Prosawerk ebenbürtig.

werb eines verzehrfertigen Grillhähnchens, und im Süden,[28] bezogen auf eine warme Leberkässemmel und einen Schlag Eintopf, wurden solche Fälle nun positiv gerichtlich beschieden. Das LSG Niedersachsen – Bremen hat sich in seiner Grillhähnchen-Entscheidung vom 16. 3. 2023 dafür entschieden und eindrucksvoll begründet, diese Fälle ebenso unter den gesetzlichen Unfallversicherungsschutz zu stellen wie entsprechende Einkäufe aus dem Büro, (z. B. aus dem Desksharing).[29] Gleiches entschied das LSG Bayern am 15. 1. 2024 für den Kauf der Leberkässemmel durch eine kurze Radfahrt zum nahe gelegenen Metzger (Fleischwarenfachbetrieb).

d. Personenschäden

Personenschäden sind die Schäden, die den Beschäftigten, Kolleg:innen oder Dritten durch Unfälle entstehen. Dabei ist zu beachten, dass das Nachstehende natürlich nur dann gilt, wenn dieser Unfall nach den oben erläuterten Regelungen in den Bereich der gesetzlichen Unfallversicherung fällt.

Verletzungen können Behandlungs- oder Reha-Kosten nach sich ziehen, ggf. zu Beeinträchtigungen führen, im schlimmsten Fall sogar zu dauerhaften Behinderungen oder dem Tod.

Diese Schäden können den Beschäftigten selbst entstehen, also Eigenschäden sein. Oder aber die Beschäftigten können andere verletzen, also Fremdschäden verursachen.

aa. Eigenschäden

Die Haftung für Personenschäden bei Arbeitnehmern wird durch § 104 SGB VII beschränkt. Eigentlich würde nach allgemeinem Haftungsrecht der Arbeitgeber für jeden Personenschaden eines Beschäftigten, den er fahrlässig oder vorsätzlich herbeiführt, haften. § 104 SGB VII verlagert die Haftung jedoch ganz überwiegend auf die gesetzliche Unfallversicherung.

Diese erbringt dann sehr umfangreiche Leistungen, was den Ersatz materieller Schäden (Entgeltausfall) angeht und die Behandlung. Aber dafür gibt es in der Regel bei Arbeits-/und Wegeunfällen kein Schmerzensgeld.

---

28 Vgl. Bayerisches LSG v. 15. 1. 2024 – L 3 U 168/23; etwas nüchterner im Stil als das LSG Niedersachsen – Bremen, im Ergebnis aber ebenso überzeugend davon ausgehend, dass nicht in jedem Haushalt eine warme Mahlzeit vorbereitet herumsteht und im Homeoffice auch nicht immer Zeit zum Kochen ist.

29 Vgl. LSG Niedersachsen-Bremen v. 16. 3. 2023 – L 14 U 29/22; abgesehen vom aus Arbeitnehmersicht erfreulichen Ergebnis des Verfahrens, die Sachverhaltsdarstellung insb. Rn. 24 ist manch gedrucktem Prosawerk ebenbürtig.

bb. Fremdschäden

Wenn Beschäftigte in Ausübung ihrer beruflichen Tätigkeit Schäden verursachen, muss dafür in aller Regel der Arbeitgeber aufkommen. Dieser hat dann wieder die Möglichkeit, die Beschäftigten in Regress zu nehmen, das aber nach der gängigen Rechtsprechung nur sehr eingeschränkt.
An dieser Stelle die Einzelheiten der Arbeitnehmerhaftung zu beschreiben, würde den Rahmen des Ratgebers sprengen. Im Grunde kann man sich merken, dass Beschäftigte nur sehr eingeschränkt für die Schäden haften, die sie im Rahmen ihrer beruflichen Tätigkeit verursachen und in der Regel mit maximal drei Bruttomonatsgehältern einstehen müssen.

e. Sachschäden

Sachschäden sind die Schäden, die den Beschäftigten, Kolleg:innen oder Dritten durch die berufliche Tätigkeit entstehen. Soweit es sich dabei um Sachschäden aus Unfällen handelt, ist zu beachten, dass das Nachstehende natürlich auch wieder nur dann gilt, wenn dieser Unfall nach den oben erläuterten Regelungen in den Bereich der gesetzlichen Unfallversicherung fällt.

aa. Schäden am Eigentum der Beschäftigten

Falls Schäden am Eigentum der Beschäftigten auf in der gesetzlichen Unfallversicherung versicherte Fälle zurückzuführen sind, werden auch diese grundsätzlich von der Unfallversicherung ersetzt.
Ersatz für Eigenschäden, die Beschäftigte ansonsten im Homeoffice verursachen, gegenüber dem Arbeitgeber durchzusetzen, wird aber in der Regel ohne ausdrückliche anderweitige Vereinbarung schwierig werden.

> **Beispiel:**
> Bringt Pablo seine private Büroausstattung in die Homeoffice-Tätigkeit ein und der Schreibtisch / Beistelltisch bricht unter der Last des vom Arbeitgeber gestellten Druckers zusammen, kann man eventuell wieder über Schadenersatzansprüche nachdenken.
> Wenn Pablo aber auf dem Weg zum Drucker über die Ming-Vase fällt, die er selbst (oder jemand aus seiner Sphäre) in den Weg gestellt hat, erscheint es unwahrscheinlich, dass er Schadenersatz durchsetzen könnte.

bb. Schäden am Eigentum des Arbeitgebers

Wie bereits erwähnt, haften Arbeitnehmer:innen ihrem Arbeitgeber zwar grundsätzlich für Schäden, die sie im Rahmen ihrer beruflichen Tätigkeit an dessen Eigentum verursachen. Allerdings greift bei dieser betrieblich

veranlassten Tätigkeit das oben bereits erläuterte sogenannte Arbeitnehmerhaftungsprivileg.
Soweit Beschäftigte ihrem Arbeitgeber also nicht vorsätzlich Schäden zufügen, haften sie in der Regel nur mit verhältnismäßig geringen Anteilen / Beträgen, tendenziell mit maximal drei Bruttomonatsgehältern.
Nun sind aber drei Bruttomonatsgehälter auch schon eine ganz erhebliche Stange Geld, die von den wenigsten Beschäftigten »mal ebenso aus der Portokasse« beglichen werden wird. Zudem greift dieses Haftungsprivileg definitiv nur für die Beschäftigten selbst. Verursachen also nicht die Beschäftigten, sondern deren Mitbewohner:innen (auch Familienangehörige!) oder Besucher:innen Schäden am Arbeitgebereigentum, so haften diese Personen dem Arbeitgeber grundsätzlich vollständig und unbegrenzt.[30]

Praxistipp:
Es ist daher dringend anzuraten, in der Homeoffice-Vereinbarung mit dem Arbeitgeber eine Regelung zu treffen, nach der dieser sich verpflichtet, Mitbewohner:innen der Beschäftigten, idealerweise auch Besucher:innen, im Falle von Schäden an seinem Eigentum maximal so in Haftung zu nehmen, wie dies zulässig wäre, wenn die Beschäftigten die Schäden selbst verursacht hätten.
Ideal wäre, wenn der Arbeitgeber diese Personen, also die Familienangehörigen und Besucher:innen, auch von der Haftung gegenüber Dritten, das können z. B. Kund:innen sein oder Lieferant:innen etc., entsprechend des Arbeitnehmerhaftungsprivilegs freistellt.

Zudem sollten Beschäftigte, die im Homeoffice arbeiten, ganz dringend klären, ob ihre private Haftpflicht- und Hausratversicherung ausreichende Deckung für die möglicherweise entstehenden Schäden aufweisen und gegebenenfalls den Deckungsschutz erweitern. Für letzteres kann man ebenfalls darüber nachdenken, entsprechende Mehrkosten durch eine entsprechende vertragliche Regelung vom Arbeitgeber tragen zu lassen.

30 Zwar wird u. U. im Rahmen des Konzeptes der sogenannten »gestörten Gesamtschuld« letztlich hier nochmal eine gewisse Begrenzung eingefügt, die verhindert, dass der Arbeitgeber sich über den Umweg des hinzugetretenen externen Schädigers von seinen Beschäftigten mehr holen kann, als er im Rahmen der Arbeitnehmerhaftung eintreiben könnte. Dieses Konzept zu erläutern, würde jedoch den Rahmen des Buches sprengen und ist im Grunde auch nicht nötig. Wichtig für betriebliche Interessenvertretungen ist der Vorschlag im »Praxistipp«, der die »gestörte Gesamtschuld« schon gedanklich mitberücksichtigt.

Zumindest für die Schäden, die die Beschäftigten selbst verursachen, gibt es zudem bundesweit für die Mitglieder der im Deutschen Gewerkschaftsbund zusammengeschlossenen Gewerkschaften noch eine sehr kostengünstige und effektive Methode, ihr Haftungsrisiko abzusichern.

f. Beruhigt im Homeoffice arbeiten mit der GUV/FAKULTA – aber nicht nur dort

Fehler sind menschlich – auch im Homeoffice. Im Berufsalltag kommt es immer wieder zu Schäden, bei denen anschließend Beschäftigte von ihrem Arbeitgeber in die Haftung genommen werden.
Ich habe vor einigen Jahren meinen damaligen, am freien Markt tätigen, Versicherungsmakler gebeten, mir zu recherchieren, welche Möglichkeiten es für Beschäftigte gibt, die finanziellen Risiken, die mit der beruflichen Tätigkeit einhergehen können, abzudecken. Das Ergebnis war ernüchternd. »So leid es mir tut, das wird teuer und unvollständig.« Das war damals in etwa das Fazit des Maklers.

Hinweis:
Mitglieder einer DGB-Gewerkschaft können sich aber effektiv gegen die Risiken der Arbeitnehmerhaftung bei beruflicher und dienstlicher Tätigkeit schützen. Dazu wurde die Gewerkschaftliche Unterstützungseinrichtung GUV/FAKULTA im Jahre 1910 gegründet. Das sind über 110 Jahre gelebte Solidarität!

Matthias Knüttel ist Geschäftsführer der GUV/FAKULTA und damit kompetenter Ansprechpartner, wenn es darum geht, berufliche Risiken mit einer starken Gemeinschaft abzufedern. Ich habe ihn deshalb gefragt, wie das mit der Mitgliedschaft in der GUV/FAKULTA funktioniert und was die Mitgliedschaft den Beschäftigten bringen kann.

Interview mit Matthias Knüttel, Geschäftsführer der GUV/FAKULTA:
Matthias, du bist Geschäftsführer der GUV/FAKULTA. Warum gibt es Euch?
Matthias: Vor weit mehr als 100 Jahren, mit der starken Beschleunigung der Industrialisierung (sozusagen im Wortsinne, denn die Automobile und Lastwagen waren erfunden und begannen den Verkehr zu erobern) erhöhte sich das Risiko derjenigen, die in ihrem Beruf Fahrzeuge fuhren und Waren transportierten. Immer öfter wurden sie von ihren Arbeit-

gebern oder von Versicherungen in Regress genommen. Oft ging es dabei um Geldsummen, die kein Beschäftigter mehr aufbringen konnte. Damals schlossen sich die Transportarbeiter zu einem Unterstützungsverein, der FAKULTA, zusammen. Jeder zahlte einen überschaubaren Betrag ein. Wenn ein Kollege wegen eines Unfalls in Regress genommen oder – schlimmer noch – verletzt oder getötet wurde, dann stand der Verein für ihn ein. Die Kosten wurden aus der gemeinsamen Kasse übernommen und die Familie wurde unterstützt.

Im Laufe der Jahrzehnte hat sich viel verändert, der Bedarf an solidarischer Unterstützung ist aber nicht weggefallen, im Gegenteil. Heute kann es in jedem Berufsbild zu folgenschweren Unfällen bzw. Fehlern kommen. Wer beruflich tätig ist, trägt ein hohes Risiko. Es gibt viele Situationen, in denen Versicherungen für entstandene Schäden nicht aufkommen. Die DGB-Gewerkschaften haben sich gedacht: Für solche Fälle brauchen wir einen Rettungsanker. Nun steht unsere GUV/FAKULTA allen Mitgliedern von DGB-Gewerkschaften offen und im Schadenfall zur Seite. Wir wurden gegründet, um zu helfen, wenn kein anderer das mehr tut.

Was sind das für Fälle?

Matthias: Immer, wenn Fahrlässigkeit im Spiel ist, gibt es Probleme.

Hast Du Beispiele speziell aus dem Bereich Homeoffice?

Matthias: Ja, mir fallen spontan gleich drei Beispiele dazu ein:

Schadenersatz:

Kollegin L. arbeitete im Homeoffice und verschüttete Kaffee über den dienstlichen Laptop. Der Laptop wurde schwer beschädigt und war nicht mehr zu gebrauchen. Der Arbeitgeber nahm die Kollegin mit 1600 Euro in Regress. Die GUV/FAKULTA unterstützte sie mit 1440 Euro.

Datenschutzgrundverordnung (DSGVO):

Kollege F. verlor einen Datenstick, den er zu Homeoffice-Arbeiten mit nach Hause genommen hatte. Der Stick enthielt persönliche Kundendaten und war nicht gegen fremden Zugriff gesichert. Er wurde gefunden und der Aufsichtsbehörde übergeben. Diese ermittelte den verantwortlichen Betrieb und verhängte ein Bußgeld gegen den Arbeitgeber. Die Geschäftsführung nahm den Kollegen in Regress. Dies wäre ein Leistungsfall für die GUV/FAKULTA.

Dienstschlüsselverlust:

Kollege K. verlor seinen Dienstschlüssel. Der Arbeitgeber nahm den Kollegen mit 2000 Euro in Regress. Die GUV/FAKULTA zahlte 1920 Euro Schadenersatzbeihilfe.

Was rätst Du den Kollegen in einem solchen Fall?

Matthias: Sich wehren. Die Forderung sollte unbedingt rechtlich geprüft werden. Dies übernimmt i. d. R. die zuständige DGB-Gewerkschaft. Nicht gleich etwas unterschreiben oder zahlen. Erst einmal die Ruhe bewahren und anschließend sofort zum Betriebs- oder Personalrat gehen und mit seiner zuständigen DGB-Gewerkschaft Kontakt aufnehmen.

Und wann kommt die GUV/FAKULTA ins Spiel?

Matthias: Wir sind da, wenn die Kollegen am Ende immer noch auf Kosten sitzen bleiben. Wenn sie also zahlen müssen. Wir unterstützen unsere Mitglieder auch bei grober Fahrlässigkeit. Darum sind wir gegründet worden.

Daneben bieten wir auch in anderen Fällen Hilfe an. Der Schutz der GUV/FAKULTA erstreckt sich dabei nicht nur auf die Berufsausübung, sondern auch auf den Arbeitsweg und den Weg zu und von gewerkschaftlichen Veranstaltungen. Wir haben mittlerweile 11 Topleistungen und bieten damit unseren Mitgliedern 11-fachen Schutz.

Kannst Du uns den Schutz und die Hilfe der GUV/FAKULTA in Stichworten nennen?

Matthias: Selbstverständlich. Wenn es Probleme gibt im Zusammenhang mit der beruflichen oder gewerkschaftlichen Tätigkeit, dann bieten wir unseren Mitgliedern:

- Schadenersatzbeihilfe
- Notfallunterstützung
- Straf-/Ordnungswidrigkeiten-Rechtsschutz
- Verletztengeld
- Zivil-Rechtsschutz zur Geltendmachung/Abwehr von Schadenersatz- und/oder Schmerzensgeldansprüchen
- Beihilfe bei Schlüsselverlust
- Beihilfe bei Selbstbehalt einer Kasko-/Haftpflicht des Privatfahrzeugs
- Unfallkrankenhaustagegeld
- Unterstützung bei Berufs-Erwerbsunfähigkeit
- Haft-Unterstützung
- Unterstützung bei Unfalltod

Das klingt umfangreich und teuer. Wer kann denn bei Euch Mitglied werden und wer kann sich das leisten?

Matthias: Der GUV/FAKULTA Mitgliedsbeitrag beträgt derzeit 24 Euro im Jahr. Ich denke, das ist ok. Wir sind ja keine Versicherung, die Gewinne machen will, sondern eine gewerkschaftliche Unterstützungseinrichtung. Wir stehen für einen gewerkschaftlichen Schutz seit 1910. Verbundenheit statt Versicherung! Solidarkasse statt Gewinne! Fairer Beitrag statt Kostenfalle!

Der einzige »Haken« dabei ist aus meiner Sicht ein echter Vorteil: Bei uns kann nur Mitglied werden, wer auch Mitglied einer der im DGB zusammengeschlossenen Gewerkschaften ist.

Tarifverträge, die Unterstützung im Arbeits- und Sozialrecht und alle anderen Leistungen, die die DGB-Gewerkschaften bieten, gibt's also »oben drauf«. Oder uns als Sahnehäubchen auf diesen Leistungen. Egal wie rum man es betrachtet, wer bei uns Mitglied ist, kann sich auf eine Solidargemeinschaft verlassen.

Wo gibt es weitere Informationen?

Matthias: Auf unserer Internetseite *www.guv-fakulta.de* und natürlich in unserem GUV/FAKULTA Service-Zentrum. Das ist sieben Tage die Woche, rund um die Uhr besetzt. Es ist unter 07141/70233-0 zu erreichen. Unter *www.jetzt-beitreten.de* kann man schnell und einfach GUV/FAKULTA-Mitglied werden. Einfach den Online-Antrag ausfüllen, abschicken und GUV/FAKULTA-Mitglied werden.

Lieber Matthias, ich danke Dir herzlich für das Gespräch.

g. Störfälle

aa. Homeoffice wird nicht eingerichtet

Haben Beschäftigte mit dem Arbeitgeber eine Vereinbarung abgeschlossen, die ihnen die Arbeit im Homeoffice gestattet, die Arbeitsaufnahme hängt aber noch von der Schaffung von Voraussetzungen durch den Arbeitgeber ab und dieser schafft diese Voraussetzungen nicht, sondern weist die Beschäftigten stattdessen vertragswidrig an (weiter) in der Betriebsstätte zu arbeiten, kommen entsprechende Schadenersatzansprüche in Betracht.

Nach §§ 283, 280 Abs. 1 Satz 1, § 275 Satz 1, § 249 Satz 1 BGB kann der Gläubiger dann, wenn der Schuldner eine Pflicht aus dem Arbeitsverhältnis verletzt, Ersatz des hierdurch entstehenden Schadens verlangen. Dies gilt nicht, wenn der Schuldner die Pflichtverletzung nicht zu vertreten hat, § 280 Abs. 1 Satz 2, §§ 276, 278 BGB.

Ein Beispiel – zwei Varianten:

Markus hat mit dem Arbeitgeber die Einrichtung eines Telearbeitsplatzes ab dem 1.9.2021 vereinbart. Ab diesem Tag soll die Arbeitsleistung ausschließlich aus der Wohnung von Markus – aus dem dann eingerichteten Telearbeitsplatz – erbracht werden. Die Einrichtung des Telearbeitsplatzes wurde im Wesentlichen vertraglich auf Markus übertragen, jedoch muss die IT des Unternehmens noch die erforderlichen Voraussetzungen schaffen, damit sich Markus sicher über VPN in das Unternehmensnetzwerk einwählen kann. Ein Zugriff von außerhalb ohne diese Zugänge ist nicht möglich / verboten.

Wenn nun die IT, chronisch unterbesetzt und überlastet, einfach nicht dazu kommt, den Zugang einzurichten, dann könnte Markus ab 1.9.2021 seine

Arbeitskraft dennoch von zu Hause aus anbieten und würde ggf. Annahmeverzugsansprüche haben. Der Arbeitgeber weist Markus stattdessen aber an, auch nach dem 1.9.2021 weiter in die Betriebsstätte zu kommen und von dort aus zu arbeiten. Markus protestiert und klagt schließlich auch, in der Zwischenzeit fährt er aber arbeitstäglich ins Büro.
Für die Tage ab dem 1.9.2021 hat er Anspruch auf Ersatz des entstandenen Schadens gem. §§ 283, 280 Abs. 1 Satz 1, § 275 Satz 1, § 249 Satz 1 BGB. Er erhält die Fahrtkosten (abzgl. einer möglichen Verringerung seiner Steuerlast durch die Geltendmachung der Fahrtkostenpauschale bei der Einkommenssteuer) erstattet.[31]
Liegt die Nichteinrichtung des IT-Zugangs dagegen nicht im Verantwortungsbereich des Arbeitgebers, hat zum Beispiel jemand am 30.8.2021 das Glasfaserkabel am Knotenpunkt von Markus Wohnung beschädigt und dieser deshalb kein Internet, fällt ein Schadenersatzanspruch – zumindest gegen den Arbeitgeber – natürlich aus.

bb. Tätigkeit im Homeoffice ist (vorübergehend) erschwert oder unmöglich

Sie haben es schon geahnt – es kommt in diesen Fällen wieder auf den Einzelfall und die zugrundeliegenden Probleme und Vereinbarungen an.

Beachten:
Wenn der Arbeitgeber die Arbeit im Homeoffice gestattet oder gar anweist und keine gegenteilige Vereinbarung getroffen ist (ob eine gegenteilige Vereinbarung dann zulässig getroffen wäre, wäre eigenständig zu prüfen!), dann trägt er auch im Homeoffice grundsätzlich das Betriebsrisiko.

Fällt das Internet also aus, muss ich – wie im Büro auch – zusehen, dass ich meine Arbeitszeit sinnvoll und vertragsgemäß ohne Netzzugang ausfülle. Schreibtisch aufräumen und Papierablage z. B. kann einen ja schon mal eine ganze Weile sinnvoll und analog beschäftigen.

Beachten:
Ist aber absehbar, dass es (bald) nichts Vertragsgemäßes (mehr) zu tun gibt, gebietet es die Arbeitspflicht, dass auf zumutbarem Wege und unverzüglich der Führungskraft mitzuteilen.

Also z. B. anrufen, wenn das Telefon noch geht. Eine private E-Mail-Adresse zu benutzen, wenn das Firmennetz ausgefallen ist, kann meines Er-

31 Vgl. LAG v. 7.11.2018 – 7 Sa 46/18, Rn. 55.

achtens nicht verlangt werden (wäre ja auch fraglich, was das nützt, wenn die Führungskraft wegen des Serverausfalls die E-Mail dann ohnehin nicht rechtzeitig sieht). Meines Erachtens ist die privat genutzte E-Mail-Adresse, so wie die private Telefonnummer, ein persönliches Datum, auf das der Arbeitgeber grundsätzlich keinen Anspruch hat (und das man auch nicht rausgeben sollte; Stichwort: ungestörte Erholung). Wer dienstlich erreichbar sein muss, dem muss der Arbeitgeber die Kontaktmöglichkeiten zur Verfügung stellen, sonst ist die Erreichbarkeit wohl doch nicht so wichtig.

Insbesondere wenn absehbar ist, dass der Ausfall und das »Nichtszutunhaben« länger dauert, sollte man sich aber im Eigeninteresse bemühen, die eigene Arbeitskraft auch nachweisbar anzubieten, um die Annahmeverzugsansprüche gem. § 615 BGB zu sichern.

Der Arbeitgeber darf dann – vertragsgemäße! – Ersatztätigkeiten zuweisen. Dazu wird in erster Linie gehören, dass er verlangen wird, die Arbeit in diesem Fall eben in der Betriebsstätte zu erledigen, wenn das Problem nicht gerade am Firmenserver liegt. Nun wäre zu prüfen, ob die Anweisung den Arbeitsort zu verlegen, vertragsgemäß ist und im konkreten Fall billigem Ermessen entspricht. Sind auch die Beschäftigteninteressen ausreichend berücksichtigt – also z. B. nicht gerade Kinder unter 12, die man nicht allein im Haus lassen kann, im Homeschooling – heißt es wohl meist: »auf ins Büro«.

Dabei sollte dann bitte nicht vergessen werden zu prüfen, ob diese Fahrt nicht ausschließlich im betrieblichen Interesse zur Vermeidung von Annahmeverzugsansprüchen stattfindet – so wäre die Dienstfahrt wenigstens Arbeitszeit und in der Regel auch zu vergüten. Fahrtkostenansprüche entstehen ebenso.

> **Hinweis:**
> Idealerweise sind diese Fragen bereits in der Betriebsvereinbarung transparent und mit ausdrücklicher Offenheit für bessere individualvertragliche Regelungen geklärt.

cc. Beschäftigte können nicht mehr im Homeoffice arbeiten

Nehmen wir an, die Beschäftigte mit der Telearbeitsplatzvereinbarung stellt fest, dass ihr Arbeitszimmer ein massives Schimmelproblem in den Wänden hat. Sanierung wäre langwierig und teuer oder gar unmöglich. Ein alternativer Arbeitsraum steht nicht zur Verfügung; ein betrieblicher Arbeitsplatz aber auch nicht.

Zunächst geht sicher der Gesundheitsschutz vor; ein Weiterarbeiten in diesem Raum kommt grundsätzlich nicht in Betracht. Unsere Beschäftigte ist also unverschuldet (die Diskussion um das schlechte Lüften verlieren Arbeitgeber vor Gericht genauso wahrscheinlich, wie das Vermieter meist tun) an der Erbringung ihrer Arbeitsleistung gehindert.
Kurzfristig hat das keine Auswirkungen auf den Bestand des Arbeitsverhältnisses. Langfristig ggf. aber leider schon. Wenn die Beschäftigte nun auf Dauer ihre vertraglich geschuldete Arbeitsleistung nicht mehr erbringen kann, ein milderes Mittel (z. B. Zuweisung anderer Arbeitsort) aber nicht vorhanden oder dem Arbeitgeber nicht zumutbar ist, greifen die Grundsätze der personenbedingten Kündigung.
Vor allem also dann, wenn das Nicht-arbeiten-können nicht zum Verlust der Entgeltansprüche führt, wird es schnell teuer für den Arbeitgeber und damit gefährlich.

> **Praxistipp:**
> Deshalb sollte auch für diesen Fall möglichst eine Regelung in der betrieblichen Vereinbarung zu finden sein, die den Beschäftigten die Chance bietet, ihren Arbeitsplatz als solchen ohne das Homeoffice zu behalten, wenn sie das wünschen.

dd. Beschäftigte finden beim Desksharing keinen geeigneten Arbeitsplatz

In der Regel wird Desksharing mit dem Ziel eingeführt, Bürofläche und damit Kosten zu sparen. Ist der Arbeitgeber hier übers Ziel hinausgeschossen bzw. hat sich verkalkuliert, kann es passieren, dass Beschäftigte bei der Buchung des Arbeitsplatzes für den kommenden Tag bzw. bei Ankunft am Bürostandort feststellen müssen, dass ihnen kein geeigneter Arbeitsplatz zur Verfügung steht. Für diesen Fall sollte in der jeweiligen Betriebs- bzw. Dienstvereinbarung natürlich Vorsorge getroffen werden. Näheres zu diesen kollektivrechtlichen Möglichkeiten findet sich in den entsprechenden Kapiteln. Individualarbeitsrechtlich liegt in der Regel wieder ein Fall von Annahmeverzug vor. Wenn ich arbeitsbereit und – willig im Büro erscheine, der Arbeitgeber mir aber keinen geeigneten Arbeitsplatz zur Verfügung stellen kann, schuldet er mir dennoch weiterhin meine Vergütung. Genauer werden wir uns mit der Frage auch nochmals im Kapitel zur Arbeitszeit befassen. An dieser Stelle sei zunächst nur darauf verwiesen, dass die große Sorge vieler Beschäftigter, dass die Arbeitsplatzsuche letztlich zu ihren Lasten gehen wird, bei konsequenter Anwendung des Arbeitsrechts und vorausschauender Gestaltung der Betriebs- bzw. Dienstvereinbarungen eigentlich unnötig sein sollte.

IV. Was ist steuerlich absetzbar?

Steuerrecht – für die meisten Menschen ein Buch mit sieben Siegeln. Auch bei mir ist es lange her, dass ich mich diesem Thema so tiefgründig gewidmet habe, wie das notwendig ist, wenn man den Durchblick behalten will. Ich habe mir deshalb für dieses Kapitel kompetente Unterstützung bei Brigitte Hagen, der Steuerberaterin meines Vertrauens, geholt. Unser nachstehendes Interview konzentriert sich auf den Bereich, den wir in diesem Buch »Homeoffice« nennen. Aus dem Desksharing ergeben sich auf Seiten der Beschäftigten gegenüber dem »auf Dauer« zugewiesenen Arbeitsplatz keine steuerlichen Besonderheiten.

Interessant könnte hier wohl nur eine Konstellation werden, nämlich der oben genannte Störfall, dass Beschäftigte in das Büro fahren, um dort feststellen zu müssen, dass ihnen kein geeigneter Arbeitsplatz zur Verfügung steht.

Ergibt sich dann, dass dieses Beschäftigten anders als zunächst geplant, ins »Homeoffice« zurückfahren und von dort aus arbeiten, wäre es nur fair, wenn sie einerseits die Fahrtkosten steuerlich geltend machen und andererseits für diesen Tag dennoch die Homeofficepauschale ansetzen könnten. Hier steckt der Teufel leider wieder im Detail. Da die Homeofficepauschale voraussetzt, dass die Steuerpflichtigen an diesem Tag die Tätigkeit »überwiegend in der häuslichen Wohnung« ausüben und »keine außerhalb der häuslichen Wohnung belegene erste Tätigkeitsstätte aufgesucht wird«, wird der kumulierte Ansatz von Fahrtkosten ins Büro und Homeofficepauschale für solche Tage in der Regel wohl leider nicht funktionieren.[1]

1 Vgl. § 4 Abs. 5 Satz 1 Nr. 6b Satz 4 EStG.

Interview mit Brigitte Hagen, Steuerberaterin:

Wenn Beschäftigte von zu Hause aus arbeiten, sind dann die Kosten für diesen Platz, für die Arbeitsecke, für das Arbeitszimmer absetzbar?

In diesem Bereich hat sich in der Tat in den vergangenen Jahren einiges getan. Z.B. muss es kein Arbeitszimmer mehr sein, um die Pauschalen geltend zu machen, d.h. es reicht eine Arbeitsecke in der Küche, im Schlafzimmer, im Wohnzimmer.

Unkomplizierter sind die Regeln zwar nicht geworden, aber dank der gesetzlichen Änderungen können nun mehr Beschäftigte ihren häuslichen Arbeitsplatz bei der Steuererklärung ansetzen, als dies früher der Fall war.

Laptop, Arbeitszimmer, Stromkosten – welche Voraussetzungen gelten, um die Kosten fürs Homeoffice geltend zu machen?

Während viele Arbeitnehmer im Homeoffice arbeiten, stellt sich unweigerlich die Frage, wer für eventuelle Mehrkosten aufkommt. Wenn der Arbeitgeber für das Equipment nicht aufkommt, dann stellt sich die Frage, lassen sich Laptop, Webcam und höhere Stromkosten von der Steuer absetzen?

Wer kann grundsätzlich ein Arbeitszimmer absetzen?

Nach dem neuesten Rechtsstand gibt es drei Gruppen von Steuerpflichtigen, die ein Arbeitszimmer steuerlich geltend machen können. Diese drei Gruppen muss man unterscheiden, um zu ermitteln, welche Arbeitszimmerkosten bzw. Pauschalen in Ansatz gebracht werden können.

1. Steuerpflichtige, bei denen das Arbeitszimmer den Mittelpunkt der gesamten beruflichen Tätigkeit bildet.

In diesem Fall können die gesamten Aufwendungen für ein häusliches Arbeitszimmer von der Steuer abgesetzt werden.

Alternativ kann seit dem Veranlagungszeitraum 2023 anstelle der tatsächlichen Aufwendungen eine Jahrespauschale von 1260 Euro geltend gemacht werden. Dies ist ein Wahlrecht!

Typische Beispiele wären freiberufliche Journalisten oder Autoren, die komplett von zuhause arbeiten. Aber auch Dolmetscher, die Texte von zuhause aus übersetzen, haben den Mittelpunkt der Tätigkeit im häuslichen Arbeitszimmer. Natürlich gilt das dann auch für jeden anderen Beruf, wenn die Beschäftigten in vollem Umfang echte Telearbeit leisten, also keinen (weiteren) betrieblichen Arbeitsplatz haben oder überwiegend zuhause tätig sind und den Mittelpunkt ihrer Tätigkeit im Homeoffice haben.

2. Steuerpflichtige, die nicht überwiegend im häuslichen Arbeitszimmer tätig sind, aber nicht den Mittelpunkt der Tätigkeit im Homeoffice haben UND keinen Arbeitsplatz in der Firma haben.

Sie können pro Tag, den sie im Arbeitszimmer verbringen, die Tagespauschale in Höhe von 6 Euro geltend machen bis zu einem Betrag von 1260 Euro/Jahr. Das entspricht 210 Arbeitstagen. Es reichen auch Tätigkeiten in geringem Umfang im Arbeitszimmer.
Das trifft klassischerweise vor allem auf die Arbeitszimmer von Lehrern, meistens aber auch auf Außendienstmitarbeiter zu. Deren Arbeitszeit verteilt sich auf die Tätigkeit in der Schule oder im Außendienst und aufs häusliche Arbeitszimmer.
3. Steuerpflichtige, die nicht überwiegend im häuslichen Arbeitszimmer tätig sind UND einen Arbeitsplatz in der Firma haben.
Dies trifft alle Steuerpflichtigen, die auch im Arbeitszimmer arbeiten, aber auch in der Firma arbeiten könnten. Sie können fürs Arbeitszimmer eine Tagespauschale von 6 Euro in Ansatz bringen.
Vorsicht: Nur für jeden Tag, an dem sie nicht in der Firma tätig sind bzw. keine außerhalb der häuslichen Wohnung belegene erste Tätigkeitsstätte aufgesucht haben, kann die Tagespauschale geltend gemacht werden.
Achtung Nachweispflicht:
Bei all diesen Arbeitnehmern, deren Mittelpunkt der Tätigkeit nicht im häuslichen Arbeitszimmer liegt, sollte unbedingt aufgezeichnet werden, an welchen Tagen die Tätigkeit im Homeoffice ausgeübt wurde. Dies kann sich aufgrund interner Zeitaufzeichnungen des Arbeitgebers ergeben oder kann z. B. im eigenen Kalender mitgeführt werden.

Wie muss ein Arbeitszimmer grundsätzlich aussehen, damit die gesamten Kosten des Arbeitszimmers steuerlich abzugsfähig sind?

Für die Absetzbarkeit der vollen Kosten des Arbeitszimmers, wenn der Mittelpunkt der Tätigkeit im Homeoffice verbracht wird und nicht die Jahrespauschale in Ansatz gebracht werden soll, muss es ein eigener, abgeschlossener Raum sein. Ein Durchgangszimmer genügt nicht, ebenso wenig wie eine provisorisch oder gar nicht abgetrennte Arbeitsecke in einem größeren Raum.
Es muss grundsätzlich die Anforderungen an einen Büroraum erfüllen. D.h. Es muss überwiegend – zu 90 % – als Arbeitszimmer genutzt werden. Man erledigt dort hauptsächlich verwaltungstechnische, organisatorische und schriftliche Arbeiten im Zusammenhang mit dem Beruf. Steht dort aber noch ein Bett oder wird es regelmäßig auch als Gästezimmer genutzt, ist eine überwiegend berufliche Nutzung nicht mehr gegeben.
Erlaubte Einrichtungsgegenstände sind:

- Schreibtischstuhl
- Bücher- und Aktenregale

- Sitzgegenstände wie Sofas, Sessel oder ein Schaukelstuhl, sofern sie entweder zum Empfangen von Geschäftskunden oder zum Lesen von Fachliteratur genutzt werden
- Radio
- Deko-Gegenstände wie Vorhänge, Lampen, Bilder und Teppiche

Dagegen sollten sich folgende Gegenstände nicht im Arbeitszimmer befinden:

- Gäste- oder Kinderbett
- Bügelbrett, Kühlschrank oder andere Haushaltsgegenstände
- private Bücher-, Schallplatten- oder DVD-/CD-Sammlungen
- Kleiderschrank

Übrigens:

Beim alternativen Ansatz der Jahrespauschale sind diese Anforderungen an die Beschaffenheit des Arbeitszimmers nicht gestellt. Ein Arbeiten in einer Arbeitsecke führt ebenfalls zum Ansatz der Pauschale.

Sind Arbeitsmittel zusätzlich zu den Arbeitszimmerkosten abzugsfähig?

Ja! Einrichtungsgegenstände, die gleichzeitig Arbeitsmittel sind, wie z. B. der Schreibtisch, sind zusätzlich abzugsfähig. Arbeitsmittel, die bis 952 Euro brutto kosten (800 Euro ohne Umsatzsteuer), die beweglich, abnutzbar und selbständig nutzungsfähig sind, können im Jahr der Anschaffung sofort in voller Höhe abgezogen werden. Sind die Kosten für Arbeitsmittel höher als 952 Euro brutto, müssen sie auf mehrere Jahre verteilt werden und im Wege der Abschreibung geltend gemacht werden.

Beispiele für Arbeitsmittel:

Schreibtisch, Regale, Schränke, Laptop, Computer, Drucker, Toner, Papier, Stifte, Locher, Stempel, Schreibtischlampe, Schreibtischstuhl usw.

Wie berechnen sich die Kosten für den Raum »Arbeitszimmer«, wenn die vollen Arbeitszimmerkosten in Ansatz gebracht werden können?

Zunächst muss ermittelt werden, wie viel Prozent der Gesamtwohnfläche das Arbeitszimmer einnimmt. Im zweiten Schritt werden die Wohnungskosten umgerechnet auf den als Arbeitszimmer berechneten Anteil der Wohnung.

Zu den Wohnungskosten gehören:

- Miete
- Stromkosten
- Kosten für Heizung und Warmwasser
- Müllabfuhr-, Schornsteinfeger- und Reinigungskosten
- Grundsteuer
- Hausrat- und ähnliche Versicherungen im Zusammenhang mit der Wohnung

Ist die Wohnung im Eigentum des Steuerpflichtigen, wird anstelle der Miete eine Abschreibung der Wohnung angenommen. Außerdem stellen Zinsen für eine möglicherweise noch laufende Finanzierung ebenfalls anteilig Arbeitszimmerkosten dar.

Wo werden die Kosten in der Steuererklärung eingetragen?

Dafür gibt es unter Anlage N (für nichtselbständige Einkünfte) die »Aufwendungen für ein häusliches Arbeitszimmer«.

Welche Kosten kann der Arbeitgeber übernehmen?

Abgesehen vom Absetzen der angefallenen Kosten über die Steuer, kann auch der Arbeitgeber für Kosten des Arbeitszimmers aufkommen. Der Arbeitgeber ist grundsätzlich dafür verantwortlich, den Arbeitnehmer so auszustatten, dass er seiner Arbeit nachgehen kann – ohne Mehrkosten tragen zu müssen. Wird also beispielsweise ein Computer, bestimmte Software oder ähnliches benötigt, muss der Arbeitgeber dafür aufkommen.

Anders sieht es mit der Ausstattung des Arbeitszimmers oder den Stromkosten aus – hier läuft die Rechnung in der Regel ja nicht auf den Arbeitgeber.

Das Arbeiten im häuslichen Bereich erfordert unabhängig vom Vorliegen eines häuslichen Arbeitszimmers in der heutigen Zeit einen Telefon- und Internetanschluss. Auch diese entsprechenden Aufwendungen führen damit grundsätzlich zu Werbungskosten.

Soweit der Arbeitgeber diese Kosten in vollem Umfange steuerfrei ersetzt, muss dies über die Lohnabrechnung geschehen. Ein zusätzlicher Abzug als Werbungskosten scheidet dann natürlich aus.

Sollte der Arbeitgeber aber gar nichts oder nur Teile der entstehenden Kosten ersetzen, kann der übrige Teil nach den oben erklärten Grundsätzen als Werbungskosten geltend gemacht werden.

Zu beachten ist aber, dass für Tage, an denen man wegen Homeoffice keinen Arbeitsweg zurückzulegen hatte, auch keine Entfernungspauschale geltend gemacht werden kann. Bei längeren Arbeitswegen ergibt sich deshalb für die Beschäftigten dennoch eine höhere steuerliche Belastung durch das Homeoffice, aber im Gegenzug fallen auch keine Fahrtkosten an.

Liebe Frau Hagen, ich danke Ihnen sehr für die hilfreichen Erläuterungen.

V. Gesundes Arbeiten – Arbeitsschutzregeln und ergonomische Vorgaben

Auf den folgenden Seiten wollen wir uns damit befassen, welche Regelungen für den Arbeitsschutz bei Arbeit bezogen auf unsere beiden Themenfelder »Homeoffice« und »Desksharing« gelten.
Soweit es ums Homeoffice geht, konzentrieren wir uns dabei gedanklich im Wesentlichen auf die Erbringung von Bürotätigkeiten außerhalb der Betriebsstätte.
Für Beschäftigte, die anderweitige Tätigkeiten erbringen, seien es Monteur:innen, Handwerker:innen, Zusteller:innen/Kurierfahrer:innen etc. gelten selbstverständlich zudem eine Vielzahl von berufsspezifischen Regelungen zum Arbeitsschutz, die den Rahmen dieses Ratgebers sprengen würden.

1. Grundlagen

Wie immer, wenn es um rechtliche Fragen geht, müssen wir uns fragen, gibt es eine Anspruchsgrundlage? Mit anderen Worten:

a. Wo ist es geregelt?

Wenn es um gesundes Arbeiten geht, liegt es nahe, zuallererst mal im **Arbeitsschutzgesetz** (ArbSchG) nachzusehen. Dieses Gesetz, ausführlich auch Gesetz über die Durchführung von Maßnahmen des Arbeitsschutzes zur Verbesserung der Sicherheit und des Gesundheitsschutzes der Beschäftigten bei der Arbeit genannt, setzt die Richtlinie des Rates vom 12.6.1989 über die Durchführung von Maßnahmen zur Verbesserung der Sicherheit und des Gesundheitsschutzes der Arbeitnehmer bei der Arbeit (89/391/EWG) in deutsches Recht um.

Wichtig für Bürotätigkeiten ist zudem die novellierte Verordnung über Arbeitsstätten (ArbStättV), die am 3.12.2016 – auf der Basis von § 18 des Arbeitsschutzgesetzes – in Kraft getreten ist.
Die früher gültige Bildschirmarbeitsverordnung wurde in die neue Arbeitsstättenverordnung integriert und trat damit am 3.12.2016 außer Kraft.
Gegenwärtig setzt also die **Arbeitsstättenverordnung** zusammen mit der Verordnung zur arbeitsmedizinischen Vorsorge (ArbMedVV) die Richtlinie des Rates vom 29.5.1990 über die Mindestvorschriften bezüglich der Sicherheit und des Gesundheitsschutzes bei der Arbeit an Bildschirmgeräten (90/270/EWG) in das deutsche Recht um.
Soweit der Arbeitgeber auch im Homeoffice Arbeitsmittel bereitstellt, ist außerdem die Verordnung über Sicherheit und Gesundheitsschutz bei der Verwendung von Arbeitsmitteln (**Betriebssicherheitsverordnung**, BetrSichV) zu beachten, die wiederum die Umsetzung der Arbeitsmittelbenutzungsrichtlinie des Europäischen Parlaments und des Rates vom 16.9.2009 (2009/104/EG) in deutsches Recht umsetzt.

b. Gesetzliche Grundlagen

Um es noch komplizierter zu machen, müssen wir leider bei der Frage, welche Standards die gesetzlichen Regelungen für den Arbeitsschutz für Büroarbeiten außerhalb der betrieblichen Arbeitsstätte nun konkret vorsehen, auch noch differenzieren.
Diese Regelungen sind in Teilen unterschiedlich, einmal für die klassische Telearbeit – also den vom Arbeitgeber im heimischen Bereich der Beschäftigten eingerichteten Büroarbeitsplatz – einmal für die mobile Arbeit im Allgemeinen. Allen Formen mobiler Arbeit gemeinsam ist zunächst, dass das Arbeitsschutzgesetz gilt.
Demnach (**§ 3 ArbSchG**) ist der Arbeitgeber verpflichtet, die erforderlichen Maßnahmen des Arbeitsschutzes unter Berücksichtigung der Umstände zu treffen, die Sicherheit und Gesundheit der Beschäftigten bei der Arbeit beeinflussen.
Er hat (das ist eine ständige Aufgabe!) Maßnahmen auf ihre Wirksamkeit zu überprüfen und erforderlichenfalls sich ändernden Gegebenheiten anzupassen. Nicht zu vergessen: dabei ist eine Verbesserung der Sicherheit und des Gesundheitsschutzes der Beschäftigten anzustreben.
An dieser Stelle sei noch einmal daran erinnert, dass es sich bei diesen Aufgaben des Arbeits- und Gesundheitsschutzes stets um Maßnahmen handelt, die den Umständen des Einzelfalles angepasst werden müssen. § 3 ArbSchG gibt dem Arbeitgeber zwar die Verpflichtung vor, Arbeits-

schutzmaßnahmen zu treffen. Welche Maßnahmen das sind und wie diese aussehen, ist allerdings an dieser Stelle nicht geregelt.

> **Beachten:**
> § 3 ArbSchG ist also eine klassische Rahmenvorschrift, sodass die entsprechenden Mitbestimmungsrechte nach den jeweiligen Beteiligungsgesetzen für die betrieblichen Interessenvertretungen greifen.

Näheres dazu findet sich ausführlich im Kapitel über die Rechte der betrieblichen Interessenvertretungen.
Die erforderlichen Maßnahmen des Arbeitsschutzes durchzuführen, setzt voraus, dass die entsprechenden Gefahren, die von Arbeitsplatz, Tätigkeit und Umgebung ausgehen, auch erkannt sind. Das Mittel, um diese Gefahren zu identifizieren, ist die **Gefährdungsbeurteilung** (§ 5 ArbSchG, § 3 ArbStättV).
Beim Homeoffice ist natürlich zu beachten, dass der Arbeitgeber nicht einfach in die Wohnung der Beschäftigten marschieren und den Arbeitsplatz inspizieren kann. Dabei macht es keinen Unterschied, ob das Homeoffice klassischer Telearbeitsplatz ist oder nicht, ob es erstmals eingerichtet oder nur geprüft werden soll.[1]
Art. 13 Abs. 1 GG – die Unverletzlichkeit der Wohnung – schließt ein **Zutrittsrecht des Arbeitgebers** zum Wohnbereich der Beschäftigten ohne entsprechendes Einverständnis der Betroffenen (zu denen ggf. auch die weiteren Mitbewohner / Familienangehörigen der Beschäftigten gehören) aus.
An dieser Stelle soll der Vollständigkeit halber auch darauf hingewiesen werden, dass sich die Beurteilung der Gefährdungslage im Homeoffice, insbesondere bei echter Telearbeit, auf den Arbeitsbereich beschränkt. Eine weitergehende Kontrolle der Sanitärräume, der Fluchtwege und so weiter muss nicht vorgenommen werden, soweit diese überwiegend in den privaten Lebensbereich fallen.
Da das Zutrittsrecht (oder zumindest die Vereinbarung von entsprechenden Möglichkeiten der Informationsbeschaffung und gegebenenfalls Umsetzungskontrolle für den Arbeitgeber) wiederum Grundvoraussetzung ist, um die arbeitgeberseitigen Pflichten im Arbeits- und Gesundheitsschutz umsetzen zu können, dürfte eine kategorische Verweigerung von Beschäftigten, Zutritt zu gewähren oder andere ausreichend Erkenntnis

1 Siehe dazu seit 22.12.2020 auch § 22 Abs. 2 Satz 5 ArbSchG, der diesen Grundsatz nochmals bestätigt, da von den klassischen Homeoffice-Tätigkeiten in aller Regel keine dringenden Gefahren für die öffentliche Sicherheit und Ordnung ausgehen.

verschaffende Maßnahmen der Informationsbeschaffung zu unterstützen, aber auch der Vereinbarung von Homeoffice insgesamt entgegenstehen.

Hinweis:
Es liegt daher letztlich wohl im beiderseitigen Interesse, an dieser Stelle zu Vereinbarungen zu kommen. In der in diesem Ratgeber enthaltenen Betriebsvereinbarung ist ein Vorschlag für eine Regelung enthalten, die meines Erachtens den beiderseitigen Interessen an dieser Stelle Rechnung trägt.

In den Vorauflagen musste noch darauf hingewiesen werden, dass z. B. in berufsgenossenschaftlichen Infomaterialien davon ausgegangen wurde, dass die Erstellung der Gefährdungsbeurteilung immer eine Begehung der Räume, in denen Telearbeit nach Arbeitsstättenverordnung verrichtet werden soll, erfordert. Diese Begehung sei auch nicht auf die Telearbeitnehmer:innen delegierbar.
Das hat sich nun verändert. Auch die Berufsgenossenschaften scheinen mittlerweile von der hier ebenfalls vertretenen Auffassung auszugehen, dass eine persönliche Begehung nicht immer zwingend erforderlich ist. Der Unterschied, einer z. B. rundum geführten Kamera / aussagekräftigen Fotos in Verbindung mit einem entsprechend ausgefüllten Fragebogen war nach diesseits vertretener Auffassung eigentlich auch nie erklärbar.[2]
Entscheidend ist vielmehr, dass sich der Arbeitgeber als Verantwortlicher für den Arbeits- und Gesundheitsschutz der Beschäftigten ein ausreichendes Bild von den Verhältnissen machen kann. Dieses Bild (also inklusive aller Informationsquellen, auf deren Basis es entsteht) steht natürlich auch der betrieblichen Interessenvertretung zu.
In diesem Zusammenhang sei zudem noch einmal darauf hingewiesen, dass der Zutritt zum Wohnbereich der Beschäftigten eine Maßnahme des Arbeits- und Gesundheitsschutzes ist, die Ausgestaltung des ob und wie dieses Zutrittsrechts bzw. der Frage, ob es nicht andere geeignete Erkenntnisquellen gibt und wie diese aussehen sollten, unterliegt daher ganz klar dem Mitbestimmungsrecht der betrieblichen Interessenvertretung.

2 Siehe auch Wiebauer: Die Novelle der Arbeitsstättenverordnung 2016, NZA 2017, 220 – Erstmalige Gefährdungsbeurteilung.

> **Beispiel Betriebsrat:**
> Ob der Arbeitgeber die Vereinbarung von Homeoffice überhaupt von der Zustimmung der Betroffenen zum Betreten ihres Wohnbereiches abhängig machen darf bzw. nach welchen Kriterien dieser Zutritt geregelt wird, unterliegt der vollen Mitbestimmung nach § 87 Abs. 1 Nr. 7 BetrVG, mit der Konsequenz, dass diese Frage gegebenenfalls bei Nichteinigung zwischen den Betriebsparteien in der Einigungsstelle entschieden werden kann.

Die Mitwirkungspflichten der Beschäftigten bei der Umsetzung des Arbeitsschutzes enden aber nicht bei der Frage nach der Gewährung von Zutritt zum häuslichen Arbeitsbereich. Auch bei Telearbeit im klassischen Sinne, vor allem aber bei den anderen Formen mobiler Arbeit, in denen der Arbeitgeber keine oder nur wenige Vorgaben bezüglich des Ortes, an dem die Arbeit zu leisten ist, macht, kommt es auf diese Mitwirkungspflichten entscheidend an.
Gemäß **§ 12 ArbSchG** hat der Arbeitgeber die Beschäftigten über die Sicherheit und den Gesundheitsschutz bei der Arbeit während ihrer Arbeitszeit ausreichend und angemessen zu unterweisen. Auch diese **Unterweisungspflicht** ist eine ständige Aufgabe und nicht etwa mit der Einstellung der Beschäftigten oder der Vereinbarung einer mobilen Arbeitsform einmal abzuhaken. § 12 ArbSchG regelt ausdrücklich, dass die Unterweisung an die Gesundheitsgefährdungsentwicklung angepasst sein muss und erforderlichenfalls regelmäßig wiederholt zu werden hat.
Das Gegenstück zu diesen Unterweisungen stellen die **§§ 15 und 16 ArbSchG** dar, die den Beschäftigten aufgeben, den in der Unterweisung erteilten Anweisungen des Arbeitgebers Folge zu leisten, sich aber auch ansonsten nach ihren Möglichkeiten selbst um ihre Sicherheit und Gesundheit bei der Arbeit zu bemühen.
Diese Aufgabe geht so weit, dass die Beschäftigten (vernünftigerweise) verpflichtet sind, jede von ihnen festgestellte unmittelbare erhebliche Gefahr für die Sicherheit und Gesundheit, die ihnen in ihrem Arbeitsbereich oder bei ihrer Tätigkeit auffällt, zu melden. § 16 Abs. 2 ArbSchG hält fest, dass die Beschäftigten verpflichtet sind, gemeinsam mit der/dem Betriebsarzt / -ärztin und der Fachkraft für Arbeitssicherheit, den Arbeitgeber darin zu unterstützen, die Sicherheit und den Gesundheitsschutz bei der Arbeit zu gewährleisten, um seine Pflichten zu erfüllen.
Gerade wenn es um mobile Arbeit geht, sind diese Verpflichtungen der Beschäftigten natürlich essenziell. Vor allem im heimischen Bereich der Beschäftigten wird der Arbeitgeber aus den oben genannten Gründen in der Regel wenig Einblick in die konkrete Situation haben.

Beispiel:
Wenn durch einen Hochhausneubau in der Nachbarschaft der Lichteinfall ins Arbeitszimmer deutlich schlechter wird, ist selbst der willigste Arbeitgeber daran gehindert, für eine neue ausreichend starke Lichtquelle zu sorgen, wenn der betroffene Beschäftigte nicht von sich aus auf diesen veränderten Umstand hinweist.

Eigentlich eine Selbstverständlichkeit, aber die Praxis zeigt, dass die betriebliche Interessenvertretung nicht oft genug dafür werben kann: die Beschäftigten sollten bei jeder sich bietenden Gelegenheit dazu eingeladen werden, stets auch den Betriebs- oder Personalrat zu informieren, wenn sie in ihrem Arbeitsbereich Gesundheitsgefährdungen oder Schutzbedarf feststellen.

Hinweis:
Meines Erachtens wäre es gut, wenn die betriebliche Interessenvertretung wirklich über jeden dieser Fälle auch aus Sicht der Beschäftigten entsprechend informiert wäre und sich ein geeignetes System eingerichtet hätte, diese Vorfälle entsprechend für sich zu dokumentieren und präsent zu halten. Selbst wenn die Gefährdungen im Einzelfall unbürokratisch und schnell auf Hinweis der Beschäftigten hin beseitigt werden, erleichtern es diese Informationen der betrieblichen Interessenvertretung, strukturelle Gefährdungen zu erkennen und auf systematischer Abhilfe zu bestehen, anstatt für Feuerwehr-Reparaturen im Einzelfall zu sorgen.

Es würde den Umfang dieses Ratgebers sprengen und es ist auch nicht nötig, an dieser Stelle das Rad neu zu erfinden und sämtliche Möglichkeiten des Arbeits- und Gesundheitsschutzes für mobiles Arbeiten zu referieren. Die Berufsgenossenschaften haben zum Thema Bildschirmarbeitsplätze, mobiles Arbeiten in allen Varianten und sogar für die besonderen Bedingungen der Pandemie eine Vielzahl von leicht verständlichen, lesenswerten und umfangreichen Materialien herausgegeben. In der Linkliste dieses Ratgebers sind die aus meiner Sicht wichtigsten Broschüren entsprechend aufgelistet.
Aufgabe dieses Ratgebers ist es vielmehr, auch an dieser Stelle nochmals darauf hinzuweisen (im Kapitel zu den Rechten der betrieblichen Interessenvertretungen wird das differenzierter und genauer erläutert), dass es im Bereich des Arbeits- und Gesundheitsschutzes im Grunde keine Maßnahme geben kann, die am Betriebs- bzw. Personalrat vorbeiläuft.
Die Mitbestimmung des Betriebs- und Personalrats ist nur dann begrenzt bzw. nicht vorhanden, wenn der Arbeitgeber gar keine eigenen

Entscheidungen trifft, sondern nur die gesetzlichen Schutzvorschriften 1:1 umzusetzen hat.

> **Beachten:**
> Jeder auszufüllende Spielraum ist mit der betrieblichen Interessenvertretung zu erörtern und die infrage kommenden und umzusetzenden Maßnahmen gegebenenfalls in Zusammenarbeit mit dieser zu entscheiden.
> Gerade weil eine große Gefahr des mobilen Arbeitens / des Homeoffice die Entfremdung der Beschäftigten und damit auch eine gewisse geistige Entfernung von der betrieblichen Interessenvertretung ist, ist das Feld des Arbeits- und Gesundheitsschutzes für die Gremien so wichtig.

Im Bereich des Arbeits- und Gesundheitsschutzes sind also die gesetzlichen Möglichkeiten zu kontrollieren, einzugreifen und Gutes für die Beschäftigten zu bewirken, verhältnismäßig gut entwickelt.
Nicht unerwähnt bleiben darf hier die Verpflichtung des Arbeitgebers, den Beschäftigten vor der Aufnahme der Bildschirmarbeit – gleich welcher Form – unbedingt eine arbeitsmedizinische Vorsorgeuntersuchung anzubieten. Etwa 80 % der Beschäftigten, die arbeitstäglich mehr als drei Stunden am Rechner arbeiten, klagen laut Berufsverband der Augenärzte Deutschlands über Probleme mit den Augen. Die Symptome: Trockenheit, verschwommene Sicht, tränende Augen, Lichtempfindlichkeit, Kopfschmerzen oder verfrühtes abendliches Ermüden. Dies führe dann – so die Augenärzt:innen – auch zu Konzentrationsschwächen und erhöhe die Fehlerquote am Arbeitsplatz.
§ 5 ArbmedVV in Verbindung mit Teil 4 Abs. 1 Nr. 1 Satz 2 des Anhangs der ArbmedVV sieht deshalb bei Tätigkeiten an Bildschirmgeräten eine arbeitsmedizinische Angebotsvorsorge und bei Erforderlichkeit auch die Zurverfügungstellung von Bildschirmarbeitsbrillen vor. Dieses Angebot ist übrigens während der Tätigkeit laufend zu wiederholen, selbst wenn es nicht in jedem Einzelfall immer angenommen wird.

> **Hinweis:**
> Wie diese Angebotsvorsorge im Detail gestaltet wird, unterliegt dann wieder der betrieblichen Mitbestimmung.

aa. Telearbeit im Sinne des § 2 Abs. 7 ArbStättV

Beim klassischen Telearbeitsplatz entspricht der vorgegebene Arbeitsschutzstandard grundsätzlich dem eines Büroarbeitsplatzes in der betrieblichen Arbeitsstätte. Wegen der nur begrenzt vorhandenen Einfluss-

nahmemöglichkeiten des Arbeitgebers auf die Gestaltung dieses Arbeitsplatzes im häuslichen Bereich der Beschäftigten hat der Gesetzgeber allerdings die Geltung der Arbeitsstättenverordnung für die Telearbeit auf die §§ 3 und 6 beschränkt.
§ 1 Abs. 4 ArbStättV regelt:

»Für Telearbeitsplätze gelten nur
- *1. § 3 bei der erstmaligen Beurteilung der Arbeitsbedingungen und des Arbeitsplatzes,*
- *2. § 6 und der Anhang Nummer 6,*
- *soweit der Arbeitsplatz von dem im Betrieb abweicht. Die in Satz 1 genannten Vorschriften gelten, soweit Anforderungen unter Beachtung der Eigenart von Telearbeitsplätzen auf diese anwendbar sind.«*

Die Beschränkung, dass § 3 ArbStättV nur bei der erstmaligen Beurteilung der Arbeitsbedingungen Anwendung findet, ist nicht nachvollziehbar und sollte so gesehen auch nicht allzu wörtlich genommen werden.
§ 3 Abs. 1 Satz 2 ArbSchG verlangt – wie bereits erwähnt – eine ständige Überprüfung der Schutzmaßnahmen auf Wirksamkeit und ggf. Anpassung an neue Verhältnisse. Da eine Verordnung (ArbStättV) in der Normenhierarchie unter dem Gesetz angesiedelt ist, sticht hier wie beim Skat der Ober- den Untergeordneten – wegen § 3 ArbSchG ist es letztlich egal, ob die Gefährdungsbeurteilung nur auf die Einrichtung der Telearbeit beschränkt ist.

> **Beachten:**
> Auch der Telearbeitsplatz ist bei Veränderungen wegen § 3 ArbSchG neu auf Gefährdungen zu überprüfen und die entsprechenden Maßnahmen sind dann anzupassen.

bb. Mobile Arbeit

Auch bei mobilem Arbeiten muss der Arbeitsschutz selbstverständlich gewährleistet sein. § 1 Abs. 1 Satz 2 ArbSchG stellt klar, dass das Arbeitsschutzgesetz in allen Tätigkeitsbereichen gilt, somit auch beim mobilen Arbeiten.
Zudem gelten natürlich auch hier die Schutzpflichten des Arbeitgebers aus §§ 3, 4 ArbSchG i. V. m. § 618 BGB uneingeschränkt.
Gerade wegen des frei wählbaren Arbeitsortes ergeben sich an dieser Stelle aber erhöhte Anforderungen an die **Gefährdungsbeurteilung** (§§ 3 und 5 ArbSchG) und die Unterweisung (§ 12 ArbSchG).

Aber auch für die Beschäftigten haben die Verpflichtungen aus den §§ 15, 16 ArbSchG, von sich aus auf unerkannte und neue Gefahren hinzuweisen, ein erheblich höheres Gewicht.
Aus der Gefährdungsbeurteilung kann sich die Notwendigkeit ergeben, dass der Arbeitgeber eine Liste von Arbeitsorten erstellt oder Arbeitsbedingungen definiert, unter denen die Beschäftigten nicht berechtigt sind, die mobile Arbeit zu leisten. Welche Orte oder Bedingungen das sind, ist natürlich immer eine Frage der Beurteilung im Einzelfall (und damit mitbestimmungspflichtig).

Beispiel:
Es wäre daran zu denken, dass man die Beschäftigten aus Gründen der Ergonomie anweist, nicht über längere Zeiträume am Laptop zu arbeiten, ohne dass dieser ausreichend erhöht steht, um eine ausreichende Armauflage zu gewährleisten und den richtigen Blickwinkel aufs Display zu haben. Mit anderen Worten: Es kann durchaus sinnvoll sein, den Beschäftigten zu untersagen, einen kompletten Arbeitstag am Strand zu verbringen: den Laptop auf dem Strandtuch, das Handtuch über dem Kopf, damit man überhaupt irgendetwas sieht, und dann mit gekrümmten Rücken auf die Tasten einhämmernd.

Weitere organisatorische Maßnahmen, die sich in der Regel aus den entsprechenden Gefährdungsbeurteilungen ergeben werden, sind z. B.
- ergonomisch gestaltete, sichere Arbeitsgeräte
- Ausstattung Notebooks mit Dockingstation und Equipment
- regelmäßige Unterweisungen über ergonomisches Arbeiten. z. B.:
  - Arbeitsplatzgestaltung
  - Arbeitsunterbrechungen
  - in die Ferne blicken
  - (auch zum Telefonieren) Aufstehen / Umhergehen

Die Beschäftigten können in der Homeoffice-Vereinbarung durchaus verpflichtet werden, die oben genannten zulässig erteilten Weisungen zu befolgen bzw. es kann ihnen verboten werden, die Arbeitsleistung unter für sie nach der entsprechenden Unterweisung erkennbaren gesundheitsgefährdenden Umständen zu erbringen.

cc. Desksharing

Beim Desksharing liegen die zu beachtenden Schwerpunkte des Arbeits- und Gesundheitsschutzes vor allem im Bereich der psychischen Gefährdungen.

Hinsichtlich der körperlichen Gesundheitsgefahren, die von der Erbringung der Arbeitsleistung ausgehen, macht es im Grunde in aller Regel keinen Unterschied, ob die Arbeit jeden Tag am gleichen Schreibtisch erbracht wird oder ob dieser Tisch jeden Tag ein anderer ist.
Allerdings ist auf die Besonderheiten des Transportes der jeweiligen persönlichen Ausrüstung und ggf. privaten Gegenstände in der Gefährdungsbeurteilung noch ein spezielles Augenmerk zu legen.
Richtig spannend wird es bei den psychischen Gefahren des Desksharing. Hier sollte Augenmerk daraufgelegt werden, dass diese Gefahren bereits im Vorfeld der Planungen mitbedacht werden.
Für viele Beschäftigte stellt allein das Fehlen der Gewissheit, jeden Tag an den gleichen vertrauten Arbeitsplatz gehen zu können, ein Problem dar. Je nachdem, wie konsequent eine sogenannte »Clean Desk Policy« umgesetzt wird, fehlen dann auch vertraute Pflanzen, Deko, Familienbilder oder die eigene Kaffeemaschine.
Manche mögen den ständigen Wechsel, andere brauchen die vertrauten Gesichter der immer gleichen Kolleg:innen, um sich wohl zu fühlen und und und …
Auch an diesem Punkt sind betriebliche Interessenvertretungen wieder gut beraten, das Ohr sehr frühzeitig an der Belegschaft zu haben und auf die vielfältigen Sorgen und Bedenken, die aufkommen werden, zu hören. Diese Sorgen und Bedenken sollten dann auch in die Konzeption der Gefährdungsbeurteilung mit einfließen, um ihnen gut Rechnung tragen zu können.

c. Wer ist verantwortlich?

Arbeits- und Gesundheitsschutz ist eine zentrale Arbeitgeberaufgabe.
Im Desksharing wird dies wohl kaum einer Erwähnung bedürfen. Aber auch im Homeoffice bleibt der Arbeitgeber für die Einhaltung des Arbeitsschutzes der Beschäftigten verantwortlich. Arbeitgeber sollten diese Pflichten auch besser nicht auf die leichte Schulter nehmen.
Verstöße können mit Bußgeldern bis zu 5000 Euro (§ 9 Abs. 1 Nr. 1 ArbStättV i. V. m. § 25 Abs. 1 Nr. 1 ArbSchG) geahndet werden. Im Extremfall droht sogar das Strafrecht. Wer durch eine vorsätzliche Verletzung des Arbeitsschutzes Leben oder Gesundheit eines Beschäftigten gefährdet (§ 26 Nr. 2 ArbSchG), wird mit einer Freiheitsstrafe bis zu einem Jahr oder Geldstrafe bestraft.
Selbstverständlich kommen bei Verstößen mit entsprechenden Folgen grundsätzlich auch Schadenersatzansprüche von Beschäftigten (in seltensten Fällen sogar Schmerzensgeldansprüche) in Betracht.

Wie oben bereits erläutert, können sich aber gerade aus der Situation des mobilen Arbeitens erhöhte Eigenverantwortung und Mitwirkungspflichten für die Beschäftigten ergeben. Diese stehen im Homeoffice weniger unter direkter Beobachtung, und der Arbeitgeber bzw. die für ihn handelnden Personen haben natürlich auch weniger Einfluss darauf, ob das Arbeitsumfeld nicht nur wie vereinbart gestaltet, sondern auch belassen wird.
Ein Verstoß der Beschäftigten gegen die arbeitsschutzrechtlichen Mitwirkungspflichten ist, ebenso wie ein Verstoß gegen zulässig vereinbarte arbeitsvertragliche Verpflichtungen, grundsätzlich abmahnungsfähig und kann im entsprechenden Worst-Case-Szenario bis zur Kündigung[3] führen. Da die Einhaltung des Arbeits- und Gesundheitsschutzes letztlich aber im absoluten Eigeninteresse der Beschäftigten liegt, sollte es wohl niemand darauf ankommen lassen, dass das Worst-Case-Szenario eintritt.
Wie im entsprechenden Kapitel ausführlich dargestellt, sind die Rechte der betrieblichen Interessenvertretung bei der Umsetzung des Arbeits- und Gesundheitsschutzes nicht zu unterschätzen.

Praxistipp:
Der Betriebs- bzw. Personalrat sollte dieses Thema auf jeden Fall auch immer besonders im Blick behalten und dabei nicht vergessen, die Beschäftigten frühzeitig und immer wieder auch nach ihren praktischen Erfahrungen hinsichtlich möglicher Gesundheitsgefahren beziehungsweise der Praktikabilität von Anweisungen zur Umsetzung des Arbeits- und Gesundheitsschutzes zu befragen.

Soweit sich Einwände der Beschäftigten gegen Maßnahmen des Arbeits- und Gesundheitsschutzes aus Sicht des Betriebs- oder Personalrats als berechtigt darstellen, geben nicht nur die entsprechenden Regelungen zur Mitbestimmung in diesem Bereich, sondern auch § 85 BetrVG bzw. § 62 Nr. 3 BPersVG Handhabe, auf eine Verbesserung dieser Maßnahmen hinzuwirken bzw. diese sogar durchzusetzen.

3 Vgl. z. B. LAG Köln v. 12. 12. 2008 – 11 Sa 777/08 oder LAG Schleswig-Holstein v. 8. 10. 2008 – 6 Sa 158/08.

2. Dokumentation

§ 6 Abs. 1 ArbSchG sieht eine Dokumentationspflicht für Arbeitsschutzmaßnahmen vor. Das bezieht sich im Wesentlichen auf die durchgeführten Gefährdungsbeurteilungen, die in ihnen festgelegten Arbeitsschutzmaßnahmen und auch auf das Ergebnis der Überprüfung dieser Maßnahmen. Dabei ist zu beachten, dass die Gefährdungsbeurteilung grundsätzlich für jeden einzelnen Arbeitsplatz vorzunehmen ist, wobei bei (tatsächlich absolut) gleichartigen Arbeitsplätzen eine einmalige Beurteilung eines Beispielsarbeitsplatzes genügt.
§ 6 Abs. 2 ArbSchG verlangt zudem, dass der Arbeitgeber Unfälle in seinem Betrieb, bei denen Beschäftigte getötet oder so verletzt werden, dass sie sterben oder für mehr als 3 Tage völlig bzw. teilweise arbeits- bzw. dienstunfähig sind, dokumentiert. Dies bezieht sich selbstverständlich auch auf Arbeitsunfälle, die im Zusammenhang mit mobilem Arbeiten gleich welcher Form erfolgen.
Dem Betriebs- bzw. Personalrat sind diese Dokumentationen zur Erfüllung seiner Aufgaben im Arbeits- und Gesundheitsschutz auf entsprechend konkrete Nachfrage zur Verfügung zu stellen (§ 80 Abs. 1 und 2 BetrVG, § 62 Nr. 1 i. V. m. § 66 Abs. 1 BPersVG).
In der Praxis kommt es immer wieder vor, dass Beschäftigte angehalten werden, sich nach Arbeitsunfällen möglichst (erstmal) nicht krankschreiben zu lassen bzw. diese Krankschreibung keinesfalls über drei Tage andauern zu lassen.

Praxistipp:
Der Betriebs- bzw. Personalrat sollte für solche Vorfälle sensibel sein und den Beschäftigten, die derartig unter Druck gesetzt werden, den Rücken stärken, damit diese (idealerweise arbeitsrechtlich qualifiziert beraten) ihre Rechte auch entsprechend wahrnehmen.
An dieser Stelle sei auf die entsprechenden Ausführungen zur gesetzlichen Unfallversicherung verwiesen. Einen Arbeitsunfall nicht als solchen zu dokumentieren, kann im Grunde nie im Interesse der Beschäftigten liegen, da sich die Folgen von Unfällen möglicherweise erst viel später, manchmal erst nach Jahrzehnten zeigen, und die Leistungen der gesetzlichen Unfallversicherungen für die Beschäftigten in solchen Fällen in aller Regel deutlich umfangreicher und lukrativer sind als die reinen Leistungen der gesetzlichen Krankenversicherung.

VI. Arbeitszeitfragen

Desksharing ist normale Tätigkeit an der Betriebsstätte und auch für Arbeitszeit im Homeoffice gelten grundsätzlich gegenüber der Arbeit in der Betriebsstätte keine Besonderheiten. Das Arbeitszeitgesetz gilt uneingeschränkt. Soweit Tarifverträge im Betrieb bzw. der Dienststelle angewendet werden, gelten selbstverständlich auch diese und damit deren Regelungen zum Thema Arbeitszeit, Vergütung, Überstunden Mehrarbeit etc.

Betriebliche Vereinbarungen, die die Arbeitszeit in irgendeiner Form berühren und damit regeln, gelten selbstverständlich ebenso für die Beschäftigten, die ihre Arbeitsleistung außerhalb der Betriebsstätte erbringen.

Etwas anderes wäre nur der Fall, wenn sich aus der betrieblichen Vereinbarung selbst eine Herausnahme dieser Beschäftigten aus dem persönlichen Anwendungsbereich ausdrücklich oder durch Auslegung ergeben würde.

> **Hinweis:**
> Damit könnten wir das Thema eigentlich auch schon wieder beenden. Die Praxis zeigt jedoch leider, dass das Thema Arbeitszeit nicht nur in der betrieblichen Arbeitsstätte großes Konfliktpotential in sich trägt, sondern ebenso oder wahrscheinlich sogar noch mehr im Zusammenhang mit jeglicher Form von mobiler Arbeit.

Wir haben im Kapitel zu den wissenschaftlichen Erkenntnissen und den sich daraus abzuleitenden Schlüssen für die betriebliche Praxis bereits gesehen, dass die Beschäftigten, die ihre Arbeitsleistung in irgendeiner Form mobil erbringen, in der Regel zwar einen höheren Einfluss auf die Gestaltung der Arbeitszeit, also das »wann« und in gewisser Weise »wie« der Erbringung der Arbeitsleistung haben, auf der anderen Seite aber

diese Gestaltungsfreiheit statistisch gesehen nicht zu weniger langen und weniger belastenden Arbeitszeiten führt – im Gegenteil.
Homeoffice geht daher, so die statistische Erkenntnis, eher noch mit einer höheren Dichte der Anforderungen an die Menge der zu erbringenden Arbeit, die Erreichbarkeit und damit mit einer erheblichen Anzahl oft unbezahlter Überstunden einher.

Hinweis:
Das Problem überlanger Arbeitszeiten ist – auf betrieblicher Ebene betrachtet – einerseits ein individuelles andererseits aber auch ein kollektives Problem:
Kollektiv besteht das Problem kurz gesagt darin, dass jede Überstunde Arbeitskapazitäten ausgleicht, für die ansonsten anderweitig gesorgt werden müsste. 35 Beschäftigte im Betrieb, die jede Woche eine Überstunde machen, verhindern die Einstellung einer weiteren Kraft in dem Bereich, den die Baua »moderate Vollzeit« nennt. Das ist natürlich argumentativ etwas verkürzt – aber im Grunde ein alternativloser Fakt.
Individuell sind überlange Arbeitszeiten nicht nur ein Problem, was die Möglichkeiten der Erfüllung familiärer Pflichten angeht. Überlange Arbeitszeiten überlasten. Sie führen langfristig zu einer erheblichen Zahl gesundheitlicher Schäden. Letzteres macht deutlich, dass die überlangen Arbeitszeiten zudem ein großes gesellschaftliches Problem darstellen und auch deshalb unterbunden werden sollten.

Sieht man sich den 2023 veröffentlichten Baua Arbeitszeitreport Deutschland[1] an, lässt sich zunächst feststellen, dass die 35-Stundenwoche in Deutschland nach wie vor eine Utopie ist. 59 % der bundesdeutschen Beschäftigten erbringen Arbeitsleistungen in dem Bereich, den die Baua-Untersuchung als »lange bzw. überlange Vollzeit« bezeichnet. Immer noch rund 12 % der Beschäftigten erbringen Woche für Woche eine Arbeitszeit ab 48 Stunden aufwärts.
Damit einher gehen entsprechende gesundheitliche Probleme. Beschäftigte mit überlangen Arbeitszeiten berichten signifikant häufiger über

- körperliche Erschöpfung
- Niedergeschlagenheit
- Müdigkeit / Erschöpfung
- Schlafstörungen

1 BAuA (2022). Arbeitszeitreport Deutschland: Ergebnisse der BAuA-Arbeitszeit befragung 2021. Dortmund: Bundesanstalt für Arbeitsschutz und Arbeitsmedizin *https://www.baua.de/DE/Angebote/Publikationen/Berichte/F2507.pdf?__blob=publicationFile&v=16.*

- sowie Rücken- und Kreuzschmerzen

Innerhalb der überlangen Vollzeit ist dann noch einmal ein starker Anstieg der Symptome

- körperliche Erschöpfung
- Niedergeschlagenheit
- Schlafstörungen
- sowie Rücken- und Kreuzschmerzen

bei den Beschäftigten zu verzeichnen, die ab 60 Wochenstunden arbeiten.[2]

> **Hinweis:**
> Das heißt: Schon die Arbeitszeit ab 48 Stunden pro Woche macht krank. Arbeitszeiten ab 60 Stunden pro Woche machen nochmals kränker.

1. Grenzen

a. Regelmäßige Arbeitszeit

Im Lichte der oben dargestellten Erkenntnis erscheint uns **§ 3 ArbZG** plötzlich gar nicht mehr wie ein Zufall:

»Die werktägliche Arbeitszeit der Arbeitnehmer darf acht Stunden nicht überschreiten. Sie kann auf bis zu zehn Stunden nur verlängert werden, wenn innerhalb von sechs Kalendermonaten oder innerhalb von 24 Wochen im Durchschnitt acht Stunden werktäglich nicht überschritten werden.«

Werktage sind, auch wenn das Arbeitszeitgesetz das nicht ausdrücklich so definiert, alle Tage außer Sonntagen und gesetzlichen Feiertagen. Dies ergibt sich hier im Umkehrschluss aus § 10 ArbZG. § 3 Abs. 2 BUrlG definiert dagegen ausdrücklich: »Als Werktage gelten alle Kalendertage, die nicht Sonn- oder gesetzliche Feiertage sind«.

Bis auf den 3. Oktober wiederum, der ein Feiertag nach Bundesrecht ist, definieren sich alle (anderen) Feiertage ausschließlich über das jeweilige Länderrecht.

Rechnen wir nun also die zulässige **Höchstarbeitszeit nach ArbZG** aus, kommen wir in der Regel für die Woche auf 6 x 8 Stunden = 48 Stunden;

---

2 Baua: Arbeitszeitreport Deutschland 2016 – 3.1.2 Tatsächliche Arbeitszeit und gesundheitliche Situation.

auf 60 Stunden nur dann, wenn im Schnitt von ca. 1/2 Jahr nicht mehr als **48** Stunde**n in der Woche** erreicht werden. Das ist dann schon mal eine Hausnummer.
Das immer mal wieder aus interessierten Kreisen Initiativen zur Aufweichung dieser ohnehin sehr großzügigen gesetzlichen Regelung angeschoben werden und die Abschaffung der täglichen Höchstarbeitszeitgrenze diskutiert wird, zeigt deutlich, dass die Gesundheit und damit das Leben der arbeitenden Menschen dieses Kreisen den sprichwörtlichen Pfifferling nicht wert sind.[3]
Zudem beinhaltet das Arbeitszeitgesetz schon jetzt – trotz der oben dargestellten wissenschaftlichen Erkenntnisse zur Gesundheitsschädlichkeit so langer Arbeitszeiten – Öffnungsklauseln für Tarifverträge und auf deren Basis auch für betriebliche Vereinbarungen und zudem eine ganze Reihe von branchenbezogenen Ausnahmen.
Leider wurde und wird von diesen Öffnungsklauseln auch tatsächlich in Tarifverträgen immer wieder Gebrauch gemacht.
Beispiele für Ruhezeitverkürzungen (zum Teil im Zusammenhang mit Formen mobiler Arbeit) sind:

- TV Mobiles Arbeiten geschlossen zwischen bayme/vbm und IG Metall Bayern aus 2018
  - *»Für Arbeitnehmer in Mobiler Arbeit kann die Ruhezeit zwischen Beendigung der täglichen Arbeitszeit und der Wiederaufnahme auf bis zu neun Stunden verkürzt werden, wenn sie das Ende an diesem Tag oder den Beginn der täglichen Arbeitszeit am Folgetag selbst festlegen können.«*
- Flächentarifverträge Chemie[4]
  - *»Durch Betriebsvereinbarung können Arbeitgeber und Betriebsrat abweichend von § 5 Abs. 1 ArbZG die Ruhezeit in Ausnahmefällen um bis zu zwei Stunden kürzen, wenn die Art der Arbeit dies erfordert und die Kürzung der Ruhezeit innerhalb eines Ausgleichszeitraums von sechs Monaten ausgeglichen wird.«*
- Tarifvertrag Mobiles Arbeiten (TV MobA) privates Versicherungsgewerbe zwischen Arbeitgeberverband der Versicherungsunternehmen in Deutschland e. V. und Vereinte Dienstleistungsgesellschaft –ver.di aus 2019

---

3 Siehe diesbezüglich Wahlprogramme CDU, FDP – Übersicht: *https://blog.esche.de/artikel/countdown-zur-bundestagswahl-2021-die-arbeitsrechtlichen-forderungen-der-parteien-im-vergleich/* dort Punkt 4 Arbeitszeit.

4 Quelle: *https://www.bavc.de/images/top-themen/0319/downloads/Zukunft-Tarif/BAVC_Flexi-Instrumente.pdf.*

- *»Für Angestellte, die in den Geltungsbereich einer Betriebsvereinbarung fallen, die mobiles Arbeiten ermöglicht und den Anforderungen dieses Tarifvertrages entspricht, verkürzt sich die Ruhezeit gemäß § 5 Abs. 1 ArbZG zwischen Beendigung der täglichen Arbeitszeit und der Wiederaufnahme auf bis zu neun Stunden, wenn sie das Ende der täglichen Arbeitszeit an diesem Tag oder den Beginn der täglichen Arbeitszeit am Folgetag selbst festlegen können und die Art der Arbeit eine Verkürzung der Ruhezeit erfordert. Der Ausgleich der Verkürzung der Ruhezeit muss innerhalb eines Ausgleichszeitraums von sechs Monaten erfolgen.«*

Praxistipp:
Es ist daher unabdingbar, sich vor jeder Verhandlung über die Arbeitszeitregelungen im Betrieb – vor allem wenn es um flexible Zeitregelungen gehen soll – immer zunächst nicht nur mit den Grenzen des Arbeitszeitgesetzes, sondern auch damit zu beschäftigen, ob und wie die Frage der (Höchst-)arbeitszeiten im anwendbaren Tarifvertrag geregelt ist. Diese Überlegungen gelten dann auch, wenn es um Pausenregelungen, Ruhezeiten etc. geht.

Die gesetzlichen Grenzen der Arbeitszeit gelten naturgemäß (nur) für die Arbeitszeit im Sinne des Gesetzes. Diese Arbeitszeit definiert uns **§ 2 Abs. 1 ArbZG** im ersten Halbsatz: *»Arbeitszeit im Sinne dieses Gesetzes ist die Zeit vom Beginn bis zum Ende der Arbeit ohne die Ruhepausen; ...«*

b. Ruhepausen

Die Arbeit ist, so § 4 ArbZG, durch im Voraus feststehende Ruhepausen von mindestens 30 Minuten bei einer Arbeitszeit von mehr als sechs bis zu neun Stunden und 45 Minuten bei einer Arbeitszeit von mehr als neun Stunden insgesamt zu unterbrechen.
Dabei muss die erste Pause nach spätestens 6 Stunden stattfinden; die Pausen können aber in Abschnitte von je mindestens15 Minuten aufgeteilt werden. Wichtig bei den Pausen: nur »im Voraus feststehende« Arbeitsunterbrechungen sind Ruhepausen im Gesetzessinne.
Das heißt nun nicht, dass der Arbeitgeber – in Betrieben mit Mitbestimmung mit dem Betriebs- oder Personalrat – jede einzelne Pause vorher auf die Minute genau anweisen muss. Gemeint ist damit, dass bei Beginn der Arbeitsunterbrechung auch deren Dauer feststeht.[5] Es ist aber nicht

5 Vgl. BAG v. 29.10.2002 – 1 AZR 603/01.

erforderlich, dass die Pausenzeiten im Vorhinein wirklich exakt definiert sind.

> **Hinweis:**
> Es reicht aus, dass für Ruhepausen als zeitlicher Rahmen festgelegt wird, innerhalb dessen die Beschäftigten berechtigt und verpflichtet sind, selbstständig eine entsprechende Ruhepause einzulegen.

Diese Ruhepausen einzuhalten und sich wenigstens in dieser Mindestzeit auch tatsächlich vom Computer zu entfernen, sich zu bewegen und die Augen auf etwas anderes als einen Bildschirm zu richten, fällt erfahrungsgemäß vielen Beschäftigten sehr schwer. Erfahrungen und Statistik belegen, dass gerade im Homeoffice viele der gesetzlich vorgeschriebenen Pausen tatsächlich ausfallen, sprich, durchgearbeitet wird.
In Anbetracht des Umstandes, dass diese Pausen im Arbeitszeitgesetz aus gutem Grund vorgeschrieben sind, sollten betriebliche Interessenvertretungen auch an diesem Punkt mit gutem Beispiel vorangehen und die gesetzlichen Pausen strikt einhalten.

> **Praxistipp:**
> Zudem bietet es sich an, darüber nachzudenken, gegebenenfalls durch geeignete technische Maßnahmen die Einhaltung der gesetzlichen Pausen im Homeoffice zu unterstützen oder notfalls auch zu erzwingen.

Eine Möglichkeit wäre hier zum Beispiel eine Programmierung, die den Zugang zu E-Mail-Programmen, Kollaborationstools oder insgesamt die Verbindung zum Firmennetzwerk nach entsprechenden Vorwarnungen zwangsweise für die Dauer der gesetzlichen Pause trennt, soweit diese nicht innerhalb eines vorgegebenen Rahmens durch die Beschäftigten selbst eingelegt wurde.
Das mildere Mittel wäre z. B. eine Erinnerungs-E-Mail oder ein Popup, wenn das System feststellt, dass die betroffenen Beschäftigten seit mehr als 6 Stunden ununterbrochen durcharbeiten. Eine ähnliche Erinnerung (gegebenenfalls auch durch die Beschäftigten selber abschalt- und steuerbar) könnte unter Umständen auch an Micro- bzw. Bildschirmpausen erinnern. Es gibt bereits gute Tools für solche Erinnerungen.

> **Hinweis:**
> Die Vorgaben des Arbeitszeitgesetzes dienen dem Gesundheitsschutz für die Beschäftigten (§ 1 Nr. 1 ArbZG). Geeignete Maßnahmen zur Um- und Durchsetzung der Ruhepausen und der übrigen Vorgaben des Arbeitszeitgesetzes unterliegen daher der verzahnten betrieblichen Mitbestimmung aus den Regelungen zur Lage der Arbeitszeit und des Arbeits- und Gesundheitsschutzes.

c. Ruhezeiten

Ein weiteres sehr sensibles Thema im Bereich der Arbeitszeit ist das Thema Ruhezeit.

§ 5 Abs. 1 ArbZG gibt vor, dass Beschäftigte nach Beendigung der täglichen Arbeitszeit eine ununterbrochene Ruhezeit von mindestens elf Stunden haben müssen.

Der **EuGH** hat in seiner Entscheidung zum Bereitschaftsdienst[6] festgehalten, **dass Beschäftigte während der Ruhezeit gegenüber ihren Arbeitgebern keiner Verpflichtung unterliegen dürfen, die sie daran hindert, frei und ohne Unterbrechung ihren eigenen Interessen nachzugehen.**

Um Übermüdung und Überlastung der Beschäftigten zu verhindern, muss sich die Ruhezeit unmittelbar an die Arbeitszeit anschließen. Mit dem Zweck der Ruhezeit, eine ungestörte Erholung zu gewährleisten, ist es unvereinbar, wenn sich die Beschäftigten während der Ruhezeit auch nur kurzfristig zur Vollarbeit oder Arbeitsbereitschaft zur Verfügung stellen müssen.

Zu beachten ist dabei, dass Zeiten der Rufbereitschaft, in denen es zu keinem tatsächlichen Einsatz der Beschäftigten kommt, in die Ruhezeit fallen dürfen, nicht aber Zeiten des Bereitschaftsdienstes. Beim Bereitschaftsdienst kommt es also anders als bei der Rufbereitschaft nicht darauf an, ob es wirklich zu einer tatsächlichen Inanspruchnahme der Beschäftigten kommt.

Ebenso zu beachten ist, dass arbeitsfreie Zeiten, wie Urlaubstage oder sonstige Tage der Freistellung, von der Arbeitsleistung auf die Ruhezeit angerechnet werden. Das gleiche gilt für Sonn- und gesetzliche Feiertage, die ebenfalls in die Ruhezeit hinein gerechnet werden können.

Hat der Arbeitgeber die Beschäftigten während des Mindestruhezeitraums zur Arbeitsleistung herangezogen, so muss er im Anschluss daran

6 EuGH v. 9.9.2003 – C-151/02 – Jaeger.

die volle Ruhezeit neu gewähren. Dies ist vor allem im Falle von Rufbereitschaft zu beachten.

d. Weitere Grenzen

Dieser Ratgeber kann und soll die weiterführende Literatur zum Arbeitszeitgesetz nicht ersetzen. Eine umfassende Darstellung der wesentlichen Regelungen des Arbeitszeitgesetzes kann deshalb an dieser Stelle nicht erfolgen. Im Zusammenhang mit dem Homeoffice sind wohl die Regelungen zur maximal zulässigen Wochenarbeitszeit, den Ruhepausen und der Ruhezeit die wesentlichsten Punkte.

Des Weiteren sei an dieser Stelle auch auf § 9 ArbZG, das grundsätzliche Verbot der Beschäftigung von Arbeitnehmer:innen an Sonn- und Feiertagen[7], und auf § 6 ArbZG, die Regelungen zur Nachtarbeit, hingewiesen. § 6 ArbZG muss man im Zusammenhang mit § 2 Abs. 3 bis 5 ArbZG lesen, so dass sich in der Praxis wohl kaum Relevanz für die Arbeit im Homeoffice ergibt. Sollte das im konkreten Betrieb anders sein, gelten für das Homeoffice aber keine Besonderheiten im Vergleich zu sonstigen Nachtarbeitnehmer:innen.

Ansonsten werden vermutlich auch die größten Nachteulen im Homeoffice keine regelmäßige Nachtarbeit leisten. Es mag gar nicht so selten sein, dass Beschäftigte nach 23 Uhr arbeiten. Dass diese Arbeit dann aber zu dieser Zeit mehr als zwei Stunden in Anspruch nimmt und noch dazu so häufig, dass an mindestens 48 Tagen im Kalenderjahr Nachtarbeit geleistet wird, erscheint nicht sehr wahrscheinlich.

Praktisch gesehen dürfte es sich eher lohnen, das Hauptaugenmerk darauf zu richten, dass auch bei Arbeit zu später Stunde sichergestellt wird, dass die anschließende Ruhezeit von 11 Stunden tatsächlich eingehalten wird. In einem solchen Fall spricht weder rechtlich noch praktisch etwas dagegen, dass Beschäftigte, denen das tatsächlich lieber ist oder deren familiäre Verpflichtungen es erfordern, auch um 23 Uhr noch am Schreibtisch sitzen. Wird dann die Arbeit aber zum Beispiel exakt um null Uhr beendet, darf diese aufgrund der oben vorgestellten Regelung des § 5 ArbZG eben nicht vor 11 Uhr morgens am folgenden Tag begonnen werden.

Die Praxis zeigt dagegen, dass Beschäftigte im Homeoffice durchaus dazu neigen, auch an Sonn- und Feiertagen zu arbeiten. Soweit dies nicht

---

7 Siehe dazu auch VG Berlin v. 27.4.2023 – 4 K 311/22 mit der beachtenswerten Aussage, dass sich das »Betriebskonzept eines jeden Betriebs am Sonn- und Feiertagsschutz auszurichten hat, nicht aber umgekehrt sich dieser neuen Geschäftsideen unterzuordnen hätte«.

tatsächlich aus betrieblichen Gründen erforderlich ist (z. B., weil in der IT-Abteilung bestimmte Unterstützungsleistungen für die durchlaufende Produktion erbracht werden müssen), sollten die betriebliche Interessenvertretungen darauf achten, dass diese Sonn- und Feiertagsarbeit strikt unterbunden wird. Dazu hilft es erfahrungsgemäß, den Arbeitgeber bzw. die Verantwortlichen gegebenenfalls auf die Folgen von Verstößen aufmerksam zu machen.

e. Die Gefahr der Entgrenzung

In einem der ersten Gespräche zu den betrieblichen Erfahrungen mit Homeoffice brachte eine Betriebsrätin die über 20-jährigen Erfahrungen in ihrem Betrieb mit klassischer und vollständiger Telearbeit wie folgt auf den Punkt:

> **Erfahrung einer Betriebsrätin:**
> Homeoffice führt zur Entgrenzung der Arbeit. Die meisten haben dann das Gefühl, dass man abends oder am Wochenende schon mal auch was für die Arbeit machen kann, denn man hat ja wochentags auch mal die Zeit für Privates. Das Zeitgefühl für Arbeit fällt weg.

Diese Erfahrung deckt sich mit den Studienergebnissen. Homeoffice birgt für die Beschäftigten auch große Gefahren. In den Abschnitten zum gesunden Arbeiten und der betrieblichen Mitbestimmung wird der Gedanke noch mehr vertieft. Maßnahmen zum Schutz der Beschäftigten vor Überforderung sind Maßnahmen des Gesundheitsschutzes.
Viele betriebliche Interessenvertretungen lassen nach wie vor ein großes Potential an Verbesserungsmöglichkeiten ungenutzt, weil sie die Verzahnung ihrer betriebsverfassungs- / personalvertretungsrechtlichen Möglichkeiten in Bezug auf die Arbeitszeit mit den Möglichkeiten im Arbeits- und Gesundheitsschutz nicht ausreichend erkennen oder nutzen.

> **Hinweis:**
> Wir alle wissen es aus der Praxis: Die reine Begrenzung (und Kontrolle) der Arbeitszeit nützt wenig, wenn die Beschäftigten das Gefühl haben, die Übertretung der betrieblichen / tariflichen / gesetzlichen Grenzen der Arbeitszeit läge (auch) in ihrem eigenen Interesse.

Dies wiederum trifft in der Regel auf zwei Gruppen von Beschäftigten zu:

1. die Beschäftigten, die so wenig verdienen, dass sie mit möglichst viel Mehrarbeit überhaupt erst über die Runden kommen
   Untergruppe: die Beschäftigten, die sich (oft für den Traum vom eigenen Haus) weit über das hinaus verschuldet haben, was das reguläre Einkommen zulassen würde
2. die Beschäftigten, denen so viel Arbeit aufgebürdet wird, dass sie diese Arbeit in der regulären (und bezahlten) Arbeitszeit nicht schaffen und denen die Ressourcen fehlen, sich eigenständig gegen diese Überforderung zur Wehr zu setzen.

Wie immer im Leben, gibt es Mischungen zwischen den Gruppen und auch andere Konstellationen. Die genannten beiden Hauptkonstellationen haben aber jedoch zwei Hauptinteressen, an denen angesetzt werden muss, um das Problem zu beheben.

Bei Gruppe 1 wird das **»Eigeninteresse« am Ruin der eigenen Gesundheit** dann verschwinden, wenn die eigentlich geschuldete Arbeitszeit auch ausreichend Einkommen generiert, um ein würdiges Leben zu finanzieren. An diesem Punkt sind die Handlungsmöglichkeiten der betrieblichen Interessenvertretungen aus gutem Grund gem. § 77 Abs. 3 BetrVG / § 63 Abs. 1 Satz 2 und 3 BPersVG stark beschränkt. Es ist Sache starker Gewerkschaften, für Einkommen zu streiten, die ein Leben ohne Hetze und Druck ermöglichen. Wem dieses Ziel am Herzen liegt, möge sich in diesem Sinne einbringen.

> **Praxistipp:**
> Betriebliche Interessenvertretungen sollten und müssen – solange dieses »Eigeninteresse« von den Kolleg:innen wahrgenommen wird – durch stetige Aufklärung auf die Gefahren, der ständigen Überbeanspruchung hinweisen.

Dabei ist es nicht nur wichtig, die oben genannten gesundheitlichen Auswirkungen zu beschreiben. Erfahrungsgemäß wirken Beispielgeschichten (hinreichend anonymisiert, versteht sich) aus dem eigenen Betrieb, anhand derer deutlich gemacht wird, wie wenig Dank und Unterstützung von Arbeitsgeberseite den Beschäftigten entgegengebracht wird, die sich die Gesundheit »für den Betrieb« ruiniert haben, nicht bei allen, aber besser als abstrakte Schilderungen gesundheitlicher Gefahren.

Dass zudem strikt auf die Einhaltung von Gesetzen, Tarifverträgen und betrieblichen Vereinbarungen und damit der Grenzen der Arbeitszeit ge-

achtet wird, sollte ebenso selbstverständlich sein, wie das konsequente Vorgehen, wenn nachhaltige Verstöße festgestellt werden.
Bei Gruppe 2 hingegen lässt sich das »Eigeninteresse« steuern über die Arbeitsmenge bzw. den Druck, der über die kollegiale und solidarische Haltung, doch die Kolleg:innen, Kund:innen, Patient:innen nicht hängen zu lassen, geschickt aufgemacht wird.
Auch an dieser Stelle sind die Möglichkeiten der betrieblichen Interessenvertretungen steuernd einzugreifen, auf den ersten Blick nicht sehr ausgeprägt und stetige Aufklärungsarbeit erforderlich. Die Beschäftigten sollten darüber aufgeklärt werden, dass sie gem. § 85 BetrVG / § 62 Nr. 3 BPersVG die Möglichkeit haben, sich bei der betrieblichen Interessenvertretung zu beschweren.
Wird dabei festgestellt, dass die Beschäftigten tatsächlich über Gebühr mit Aufgaben belastet oder auch ständig in der Freizeit wieder zur Arbeitsleistung genötigt werden, kann dann je nach Situation unter Zuhilfenahme der entsprechenden Betriebsrats- / Personalratsrechte zu geeigneten Maßnahmen gegriffen werden.
Die betriebliche Interessenvertretung sollte in diesen Fällen, soweit sich die Abhilfe durch Gespräch mit der Arbeitgeberseite nicht unproblematisch erreichen lässt, immer auch daran denken, alle in Frage kommenden Mitbestimmungstatbestände sorgfältig und kreativ abzuprüfen und sich ggf. entsprechenden Rechtsrat (§ 40 / § 80 Abs. 3 BetrVG, § 46 BPersVG) einzuholen.
Zum Beispiel lohnt es sich im jeweiligen Einzelfall zu prüfen, ob das ständige Kontaktieren in der Freizeit (»Ich habe da mal eben eine Frage«, »Kannst Du schnell diese E-Mail beantworten«, »Kannst Du reinkommen, XY hat sich krankgemeldet« etc.) nicht eine verkappte – und damit mitbestimmungspflichtige! – Rufbereitschaft darstellt.

f. Recht auf Unerreichbarkeit

Soweit keine Rufbereitschaft arbeitsvertraglich und mitbestimmungsrechtlich zulässig vereinbart wurde, besteht auch keine Verpflichtung, außerhalb der vereinbarten Arbeitszeit für betriebliche / dienstliche Kontakte, Anforderungen oder gar Arbeitsleistung zur Verfügung zu stehen. Der Arbeitgeber hat ein Recht darauf, die Meldeadresse der Beschäftigten zu wissen, um gegebenenfalls arbeitsvertraglich relevante Dokumente dort zuzustellen. Bei Beschäftigten in klassischer Telearbeit besteht, wie an anderer Stelle erläutert, unter Umständen sogar ein Zutrittsrecht zum Arbeitsraum.

Es besteht aber grundsätzlich kein Recht darauf, weitere private Kontaktdaten der Beschäftigten für die betriebliche Kommunikation nutzen zu dürfen.[8] Soweit arbeitsvertraglich anderes zulässig vereinbart sein sollte, müsste der Zweck dieser Datenspeicherung und -verwendung im Vertragswerk klar definiert und in der Praxis dann strikt eingehalten werden. Schon wegen § 5 ArbZG sind dabei Fallgestaltungen, in denen Beschäftigte zulässigerweise rund um die Uhr und gegebenenfalls an sieben Tagen die Woche irgendwie für den Arbeitgeber erreichbar sein müssen, kaum denkbar. Das in der Praxis solche Zumutungen dennoch immer wieder und europaweit vorkommen, hat zu einer Initiative des Europaabgeordneten Alex Agius Saliba aus Malta geführt, die im Januar 2021 im Parlament debattiert wurde. Es bleibt zu beobachten, was aus dieser Initiative wird, Mitte des Jahres 2024 war leider noch nicht viel mehr Bewegung erkennbar.

In der Zwischenzeit – und sicher auch dann noch keine schlechte Idee, falls die Initiative umgesetzt wird – kann man Beschäftigten zudem raten, sich für die Fälle, in denen sie sich nicht in der Lage sehen, sich dem »Wunsch« nach Herausgabe der zusätzlichen privaten Kontaktdaten zu entziehen, ein billiges Handy mit eigener Nummer und eine E-Mail-Adresse zuzulegen, die sie Vorgesetzten herausgeben können.

Auf diesen Kontaktwegen sollte dann aber natürlich nichts kommuniziert werden können, was einem privat wichtig sein könnte. So fällt es leicht, das Handy in der Freizeit auszuschalten (oder in die berühmte Keksdose ohne Empfang zu legen) und die E-Mail-Adresse nur in der Arbeitszeit (oder gelegentlich z. B. einmal die Woche) zu checken, um ansonsten die Erholung in der Freizeit zu finden, die erforderlich für gesundes Leben und Arbeiten ist.

Hinweis:
Betriebliche Interessenvertretungen sollten die Beschäftigten entsprechend aufklären und auf geeignete Maßnahmen achten, um das Recht der Beschäftigten auf Unerreichbarkeit außerhalb der Arbeitszeit auch wirksam betrieblich abzusichern.

8 Vgl. die sehr lesenswerte Entscheidung des Thüringer LAG v. 16. 5. 2018 – 6 Sa 442/17.

g. Folgen von Verstößen / Vorgehen der betrieblichen Interessenvertretung

aa. Folgen für den Arbeitgeber / die verantwortlich handelnden Personen

Arbeitgebern, die die oben dargestellten Bedingungen des Arbeitszeitgesetzes nicht einhalten, drohen Bußgelder in Höhe von bis zu 30 000 Euro (§ 22 ArbZG). In entsprechend gelagerten Fällen können die Verantwortlichen aber auch mit Freiheitsstrafen bis zu einem Jahr belangt werden (§ 23 ArbZG).

Vor diesem Hintergrund sollte es den betrieblichen Interessenvertretungen eigentlich leichtfallen, die verantwortlichen Personen auf Arbeitgeberseite davon zu überzeugen, dass die Einhaltung des Arbeitszeitgesetzes auch in ihrem eigenen Interesse liegt. Erfahrungsgemäß ist das aber oft nicht so einfach bzw. die Botschaften, die an die Beschäftigten gesandt werden, sind oft recht widersprüchlich.

Offiziell wird wohl kaum ein Arbeitgeber verkünden, dass er die Nichteinhaltung der Grenzen des Arbeitszeitgesetzes duldet bzw. sogar erwartet. Inoffiziell haben aber viele Beschäftigte, gerade Büroarbeitnehmer:innen, das Gefühl, das von ihnen ständige Erreichbarkeit und gegebenenfalls eben auch Arbeitsleistung außerhalb der betrieblich oder gar gesetzlich zulässigen Zeiten erwartet wird.

Ebenso gibt es Beschäftigte, die sich, aus welchen Gründen auch immer, für so wichtig und unentbehrlich halten, dass sie tatsächlich meinen, im Eigeninteresse zu handeln, wenn sie auch nachts oder sonntags arbeiten bzw. Ruhezeiten nicht einhalten.

> **Praxistipp:**
> Den betrieblichen Interessenvertretungen, denen solche Vorfälle zu Ohren kommen, ist aus meiner Sicht immer ein abgestuftes Vorgehen anzuraten.

Im **ersten Schritt** gebietet es der kollegiale und solidarische Umgang miteinander, auf die betreffenden Beschäftigten zuzugehen und ihnen in einem vertraulichen Gespräch mitzuteilen, welche Grenzen die betrieblichen Regelungen und das Arbeitszeitgesetz der Arbeitszeit setzen. In diesem Gespräch sollte den Betreffenden deutlich vor Augen geführt werden, dass diese Grenzen nicht aus der Luft gegriffen sind, sondern arbeitsmedizinischen und wissenschaftlichen Erkenntnissen folgen und dem Schutz der eigenen Gesundheit dienen. Ebenso sollte man ihnen erklären, welche Folgen es haben wird, sollten sie weiterhin über die genannten Grenzen hinaus tätig werden. Stellt sich in einem solchen Ge-

spräch heraus, dass weniger fehlgeleitetes Eigeninteresse, als vielmehr tatsächlicher oder empfundener Druck von Führungskräften die Ursache dieser Grenzüberschreitung ist, dann ist nächste:r Ansprechpartner:in die entsprechende Führungskraft, von der dieser Druck ausgeht. Auch dieser Person sollten die geltenden Grenzen der Arbeitszeit, deren wissenschaftliche Grundlage und die Folgen von Verstößen, kollegial erläutert werden.
In einem **zweiten Schritt**, der nötig wird, sollten sich die Verstöße fortsetzen, folgt dann nach entsprechender offizieller Beschlussfassung des Gremiums, ein Mitteilungsschreiben an den betreffenden Arbeitgeber/ die Dienststelle, in der die festgestellten Verstöße benannt werden und die Aufforderung mit Fristsetzung enthalten ist, dem Gremium mitzuteilen, welche Maßnahmen ergriffen werden, um solche Verstöße für die Zukunft auszuschließen.
Sollte darauf keine ausreichende Antwort erfolgen oder sollten sich dennoch wieder Verstöße feststellen lassen, ist es Zeit für **Schritt 3**. In diesem letzten Schritt ist dann nach entsprechender Beschlussfassung die Auftragserteilung an die Anwaltskanzlei des Vertrauens des jeweiligen Gremiums angezeigt. In Zusammenarbeit mit dieser Anwaltskanzlei wird man sich sodann für das richtige weitere Vorgehen im konkreten Einzelfall entscheiden.
Für die Einleitung von **gerichtlichen Verfahren** ist es stets erforderlich, sich zunächst einen Überblick über die erforderlichen und vorhandenen Beweismöglichkeiten zu verschaffen. Nicht nur in Bezug auf Verstöße gegen das Arbeitszeitgesetz ist es oft problematisch, die Hinweise von Kolleg:innen aus dem Betrieb für das Gerichtsverfahren zu verwerten, da dabei oft die entsprechenden Hinweisgebenden als Zeug:innen vor Gericht geoutet werden müssten.[9]
In Schritt 3 wird daher **meist ein Zwischenschritt erforderlich** werden: Soweit das Gremium nicht ohnehin über die entsprechenden Unterlagen und Arbeitszeitaufzeichnungen der Beschäftigten verfügt, kann es an dieser Stelle notwendig sein, sich diese erst zu beschaffen. Auch hier muss der Arbeitgeber wieder aufgefordert werden, die entsprechenden Unterlagen / Informationen an den Betriebs- bzw. Personalrat zu übergeben. Nötigenfalls muss die Herausgabe dieser Unterlagen dann ebenfalls im Wege des Beschlussverfahrens durchgesetzt werden.

9 In Betrieben und Verwaltungen, in denen sichere interne Hinweisgebersysteme nach Hinweisgeberschutzgesetz eingerichtet sind, besteht natürlich zudem auch über diesen Kanal eine Möglichkeit für Beschäftigte, Arbeitszeitverstöße intern zu kommunizieren.

Personalräte waren dabei unter Geltung des bisherigen BPersVG auf ein zweistufiges Verfahren aus anonymisierter Auskunft und Nachbetrachtung angewiesen;[10] Betriebsräte dagegen können das Recht auf vollständige Informationen zu den Arbeitszeitaufzeichnungen leichter durchsetzen.[11]

Mit der Neufassung des BPersVG (§ 66 Abs. 1 Satz 2 BPersVG) ist allerdings meiner Meinung nach die bisherige Rechtsprechung des BVerwG überholt und die Situation der Personalräte daher der der Betriebsverfassung entsprechend.

Für die Durchsetzung dieser Auskunftsansprüche und für die Durchsetzung der Grenzen der Arbeitszeit kommen sowohl Antragstellungen beim zuständigen Gericht auf Erlass von einstweiligen Verfügungen in Betracht als auch (auch parallele / ausschließliche) Hauptsacheverfahren. Unter Umständen prüft man auch die Erforderlichkeit von Anzeigen bei den zuständigen Behörden. Je nach Situation und Rechtsgrundlage kann zudem auch die Einleitung von Einigungsstellenverfahren sinnvoll sein.

Dass die Entscheidung über die erforderlichen Maßnahmen idealerweise immer auch in enger Abstimmung mit den zuständigen Gewerkschaftsvertreter:innen getroffen werden sollte, um einerseits ggf. deren Tarif- andererseits auch deren Branchenkenntnisse einbeziehen zu können, versteht sich meines Erachtens von selbst.

bb. Folgen für die Betroffenen

Auch für die Beschäftigten, die sich hartnäckig nicht an die vorgegebenen Grenzen der Arbeitszeit halten, kann, wird und muss das Folgen haben.

Ein Arbeitgeber, der feststellt, dass seine Beschäftigten die vorgegebenen Grenzen der Arbeitszeit nicht einhalten, ist zur Vermeidung der oben genannten Konsequenzen natürlich berechtigt, die Beschäftigten zu vertragsgemäßem Verhalten anzuhalten. Dazu steht ihm das übliche Instrumentarium, beginnend mit hinweisenden Gesprächen über das Erteilen von entsprechenden Abmahnungen bis hin zum Ausspruch verhaltensbedingter Kündigungen in besonders schweren Fällen, zur Verfügung.

Gleiches gilt für den Fall, dass ein Arbeitgeber feststellt, dass bei ihm beschäftigte Führungskräfte entsprechenden Druck auf die Beschäftigten ausüben, die Grenzen der Arbeitszeit zu ignorieren. Es ist Aufgabe der Führungskräfte, auf die Einhaltung dieser Grenzen zu achten, nicht deren Überschreitung zu veranlassen. Ein betriebliches Gremium, das entsprechendes Verhalten bemerkt, welches in kollegialen Gesprächen mit

10 Vgl. BVerwG v. 19.3.2014 – 6 P 1/13.

11 Vgl. LAG Köln v. 28.6.2011 – 12 TaBV 1/11.

den Führungskräften, die ja auch Beschäftigte im Betrieb / der Dienststelle sind, nicht abzustellen ist, sollte daher auch immer prüfen, ob es in weiteren Schritten die Erteilung entsprechender Hinweise, notfalls Abmahnungen, an diese Führungskräfte bei den höher angesiedelten Führungsebenen anregt.

h. Aufzeichnung

Eine ausdrückliche generelle Pflicht, die Arbeitszeit der Beschäftigten aufzuzeichnen, steht niedergeschrieben nach wie vor im deutschen Recht nur für bestimmte Ausnahmefälle:

- Arbeitszeiten von mehr als acht Stunden täglich (§ 16 Abs. 2 ArbZG),
- Arbeitszeiten von Minijobbern (§ 17 Abs. 1 MiLoG) und
- Arbeitszeiten von Arbeitnehmern der Branchen bzw. Berufsgruppen, die in § 2a SchwarzArbG genannt sind (§ 17 Abs. 1 MiLoG).

Allerdings hat der Betriebsrat gem. § 80 Abs. 1 Nr. 1 BetrVG / hat der Personalrat gem. § 62 Nr. 2 BPersVG das Recht und die Pflicht, über die Einhaltung der zum Schutze der Beschäftigten geltenden Bestimmungen zu wachen. Das Arbeitszeitgesetz ist – auch ausweislich seines § 1 – ein solches Gesetz.

Konsequenterweise hat deshalb das BAG mit Beschluss vom 13.9.2022[12] festgestellt, dass sich aus § 3 Abs. 2 Nr. 1 ArbSchG in unionskonformer Auslegung[13] die Verpflichtung der Arbeitgeber ergibt, ein System einzuführen, mit dem die von den Beschäftigten geleistete Arbeitszeit erfasst werden kann.

Betriebliche Interessenvertretungen können also nicht nur bei der Ausgestaltung der elektronischen Aufzeichnung der Arbeitszeit der Beschäftigten mitbestimmen, sondern eine Arbeitszeitaufzeichnung auf geeignetem Weg auch anregen, gegebenenfalls durchsetzen.

Dies gilt übrigens sogar dann, wenn der Arbeitgeber wegen »Vertrauensarbeitszeit« behauptet, selbst keinen Überblick über die Arbeitszeiten der Beschäftigten[14] zu haben.

Ich persönlich bin ein großer Fan von Arbeitszeitaufzeichnungen. Seit nunmehr fast 30 Jahren bin ich, egal ob in Bezug auf meine eigenen Tätigkeiten, in Verantwortung für Beschäftigte, als Kollegin oder in meiner

---

12 BAG v. 13.9.2022 – 1 ABR 22/21, *https://www.bundesarbeitsgericht.de/entscheidung/1-abr-22-21/.*

13 Siehe auch die viel diskutierte Entscheidung des EuGH v. 14.5.2019 – C-55/18, *https://curia.europa.eu/juris/document/document.jsf?text=&docid=214043&pageIndex=0&doclang=DE&mode=lst&dir=&occ=first&part=1&cid=4008958.*

14 Vgl. BAG v. 6.5.2003 – 1 ABR 13/02.

Tätigkeit als Beraterin im Arbeitsrecht fast missionarisch unterwegs und rate jedem und jeder, die nicht ohnehin zu entsprechenden Aufzeichnungen verpflichtet sind, dazu ihre Arbeitszeit eigenständig und ehrlich (also vollständig) zu erfassen. In all den Jahren ist mir nie jemand begegnet, bei dem sich an dieser Stelle herausgestellt hätte, dass er oder sie unterm Strich weniger arbeitet als vertraglich geschuldet wäre. Im Gegenteil: Die meisten, die diesem Rat gefolgt sind, waren überrascht, wie viel sie doch tatsächlich arbeiten.

Auf der anderen Seite haben diese Arbeitszeitaufzeichnungen schon so manchem, auch ausgeprägten Nachteulen, gezeigt, dass das subjektive Gefühl für die Menge der geleisteten Arbeit ganz entscheidend auch von der Uhrzeit abhängt, zu der man diese Arbeit leistet. Mancher, der seine Arbeitszeit erst am späten Vormittag beginnt – und dann bei Vollzeit naturgemäß auch am späten Nachmittag, in den frühen Abendstunden noch arbeitet –, war schon überrascht festzustellen, dass sich die Arbeit zu diesen Zeiten letztlich nach »mehr« anfühlt als die Arbeitsleistung, die irgendwann zwischen 7 Uhr und 9 Uhr morgens begonnen und entsprechend am früheren oder mittleren Nachmittag wieder beendet werden kann.

Arbeitszeitaufzeichnung leistet daher aus meiner Sicht zweierlei:

Einerseits, und das ist sicher der entscheidende Aspekt, hilft eine gut geführte Arbeitszeitaufzeichnung die geschuldete und geleistete Arbeit auch zu dokumentieren, um im Streitfall auch Vergütungsansprüche durchsetzen zu können.

Auf der anderen Seite gibt sie aber auch wertvolle Einblicke in den tatsächlichen Umfang der eigenen Arbeitsleistung und damit selbst dann für den Beschäftigten wichtige Steuerungsinstrumente, die es im Interesse der eigenen Gesundheit dann auch zu nutzen gilt, wenn es keinen Anlass gibt, diese Arbeitszeitaufzeichnung jemals einem Dritten zur Kenntnis zu geben.

Wie im Abschnitt zu den betrieblichen Mitbestimmungsmöglichkeiten näher erläutert, unterliegen die Beschäftigten im Homeoffice ohnehin den geltenden betrieblichen Vereinbarungen zur Aufzeichnung der Arbeitszeit, sofern sie von diesen nicht ausdrücklich ausgenommen wurden.

Praxistipp:
Sollte es solche Vereinbarungen noch nicht geben bzw. sollten tatsächlich ausgerechnet die Beschäftigten in den Formen mobilen Arbeitens von diesen Vereinbarungen ausgenommen sein, wäre mein dringender Rat an die betrieblichen Interessenvertretungen, zu prüfen, inwiefern hier unter Beachtung des oben Gesagten nachgesteuert werden kann.

Welche Form der Aufzeichnung letztendlich gewählt wird, entscheiden die Umstände des Einzelfalles im konkreten Betrieb oder der konkreten Dienststelle. Wichtig ist lediglich, wie ebenfalls im Kapitel zu den betrieblichen Mitbestimmungsrechten näher ausgeführt, dass diese Aufzeichnungen verbindlichen Charakter haben bzw. dafür gesorgt wird, dass mögliche Selbstaufschriebe der Beschäftigten auch zeitnah geprüft und dann für verbindlich erklärt werden.
Im Kapitel zur betrieblichen Mitbestimmung gibt es zudem Hinweise zum Umgang mit Fällen, in denen sich beim Prüfen der Aufzeichnungen Klärungsbedarf herausstellt.

2. Vergütungsfragen

Wir erinnern uns:
Der wesentliche Inhalt eines Arbeitsverhältnisses ist die Erbringung von Arbeitsleistung, die in der Regel in Zeit gemessen wird, gegen Vergütung. **§ 611 Abs. 1 BGB** drückt das so aus:

»Durch den Dienstvertrag wird derjenige, welcher Dienste zusagt, zur Leistung der versprochenen Dienste, der andere Teil zur Gewährung der vereinbarten Vergütung verpflichtet.«

Ergänzend bestimmt **§ 612 Abs. 1 BGB**:

»Eine Vergütung gilt als stillschweigend vereinbart, wenn die Dienstleistung den Umständen nach nur gegen eine Vergütung zu erwarten ist.«

In der Regel wird die Vergütung natürlich vereinbart sein, meist ergibt sie sich in irgendeiner Form aus dem angewendeten Tarifvertrag.
Problematisch, gerade bei Arbeitsleistung im Homeoffice, wird daher weniger die Grundvergütung sein als vielmehr die Frage, ob überhaupt und wenn ja in welchem Umfang Vergütung, vielleicht sogar Zuschläge, für die Arbeitsleistung zu ungewöhnlichen Zeiten bzw. für Überstunden / Mehrarbeit im Homeoffice geschuldet wird.

a. Problem Überstunden im Homeoffice

Das Problem fängt bereits damit an, zu klären, was denn »Überstunden« überhaupt sein sollen. Die Begriffe »Überstunde« und »Mehrarbeit« sind ja gerade nicht gesetzlich geregelt.
Zum Verständnis der Ausführungen in diesem Abschnitt wollen wir uns darauf einigen, dass Überstunde und Mehrarbeit synonym (also gleichbedeutend) und so verstanden werden, dass damit die Arbeitszeit gemeint ist, die über die vertraglich geschuldete und mit der »Grundvergütung« bezahlte Arbeit hinausgeht. Allgemeingültiges zur Frage, ob und wie Überstunden im Homeoffice zu vergüten sind, lässt sich aber auch mit dieser Arbeitsdefinition grundsätzlich nicht sagen. Das hängt im Wesentlichen mit der bereits zitierten Regelung im § 612 BGB zusammen.
Es gilt der Grundsatz des Vorrangs der entsprechenden Vereinbarung. Zuallererst ist also zu prüfen, ob und welche Regelungen im konkreten Einzelfall zwischen den Arbeitsvertragsparteien getroffen wurden und ob diese das Problem vollständig und abschließend erfassen. Ist dies der Fall, ist entsprechend diesen vertraglichen Vereinbarungen zu verfahren.
Nur wenn sich Lücken ergeben, kann auf allgemeine Grundsätze zurückgegriffen werden. Dabei kann man wiederum davon ausgehen, dass es in der Regel eine von den Gerichten im Streitfall auch anerkannte vollständige Vergütungserwartung für geleistete Arbeitszeiten gibt, soweit der Inhalt des Arbeitsvertrages nicht eine besondere und herausgehobene Stellung ergibt. Grob gesagt orientiert sich die Rechtsprechung hier an der Beitragsbemessungsgrenze für die Rentenversicherung.[15] Wer oberhalb dieser Beitragsbemessungsgrenze beschäftigt wird, ist tendenziell in einem Bereich beschäftigt, in dem nicht mehr davon ausgegangen werden kann, dass Überstunden bezahlt werden.
Das **BAG** erklärt das so (Hervorhebungen von mir):

*»**Einen allgemeinen Rechtsgrundsatz, dass** jede Mehrarbeitszeit oder **jede dienstliche Anwesenheit über die vereinbarte Arbeitszeit hinaus zu vergüten ist, gibt es nicht**. Die **Vergütungserwartung** ist **stets anhand eines objektiven Maßstabs** unter Berücksichtigung der Verkehrssitte, der Art, des Umfangs und der Dauer der Dienstleistung sowie der Stellung der Beteiligten zueinander **festzustellen**, ohne dass es auf deren persönliche Meinung ankommt. Sie kann sich **insbesondere** daraus ergeben, dass im betreffenden Wirtschaftsbereich **Tarifverträge** gelten, **die für vergleichbare Arbeiten***

15 7550 Euro alte Bundesländer / 7450 Euro neue Bundesländer ab 1. 1. 2024 monatlich brutto. Ab 2025 wird es eine einheitliche Beitragsbemessungsgrenze geben.

***eine Vergütung von Überstunden vorsehen.** Die – **objektive – Vergütungserwartung** wird **deshalb in weiten Teilen des Arbeitslebens** gegeben sein.«*[16]

Diese Vergütungserwartung fehlt aber, »wenn arbeitszeitbezogene und arbeitszeitunabhängig vergütete Arbeitsleistungen zeitlich verschränkt sind«[17] oder »oder wenn Dienste höherer Art geschuldet sind oder insgesamt eine deutlich herausgehobene Vergütung gezahlt wird«.[18]
Die zeitliche Verschränkung von arbeitszeit- und arbeitsleistungsbezogener Vergütung ergibt sich in der Regel in Bereichen – so war es auch im Entscheidungsfall –, in denen die Beschäftigten in erheblichem Umfang Provisionen erhalten, durch mehr Zeitaufwand also auch einen deutlich höheren Provisionsumfang erreichen können.
Die Dienste höherer Art bzw. die deutlich herausgehobene Vergütung wird angenommen, »wenn das Entgelt die Beitragsbemessungsgrenze in der gesetzlichen Rentenversicherung überschreitet.«[19] Das **BAG** erläutert das im Weiteren so:

»Wer mit seinem aus abhängiger Beschäftigung erzielten Entgelt die Beitragsbemessungsgrenze der gesetzlichen Rentenversicherung überschreitet, gehört zu den Besserverdienern, die aus der Sicht der beteiligten Kreise nach der Erfüllung ihrer Arbeitsaufgaben und nicht eines Stundensolls beurteilt werden. Ihnen und ihren Arbeitgebern fehlt regelmäßig die objektive Vergütungserwartung für ein besonderes Entgelt als Gegenleistung für die über die regelmäßige Arbeitszeit hinaus geleistete Arbeit.«

Ob die Beschäftigten also überhaupt eine solche objektive Vergütungserwartung haben dürfen, das heißt, ob im konkreten Arbeitsverhältnis die Arbeitszeit, die über die sich aus dem Arbeitsvertrag ergebende hinaus geleistet wird, überhaupt zu bezahlen ist, ist schon eine Frage des Einzelfalles. Dazu kommt, dass die Beschäftigten, die entsprechende Über- oder Mehrarbeit bezahlt haben wollen, verpflichtet sind, nachzuweisen, dass sie die Arbeitszeit überhaupt erbracht haben und zudem, dass diese Arbeitsleistung von weisungsbefugter Stelle angeordnet, gebilligt oder geduldet wurden oder jedenfalls zur Erledigung der geschuldeten Arbeit notwendig waren.[20]

---

16 BAG v. 22.2.2012 – 5 AZR 765/10, Rn. 21.
17 Vgl. BAG v. 21.9.2011 – 5 AZR 629/10, Rn. 32.
18 Vgl. BAG v. 17.8.2011 – 5 AZR 406/10, Rn. 20, 21.
19 BAG v. 22.2.2012 – 5 AZR 765/10, Rn. 21.
20 Vgl. BAG v. 17.4.2002 – 5 AZR 644/00, Rn. 57.

Soweit Beschäftigte die Zeit der Arbeitsleistung weitestgehend frei einteilen, wird es erfahrungsgemäß schwierig, nachzuweisen, dass Über- oder Mehrarbeit überhaupt angefallen ist bzw. angeordnet, gebilligt oder geduldet wurde.
Bei echter flexibler Arbeitszeit (also Zeit, die im Wesentlichen von den Beschäftigten selbst festgelegt wird) leuchtet es in gewisser Weise auch ein.

Beispiel:
Wenn ich heute 10 Stunden arbeite, morgen aber nur 4 Stunden, dann habe ich im Schnitt der beiden Tage 14/2= 7 Stunden gearbeitet. Bin ich zu 35 Stunden die Woche verpflichtet, fehlen mir also ohnehin noch weitere 21 Stunden auf das Soll. Da muss ich mir keine Gedanken machen, ob die 2 oder 3 Stunden, die ich heute »zu viel« arbeite, bezahlt werden, ich hole mir die ja schon morgen wieder rein.
Kann ich es mir einrichten, dass der Ausgleich der über den rechnerischen Tagesschnitt hinaus geleisteten Stunden auch wirklich zeitnah erfolgt, lassen sich auch Belastung und Erholung angemessen austarieren.

Je mehr diese Fragen aber der Fremdsteuerung unterliegen, desto größer werden die Belastungen. Betriebliche Interessenvertretungen sollten deshalb immer auf diese Balance achten, wenn flexible Arbeitszeitmodelle und Arbeitszeitkonten verhandelt werden.

Praxistipp:
Soweit die einschlägigen Tarifverträge diese Fragen nicht ohnehin und abschließend regeln, erscheint es erforderlich, die Frage der Bezahlung von Mehrarbeit immer an klar nachvollziehbare Kriterien zu knüpfen und dafür zu sorgen, dass Beschäftigten der Nachweis der Überstunden auch gelingt. In der Betriebsvereinbarung dieses Ratgebers wird ein entsprechender Vorschlag gemacht.

b. Zuschläge für Überstunden / Mehrarbeit / außergewöhnliche Arbeitszeiten

Zu meinem Seminarhighlights gehört auch immer wieder die exemplarische Frage, ob denn ein Kollege, der den Donnerstagnachmittag mit seinen Kindern am Baggersee verbringt und die entsprechende Arbeit dann am Sonntag im Homeoffice nacharbeitet, Sonntagszuschläge beanspruchen kann. Die Antwort dürfte sich aus dem vorgenannten erschließen lassen:

Natürlich lässt sich diese Frage abschließend nur mit Blick in die entsprechende vertragliche Vereinbarung des betreffenden Kollegen (inklusive der geltenden betrieblichen und gegebenenfalls tariflichen Regelungen) beantworten. Tendenziell wird es aber so sein, dass der Kollege damit, dass er am Sonntag überhaupt arbeitet, schon gegen seinen Arbeitsvertrag verstößt. Das Verbot, Arbeitnehmer:innen am Sonntag ohne Not und ggf. behördliche Genehmigung zu beschäftigten, beinhaltet auch ein Verbot, solche Arbeitsleistung anzunehmen, wenn die »freiwillig« erbracht wird. Die betrieblichen Regelungen sollten daher die Erbringung der Arbeitsleistung am Sonntag ohnehin untersagen. Der Kollege, der dagegen verstößt, sollte es also tunlichst unterlassen, auch noch Zuschläge für diesen Tag durchsetzen zu wollen.

Gestalten wir die Frage ein wenig um. Nehmen wir an, der Kollege arbeitet nicht am Sonntag, sondern am Samstag / Sonnabend und der einschlägige und anwendbare Tarifvertrag sieht für diese Arbeit Zuschläge vor.

In diesem Fall müssten wir uns nun wieder die genauen Formulierungen des Tarifvertrages ansehen. Wir nehmen also weiter an, dass unser Tarifvertrag eine Formulierung beinhaltet, nach der die Zuschläge geschuldet sind, wenn die Beschäftigten auf Anordnung des Arbeitgebers am Samstag / Sonnabend arbeiten müssen oder aber, wenn Arbeit erforderlich ist. Ich vermute, in beiden Fällen könnte der Kollege, der sich dann seine Tarifvertragsbestimmung ansieht, seine Frage auch wieder selbst beantworten. In diesem Fallbeispiel ist es nicht der Arbeitgeber, der die Arbeitsleistung am Samstag veranlasst, es ist vielmehr der Kollege selbst, der sich entschieden hat, den Donnerstagnachmittag statt am Schreibtisch am Baggersee zu verbringen. Erforderlich wird die Arbeitsleistung, (falls überhaupt) am Sonnabend also auch nur durch das Verhalten des Kollegen selbst. Ich würde in diesem Fall also keinen Anspruch auf die Zuschläge sehen.

Ähnliche Fallgestaltungen lassen sich in aller Regel durch ähnliche Überlegungen angemessen lösen.

Dabei ist zudem zu bedenken, dass es einen Anspruch auf Zuschläge für Mehrarbeit, Sonn- und Feiertagsarbeit und (mit Einschränkungen) Nachtarbeit letztlich nicht auf gesetzlicher, sondern auf vertraglicher (meist tarifvertraglicher) Grundlage gibt. Das Gesetz geht im Grunde immer davon aus, das Arbeiten zu diesen Zeiten entweder gar nicht ausgeführt werden oder aber durch entsprechende Freizeitgewährung ausgeglichen werden.

Die Ausnahme ist hier – wie gesagt –§ 6 Abs. 5 ArbZG, der bei Nachtarbeit auch angemessene Zuschläge als Ausgleichsmöglichkeit benennt.

Da aber auch in diesem Fall noch eine Konkretisierungshandlung erforderlich wird, wird auch der Nachtzuschlag entweder von den Tarifvertragsparteien oder aber in Mitbestimmung durch den Betriebs- / Personalrat kollektivvertraglich festgelegt und ergibt sich nicht »von selbst«.

> **Fazit:**
> Die Zuschlagsfrage beantwortet sich also auch für Tätigkeiten im Homeoffice in jeder Fallgestaltung entweder aus der vorhanden vertraglichen Situation oder wird unter Beteiligung der betrieblichen Interessenvertretung geregelt (§ 87 Abs. 1 Nr. 10, 11 BetrVG / § 80 Abs. 1 Nr. 8 BPersVG).
> Dabei sollte dann darauf geachtet werden, dass die Zuschläge besondere Belastungen ausgleichen sollen. Daraus folgt, dass Ausgleich in Freizeit statt Zuschlägen für die Gesundheit der Beschäftigten in der Regel förderlicher ist.

Daraus folgt aber auch, dass die Belastungen nur dann ausgeglichen werden müssen, wenn sie für die Beschäftigten tatsächlich solche sind. Gelöst wird dies in der Praxis meist durch Korridor- und Ampelregelungen. Können die Beschäftigten dann echten Einfluss nehmen, ob sie z. B. 10 oder 4 Stunden arbeiten, gibt es in der Regel keine Veranlassung, Zuschläge zu zahlen. Diese sollten erst dann, dann aber auch finanziell belastend für den Arbeitgeber, anfallen, wenn dieser die Überbelastung durch entsprechende Zeitvorgaben oder zu umfangreiche Arbeitsaufgaben tatsächlich veranlasst.

c. Fahrtzeiten zwischen Homeoffice und betrieblicher Arbeitsstätte

Die Kriterien der Abgrenzung, wann diese Fahrten im privaten, wann im betrieblichen / dienstlichen Interesse liegen, werden im Abschnitt zu den Rechten der betrieblichen Interessenvertretungen erläutert. Soweit solche Fahrtzeiten ausschließlich im betrieblichen Interesse liegen, wird es sich grundsätzlich auch um vergütungspflichtige Arbeitszeit handeln.
Zu beachten sind aber immer die konkreten vertraglichen Regelungen zur Vergütung (§ 611 BGB) und die objektive Verkehrserwartung, sollte es keine ausdrücklichen vertraglichen Regelungen geben (§ 612 BGB).
Es gelten hier also die Überlegungen zur Frage, ob die Beschäftigten für Über- oder Mehrarbeit eine Vergütung durchsetzen können, entsprechend.

d. Wann beginnt die vergütungspflichtige Arbeitszeit beim Desksharing?

Eine große Sorge vieler Beschäftigter ist es, wie die Zeit vergütet werden muss, die sie damit verbringen, sich beim Desksharing einen geeigneten Arbeitsplatz zu suchen bzw. was geschieht, wenn sie diesen Platz eines Tages gar nicht finden, weil alles belegt ist.
Die arbeitsrechtlich grundsätzlich ganz einfache Antwort auf diese Fragen sollte unbedingt in der Betriebs- / Dienstvereinbarung »Desksharing« klar und unmissverständlich gegeben werden: Meine Arbeitszeit beginnt, wenn ich mich dem Arbeitgeber bereit zur Arbeitsleistung zur Verfügung stelle. Daher gehört z. B. das Buchen des Arbeitsplatzes für den künftigen Einsatz zweifellos zur Arbeitszeit nach Arbeitszeitgesetz. Nutzt die Dienststelle / der Betrieb kein elektronisches System zur Auswahl des Arbeitsplatzes, sondern sucht sich jede:r Beschäftigte am Morgen »einfach« einen freien Platz, ist auch dieses Suchen schon Arbeitsleistung und damit grundsätzlich zu vergütende Arbeitszeit. Und falls Beschäftigte diesen morgendlichen »Schreibtischtanz« verlieren und keinen Platz mehr finden, dann darf es ebenfalls keinen Zweifel daran geben, dass sie dadurch ihren Vergütungsanspruch nicht verlieren. Es ist der Arbeitgeber, der in diesem Fall zu wenige geeignete Arbeitsplätze zur Verfügung stellt, um arbeiten zu können. Deshalb trägt auch die Dienststelle / der Betrieb das Risiko und muss die Betroffenen in der Zeit, die sie mit Warten, nach Hause ins »Homeoffice« fahren oder anderen (Un-)Tätigkeiten verbringen, vergüten.

VII. Datenschutz und Datensicherheit

1. Wessen Daten müssen vor wem geschützt werden?

Wenn wir von Datenschutz sprechen, müssen wir uns fragen, was sind Daten und wessen Daten müssen vor wem geschützt werden.
Eine gesetzliche Definition gibt es für den Datenschutz derzeit nicht.
Das Wort »Datenschutz« beschreibt im Grund ganz allgemein den Schutz personenbezogener Daten vor der missbräuchlichen Verarbeitung sowie den Schutz des Rechts auf informationelle Selbstbestimmung. Im betrieblichen Kontext geht es zudem immer auch um den Schutz der Daten des Arbeitgebers vor Missbrauch, was eine Frage der Datensicherheit ist. Zu denken ist hier z. B. an Mitarbeiter- oder Kundendaten, bei denen es sich dann wieder um personenbezogene Daten handeln kann. Aber natürlich geht das Schutzinteresse des Arbeitgebers weit darüber hinaus – Stichwort: Betriebs- und Geschäftsgeheimnisse.

> **Hinweis:**
> Dieser Ratgeber hat nicht den Anspruch das weite Gebiet »Datenschutz« und das noch weitere Gebiet »Datensicherheit«, welches wieder viel mit IT-Sicherheit zu tun hat, umfassend zu beleuchten.
> Uns soll es hier nur darum gehen, was im Homeoffice und beim Desksharing zu beachten ist, mit einem Schwerpunkt darauf, was betriebliche Interessenvertretungen beachten sollten.

2. Verantwortung für den Datenschutz und die Datensicherheit

a. Wer trägt die Verantwortung für den Datenschutz im Homeoffice?

Die Regelungen der DSGVO richten sich in weiten Teilen an den sogenannten »Verantwortlichen«. Wer Verantwortlicher ist, definiert Art. 4 Nr. 7 DSGVO. Demnach ist Verantwortlicher »die natürliche oder juristische Person, Behörde, Einrichtung oder andere Stelle, die allein oder gemeinsam mit anderen über die Zwecke und Mittel der Verarbeitung von personenbezogenen Daten entscheidet.«

Damit ist grundsätzlich immer der Arbeitgeber als (in der Regel juristische) Person Adressat des Datenschutzrechts für alle im Unternehmen stattfindenden Verarbeitungen personenbezogener Daten.

Juristische Personen sind rechtliche Konstrukte und handeln daher durch entsprechend beauftragte Personen. Diese Personen sind aber der Natur des Arbeitsverhältnisses und den Regelungen von Betriebsverfassung und Bundespersonalvertretungsgesetz nach nie im Zuständigkeits- bzw. Verantwortungsbereich der betrieblichen Interessenvertretungen zu finden. Im Gegenteil – die leitenden Angestellten bzw. Dienststellenleitungen – sind der Konterpart / die Gegenspieler[1] der betrieblichen Interessenvertretung.

Beachten:
Die Menschen, die uns in diesem Zusammenhang interessieren, sind also zunächst nie »Verantwortliche« im Sinne der DSGVO. Beschäftigte und diesbezüglich ihre Interessenvertretungen müssen sich also nur dann eigenständig Gedanken über den Datenschutz und die Datensicherheit machen, wenn dies ausdrücklich zu ihren arbeitsrechtlich geschuldeten Aufgaben gehört.

Andernfalls können die Beschäftigten im Homeoffice sich darauf verlassen, dass es Sache ihres Arbeitgebers ist, die Sicherheit und den Schutz seiner bzw. der von ihm verarbeiteten Daten zu gewährleisten. Die Beschäftigten müssen sich lediglich an die erteilten diesbezüglichen Arbeitsanweisungen halten.

Geschieht dann dennoch etwas, haftet der Arbeitgeber seinen Vertragspartnern für etwaige Datenschutzverstöße, die in seinem Verantwortungs-

1 Vgl. BVerwG v. 20. 3. 2002 – 6 P 6/01, Rn. 17.

bereich auftreten. Sollte eine Aufsichtsbehörde ein Bußgeld verhängen, so trifft auch dieses Unternehmen direkt.

Ob und in welcher Höhe der Arbeitgeber in solchen Fällen bei den Beschäftigten Regressansprüche durchsetzen kann (siehe Kapitel vertragliche Fragen / Kosten / Haftung), hängt ganz wesentlich davon ab, ob diese sich an die erteilten Anweisungen gehalten oder diese im schlimmsten Fall vorsätzlich missachtet haben.

Zu beachten ist aber: Sofern Beschäftigte Daten für ihre eigenen Zwecke außerhalb des Tätigkeitsbereichs und der möglichen Kontrolle ihrer Organisation verarbeiten (also z. B. Kundendaten für einen Nebenverdienst oder auch ein Ehrenamt zweckentfremden), können sie selbst zum »Verantwortlichen« werden.

Dasselbe gilt möglicherweise, wenn sie Weisungen des Verantwortlichen zum Umgang mit den Daten missachten. Hintergrund ist Art. 29 DSGVO: »... jede dem Verantwortlichen ... unterstellte Person, die Zugang zu personenbezogenen Daten hat, dürfen diese Daten ausschließlich auf Weisung des Verantwortlichen verarbeiten«.

Hinweis:
Es liegt daher im ureigensten Interesse der Beschäftigten, die Arbeitsanweisungen zum Datenschutz / zur Datensicherheit einzuhalten, auch wenn diese ggf. zu Unbequemlichkeiten und / oder erhöhtem Zeitverbrauch führen. Wie immer im Arbeitsleben: Es wird Dir niemand danken oder auch nur Nachsicht üben, wenn etwas passiert und sich herausstellt, dass Du Anweisungen ignoriert hast, um schneller / besser / mehr zu arbeiten; also lass es!

b. Wer ist Datenschutzverantwortlicher in Bezug auf die Betriebs- / Personalratsarbeit?

Diese, lange umstrittene, Frage ist seit Mitte Juni 2021 durch den Gesetzgeber geklärt:

Gem. § 79a Satz 2 BetrVG ist der Arbeitgeber, bzw. gem. § 69 Satz 2 BPersVG die Dienststelle der für die Verarbeitung Verantwortliche im Sinne der datenschutzrechtlichen Vorschriften.

Die Klarstellung ist zu begrüßen. Die praktische Umsetzung des Datenschutzes wird allerdings dadurch letztlich auch nicht einfacher werden.

Den betrieblichen Interessenvertretungen kann daher nur angeraten werden, sich intensiv mit dem Thema Datenschutz auseinanderzusetzen und das Wissen stets auf dem neuesten Stand zu halten.[2]

> **Beachten:**
> Nur informierte Betriebs- und Personalräte sind in der Lage, den Datenschutz verantwortlich und zuverlässig, aber ohne unnötige Selbstzensur zu handhaben.

3. Kontrolle der Beschäftigten

Der zweite – und für die Zielrichtung unseres Ratgebers wichtigere – Aspekt des Datenschutzes ist daher die Frage, ob und wie die Beschäftigten im Homeoffice und beim Desksharing vor den vielfältigen Möglichkeiten der Überwachung, die der Einsatz moderner Technik mit sich bringt, geschützt sind.

a. Pauschalüberwachung / Überwachungsanlässe

Überwachungsmaßnahmen greifen immer tief in das Persönlichkeitsrecht der Betroffenen ein.
Das **BAG** drückt das in seiner Entscheidung vom 29.6.2017[3] so aus:

»Ein von einer verdeckten Überwachung Betroffener wird in der Befugnis, selbst über die Preisgabe und Verwendung persönlicher Daten zu befinden, beschränkt, indem er zum Ziel einer nicht erkennbaren systematischen Beobachtung durch einen Dritten gemacht wird und dadurch auf sich beziehbare Daten über sein Verhalten preisgibt, ohne den mit der Beobachtung verfolgten Verwendungszweck zu kennen. Dies gilt unabhängig davon, ob Fotos, Videoaufzeichnungen oder Tonmitschnitte angefertigt werden und damit zugleich ein Eingriff in das Recht am eigenen Bild bzw. Wort vorliegt. Ein Eingriff in das Recht auf informationelle Selbstbestimmung setzt auch

---

2 Für den ersten Einstieg (jeweils für beide Rechtsgrundlagen hilfreich) siehe z.B. *https://lfd.niedersachsen.de/startseite/infothek/faqs_zur_ds_gvo/betriebsrat/faq-fur-betriebsrate-194163.html; https://www.bfdi.bund.de/SharedDocs/Downloads/DE/Leitf%C3 %A4den/Leitfaden-DV-im-Personalrat.pdf?__blob=publicationFile&v=2.*

3 BAG v. 29.6.2017 – 2 AZR 597/16, Rn. 24.

nicht notwendig voraus, dass die Privatsphäre des Betroffenen ausgespäht wird.«

> **Beachten:**
> Diese Maßnahmen sind daher im betrieblichen Alltag streng auf Erforderlichkeit zu überprüfen und unterliegen in aller Regel auch der Mitbestimmung der betrieblichen Interessenvertretung.

Eine anlasslose »General-« oder »Pauschal«überwachung der Beschäftigten z. B. durch Keylogger (also Programme, die die angeschlagenen Tasten der Tastatur aufzeichnen) oder Programme, die die PC bzw. Onlineaktivitäten der Beschäftigten überwachen, werden in den meisten Betrieben und auch Dienststellen kaum erforderlich sein, um den Arbeitszweck zu erfüllen.
Ist letzteres aber nicht der Fall, darf höchstens dann überwacht werden, wenn der konkrete Verdacht einer Straftat bzw. schwerwiegenden Pflichtverletzung im Raum steht und nicht anders überprüft werden kann.
Anders sieht es aber z. B. aus, wenn die Daten des Log-in / Log-out ins PC System überwacht und aufgezeichnet werden. Soweit die betriebliche Mitbestimmung gewahrt und den Beschäftigten diese Kontrolle bekannt ist (§ 87 Abs. 1 Nr. 6 BetrVG / § 80 Abs. 1 Nr. 21 BPersVG) dürfte die Aufzeichnung dieser Daten schon allein deshalb zulässig sein, weil sie in der Regel eine einfache und geeignete Möglichkeit darstellen könnten, Beginn und Ende der Arbeitszeit und der Pausen aufzuzeichnen und zu überwachen.

b. Browserverläufe / E-Mail-Daten

Falls die private Nutzung der dienstlichen Geräte ausdrücklich untersagt ist, sind Auswertungen der Browserverlaufsdaten oder der E-Mail-Kommunikation in der Regel auch ohne konkreten Anlass zulässig, hier reicht das Interesse des Arbeitgebers, die Einhaltung dieses Verbots kontrollieren zu können, als Rechtfertigung aus.[4]
Ist die private Nutzung erlaubt bzw. im Betrieb geduldet, sind neben den datenschutzrechtlichen Fragen auch noch die (strengeren) Regelungen des Telekommunikationsgesetzes zu beachten.
Falls die Beschäftigten angewiesen worden sind, ihre privaten E-Mails auch als privat zu kennzeichnen und getrennt von dienstlicher Kor-

4 Vgl. LAG Köln v. 7.2.2020 – 4 Sa 329/19.

respondenz aufzubewahren, dürfen Arbeitgeber (unter Beachtung der Mitbestimmungsrechte der betrieblichen Interessenvertretungen) auf die nicht als privat gekennzeichneten E-Mails unter Wahrung des § 26 Abs. 1 BDSG zugreifen. Andernfalls wird die Überwachung / -prüfung der E-Mails in der Regel unzulässig sein.
Die Browserverläufe dürfen bei gestatteter Privatnutzung der Geräte nur unter den oben dargestellten Voraussetzungen mit konkretem Tatverdacht geprüft werden. Auch dabei ist die Beachtung der Rechte der betrieblichen Interessenvertretungen natürlich unabdingbar.
Auf Geräte, die die Beschäftigten dem Arbeitgeber zur Verfügung stellen (Bring your own divice) darf dieser ohne entsprechende Vereinbarung keinesfalls zugreifen. Aber auch eine Fallgestaltung, in der eine solche Vereinbarung (wieder mit Blick auf das Verhandlungsungleichgewicht der Arbeitsvertragsparteien betrachtet) wirksam geschlossen werden könnte, mag mir so recht nicht einfallen.

c. Kameraüberwachung / Kameranutzung / Mikrofon

Die Beschäftigten grundsätzlich im Homeoffice (natürlich auch im Büro) durch die Kamera des PC / Laptop / Smartphone etc. zu überwachen,[5] ist unzulässig.
Das gilt für eine offene (den Beschäftigten bekannte) als auch für eine verdeckte Überwachung, die zumindest im Homeoffice im häuslichen Bereich der Beschäftigten auch bei Verdacht auf Straftaten oder schwerwiegende Pflichtverletzungen unzulässig wäre, weil hier auch noch in den besonders geschützten Bereich der Privatwohnung eingegriffen würde.
Gleiches muss natürlich für das Abhören der Beschäftigten mittels der Mikrophone der Geräte gelten. Es kann trotz dieser Rechtslage sicher nichts schaden, wenn die Beschäftigten die Kamera ihres Gerätes verschließen, sofern sie nicht gerade beruflich genutzt wird, und das Mikrophon des Gerätes soweit möglich abstecken bzw. wenigstens abschalten.

Beachten:
Es besteht keine pauschale Pflicht, bei Teilnahme an Videokonferenzen im Homeoffice die Kamera des Gerätes anzuschalten.

5 Vgl. BAG v. 28.3.2019 – 8 AZR 421/17 und BAG v. 27.7.2017 – 2 AZR 681/16.

Ist klassische Telearbeit im vom Arbeitgeber eingerichteten Arbeitszimmer vereinbart, halte ich eine vertragliche Verpflichtung, bei entsprechenden Anlässen die Kamera zu nutzen, für grundsätzlich durchaus zulässig. Ohne eine solche Vereinbarung ist es aber sehr problematisch, diesen Eingriff einseitig unter Berufung auf das Direktionsrecht nach § 106 GewO anzuweisen.

Bei allen anderen Formen der mobilen Arbeit kommt es darauf an, ob und welche anderweitigen (Grund-)rechtseingriffe mit einer entsprechenden Anweisung verbunden wären.

Bewegen sich die Beschäftigten in fremden Betriebsstätten oder im öffentlichen Raum, gibt es individualrechtlich keinen Unterschied zur Arbeit im vom Arbeitgeber eingerichteten Arbeitsraum der Telearbeit.

Die in diesem Zusammenhang gegebenenfalls zu beachtenden Rechte der Inhaber der fremden Betriebsstätten, deren Beschäftigten oder der Passant:innen im öffentlichen Raum sind grundsätzlich nicht »das Problem« der Homeoffice-Mitarbeiter:innen. Wenn der Arbeitgeber den/die Homeoffice-Mitarbeiter:innen anweist, die Kamera zu nutzen und damit fremde Rechte verletzt, trägt auch er die Konsequenzen. Je nach Konstellation kann hier aber eine Verpflichtung bestehen, die Führungskraft, die die Nutzung der Kamera anweist, nochmals auf den aktuellen Aufenthalt in fremden Räumen / der Öffentlichkeit hinzuweisen bzw. auch ein Recht, die Befolgung der Anweisung zu verweigern, wenn sich die Betreffenden z.B. gerade in einem militärischen Sperrgebiet mit Fotografierverbot aufhalten.

Findet das Homeoffice im heimischen Bereich der Beschäftigten oder z.B. auch im privaten Bereich von Familie oder Freunden der Beschäftigten statt, überwiegt jedenfalls das Recht auf Unverletzlichkeit der Wohnung (Art. 13 GG) bzw. die Persönlichkeitsrechte der anderen Bewohner:innen das Recht des Arbeitgebers, Kameraaufnahmen zu verlangen.

Mit Blick auf das Verhandlungsungleichgewicht der Arbeitsvertragsparteien könnte man sich ggf. sogar streiten, ob eine entsprechende vertragliche Vereinbarung, die die Beschäftigten zur Nutzung der Kamera verpflichtet, zulässig ist.[6]

Niemanden geht es etwas an, welchen Einrichtungs- und Ordnungsstil Beschäftigte bevorzugen. Noch viel problematischer kann der Bücherschrank werden, der tiefen Einblick in private Interessen, Vorlieben und ggf. politische / religiöse Einstellungen zulässt. Und auch die verschlafe-

---

6 Vgl. »Orientierungshilfe Videokonferenzsysteme« Konferenz der unabhängigen Datenschutzaufsichtsbehörden des Bundes und der Länder Stand 23.10.2020 – S. 10/11.

nen Teenagerkinder, die im Laufe des Vormittags auf der Suche nach Essbarem durch die Küche streifen (weil der Stundenplan im Homeschooling nicht zum Konferenzplan der Eltern passt oder weil gerade Ferien sind etc.), sind Teil der Privatsphäre, bzgl. derer sich Beschäftigte im Arbeitskontext immer gut überlegen sollten, was sie mit Kolleg:innen, Vorgesetzten oder gar Kund:innen teilen.

Hinweis:
Die in diesem Ratgeber enthaltene Betriebsvereinbarung stellt die Unzulässigkeit entsprechender Anweisungen die Kamera zu verwenden, eigenständig fest.

Eine praktische Methode, sich dem Wunsch nach Verwendung der Kamera in den eigenen 4 Wänden nicht verweigern zu müssen und dennoch keine Einblicke in die Privatsphäre zu geben, die zu Problemen führen könnten, stellen dagegen Vorhänge oder mobile Wände dar, die sich für kleines Geld beschaffen und bei Bedarf im Hintergrund der Videokonferenz platzieren lassen, wobei eigentlich auch diesbezüglich der Arbeitgeber in der Pflicht ist.[7]
Auf die technischen Möglichkeiten, die manche Videokonferenzprogramme anbieten, um den Hintergrund der Küche oder des Schlafzimmers gegen die Golden Gate Bridge oder ähnliches auszutauschen, würde ich mich jedenfalls dann nicht verlassen wollen, wenn es mir um den Schutz meiner Privatsphäre und nicht nur um einen nettes Hintergrundbild geht. Allerdings lassen sich der vielleicht nicht so hübsche, aber blickdichte Vorhang und das eingeblendete neutrale Motiv gut kombinieren!

d. Überwachung von Bewegungsverläufen

»Die Verarbeitung von Positionsdaten der Beschäftigten im Rahmen der ordnungsgemäßen betrieblichen Nutzung der Firmenfahrzeuge durch das von der Klägerin eingerichtete Ortungssystem steht nicht im Einklang mit dem nach § 26 BDSG zu gewährleistenden Beschäftigtendatenschutz, der über die Öffnungsklausel nach Art. 88 Abs. 1 DSGVO zu beachten ist.«[8]

---

7 Vgl. »Orientierungshilfe Videokonferenzsysteme« Konferenz der unabhängigen Datenschutzaufsichtsbehörden des Bundes und der Länder Stand 23. 10. 2020 – S. 10/11.

8 VG Lüneburg v. 19. 3. 2019 – 4 A 12/19, Rn. 27.

Aus dieser Entscheidung des **VG Lüneburg** lässt sich herauslesen, dass eine anlasslose Überwachung der Bewegungsdaten, die durch die Nutzung dienstlicher Geräte anfallen, unzulässig ist. Im entschiedenen Fall war es das Firmenfahrzeug, das lässt sich aber grundsätzlich auch auf Smartphones, Laptops etc. übertragen.
Zulässig wären die Erfassung und Speicherung solcher Daten nur dann, wenn die Daten erforderlich wären, um die arbeitstechnischen Zwecke von Betrieb bzw. Dienststelle zu erfüllen. Die betriebliche Interessenvertretung, die einer solchen Auswertung zustimmt, muss daher überzeugt sein, dass sich der Geschäftszweck des Arbeitgebers anders nicht erfüllen lässt.
Natürlich **muss** das dann **den Beschäftigten** gegenüber auch **offengelegt und erläutert** werden[9].

e. Rechtsfolgen von Verstößen

Unzulässige heimliche Überwachung der Beschäftigten kann teuer werden.
Die Überwachung kann mit einer Geldbuße – unter Umständen in Millionenhöhe – geahndet werden, bei Vorsatztaten kommt auch Freiheitsstrafe in Betracht. Zudem kann die rechtswidrige Überwachung Schmerzensgeldansprüche gegen den Arbeitgeber auslösen. Zugesprochen wurden dabei z. B. wegen heimlichen Videoaufzeichnungen 1000 Euro[10] oder 7000 Euro.[11]
Heimliche Tonaufnahmen sind in jedem Fall **unzulässig und strafbar** (§ 201 StGB). Eine Aufzeichnung von Tönen ist in **nichtöffentlichen Bereichen nicht gestattet**. Wer dagegen verstößt, muss mit einer **Freiheitsstrafe bis zu drei Jahren** oder einer **Geldstrafe** rechnen.
Problematisch für den Arbeitgeber kann es zudem werden, die durch die heimliche Überwachung gewonnenen Beweise im Arbeitsgerichtsprozess zu verwenden. Allerdings lässt sich das Problem für den Arbeitgeber – wie im Abschnitt zu den Rechten der betrieblichen Interessenvertretung näher erläutert – relativ leicht umgehen, in dem die betroffenen Kolleg:innen durch die rechtswidrig erlangten Beweismittel unter Druck gesetzt werden.

9 Vgl. VG Ansbach v. 16. 3. 2020 – AN 14 K 19.00464.
10 BAG v. 11. 7. 2013 – 11 Sa 312/13.
11 LAG Hessen v. 25. 10. 2010 – 7 Sa 1586/09.

Fazit:
Umso wichtiger ist es, dass die betrieblichen Interessenvertretungen »ihre Hausaufgaben machen« und unbegründete heimliche Überwachungen auch wirklich effektiv verhindern.

VIII. Die Rechte der Interessenvertretungen

1. Das Problem – Arbeiten im Homeoffice hat zwei Seiten

Aus Sicht der betrieblichen Mitbestimmung hat das mobil-flexible Arbeiten im Homeoffice grundsätzlich widersprüchliche Auswirkungen. Einerseits kann, wie Studien zeigen, das Arbeiten im Homeoffice viele positive Auswirkungen haben. So kommt es in vielen Fällen z. B. zu einer Reduzierung von Konflikten zwischen Arbeit und Privatleben. Auf der anderen Seite sind die erhöhten Flexibilitätsanforderungen ein erhebliches Risiko für die Gesundheit der im Homeoffice Beschäftigten. Dieses Gesundheitsrisiko wiederum wird von vielen Beschäftigten nicht gesehen oder ignoriert, um die vermeintlichen oder tatsächlichen Vorteile des Arbeitens im Homeoffice nicht zu gefährden.
Betriebliche Interessenvertretungen haben allerdings die Aufgabe, für die Einhaltung der bestehenden Schutzgesetze zu sorgen. Nicht alle diese Schutzgesetze und -regelungen werden von den Betroffenen immer als vorteilhaft für sie erkannt. Es kommt daher in vielen Fällen und Betrieben im Zusammenhang mit der Regulierung des Homeoffice durch vernünftige und umfassende betriebliche Regelungen durchaus auch zu Konflikten mit dem Beschäftigten, die zum Teil gar nicht wollen, dass die erlangten scheinbaren Vorteile wieder eingeschränkt werden.
Ein Beispiel und Stichwort sei hier die Aufgabe der betrieblichen Interessenvertretung, auf die Einhaltung des Arbeitszeitgesetzes zu achten. Nicht alle Beschäftigten sind willens und in der Lage zu akzeptieren, dass Regelungen wie ein grundsätzliches Verbot, sonntags und feiertags zu arbeiten, eine Ruhezeit von 11 Stunden einzuhalten oder werktäglich nicht mehr als 8 Stunden zu arbeiten, zu ihrem eigenen Vorteil sind.

Hinweis:
Dieser Widerspruch bzw. die Konflikte zwischen Beschäftigten und ihren Interessenvertretungen können dann gelöst werden, wenn sowohl die betrieblichen Interessenvertretungen als auch die Beschäftigten zwei Phänomene erkennen: Das eine Phänomen ist die indirekte Steuerung, das andere die interessierte Selbstgefährdung.

Damit wir uns nicht missverstehen: Diese Phänomene sind keine Besonderheiten des Homeoffice. Indirekte Steuerung und interessierte Selbstgefährdung begegnen uns überall und zunehmend im Arbeitsalltag. Im Homeoffice sind die daraus resultierenden Gefahren aber besonders groß und augenfällig, da es gerade auch die Vorteile des Homeoffice sind, die hier die Fallstricke bilden.

a. Indirekte Steuerung (er-)kennen

Das Ziel des Mittels der indirekten Steuerung ist es, die Beschäftigten selbst für die Bewältigung des permanenten Marktdrucks verantwortlich zu machen. Die Verantwortung für die Arbeitsergebnisse und damit die Kundenzufriedenheit, Folgeaufträge etc. wird vom Unternehmen hinunter verlagert bis zu den einzelnen Beschäftigten.
Dies hat wiederum zwei Effekte:
Einerseits werden die Beschäftigten durch diese Verlagerung von Verantwortung motiviert, andererseits verändern die Leistung und die Arbeitszeit ihren herkömmlichen Charakter als das Maß der Arbeit.
Unser erster Impuls ist es natürlich zu denken, es sei gut, wenn die Beschäftigten mehr Verantwortung erhalten und so mit ihrer Arbeit zufriedener sind und besser motiviert. Und dem ist grundsätzlich natürlich auch so. Jedoch liegt in dieser Verantwortungsverlagerung auch eine große Gefahr.
Je mehr die Beschäftigten direkt oder indirekt aufgefordert werden, selbständig unternehmerisch zu handeln, desto höher wird der innere und äußere Druck, die betriebliche Organisation eigenverantwortlich aufrechtzuerhalten. Auch das ist per se nichts Schlechtes. Mitdenkende Beschäftigte fühlen sich in der Arbeit nicht nur wohler, sie tragen natürlich auch entscheidend zum Erfolg des jeweiligen Betriebes / Unternehmens / der jeweiligen Dienststelle bei.
Die Gefahr bei diesem Mittel liegt darin, dass diese Beschäftigten leicht aus den Augen verlieren, dass sie trotz allem nicht für sich selbst, sondern tatsächlich – gerade in der Privatwirtschaft – für die Interessen anderer arbeiten. Die Erfahrung lehrt, dass es den Menschen, die zum Wohle ihres

Betriebes über Jahre hin persönliche Belange hinten anstellen, letztendlich selten bis nie gedankt werden wird.

> **Beispiel:**
> Der hochmotivierte Außendienstmitarbeiter, der über Jahre und Jahrzehnte sein Familienleben vernachlässigt und die Kundenbeziehungen des Unternehmens an erste Stelle gestellt hat, hat nicht nur unwiederbringliche Zeit mit seinen Kindern, Eltern oder in der Partnerschaft verloren. Dieser Außendienstmitarbeiter wird, wenn seine Erfolgsbilanz irgendwann nachlässt, gnadenlos sanktioniert und schlussendlich auch entlassen werden. Wenn die Leistung irgendwann nachlässt, wird es erfahrungsgemäß niemanden mehr interessieren, ob dies darauf zurückzuführen ist, dass der betreffende Arbeitnehmer lange Jahre oberhalb seiner eigentlichen Belastungsgrenze gearbeitet und seine Gesundheit für den Unternehmenserfolg ruiniert hat. Die Krankenschwester, die sich jahre- und jahrzehntelang immer mehr um ihre Patient:innen gesorgt hat, als um sich selbst, die für Vorgesetzte und Kolleg:innen immer erreichbar war und immer eingesprungen ist, wenn mal wieder ein personeller Engpass zu überbrücken war, die sich nie die Zeit genommen hat, die richtigen Techniken oder Hilfsmittel anzuwenden, um schwere Patient:innen zu heben und zu drehen, wird erfahrungsgemäß der Kündigung nicht entgehen, wenn sie sich ihre körperliche und oder psychische Gesundheit in der Arbeit soweit ruiniert hat, dass sie nun mit entsprechenden Beschwerden und damit Ausfallzeiten zu kämpfen hat.

b. Interessierte Selbstgefährdung (er-)kennen

Das oben beschriebene Modell der indirekten Steuerung birgt also die Gefahr, die Beschäftigten in die interessierte Selbstgefährdung zu treiben. Im Glauben, etwas davon zu haben werden z. B.

- Überstunden gemacht (um ausreichend Geld zu verdienen oder auch »nur« um Leistungsbereitschaft zu zeigen; in dem Fall sind die Überstunden oft auch noch unbezahlt)
- Pausen oder Urlaub hergeschenkt
- Ruhezeiten ignoriert (und dazu vielleicht auch noch die Arbeitszeitaufzeichnungen manipuliert) oder
- bei der Einhaltung und Anwendung des Arbeitsschutzes Abstriche gemacht.

Die Beschäftigten und auch die Führungskräfte, die ein solches Verhalten befürworten, fördern oder gar erwarten, ignorieren dabei die erhebliche Gefahr für die gesundheitlichen und / oder rechtlichen Folgen dieses Tuns.

Wenn auch die Unternehmen, wie oben dargestellt, erfahrungsgemäß wenig Dankbarkeit und Gnade zeigen, wenn sich Beschäftigte die Gesundheit in ihrem Interesse ruiniert haben und relativ schnell zum Mittel der Beendigung des Arbeitsverhältnisses greifen, so führen die gesundheitlichen Schäden dennoch auch auf der Unternehmensseite zu nicht geringen wirtschaftlichen Schäden.
Einerseits müssen zunächst für eine gewisse Anzahl von Wochen und Monaten Entgeltfortzahlungskosten geleistet werden, andererseits verlieren die Unternehmen natürlich auch eingearbeitete, erfahrene und qualifizierte Kräfte. Ebenso nicht zu vernachlässigen sind die wirtschaftlichen Folgeschäden, sollten entsprechende Verstöße gegen gesetzliche Schutzvorschriften im Bereich der Arbeitszeit oder des Arbeitsschutzes zur Kenntnis der zuständigen Behörden gelangen.
Klaus Peters vom cogito-Institut für Autonomieforschung hat das beschriebene Phänomen bereits vor fast einem Jahrzehnt mit folgender Aussage auf den Punkt gebracht:

»In den Unternehmen geht es heute darum, die Leistungsdynamik von Selbständigen und Freiberuflern bei unselbständig Beschäftigten hervorzurufen.«[1]

Dieses System hat vor allem dann negative Auswirkungen auf die Gesundheit der Beschäftigten, wenn folgende Stressauslöser auftreten:
- Zielspiralen,
- nach außen nicht sichtbare Leistungen,
- behindernde Prozessvorgaben,
- ein engmaschiges, zeitaufwändiges Controllingsystem

Zudem gibt es Hinweise auf die gesundheitskritischen Auswirkungen weiterer Stressoren:
- sozialer Perfektionismus der Betroffenen
- kompetitive Kultur im Unternehmen[2]

Dagegen sind positive Auswirkungen auf die Gesundheit zu erwarten, wenn mit indirekter Steuerung primär Ressourcen für die Beschäftigten verbunden sind:

1 Dokumentation der IPAA 30. Schulungstage *https://docplayer.org/19319943-Mehr-druck-durch-mehr-freiheit.html (leider nicht mehr online verfügbar im August 2024).*

2 Siehe: Grundlage einer Handlungshilfe für Betriebe im Umgang mit indirekter Steuerung und interessierter Selbstgefährdung zur Förderung organisationaler Resilienz und zum Erhalt der Beschäftigungsfähigkeit, Prof. Dr. Andreas Krause, Dr. Martial Berset und Cosima Dorsemagen.

- hohe Autonomie
- hohe Zielqualität (d. h. die Ziele müssen:
  - realistisch erreichbar und gut messbar sein
  - die Beschäftigten müssen die Zielerreichung auch tatsächlich durch ihr Verhalten / ihre Leistungen beeinflussen können
  - die Ziele müssen an veränderte Bedingungen anpassbar sein und
  - tatsächlich zwischen Beschäftigten und Führungskräften ausgehandelt; nicht nur einseitig diktiert sein.[3]

Fazit:
Es ist daher Aufgabe der betrieblichen Interessenvertretungen, die Beschäftigten nicht nur über die oben beschriebenen Phänomene aufzuklären, sondern auch im Rahmen ihrer Kontroll- und Mitbestimmungsmöglichkeiten darauf zu achten, dass durch geeignete Rahmenbedingungen die gesundheitsfördernden Aspekte des eigenverantwortlich organisierten Arbeitens auch und gerade im Homeoffice zum Tragen kommen können und die gesundheitsschädlichen Aspekte weitestgehend reduziert werden.

2. Die Rechte und Pflichten der betrieblichen Interessenvertretungen in Bezug auf Homeoffice und Desksharing nach Themengebieten / Stichworten und Rechtsgrundlagen

a. Wegweiser

Im Folgenden werden wir uns mit den wesentlichen Fragen beschäftigen, die im Zusammenhang mit unserem Thema auf betriebliche Interessenvertretungen zukommen können.
Da sich dieser Ratgeber gleichermaßen an Betriebs- wie Personalräte wendet und die Rechtsgrundlagen entsprechend vielfältig sind, wird jedes der Stichworte jeweils im Kontext der entsprechenden Rechtsgrundlage behandelt. Wir beginnen also mit dem Kapitel für **Betriebsräte** auf der **Grundlage des Betriebsverfassungsgesetzes (BetrVG)** und behandeln die entsprechenden Fragestellungen im Anschluss nochmals für die **Personalräte** auf **Grundlage des Bundespersonalvertretungsgesetzes (BPersVG)**.

3 Ebd.

Die Personalräte nach den einzelnen Ländervertretungsrechten mögen nachsichtig sein, dass nicht auch Sie jeweils ein eigenes Kapitel erhalten. Für diese Kolleg:innen sei auf die erhältlichen Synopsen, z. B. im Kommentar für die Praxis zum Bundespersonalvertretungsgesetz aus dem Bund Verlag von Altvater/Baden/Berg/Kröll/Noll/Seulen, verwiesen. Mit Hilfe dieser Synopsen und ggf. jeweils noch einem passenden Basiskommentar aus diesem Hause zum eigenen Personalvertretungsrecht in der Hand, sollten auch die Kolleg:innen, deren Rechtsgrundlage die Ländervertretungsrechte sind, bequem mit diesem Ratgeber arbeiten können.
Alternativ – und das würde ich auch den Kolleg:innen aus den Mitarbeitervertretungen nach jeweiligem Kirchenrecht raten – reicht es auch aus, sich die jeweils zitierten Bestimmungen im Gesetzestext BetrVG / BPersVG anzusehen und die passenden eigenen zu suchen. Keiner der Gesetzgeber hat das Rad völlig neu erfunden; die Regelungen sind sich in den jeweiligen Bereichen meist recht ähnlich.

Hinweis:
Die praktischen und taktischen Überlegungen dieses Ratgebers sind jedenfalls allemal übertragbar. In rechtlichen Fragen – sei es zum Thema Homeoffice sei es zu anderen Themen – kommt man ohnehin um das »Selberdenken« nicht herum. Schließlich wollen Sie alle Ihre konkrete Situation vor Ort und keinen holzschnittartigen Übungsfall meistern.

Bevor es nach Rechtsgrundlagen getrennt weitergeht, möchte ich aber noch ein paar Hinweise geben, die bei der Erarbeitung einer betrieblichen Vereinbarung (nicht nur zu den Themen dieses Buches) für alle Rechtsgrundlagen wichtig sind.

aa. Ideen / Argumente und Beweismittel sammeln

Soweit der Arbeitgeber in den Verhandlungen um die betriebliche Vereinbarung Ideen und Vorschläge des Gremiums / der Beschäftigten ablehnt, die akut auch nicht durchsetzbar sind, lohnt es sich, eine Liste mit diesen Ideen anzulegen und festzuhalten, mit welchen Argumenten diese abgelehnt wurden. Dann muss natürlich im Tagesgeschehen auch darauf geachtet und dokumentiert werden, inwieweit sich herausstellt, dass diese Argumente entweder berechtigt waren oder aber unberechtigt.
In den Verhandlungen nach der Evaluierungsphase oder zu einem späteren Zeitpunkt bei gegebenem Anlass kann dann mit den neuen Belegen aus der betrieblichen Praxis ein zweiter Anlauf gestartet werden. Selbstverständlich lohnt es sich auch, stets die Gesetzes- und Verordnungslage

im Blick zu behalten und Nachverhandlungen zu verlangen, wenn früher abgelehnte Vorschläge nun bei neuer Rechtslage durchsetzbar werden.

bb. Evaluierungsphase vereinbaren

Bei der erstmaligen Einführung von Homeoffice und / oder Desksharing auf Basis einer betrieblichen Vereinbarung wird es meist sinnvoll sein, zunächst einen Zeitraum zu vereinbaren, in dem die Vereinbarung »getestet« wird.
Aus den Erfahrungen der Evaluierungsphase werden oft wertvolle Veränderungs- oder Ergänzungsimpulse erwachsen. So kann mit der Zeit eine in Ruhe ausgearbeitete und durchdachte Regelung erarbeitet und umgesetzt werden.
Die Betriebsratsmitglieder unter den Leser:innen bitte ich nun, gleich weiterzulesen. Die Personalratsmitglieder blättern bitte weiter, bis ihr Abschnitt (Der Personalrat – Rechtsgrundlage BPersVG) kommt.

b. Der Betriebsrat – Rechtsgrundlage BetrVG

aa. Zuständigkeit allgemein

Voraussetzung für eventuelle Rechte des Betriebsrats ist immer, dass er für die betreffenden Sachverhalte und die betroffenen Kolleg:innen überhaupt zuständig ist.

Desksharing

Die Zuständigkeitsfrage wird im Desksharing vermutlich in den meisten Fällen nicht weiter relevant. Allerdings: Wenn Büroflächen von mehreren Arbeitgebern gemeinsam genutzt werden, wird es an dieser Stelle spannend. Die vielfältigen Möglichkeiten der Kombination und rechtlichen Probleme, die sich dann ergeben können, würden diesen Ratgeber sprengen.
Auf die wichtigsten Fragen, die sich dann stellen werden, sei hier deshalb nur hingewiesen.
Nutzt ein Arbeitgeber Büroflächen, um dort Beschäftigte mehrerer seiner Betriebe arbeiten zu lassen, ist zu prüfen, ob und wie weit die nachstehenden Themen ggf. in den originären Zuständigkeitsbereich des Gesamt-

betriebsrats fallen.[4] Entsprechendes gilt, sollten verschiedene Konzerntöchter Flächen gemeinsam für den Konzernbetriebsrat nutzen.[5]
Richtig kompliziert wird es, wenn die Arbeitgeber rechtlich komplett unabhängig sind. Dann wäre z. B. zu prüfen, ob sich aus dem Desksharing ein Gemeinschaftsbetrieb gem. § 1 Abs. 2 BetrVG herleitet, was aber keinesfalls zwingend gegeben ist.
In all diesen Konstellationen oder mehr noch, wenn sich die Situation vor Ort unter keine meiner Beispielskonstruktionen fassen lässt, kann dem Betriebsrat nur dringend ans Herz gelegt werden, die Frage der Zuständigkeiten mit Hilfe qualifizierter juristischer Unterstützung im Einzelfall prüfen zu lassen.[6]

Homeoffice

Beim Themenkomplex »Homeoffice«, bei dem die Beschäftigten, um die es geht, ja gerade nicht im Betrieb arbeiten, könnte man auf den Gedanken kommen, in Frage zu stellen, dass deren diesbezügliche Probleme überhaupt in den Zuständigkeitsbereich des Betriebsrats fallen.
Dieses Problem löst uns **§ 5 Abs. 1 Satz 1 BetrVG** – zumindest für die Beschäftigten, die Telearbeit leisten – ganz elegant, in dem diese ausdrücklich erwähnt werden:

»Arbeitnehmer (Arbeitnehmerinnen und Arbeitnehmer) im Sinne dieses Gesetzes sind Arbeiter und Angestellte einschließlich der zu ihrer Berufsausbildung Beschäftigten, unabhängig davon, ob sie im Betrieb, im Außendienst oder mit Telearbeit beschäftigt werden.«

Mit der oben genannten Formulierung inklusive der ebenfalls ausdrücklichen Erwähnung der Beschäftigten im Außendienst ist also klargestellt, dass es für die Zuständigkeit des Betriebsrats nicht darauf ankommt, wo Beschäftigte eingesetzt werden, sondern nur darauf, in welchen Betrieb sie eingegliedert sind.
Das wiederum wird auch beim Homeoffice – egal in welchem Modell – nach den gängigen Kriterien entschieden. In der Regel kann man es sich dabei einfach machen und festhalten: Wer bei der letzten Betriebsratswahl auf der Wählerliste stand (oder bei neu eingestellten Beschäftigten,

---

4 Siehe dazu am besten z. B. *Metz* in Bachner (Hrsg.), BetrVG für den Betriebsrat, zu § 50 BetrVG.
5 Siehe dazu am besten z. B. *Metz* in Bachner (Hrsg.), BetrVG für den Betriebsrat, zu § 58 BetrVG.
6 §§ 40 und 80 Abs. 3 BetrVG.

wer darauf gehört hätte, wäre er / sie damals schon im Betrieb gewesen), unterfällt auch jetzt dem Verantwortungsbereich des Betriebsrats, soweit nicht zwischenzeitlich eine wesentliche Vertragsänderung stattgefunden hat, die dann aber wieder nach § 99 BetrVG mitbestimmungspflichtig gewesen wäre.

Bleiben diesbezüglich Fragen offen, ist die Situation im Einzelfall also kompliziert, kann und sollte der Betriebsrat sich bei der Klärung auch dieser Frage Unterstützung in Form qualifizierter juristischer Beratung bedienen.

bb. Allgemeine Aufgaben – Kontrolle Einhaltung Schutzgesetze etc.

Der Betriebsrat hat zwar – wie wir im Folgenden sehen werden – eine Vielzahl von Mitbestimmungsrechten, wenn im Betrieb überhaupt Homeoffice eingeführt / ausgestaltet wird, kann aber diese Einführung ohne eine eigenständige weitergehende Rechtsgrundlage (Tarifvertrag, Gesetz) nicht erzwingen.

Es lohnt sich deshalb neben den betriebsverfassungsrechtlichen Spezialtatbeständen zunächst einmal in den allgemeinen Aufgaben zu stöbern, ob sich diese für unser Anliegen fruchtbar machen lassen.

Gemäß § 80 Abs. 1 Nr. 1 BetrVG hat der Betriebsrat unter anderem darüber zu wachen, dass die zugunsten der Arbeitnehmer geltenden Gesetze, Verordnungen, Unfallverhütungsvorschriften, Tarifverträge und Betriebsvereinbarungen durchgeführt werden.

Gemäß § 80 Abs. 2 BetrVG ist der Betriebsrat zur Durchführung seiner Aufgaben nach diesem Gesetz rechtzeitig und umfassend vom Arbeitgeber zu unterrichten, ihm sind auf Verlangen jederzeit die zur Durchführung seiner Aufgaben erforderlichen Unterlagen und ggf. sachkundige Arbeitnehmer als Auskunftspersonen zur Verfügung zu stellen.

Im Hinblick auf unsere Themen betrifft dies natürlich zuallererst die einschlägigen Gesetze und Vorschriften zum Arbeits- und Gesundheitsschutz, die wir an anderer Stelle behandeln.

Ist für den Betrieb ein Tarifvertrag anwendbar, in dem die Materie, zumindest teilweise, geregelt ist, hat der Betriebsrat also auch das Recht und die Pflicht darüber zu wachen, dass die Regelungen dieses Tarifvertrages eingehalten werden.

Dabei sollte der Betriebsrat immer daran denken, dass die Regelungen in Tarifverträgen, die den Inhalt von Arbeitsverhältnissen ordnen, unmittelbar und zwingend wie Gesetze gelten – aber nur für die Mitglieder der Tarifvertragsparteien (§ 4 Abs. 1 Satz 1 TVG).

Für die Beschäftigten, die sich gegen die Mitgliedschaft in der tarifvertragschließenden Gewerkschaft entschieden haben, gelten die Tarifverträge nicht. Die Nichtgewerkschaftsmitglieder können also aus dem Tarifvertrag selbst auch keine Rechte herleiten, der Betriebsrat für diese Kolleg:innen also auch nicht auf die Einhaltung der Tarifverträge hinwirken.

Selbstverständlich können aber auch diese Kolleg:innen sich gemäß § 85 BetrVG beim Betriebsrat beschweren, wenn der Tarifvertrag in ihrem Arbeitsvertrag in Bezug genommen wurde und sie nun der Meinung sind, der Vertrag werde nicht eingehalten.[7]

Bezogen auf den Themenkomplex Homeoffice im § 80 Abs. 1 BetrVG unmittelbar weiter relevant sind die Aufgaben:

- § 80 Abs. 1 Nr. 2 BetrVG, Maßnahmen, die dem Betrieb und der Belegschaft dienen, beim Arbeitgeber zu beantragen;
- § 80 Abs. 1 Nr. 2a BetrVG, die Durchsetzung der tatsächlichen Gleichstellung von Frauen und Männern, insbesondere bei der Einstellung, Beschäftigung, Aus-, Fort- und Weiterbildung und dem beruflichen Aufstieg, zu fördern;
- § 80 Abs. 1 Nr. 2b BetrVG die Vereinbarkeit von Familie und Erwerbstätigkeit zu fördern;
- § 80 Abs. 1Nr. 4 BetrVG, die Eingliederung schwerbehinderter Menschen … und sonstiger besonders schutzbedürftiger Personen zu fördern;
- § 80 Abs. 1 Nr. 6 BetrVG die Beschäftigung älterer Arbeitnehmer im Betrieb zu fördern

Selbstverständlich können auch andere als die aufgeführten Punkte für den konkreten Fall relevant werden.

Primär aber kann das Homeoffice bei richtiger Gestaltung Vorteile für die Arbeitszufriedenheit der Beschäftigten haben und bei entsprechender Arbeitszeitautonomie vor allem auch die Vereinbarkeit von Familie / Privatleben und Beruf vereinfachen. Damit wäre dem Betrieb und seiner Belegschaft gedient und ein Schritt in Richtung Förderung von Vereinbarkeit von Familie und Beruf getan.

Für schwerbehinderte und gesundheitlich beeinträchtigte Beschäftigte kann die Möglichkeit, zumindest teilweise im Homeoffice zu arbeiten, ggf. eine Erwerbstätigkeit überhaupt erst ermöglichen. In vielen Fällen wird diese Erwerbstätigkeit jedenfalls durch Tage, an denen die Belastun-

7 Die Einigungsstelle wird der Betriebsrat in diesem Fall aber wohl nicht anrufen können, denn die Beschwerde bezieht sich auf einen möglichen Rechtsanspruch und ist damit der Klärung in der Einigungsstelle nach § 85 BetrVG entzogen.

gen des Arbeitsweges, inklusive des Zeitaufwandes wegfallen, deutlich erleichtert. Gleiches gilt unter Umständen für ältere Beschäftigte, die durch den Wegfall dieser zusätzlichen Belastungen eventuell umfangreicher und/oder länger am Erwerbsleben teilnehmen können.

> **Praxishinweis:**
> Auf Basis dieser Argumentationslinie, die auf die konkreten betrieblichen Gegebenheiten abgestimmt werden muss, lässt sich der Wunsch an den Arbeitgeber, in Verhandlungen über die Einführung einer Homeoffice-Betriebsvereinbarung einzutreten, rechtfertigen. Das gilt auch dann, wenn dieses Instrument im Betrieb bisher noch gar nicht genutzt wird.

Mit weitergehenden Argumenten aus der konkreten betrieblichen Praxis und konkreten Fragestellungen des Betriebsrats lässt sich sodann unter Umständen sogar die Heranziehung externer Sachverständiger (§ 80 Abs. 3 BetrVG) z. B. zur weiteren Untersuchung der gesundheitlichen Situation im Betrieb oder zur Erstellung eines Verhandlungspapiers rechtfertigen.[8]

Hinsichtlich des Desksharing gibt es seitens des Betriebsrates in der Praxis meist wenig Veranlassung, sich Gedanken darüber zu machen, ob die Einführung des Konzeptes gegen den Willen des Arbeitgebers erzwungen oder dieser zumindest durch gute Argumente zur Einführung veranlasst werden kann.

Bestünde dieses Interesse im konkreten Fall doch, lassen sich aber natürlich die o. g. Regelungen auch gut auf diesbezügliche Verwertbarkeit abklopfen.

cc. Billigkeitskontrolle / freie Entfaltung Persönlichkeit

§ 75 BetrVG verlangt in Abs. 1 von den Betriebsparteien darüber zu wachen, dass alle im Betrieb tätigen Personen nach den Grundsätzen von Recht und Billigkeit behandelt werden und dass Diskriminierungen zu unterbleiben haben.

In Abs. 2 wird zudem verlangt, dass die Betriebsparteien die freie Entfaltung der Persönlichkeit der im Betrieb beschäftigten Arbeitnehmer schützen und fördern, sowie die Selbständigkeit und Eigeninitiative der Arbeitnehmer und Arbeitsgruppen fördern. Auch dieser Paragraf kann vom Betriebsrat ggf. genutzt werden, um mit dem Arbeitgeber in Gespräche über die Einführung von Homeoffice zu treten.

8 Erzwingen über die Einigungsstelle kann der Betriebsrat die Einführung von Homeoffice auf diesem Weg jedoch nicht.

Im Zusammenhang mit § 80 Abs. 1 Nr. 2a BetrVG / § 80 Abs. 1 Nr. 7 BetrVG steckt hier eine Aufgabe drin.

> **Hinweis:**
> Diese Aufgabe besteht darin, dafür zu sorgen, dass der Zugang zur Arbeit im Homeoffice allen Beschäftigten gleichermaßen zur Verfügung steht und allenfalls sachliche Gründe (in der Regel werden das rein arbeitsplatzbezogene Gründe sein) zu Unterschieden führen.

Denn wir erinnern uns an die Erkenntnisse aus dem WSI-Report Nr. 54 / Januar 2020 der Hans-Böckler-Stiftung:
Demnach werden die Beschäftigten – vor allem Frauen –, die flexible Arbeitsarrangements wie Homeoffice nutzen, in betrieblichen Beurteilungen und Einschätzungen bzgl. ihrer Leistungen häufig unangemessen benachteiligt. Die Folge sind dann Stress, Vereinbarkeitsprobleme und letztlich Karrierehemmnisse.
Auf der anderen Seite ist der Zugang zu – gelegentlichem und flexiblem – Homeoffice in der Regel leichter, je höher in der Hierarchie die Betreffenden stehen.
Die Autor:innen des Reports kommen deshalb zu dem Schluss, dass die Möglichkeit, ortsflexibel zu arbeiten, in vielen Betrieben noch ein Privileg ist, von dem gerade Beschäftigte in niedriger betrieblicher Hierarchiestufe (das sind oft ethnische Minderheiten unabhängig vom Geschlecht und Frauen gleich welcher ethnischer Zugehörigkeit) ausgeschlossen werden. Dies gilt es zu ändern; womit die Anwendung von § 75 BetrVG eröffnet ist.
Selbstverständlich ist auch bei der Ein- und Durchführung von Desksharing engagiert und sensibel darauf zu achten, dass keine diskriminierenden Kriterien angewandt werden, wenn es z. B. darum geht, wer am Desksharing teilnehmen muss und wer den fixen Schreibtisch oder gar das eigene Büro behält.

dd. Auskunftspersonen / Sachverständige einbinden

Die Themenbereiche dieses Buches sind komplex. Berührt werden ganz wesentlich, aber eben nicht nur, die wichtigen Fragen des Arbeits- und Gesundheitsschutzes und des Datenschutzes (inklusive IT, Schutz der Beschäftigten vor ungerechtfertigte Überwachung).
Ebenso sind, wie oben dargestellt, die Auswirkungen der Möglichkeit, überhaupt Teile der Arbeitsleistung im Homeoffice zu erbringen und der entsprechenden Rahmenbedingungen auf die Gleichstellung der Be-

schäftigten im Hinblick auf Geschlecht, mögliche Schwerbehinderung oder Alter, ethnische Zugehörigkeit und so weiter zu beachten.
Der Betriebsrat tut daher gut daran, sich in seinen Verhandlungen mit dem Arbeitgeber über eine entsprechende Betriebsvereinbarung ausreichend sachverständiger Zuarbeit in allen relevanten Bereichen zu bedienen.
Der **Beratungsbedarf** wird **in den meisten Betrieben** – insbesondere, aber nicht ausschließlich, – **in folgenden Themenbereichen hoch** sein:

- Fragen des Arbeits- und Gesundheitsschutzes insbesondere ergonomisches Arbeiten und Arbeitspsychologie
- sichere und überwachungsfreie Gestaltung der elektronischen Kommunikation
- Einhaltung datenschutzrechtlicher Anforderungen (bezogen einerseits natürlich auf den Datenschutz für Kundendaten etc., andererseits aber auch bezogen auf die Daten, die seitens der Beschäftigten durch die Nutzung elektronischer Kommunikationsdienste, Kollaborationstools oder Videokonferenzprogrammen anfallen)
- rechtssichere Formulierung der Betriebsvereinbarungsentwürfe bzw. Überprüfung von erzielten Verhandlungsergebnissen darauf, ob die gefundenen Formulierungen auch tatsächlich den vereinbarten Inhalt tragen.

Das BetrVG gibt sehr gute Möglichkeiten, diesen Beratungsbedarf zu decken. Soweit im Betrieb zu den Fragen, die der Betriebsrat hat, Kolleg:innen arbeiten, die zu den entsprechenden Fragen ausreichende Kenntnisse haben und denen der Betriebsrat dahingehend vertraut, dass sie ihm wahrheitsgemäß auf seine Fragen antworten und nicht etwa auf ausgesprochenen (oder vielleicht sogar nur vermuteten) Wunsch von Vorgesetzten wichtige Informationen vorenthalten, ist der Betriebsrat verpflichtet und berechtigt, diese Kolleg:innen vorrangig als Informationsquelle zu nutzen (§ 80 Abs. 2 BetrVG).
Wichtig dabei ist, dass diese Auskunftspersonen auch in Abwesenheit des Arbeitgebers befragt werden können, es besteht hier also kein Kontroll- oder Überwachungsrecht des Arbeitgebers.[9]
Findet der Betriebsrat keine:n Kolleg:in, die die oben genannten Anforderungen erfüllt, dann ist er berechtigt, nach entsprechender ordnungsgemäßer Beschlussfassung den Arbeitgeber aufzufordern, mit ihm eine Vereinbarung zu treffen, die es ihm ermöglicht, den erforderlichen Sachverstand extern einzukaufen. Dies geschieht dann je nach Fragestellung, indem man z. B. eine Rechtsanwaltskanzlei beauftragt, Arbeitspsycho-

9 Vgl. BAG v. 20. 1. 2015 – 1 ABR 25/13.

logen hinzuzieht oder IT- und / oder Datenschutzexpert:innen ins Boot holt (§ 80 Abs. 3 BetrVG).
Selbstverständlich muss sich der Betriebsrat hinsichtlich des Sachverstandes nur im Rahmen der Erforderlichkeit beschränken. Es kann also im Beispiel die Rechtsanwaltkanzlei und die Arbeitspsycholog:in und die Datenschutzexpert:in beauftragt werden, wenn es erforderlich ist. Letzteres wird bei komplexen Themen wie dem Homeoffice und dem Desksharing eher die Regel als die Ausnahme sein.

ee. Planungsstadium

Unterrichtungs- und Beratungsrechte

In Bezug auf unsere Themen verstecken sich in § 90 BetrVG eine ganze Reihe spannender Ansätze für den Betriebsrat.
Ganz allgemein hat der Arbeitgeber den Betriebsrat nach dieser Vorschrift über seine Planungen zur Veränderung / Neueinrichtung oder Erweiterung der materiellen Rahmenbedingungen, unter denen die Beschäftigten ihre Arbeitsleistung zu erbringen haben, zu unterrichten (§ 90 Abs. 1 BetrVG).
Der Arbeitgeber hat mit dem Betriebsrat die vorgesehenen Maßnahmen und ihre Auswirkungen auf die Beschäftigten – insbesondere auf die Art ihrer Arbeit sowie die sich daraus an sie ergebenden Anforderungen – so rechtzeitig zu beraten, dass Vorschläge und Bedenken des Betriebsrats bei der Planung berücksichtigt werden können (§ 90 Abs. 2 BetrVG)
Im Einzelnen kann der Betriebsrat sich dabei auf folgende Regelungen stützen:

§ 90 Abs. 1 Nr. 1 BetrVG: Neu-, Um- und Erweiterungsbauten von Fabrikations-, Verwaltungs- und sonstigen betrieblichen Räumen

Diese Vorschrift ist weitergehend, als das auf den ersten Blick aussieht. Selbst der Einbau neuer Türen in den Arbeitsräumen soll darunter fallen.[10] Die Vorschrift erfasst also jede Veränderung der Arbeitsräume, die Einfluss auf die Bedingungen hat, unter denen Beschäftigte ihre Arbeit leisten. Sowohl die Einführung von Desksharing als auch die Einrichtung eines Homeoffice-Arbeitsplatzes haben aber erheblichen Einfluss auf die Arbeitsbedingungen der Beschäftigten. Beim Desksharing ändern sich ggf. jeden Tag z. B. Licht / Belüftung / Geräuschkulisse.

---

10 DKW-*Klebe*, § 90 Rn. 7 mit Verweis auf GK-*Weber*, Rn. 10; *GL*, Rn. 1; HWK-*Sittard*, Rn. 2; ArbG Düsseldorf, a. a. O.; Richardi-*Annuß*, Rn. 8; a. A. ErfK-*Kania*, Rn. 2; *Fitting*, Rn. 18a; HWGNRH-*Rose*, Rn. 27.

Die Einrichtung klassischer Telearbeitsplätze statt der Fahrt ins Büro ändert diese Verhältnisse ebenso, sie hat Einfluss auf die Kontakte zu den Kolleg:innen etc.
Beim Mobile Working, bei dem eben gerade nicht klar ist, an welchem Ort und unter welchen Bedingungen genau die Arbeitsleistung jeweils erbracht werden wird, ändern sich diese Bedingungen ebenfalls ständig.

§ 90 Abs. 1 Nr. 2 BetrVG: technische Anlagen
Auch der Begriff der technischen Anlagen ist sehr weitgehend zu verstehen. Er erfasst Maschinen und sonstige technische Geräte und Einrichtungen, die dem Betriebszweck und damit dem Arbeitsablauf dienen, aber eben auch technische Anlagen im Büro bzw. Verwaltungsbereich, wie z. B. Computer oder Bildschirme.
Die Umstellung auf Cloud Computing[11] oder auch die Vereinbarung einer betrieblichen Nutzung privater technischer Geräte (Stichwort Bring your own device)[12] unterfallen ebenfalls dieser Vorschrift. Das gleiche gilt, wenn geplant ist, (was in manchen Betrieben durchaus gängige Praxis ist), dass die Genehmigung zur Erbringung der Arbeitsleistung im Homeoffice davon abhängig gemacht wird, dass die Beschäftigten ihre privaten Geräte (Smartphone, Laptop / PC etc.) nutzen.
Da die Einführung von Homeoffice in den meisten Fällen mit der Nutzung von technischen Lösungen wie dem Cloud Computing, Kollaborationstools oder Videokonferenzprogrammen verbunden sein dürfte, können sich auch hier sehr frühzeitige Unterrichtungsansprüche des Betriebsrats ergeben.
Plant der Arbeitgeber Desksharing, kann und muss auch ebenfalls geprüft werden, ob bei dieser Gelegenheit technische Anlagen neu eingeführt / verändert werden und damit die entsprechenden Unterrichtungs- und vor allem Erörterungsrechte ausgelöst werden.

§ 90 Abs. 1 Nr. 3 BetrVG: Arbeitsverfahren und Arbeitsabläufe
Niemand wird ernsthaft bestreiten, dass die Einführung bzw. Umsetzung von Homeoffice erheblichen Einfluss auf die Gestaltung der Arbeitsabläufe im Betrieb hat. Der Betriebsrat kann seinen Unterrichtungsanspruch deshalb auch auf Nr. 3 stützen. Dabei sollte auch daran gedacht werden, dass zum Arbeitsverfahren bzw. Arbeitsablauf auch die Arbeits-

11 DKW-*Klebe*, § 90 Rn. 9 mit Verweis auf NK-GA-*Eylert/Waskow*, Rn. 4; Hilber-*Hexel*, Teil 5 Rn. 87 ff.
12 DKW-*Klebe*, § 90 Rn. 9 mit Verweis auf *Däubler*, Digitalisierung und Arbeitsrecht, § 3 Rn. 10; vgl. auch § 87 Rn. 67 und 201.

methode gehört, mit der festgelegt wird, auf welche Art und Weise die Beschäftigten das gewünschte Arbeitsergebnis erreichen sollen.[13] Auch auf diese Frage hat die Erbringung der Arbeitsleistung aus dem Homeoffice oft Einfluss.

Wie wir im Kapitel über die wissenschaftlichen Erkenntnisse zum Thema gesehen haben, hat das Homeoffice für die Beschäftigten vielfältige Auswirkungen im Hinblick auf die gesundheitliche Belastung und Arbeitsbeanspruchung. Homeoffice geht oft einher mit einer weiteren Leistungsverdichtung und erweiterter Leistungskontrolle.

Vom Arbeitgeber in seinen Planungen zu berücksichtigen sind zudem mögliche entstehende Kommunikationsverluste und die entsprechenden Gegenmaßnahmen. Des Weiteren muss berücksichtigt werden, dass Homeoffice – vor allem in der Form ausschließlicher Telearbeit – oft zu erheblichen Nachteilen für die Beschäftigten führt, was ihre Wahrnehmung durch die Führungskräfte angeht. Diese Wahrnehmungsverluste führen ohne entsprechende Gegenmaßnahmen zu massiven Nachteilen in Bezug auf Beförderungschancen und damit Einkommen.

Die Einführung von Desksharing ist ebenfalls eine Änderung der Gestaltung der Arbeit und fällt damit ebenso unter Nr. 3.[14]

§ 90 Abs. 1 Nr. 4 BetrVG: Arbeitsplätze

Der Arbeitsplatz ist der gängigen Definition nach der räumlich-funktionale Bereich, in dem die Beschäftigten im Rahmen ihrer Arbeitsaufgaben mit Arbeitsmitteln und Arbeitsgegenständen in einem bestimmten Arbeitssystem tätig sind. Das diesbezügliche Unterrichtungsrecht des Betriebsrats ist umfassend und soll erreichen, dass schädigende Einflüsse auch aus der Arbeitsumgebung auf den Arbeitsplatz ausgeschaltet oder zumindest zurückgedrängt werden.[15]

Niemand wird ernsthaft diskutieren wollen, dass die Einrichtung bzw. Durchführung von Homeoffice eine Frage der Gestaltung der Arbeitsplätze ist. Das entsprechende Unterrichtungsrecht des Betriebsrats liegt quasi auf der Hand.

Ebenso unterfällt die Einführung des Desksharings jedenfalls dann eindeutig unter Nr. 4, wenn Einzelarbeitsplätze in Großraumbüros umgewandelt werden. Selbst wenn das Desksharing im konkreten Betrieb aber

---

13 DKW-*Klebe*, § 90 Rn. 14.
14 Vgl. DKW-*Klebe*, § 90 Rn. 13, m. w. N.
15 DKW-*Klebe*, § 90 Rn. 16.

»nur« darin bestehen sollte, dass die bisher personell zugeordneten Arbeitsplätze abgeschafft werden, fällt dies m. E. unter Nr. 4.[16]
Wichtig (nicht nur im Zusammenhang mit § 90 BetrVG) ist, daran zu denken, dass der Betriebsrat seine Rechte nicht etwa dadurch verliert, dass der Arbeitgeber die Unterrichtungsrechte des Betriebsrats ignoriert und vollendete Tatsachen schafft. Ebenso lässt sich daraus, dass der Betriebsrat (egal ob ein Vorgängergremium oder auch das aktuell amtierende) entsprechenden Veränderungen erstmal tatenlos zusieht, kein Rechtsverlust konstruieren.[17]

Beachten:
Der Informations- und Beratungsanspruch des Betriebsrats entsteht ständig neu; ein Verzicht auf Mitwirkungs- und Mitbestimmungsrechte wäre unwirksam.

Demnach kann auch der Betriebsrat, der z. B. erst, nachdem die ersten Kolleg:innen bereits im Homeoffice arbeiten, davon erfährt, dass dieses Instrument jetzt im Betrieb genutzt wird, seine vollen Unterrichtungs- Beratungs- Mitwirkungs- und Mitbestimmungsrechte geltend machen.
Das gleiche gilt natürlich auch für die Gremien, die z. B. in der Situation der Covid-19-Pandemie 2020 die ungeordnete Einführung von Homeoffice aus Praktikabilitätsgründen geduldet und das Thema seither nicht mehr angefasst haben.
Auch diese Betriebsräte können sich jederzeit auf alle in diesem Ratgeber genannten Informations-, Beratungs-, Mitwirkungs- und Mitbestimmungsrechte berufen und den Abschluss einer ordnungsgemäß mitbestimmten Betriebsvereinbarung verlangen.

Praxistipp:
Ganz im Gegenteil. Manchmal kann es aus taktischen Gründen für den Betriebsrat durchaus geschickt sein, den Arbeitgeber das Homeoffice zunächst ohne großes »Tamtam« einführen zu lassen.

Trotz § 87 Abs. 1 Nr. 14 BetrVG hat der Betriebsrat grundsätzlich keine Möglichkeit, die Einführung von Homeoffice gegen den Willen des Arbeitgebers zu erzwingen. Die vielfältigen Rechte des Betriebsrats zum Thema, insbesondere die Mitbestimmung, greifen erst dann, wenn der

16 Siehe auch Sächsisches LAG v. 10. 1. 2023 – 2 TaBV 1/21.
17 DKW-*Klebe*, § 90 Rn. 6.

Arbeitgeber Homeoffice selbst einführen möchte bzw. bereits eingeführt hat.
Während also ein Betriebsrat, der beim Arbeitgeber sehr frühzeitig seine Unterrichtungs- und Mitbestimmungsrechte anmahnt, möglicherweise Widerstände provoziert, kann es in der konkreten Situation durchaus sinnvoll sein, den Arbeitgeber erst mal machen zu lassen und im Nachgang regulierend mit einer entsprechend durchdachten Betriebsvereinbarung (die dann notfalls auch über die Einigungsstelle verhandelt oder in Teilen auch erzwungen wird) einzugreifen. Diese Vorgehensweise will natürlich wohlüberlegt sein und muss unbedingt auf die konkrete Situation im Betrieb abgestimmt werden!

Mitwirkungsrechte des Wirtschaftsausschusses

Besteht im Betrieb oder im Unternehmen ein Wirtschaftsausschuss, muss ihn der Arbeitgeber gem. **§ 106 Abs. 2 BetrVG** »*... rechtzeitig und umfassend über die wirtschaftlichen Angelegenheiten des Unternehmens unter Vorlage der erforderlichen Unterlagen ... unterrichten, soweit dadurch nicht die Betriebs- und Geschäftsgeheimnisse des Unternehmens gefährdet werden ...*«
Zu den »wirtschaftlichen Angelegenheiten des Unternehmens« gehören gem. Abs. 3 unter anderem:

- Nr. 5 die Fabrikations- und Arbeitsmethoden, insbesondere die Einführung neuer Arbeitsmethoden,
- Nr. 9 die Änderung der Betriebsorganisation,
- Nr. 10 sowie sonstige Vorgänge und Vorhaben, welche die Interessen der Arbeitnehmer der und des Unternehmens wesentlich berühren können.

Deshalb ist auch der Wirtschaftsausschuss im Hinblick auf eine geplante Telearbeit / mobiles Arbeiten oder Desksharing rechtzeitig und umfassend zu informieren.

ff. Versetzung

Der Betriebsrat ist gem. § 99 Abs. 1 BetrVG in Verbindung mit § 95 Abs. 3 BetrVG rechtzeitig vor jeder Versetzung zu beteiligen und um seine Zustimmung zu bitten.[18]

18 Das gilt ggf. nicht, für Maßnahmen, die die Freiheit des Tendenzarbeitgebers zur Tendenzbestimmung und Tendenzverwirklichung ernsthaft beeinträchtigen – bezogen auf Tendenzträger im Tendenzunternehmen. Vgl. z. B. ArbG Rostock v. 19. 7. 2023 – 4 BV 20/22.

Wie in fast allen anderen juristischen Fragen können die Details kompliziert sein und im Rahmen dieses Ratgebers sicher nicht erschöpfend und schon gar nicht für jeden Einzelfall beleuchtet werden.
In der Regel wird aber die Zuweisung / Vereinbarung (und ebenso der Entzug!) von Homeoffice-Tätigkeiten eine Versetzung im Sinne des BetrVG darstellen und damit das Mitbestimmungsrecht des Betriebsrats auslösen.
Weil der betriebsverfassungsrechtliche Begriff der Versetzung inhaltlich deutlich vom individualrechtlichen Begriff abweicht, kommt es für das »Ob« des Mitbestimmungsrechts des BR auch nicht darauf an, ob die betreffenden Beschäftigten einverstanden mit der Versetzung sind. Das Einverständnis wird in der Regel aber Auswirkungen auf die Argumentation haben, mit der unter Umständen eine Zustimmungsverweigerung begründet werden kann.

Zuweisung von Homeoffice-Tätigkeiten als betriebsverfassungsrechtliche Versetzung
Für den Fall der Zuweisung von Telearbeit hat das **LAG Berlin-Brandenburg** in seinem rechtskräftigen **Urteil vom 14.11.2018** (17 Sa 562/18) wunderbar auf den Punkt gebracht:

»Die Umstände einer ausschließlich in der eigenen Wohnung zu verrichtenden Arbeit sind mit einer Tätigkeit, die in einer Betriebsstätte zusammen mit weiteren Mitarbeitern des Arbeitgebers auszuüben ist, nicht zu vergleichen. Der Arbeitnehmer verliert den unmittelbaren Kontakt zu seinen Kollegen und die Möglichkeit, sich mit ihnen auszutauschen, wird deutlich verringert. Auch werden die Grenzen von Arbeit und Freizeit fließend.
Der Arbeitnehmer ist für die betriebliche Interessenvertretung und die im Betrieb vertretenen Gewerkschaften schwerer erreichbar.
Dass Arbeitnehmer gleichwohl z. B. zur besseren Vereinbarkeit von Familie und Beruf an einer Telearbeit interessiert sein können, ändert nichts daran, dass diese Form der Arbeit einem Arbeitnehmer in aller Regel nicht einseitig von dem Arbeitgeber zugewiesen werden kann.«

Diese Überlegungen werden in den meisten Fällen des Homeoffice zutreffen. Auch wenn den Beschäftigten kein den Anforderungen von § 2 Abs. 7 ArbStättV entsprechender Arbeitsplatz zugewiesen worden ist, so gelten die oben genannten Überlegungen, warum sich die Umstände der Arbeitsleistung außerhalb der betrieblichen Arbeitsstätte maßgeblich von denen innerhalb unterscheiden, doch eins zu eins auch in diesen Fällen. Im Gegenteil: Ein echter Telearbeitsplatz ist, zumindest was die

Ausstattung, die Ergonomie / Gefahren für die Gesundheit angeht, noch am ehesten mit dem Arbeitsplatz in der betrieblichen Arbeitsstätte vergleichbar.
Beim mobilen Arbeiten, also dem Erbringen der Arbeitsleistung außerhalb der Betriebsstätte, aber nicht an einem vollausgestatteten Arbeitsplatz, unterscheiden sich die Umstände, unter denen die Arbeit zu leisten ist, noch mehr vom (bisherigen) betrieblichen Arbeitsplatz. Soweit – was die Regel sein sollte – die Vereinbarung zum Homeoffice nicht 100 % der Arbeitszeit der betroffenen Beschäftigten umfasst, sondern geringere Anteile, ändert das grundsätzlich am Beteiligungsrecht des Betriebsrats / Zustimmungserfordernis nichts.
Das **BAG** formuliert das immer wieder so (Hervorhebungen von der Verfasserin):

»Versetzung i. S. v. § 99 Abs. 1 Satz 1, § 95 Abs. 3 Satz 1 BetrVG ist die Zuweisung eines anderen Arbeitsbereichs, die die Dauer von voraussichtlich einem Monat überschreitet ***oder*** *die mit einer erheblichen Änderung der Umstände verbunden ist, unter denen die Arbeit zu leisten ist.*
»Arbeitsbereich« sind die Aufgabe und Verantwortung des Arbeitnehmers sowie die Art seiner Tätigkeit und ihre Einordnung in den Arbeitsablauf des Betriebes.
Der Begriff ist räumlich und funktional zu verstehen. *Er umfasst neben der Arbeitsleistung auch die Art der Tätigkeit und den gegebenen Platz in der betrieblichen Organisation.*
Um die Zuweisung eines anderen Arbeitsbereichs handelt es sich, ***wenn sich das gesamte Bild der Tätigkeit des Arbeitnehmers so verändert hat, dass die neue Tätigkeit vom Standpunkt eines mit den betrieblichen Verhältnissen vertrauten Beobachters nunmehr als eine »andere« anzusehen ist.*** *«*[19]

Allein am Widerstand, den viele Betriebe und Führungskräfte bis zur Pandemie 2020 (viele auch noch währenddessen) gegen die Einführung von Homeoffice geleistet haben und nun nach dem offiziellen Ende der Pandemie auch wieder leisten, sieht man, dass es erhebliche Unterschiede macht, ob eine Arbeitnehmerin ihre Arbeitsleistung (vermeintlich gut beobachtet) im Büro oder (vermeintlich unbeobachtet) im Homeoffice erbringt.
Tatsächlich hat selbst das Homeoffice an jeweils nur einem Tag der Woche in vielen Fällen ausreichende Auswirkungen auf die Tätigkeit – Arbeits-

19 Vgl. BAG v. 8.11.2016 – 1 ABR 56/14, Rn. 13.

planung (wann finden Meetings, Kundentermine etc. statt), Zusammenarbeit mit den Kolleg:innen, etc. – um hier eine betriebsverfassungsrechtliche Versetzung anzunehmen.[20]

Entzug von Homeoffice-Tätigkeiten als betriebsverfassungsrechtliche Versetzung
Das Vorgenannte gilt im Umkehrschluss beim Entzug des Homeoffice-Arbeitsplatzes.
Erläutert werden soll das hier am Beispiel des vom **LAG Düsseldorf** in seinem **Urteil vom 10.9.2014** (12 Sa 505/14) rechtskräftig entschiedenen Falles. In diesem Fall ging es zudem um alternierende Telearbeitszeit, die zwar vertraglich auf 40% der Gesamtarbeitszeit des Klägers festgelegt worden war, praktisch aber schon lange nicht mehr in diesem Umfang durchgeführt worden war. Nach Meinung des erkennenden Gerichtes macht das aber in der Argumentation keinen Unterschied. In diesem Fall stritten die Parteien also unter anderem über die Beendigung einer Vereinbarung zur alternierenden Telearbeit. In einem Zusatzvertrag zum Arbeitsvertrag war alternierende Telearbeit wie erwähnt mit einem Anteil von 40% an der Gesamtarbeitszeit vereinbart. Arbeitsort war der Wohnsitz des klagenden Beschäftigten.
In der zum Streitzeitpunkt gültigen Fassung des Ergänzungsvertrages zum Arbeitsvertrag hieß es:

»§ 1 Vertragsgegenstand
Das Arbeitsverhältnis zwischen Ihnen und der Bank bleibt in seiner bestehenden Form unberührt. … Mit dieser Zusatzvereinbarung wird lediglich der Ort der Arbeitsleistung teilweise verlagert. Für Sie wird ein Telearbeitsplatz eingerichtet. Die zu erbringende Arbeitsleistung wird somit teilweise in Ihrem häuslichen Bereich (außerbetriebliche Arbeitsstätte) und teilweise in der Bank (betriebliche Arbeitsstätte) erbracht. Die Aufnahme des alternierenden Telearbeitsplatzes erfolgt nach dem Prinzip der beiderseitigen Freiwilligkeit. Ein Rechtsanspruch auf einen alternierenden Telearbeitsplatz wird nicht begründet.
…
§ 13 Aufgabe des Telearbeitsplatzes
1. Die außerbetriebliche Arbeitsstätte kann sowohl von der Bank als auch von Ihnen mit einer Ankündigungsfrist von 4 Wochen zum Wochenschluss ohne Angabe von Gründen aufgegeben werden. Kündigt der Vermieter das Mietverhältnis über die Räumlichkeiten, in denen sich die außerbetriebliche

20 Vgl. LAG Düsseldorf v. 10.9.2014 – 12 Sa 505/14.

Arbeitsstätte befindet, verkürzt sich die Ankündigungsfrist gegebenenfalls entsprechend der Kündigungsfrist des Mietverhältnisses. Die Ankündigung zur Aufgabe der Telearbeit hat schriftlich zu erfolgen.
2. Die Vereinbarung endet ohne weiteres mit der Beendigung des Arbeitsverhältnisses,
3. Die überlassenen Arbeitsmittel sind nach Aufgabe der Telearbeit an die Bank auszuhändigen.
4. Sie sind verpflichtet, nach Aufgabe der Telearbeit ihre gesamte Arbeitsleistung an der betrieblichen Arbeitsstätte zu erbringen, soweit nicht das Arbeitsverhältnis insgesamt beendet wird.«

Im Zusammenhang mit Schwierigkeiten im Arbeitsverhältnis kündigte die Arbeitgeberin schließlich die Zusatzvereinbarung über die Telearbeit fristgerecht. Den bei ihr gebildeten Betriebsrat beteiligte sie dazu nicht. Das LAG Düsseldorf stellte dazu in seiner Entscheidung fest:

»Die Beendigung alternierender Telearbeit stellt regelmäßig eine Versetzung im Sinne von § 95 Abs. 3 Satz 1 BetrVG dar, welche der Zustimmung des Betriebsrats bedarf.
Dies gilt auch dann, wenn der Ortswechsel für das Arbeitsverhältnis typisch ist (§ 95 Abs. 3 Satz 2 BetrVG), weil der Arbeitnehmer als Marktverantwortlicher seine Arbeit zu einem Großteil bei den Kunden erbrachte.
Die Einbindung des Arbeitnehmers in den Betriebsablauf und die Aufgabenerfüllung ist auch bei teilweiser Telearbeit aufgrund von deren Besonderheiten eine völlig andere als ohne Telearbeit, so dass sich bei der Beendigung der Telearbeit das Bild der Tätigkeit grundsätzlich ändert.«

Fazit
Ein Betriebsrat, der dieser Argumentation folgend in der Zuweisung oder dem Entzug des Homeoffice für Beschäftigte eine mitbestimmungspflichtige Angelegenheit sieht, hat also auch dann keine Veranlassung, diesbezüglich Selbstzensur zu üben, wenn es sich »nur« um alternierendes Homeoffice handelt.
Gibt es rationale Argumente, warum die Zuweisung des Homeoffice auch nur für einen untergeordneten Teil der individuellen Arbeitszeit der betroffenen Beschäftigten eine erhebliche Änderung des Gesamtbildes deren Tätigkeit zur Folge hat, kann und muss der Betriebsrat auf seinem Mitbestimmungsrecht nach § 99 BetrVG bestehen.

Dem Arbeitgeber, der das anders sieht als der Betriebsrat, steht dabei natürlich eine gerichtliche Klärung im Rahmen der Regelungen der §§ 99 bis 101 BetrVG frei.

Diese betriebsverfassungsrechtlichen Überlegungen sind auch vollkommen unabhängig davon, ob die arbeitsvertragliche Situation der Beschäftigten im konkreten Fall die Zuweisung / den Entzug des Homeoffice durch Ausübung des Direktionsrechts des Arbeitgebers gem. § 106 GewO zulässt oder ob es dazu einer Änderungskündigung bedarf. In letztgenanntem Fall wäre dann natürlich zudem das Mitbestimmungsrecht bei Kündigungen gem. § 102 BetrVG zu beachten.

Ebenso unerheblich ist es wie gesagt, ob die Beschäftigten mit der Zuweisung / dem Entzug einverstanden sind oder nicht. Diese Frage berührt nicht das Mitbestimmungsrecht des Betriebsrats als solches, sondern hat ggf. nur Einfluss darauf, ob eine Zustimmungsverweigerung auf den Zustimmungsverweigerungsgrund gem. § 99 Abs. 2 Nr. 4 BetrVG gestützt werden kann.

Die Zustimmungsverweigerung nach Nr. 4 mit der Begründung, dass der betroffene Arbeitnehmer durch die personelle Maßnahme benachteiligt wird, ohne dass dies aus betrieblichen oder in der Person des Arbeitnehmers liegenden Gründen gerechtfertigt ist, wird wohl nur dann Sinn machen, wenn die betroffene Person tatsächlich eigentlich mit der Versetzung gar nicht einverstanden ist, sich aber aus welchen Gründen auch immer nicht selbst wehren möchte. Unter diesen Voraussetzungen wäre die Zustimmungsverweigerung des Betriebsrats bei objektivem Vorliegen der ungerechtfertigten Nachteile dann auch erforderlich und zulässig.[21]

Einführung von Desksharing als betriebsverfassungsrechtliche Versetzung

Betrachtet man die vorstehenden Überlegungen, wird man in vielen Fällen, in denen Desksharing eingeführt wird, den Gedanken, dass es sich hier um betriebsverfassungsrechtliche Versetzungen handelt, naheliegend finden.

In der bereits zitierten Entscheidung hatte das LAG Berlin-Brandenburg u.a. auf den unmittelbaren Kontakt zu den Kolleg:innen und die Möglichkeit, sich sehr niederschwellig auszutauschen, und die Kontaktmöglichkeiten von Betriebsrat und Gewerkschaft zu den Beschäftigten abgestellt.[22]

---

21 DKW-*Bachner*, § 99 Rn. 255.

22 Siehe LAG Berlin – Brandenburg v. 14.11.2018 – 17 Sa 562/18.

Zumindest in den Fällen, in denen die potenziellen Arbeitsplätze über große Flächen / mehrere Ebenen oder gar Gebäude verteilt sind, wird dies auch für das Desksharing zutreffen. Das gilt ganz besonders, wenn das Konzept mit dem erwähnten »Schreibtischtanz« verbunden ist oder – wie in nicht wenigen Betrieben / Dienststellen – zwar ein Buchungstool verwendet wird, aber unter Berufung auf mir nicht nachvollziehbare Datenschutzüberlegungen den Kolleg:innen oder sogar der betrieblichen Interessenvertretung die Informationen dazu, wer wann wo arbeiten will / arbeitet, verwehrt werden.

gg. Arbeits- und Gesundheitsschutz

Freiwillige Betriebsvereinbarungen

§ 88 BetrVG stellt in Nummer 1 ausdrücklich klar, dass durch freiwillige Betriebsvereinbarungen unter anderem auch Regelungen getroffen werden können, die zusätzliche Maßnahmen zur Verhütung von Arbeitsunfällen und Gesundheitsschädigungen und Gesundheitsförderung beinhalten.

Nummer 5 weist zudem darauf hin, dass auf diesem Wege auch Maßnahmen zur Eingliederung schwerbehinderter Menschen getroffen werden können.

Im Bereich des BetrVG ist diese Aufzählung eher eine Anregung. Da Betriebsvereinbarungen nach § 88 BetrVG nicht erzwungen werden können, also letztendlich Regelungen ohnehin nur im Einvernehmen zwischen Betriebsrat und Arbeitgeber möglich sind, sind der Fantasie an dieser Stelle keine Grenzen gesetzt.

Dies findet sich auch in der in diesem Ratgeber abgedruckten Betriebsvereinbarung zum Homeoffice wieder, die neben einer Reihe erzwingbarer Regelungen einen ganzen Strauß an Anregungen dazu enthält, welche Möglichkeiten es gibt, im Interesse der Arbeitszufriedenheit und Motivation der Beschäftigten Transparenz und Verlässlichkeit dazu zu schaffen, wer, nach welchen Kriterien und mit welchen Konfliktlösungsmöglichkeiten die Arbeit im Homeoffice gestalten kann.

Arbeitsschutz

§ 89 Abs. 1 BetrVG verpflichtet den Betriebsrat, sich dafür einzusetzen, dass die Vorschriften über den Arbeitsschutz und die Unfallverhütung im Betrieb durchgeführt werden. Zu diesem Zweck hat er zudem die Verpflichtung zur Unterstützung der Behörden und Berufsgenossenschaften. Diese wiederum sind wie der Arbeitgeber gem. § 89 Abs. 2 BetrVG verpflichtet, den Betriebsrat bei allen im Zusammenhang mit dem Arbeitsschutz oder der Unfallverhütung stehenden Besichtigungen und Fragen und bei Unfalluntersuchungen hinzuzuziehen.

Zu beachten ist dabei, dass hier nicht zwangsweise das ganze Gremium gemeint ist, sondern durchaus und sinnvollerweise nur eines oder wenige seiner Mitglieder, z. B. auch einen Ausschuss Arbeits- und Gesundheitsschutz, betrifft, die entsprechend durch Betriebsratsbeschluss beauftragt werden.

Hinweis:
Aus dieser Regelung ergibt sich bereits ohne nähere Vereinbarung, dass der Betriebsrat immer hinzuzuziehen ist, sollte der Arbeitgeber es für notwendig erachten, die Homeoffice-Arbeitsplätze der Beschäftigten vor Ort zu besichtigen. Diese Beteiligung des Betriebsrats ergibt sich zwingend aus dem BetrVG, unterliegt also auch keinem Zustimmungs- / oder Ablehnungsvorbehalt der Beschäftigten.

Soweit diese den Betriebsratsmitgliedern den Zutritt zu ihrer Wohnung zu Besichtigungszwecken verweigern, lässt sich dieser Zutritt aber nicht durchsetzen (Grundrechtsschutz der Wohnung).
Jedoch wird eine ohne den Betriebsrat durchgeführte Besichtigung wohl als geeignete Erkenntnisquelle für die arbeitsschutzrelevante Geeignetheit des Homeoffice-Arbeitsplatzes ausscheiden. In der Konsequenz könnte es daher sein, dass den Beschäftigten, die zwar dem Arbeitgeber, aber nicht den Betriebsratsmitgliedern das Recht auf Besichtigung des Arbeitsplatzes einräumen wollen, die Genehmigung zur Nutzung des Homeoffice-Arbeitsplatzes verweigert werden könnte und ggf. müsste, soweit eine Besichtigung überhaupt als Erkenntnisquelle erforderlich ist.

Praxistipp:
In Fällen, in denen eine Besichtigung erforderlich scheint, tut der Betriebsrat ohnehin gut daran, bereits im Vorfeld des geplanten Besichtigungstermins Kontakt zu den betreffenden Beschäftigten aufzunehmen und zu klären, ob es ggf. beachtenswerte Einwände dahingehend gibt, welchen konkreten Personen der Zugang zum privaten Wohnbereich gewährt oder eben nicht gewährt werden soll.

Gemäß § 89 Abs. 4 BetrVG / § 11 ASiG nehmen vom Betriebsrat beauftragte Mitglieder an den Sitzungen des Arbeitsschutzausschusses und / oder den Besprechungen mit den Sicherheitsbeauftragten teil. Auch hier können ggf. Themen des Homeoffice und des Desksharing zur Sprache kommen.

> **Hinweis:**
> Auch die Schwerbehindertenvertretung hat ein Recht, an allen Sitzungen des Arbeitsschutzausschusses beratend teilzunehmen (§ 178 Abs. 4 SGB VII).

§ 9 ASiG regelt zudem die Verpflichtung der Betriebsräte und der Fachkräfte für Arbeitssicherheit, bei der Erfüllung ihrer Aufgaben zusammenzuarbeiten, was den Austausch der relevanten Informationen und Unterlagen und eine entsprechende gegenseitige Beratung einschließt.
In diesem Zusammenhang ist der Vollständigkeit halber auch zu erwähnen, dass der Betriebsrat bei der Ernennung der Fachkraft für Arbeitssicherheit, des Betriebsarztes und von Sicherheitsbeauftragten, die Arbeitnehmer:innen sind, natürlich immer dann das Mitbestimmungsrecht gem. § 99 BetrVG hat, wenn diese Personen in den Betrieb eingegliedert werden.
§ 22 SGB VII legt fest, dass in Unternehmen mit 20 Beschäftigten, in manchen Fällen sogar darunter, unter Beteiligung des Betriebsrats Sicherheitsbeauftragte zu bestellen sind, die den Arbeitgeber bei der Durchführung der Maßnahmen zur Verhütung von Arbeitsunfällen und Berufskrankheiten zu unterstützen haben. Dabei ist ihre Aufgabe, sich insbesondere vom Vorhandensein und der ordnungsgemäßen Benutzung der vorgeschriebenen Schutzeinrichtungen und persönlichen Schutzausrüstungen zu überzeugen und auch Unfall und Gesundheitsgefahren für die Versicherten aufmerksam zu machen.
§ 89 Abs. 5 BetrVG verpflichtet den Arbeitgeber zur Aushändigung von Unfallanzeigen sowie der Niederschriften über Untersuchungen, Besichtigungen und Besprechungen, für den in der Betriebsrat nach den vor anstehenden Absätzen hinzuzuziehen ist. Auf diese Protokolle hat der Betriebsrat auch dann Anspruch, wenn an den entsprechenden Terminen keines seiner Mitglieder teilgenommen haben sollte. Aus diesen Papieren lässt sich dann unter Umständen auch wieder weiterer Handlungsbedarf in Bezug auf künftige Gefahrvermeidung nicht nur im Homeoffice ableiten.

Mitbestimmungsrechte bezogen konkret auf den Arbeits- und Gesundheitsschutz

§ 91 BetrVG

§ 91 BetrVG gibt dem Betriebsrat ein ausdrückliches Mitbestimmungsrecht, wenn die Beschäftigten durch Änderungen der Arbeitsplätze, des Arbeitsablaufs oder der Arbeitsumgebung, die den gesicherten arbeitswissenschaftlichen Erkenntnissen über die menschengerechte Gestaltung der Arbeit offensichtlich widersprechen, in besonderer Weise belastet werden. Der Betriebsrat kann in diesen Fällen angemessene Maßnahmen zur Abwendung, Milderung oder zum Ausgleich der Belastungen verlangen. Da es sich hier um ein Mitbestimmungsrecht handelt, bedeutet das auch, dass die Einigungsstelle gem. § 76 BetrVG notfalls über eine entsprechende Lösung entscheidet, sollten die Betriebsparteien nicht zu einer Einigung kommen.

Dieses Mitbestimmungsrecht greift immer dann, wenn die gesicherten arbeitsmedizinischen Erkenntnisse vom Arbeitgeber ignoriert werden. Offensichtlich ist dies der Fall, wenn Planungen oder Maßnahmen des Arbeitgebers gegen Gesetze und Verordnungen – relevant ist für unser Thema natürlich ganz besonders Anhang 6 der Arbeitsstättenverordnung – verstoßen. Ein Betriebsrat, der einen solchen Verstoß vermutet, sollte den Arbeitgeber in aller Regel zuerst unter konkreter Fristsetzung auffordern, diesen Verdacht durch plausible und überprüfbare Erläuterungen, inwiefern seine Planungen oder Maßnahmen den gesicherten arbeitswissenschaftlichen Erkenntnissen entsprechen, auszuräumen.

Überzeugen die Ausführungen des Arbeitgebers nicht oder sind sie für den Betriebsrat weiterhin nicht verständlich, ist es meist an der Zeit, nach entsprechender Beschlussfassung vom Recht der Hinzuziehung externen Sachverstands gem. § 80 Abs. 3 BetrVG Gebrauch zu machen. Auf diese Art kann der Betriebsrat sich dann der qualifizierten Unterstützung durch Fachkräfte, wie z. B. Arbeitspsycholog:innen oder Arbeitsmediziner:innen bedienen.

Dabei wird der Betriebsrat zur Vermeidung von Haftungsstreitigkeiten immer daran denken, die Bezahlung der externen Sachverständigen davon abhängig zu machen, dass mit dem Arbeitgeber eine Vereinbarung über die Hinzuziehung getroffen wurde, bevor die entsprechenden Fachkräfte ihre Arbeitsleistung erbringen.

Verweigert der Arbeitgeber die Zustimmung zu einer entsprechenden Honorarvereinbarung mit den Fachkräften, ist es also an der Zeit, sich zudem qualifizierten Rechtsrat einzuholen. Mit Hilfe der Anwaltskanzlei des Vertrauens kann dann geprüft werden, ob sich die Zustimmung des Arbeitgebers arbeitsgerichtlich ersetzen lässt. In Frage kommen hier sowohl ein Antrag auf Erlass einer einstweiligen Verfügung durch das Arbeitsgericht als auch, wenn die Angelegenheit Zeit hat, die Durchführung eines Hauptsacheverfahrens.

Ebenso kann es sein, dass man bereits an dieser Stelle zu dem Schluss kommt, dass die Verhandlungen zwischen Arbeitgeber und Betriebsrat über die erforderlichen Maßnahmen nach § 91 BetrVG gescheitert sind. In diesem Falle wäre dann der Weg frei, gegebenenfalls gleich die

Einigungsstelle gem. § 76 BetrVG anzurufen. Die ursprünglich als Sachverständige gedachten Fachkräfte können dann gegebenenfalls auch als Beisitzende in der Einigungsstelle auf Betriebsratsseite unterstützend tätig werden. Welcher dieser Wege im konkreten Einzelfall der richtige ist, wird sich immer erst nach qualifizierter juristischer Prüfung unter Einbeziehung der jeweiligen betriebspolitischen Bedingungen feststellen lassen.

§ 87 Abs. 1 Nr. 7 BetrVG

§ 87 Abs. 1 Nr. 7 BetrVG gibt dem Betriebsrat das Recht, soweit eine gesetzliche oder tarifliche Regelung nicht besteht, sämtliche betrieblichen Regelungen über die Verhütung von Arbeitsunfällen und Berufskrankheiten sowie über den Gesundheitsschutz im Rahmen der gesetzlichen Vorschriften oder der Unfallverhütungsvorschriften mitzubestimmen.
Für das Homeoffice, wie auch für das Desksharing, wird es hier wohl vor allem um die Arbeitsplatzgestaltung zur Vermeidung von Unfällen; Gesundheitsschäden z. B. durch Ausdünstungen vom Kopierer etc. gehen. Im Themenkomplex Desksharing kommen regelmäßig Hygiene- und Reinigungsregelungen[23] und Fragen der Mindestgröße / Maximalbesetzung von Arbeitsräumen[24] hinzu.

Beachten:
Die Mitbestimmung des Betriebsrats gem. § 87 Abs. 1 Nr. 7 BetrVG greift also nur dann, wenn es zwar Arbeitsschutzvorschriften gibt, diese aber noch einen Spielraum für Entscheidungen in der betrieblichen Praxis lassen.

Die Arbeitsschutzvorschriften dürfen also nicht so klar und eindeutig und abschließend formuliert sein, dass der Arbeitgeber nur noch verpflichtet ist, sie eins zu eins umzusetzen. Immer dann aber, wenn in der Umsetzung dieser Vorschriften Entscheidungen zu treffen sind, also die oben genannten Spielräume vorhanden sind, muss der Betriebsrat zwingend an diesen Entscheidungen beteiligt werden.

Hinweis:
Auch hier handelt es sich wieder um ein klassisches Mitbestimmungsrecht. Das bedeutet, dass der Betriebsrat, wie oben bereits zu § 91 BetrVG erläutert, sämtliche Möglichkeiten hat, sich mit Hilfe von Seminaren, Fachliteratur, sachkundigen Auskunftspersonen und / oder externen Sachver-

23 Vgl. auch LAG Düsseldorf v. 9. 1. 2018 – 3 TaBVGa 6/17, Rn. 56, m. w. N.
24 Siehe LAG Mecklenburg-Vorpommern v. 9. 3. 2010 – 5 TaBVGa 6/09.

ständigen fehlendes Wissen anzueignen, Fragen zu klären und notfalls die Einigungsstelle anzurufen.

Gefährdungsbeurteilungen

Letztendlich bedeutet dies wieder nichts anderes, als dass der Betriebsrat, der beabsichtigt, auf diesem wichtigen Gebiet Regelungen mit dem Arbeitgeber zu treffen, zunächst die erstellten Gefährdungsbeurteilungen für die Arbeitsplätze ansehen muss.
Sollen Homeoffice oder Desksharing erst eingeführt werden oder gibt es solche Gefährdungsbeurteilungen aus anderen Gründen noch nicht, müssen diese erstellt werden. Ein Arbeits- und Gesundheitsschutz im Betrieb, der diese Bezeichnung auch verdient, ist nur mit ordnungsgemäßen Gefährdungsbeurteilungen denkbar. Ohne Gefährdungsbeurteilung sind weder Gefahren noch mögliche Schutzmaßnahmen erkennbar / greifbar. Zunächst bedarf es daher immer einer Feststellung, welche Gesundheits- und Sicherheitsrisiken bei der Arbeit bestehen, es muss also der »Ist-Zustand« festgestellt werden. Erst dann lassen sich gezielte und wirksame Maßnahmen des Arbeitsschutzes festlegen.

Beachten:
Das »Wie« der Erstellung der Gefährdungsbeurteilungen seinerseits unterliegt ebenfalls der Mitbestimmung des Betriebsrats nach § 87 Abs. 1 Nr. 7 BetrVG.[25]

Dieses Mitbestimmungsrecht setzt gerade nicht voraus, dass eine konkrete Gesundheitsgefahr bereits hinreichend bestimmbar wäre. § 5 ArbSchG (Gefährdungsbeurteilungen) und Anhang 6 der Arbeitsstättenverordnung (Bildschirmarbeitsplätze) sind ausfüllungsbedürftige Rahmenvorschriften. Sie enthalten keine zwingenden Vorgaben, wie die Gefährdungsbeurteilung durchzuführen ist. Vielmehr lassen sie dem Arbeitgeber Handlungsspielräume bei der Umsetzung und lösen so das Mitbestimmungsrecht des Betriebsrats gem. § 87 Abs. 1 Nr. 7 BetrVG ausdrücklich aus.[26]
Das Gleiche gilt im Übrigen auch für die gem. § 12 ArbSchG erforderlichen Unterweisungen der Beschäftigten.[27] Nur Beschäftigte, die sich der Gefahren, die von ihrer Tätigkeit für ihre eigene Gesundheit und ggf.

25 Vgl. auch DKW-*Klebe* zu § 87 Abs. 1 Nr. 7 BetrVG m. w. N.
26 Vgl. BAG v. 8. 6. 2004 – 1 ABR 4/03, Rn. 26.
27 Vgl. BAG v. 8. 6. 2004 – 1 ABR 4/03, Rn. 29.

auch die Gesundheit anderer bewusst sind, können entsprechende Eigen- oder Fremdschäden vermeiden.

Die **Reihenfolge** im Bereich des **§ 87 Abs. 1 Nr. 7 BetrVG** ist damit klar:

- Mitbestimmung (ggf. Initiative) des Betriebsrats bei der Erstellung von Gefährdungsbeurteilungen
- Auswertung der Gefährdungsbeurteilungen / Ableitung von Konsequenzen
- Mitbestimmung (ggf. Initiative) des Betriebsrats bei der Festlegung der den gesetzlichen Rahmen ausfüllenden Arbeitsschutzmaßnahmen
- Mitbestimmung (ggf. Initiative) des Betriebsrats bei der Anpassung der Gefährdungsbeurteilungen

Wie wir in der obenstehenden Aufzählung sehen, hat der Betriebsrat selbstverständlich auch das Recht, selbständig die Initiative zu ergreifen, um vom Arbeitgeber, gestützt auf sein Mitbestimmungsrecht nach Nummer 7, den Abschluss einer Betriebsvereinbarung zur Umsetzung von Arbeitsschutzvorschriften zu verlangen.

Dabei muss allerdings beachtet werden, dass es nach dem derzeitigen Stand der Rechtsprechung im Bereich der Nummer 7 nicht möglich ist, den Arbeitgeber zu zwingen, den gesetzlich oder tarifvertraglich bereits festgelegten Schutzstandard durch erzwingbare Betriebsvereinbarung über dieses Maß hinaus zu erhöhen.[28]

Die Ausgestaltung als Rahmenvorschrift liegt vor, wenn die gesetzliche Regelung Maßnahmen zur Gewährleistung des Gesundheitsschutzes erfordert, die zu treffenden Maßnahmen aber nicht selbst detailliert beschreibt, sondern dem Arbeitgeber lediglich ein zu erreichendes Schutzziel vorgibt.

Nur bei öffentlich-rechtlichen Regelungen, die sehr weit gefasste Generalklauseln enthalten, setzt das Mitbestimmungsrecht das Bestehen einer unmittelbaren objektiven Gesundheitsgefahr voraus.[29]

Solche durch Betriebsvereinbarung auszufüllenden Generalklauseln, die das Mitbestimmungsrecht nur dann auslösen, wenn es eine unmittelbare objektive Gesundheitsgefahr in der konkreten betrieblichen Konstellation gibt, sind nach Ansicht des LAG Nürnberg zum Beispiel:

- § 3 Abs. 1 Satz 1 ArbSchG
- § 4 ArbSchG
- §§ 3a und 6 Abs. 1 ArbStättV

28 LAG Nürnberg v. 9.12.2015 – 4 TaBV 13/14.

29 Vgl. BAG v. 8.6.2004 – 1 ABR 4/03, Rn. 24.

Hinweis:
Das bedeutet nun aber nicht, dass Betriebsvereinbarungen, die eine solche Erhöhung des Schutzstandards beinhalten, unwirksam wären! Wir erinnern uns an § 88 BetrVG, der es den Betriebsparteien sehr wohl erlaubt, gerade im Bereich des Arbeits- und Gesundheitsschutzes auf freiwilliger Basis weit über das hinaus zu gehen, was gesetzlich bereits geregelt ist. Der Betriebsrat sollte nur im Hinterkopf behalten, dass er solche weitergehenden Ideen dem Arbeitgeber argumentativ »verkaufen« muss und nicht durch Spruch der Einigungsstelle durchsetzen kann.

Eine Anhebung des Arbeitsschutzstandards über das gesetzlich normierte Maß im Rahmen einer Betriebsvereinbarung wird also nur gelingen, wenn sich der Betriebsrat im Vorfeld gut vorbereitet, um den Arbeitgeber durch entsprechende Argumente dazu zu bringen, seinen Vorschlägen zu folgen, auch wenn diese gegebenenfalls nicht über die Einigungsstelle erzwingbar sein sollten.
Hier kommt wieder die Möglichkeit ins Spiel, sich sämtlicher Erkenntnisquellen des Betriebsverfassungsgesetzes zu bedienen. Der Betriebsrat kann also im Vorfeld der Verhandlungen zu solchen Betriebsvereinbarungen Schulungen besuchen, Bücher und Zeitschriften lesen und sich gegebenenfalls durch externe Sachverständige nicht nur über die Möglichkeiten des Arbeitsschutzes jenseits der gesetzlichen Grenzen informieren, sondern auch darüber, welche Vorteile solche Möglichkeiten gegebenenfalls für den Betrieb in der Gesamtbetrachtung hätten.

Praxistipp:
Erfahrungsgemäß ziehen dabei wirtschaftliche Argumente am meisten. Möchte man den Arbeitgeber also dazu bewegen, etwas zu regeln, wozu er gesetzlich nicht verpflichtet ist, lohnt es sich meist, ihm vorzurechnen, dass er sich durch diese Regelungen unter dem Strich doch Geld spart bzw. durch Produktivitätssteigerungen gewinnt. Und da ab einer gewissen Führungsebene bunte Charts en vogue sind, lohnt sich oft auch diese Mühe.

Bezogen z. B. auf das Thema Homeoffice und den Gesundheitsschutz könnte das z. B. heißen:
Gestützt auf die wissenschaftlichen Erkenntnisse, die nahelegen, dass Beschäftigte im Homeoffice dazu neigen, sich selbst noch mehr auszubeuten, als sie dies in der betrieblichen Arbeitsstätte ohnehin täten, erstens darüber nachzudenken, durch entsprechende technische Eingriffe, die Zeitspanne, in der Beschäftigte im Homeoffice arbeitstäglich arbeiten können, gegebenenfalls zu beschränken, und zweitens zudem in der ent-

sprechenden Betriebsvereinbarung die Möglichkeit einzubauen, dass Beschäftigte sich auf Kosten des Unternehmens entsprechender psychologische Beratungen oder Coachings bedienen können, die ihnen dabei helfen, mit den erhöhten psychischen Anforderungen des Homeoffice ohne gesundheitliche Schäden klarzukommen.
Das Argument für den Arbeitgeber, warum er dies bezahlen sollte, läge dann in einer entsprechenden und ansprechenden Auswertung, die belegt, dass die geschilderten psychische Belastungen erfahrungsgemäß zu erhöhten Arbeitsunfähigkeitszeiten führen. Die Kosten durch diese zu erwartenden Arbeitsunfähigkeitszeiten und die Folgekosten durch den Ausfall der entsprechenden qualifizierten Beschäftigten, wären in diesem Fall den Kosten des Coaching-Angebotes gegenüberzustellen.

hh. Arbeitszeit

Wichtige Vorüberlegungen

§ 87 Abs. 1 Nr. 2 BetrVG gibt dem Betriebsrat das Recht, soweit eine gesetzliche oder tarifliche Regelung nicht besteht, Beginn und Ende der täglichen Arbeitszeit einschließlich der Pausen sowie Verteilung der Arbeitszeit auf die einzelnen Wochentage mitzubestimmen.
§ 87 Abs. 1 Nr. 3 BetrVG regelt unter der gleichen Voraussetzung, die Mitbestimmung in Bezug auf die vorübergehende Verkürzung oder Verlängerung der betriebsüblichen Arbeitszeit.

Beachten:
Es gibt verschiedene »Arbeitszeiten«:
- vergütungspflichtige Arbeitszeit
- betriebsverfassungsrechtliche Arbeitszeit
- Arbeitszeit nach dem Arbeitszeitgesetz (die sich nach er europäischen Arbeitszeitrichtlinie Richtlinie 2003/88/EG richtet)

Der Begriff der betriebsverfassungsrechtlichen, d.h. der mitbestimmungspflichtigen, »Arbeitszeit« ist also eigenständig definiert.
Die betriebsverfassungsrechtliche Arbeitszeit ist nicht vollständig deckungsgleich mit dem Begriff der vergütungspflichtigen Arbeitszeit, der Arbeitszeit nach dem Arbeitszeitgesetz oder dem nach der europäischen Arbeitszeitrichtlinie Richtlinie 2003/88/EG.
Das Mitbestimmungsrecht des Betriebsrats bezieht sich auf die Festlegung des Zeitraums, während dessen der Arbeitgeber von den Beschäftigten die Erfüllung ihrer vertraglichen Hauptleistungspflichten verlangen und

diese sie ihm ggf. mit der Folge der §§ 293, 615 BGB anbieten können.[30] »Arbeit« ist dabei eine Tätigkeit, die als solche der Befriedigung eines fremden Bedürfnisses dient.[31] Der Begriff der betriebsverfassungsrechtlichen »Arbeitszeit« bestimmt sich nach dem Zweck des Mitbestimmungsrechts.[32]

Hinweis:
Arbeitszeit bezogen auf die Mitbestimmung i.S.v. § 87 Abs. 1 Nr. 2 BetrVG ist die Zeit, in der die Beschäftigten die geschuldete Arbeitsleistung tatsächlich zu erbringen haben. Wieviel von dieser Zeit die Beschäftigten dem Arbeitgeber schulden, richtet sich nach der vertraglichen oder tarifvertraglichen Vereinbarung und ist der betrieblichen Vereinbarung entzogen.[33]

Anwendung im Desksharing
Dass die Nutzung eines Buchungstools, um für kommende Arbeitstage einen Arbeitsplatz zu buchen, in die mitbestimmte Arbeitszeit fällt, wird soweit ersichtlich in der Praxis nicht in Frage gestellt. Anders sieht es – was Mitbestimmung und vor allem auch was Vergütung angeht – oft bei der täglichen Arbeitsplatzsuche beim Prinzip des »Schreibtischtanzes« aus.

Sehen wir uns aber die oben dargestellten Überlegungen an, sollte es eigentlich keine Zweifel mehr geben. Dass Suchen des Arbeitsplatzes ist eine Tätigkeit, »die als solche der Befriedigung eines fremden Bedürfnisses dient«. Es ist der Arbeitgeber, der sich entscheidet, den Beschäftigten keine festen Arbeitsplätze (mehr) zuzuweisen, sondern diese sich regelmäßig selbst geeignete Plätze suchen zu lassen. Die Beschäftigten legen also zur Arbeitsaufnahme im Betrieb innerbetriebliche Wege zum Arbeitsplatz zurück.[34]

Wie lang diese Wege sind, wie lange die Suche dauert, darauf haben die Beschäftigten im Grunde keinen Einfluss. Daher unterliegen die Zeiten der Suche auch voll der betrieblichen Mitbestimmung zur Lage der Arbeitszeit. Dass diese Zeiten zudem in der Regel auch zu vergüten sein werden, haben wir uns an anderer Stelle bereits angesehen.

---

30 Vgl. BAG v. 17.11.2015 – 1 ABR 76/13, Rn. 24.
31 Vgl. BAG v. 14.11.2006 – 1 ABR 5/06, Rn. 28.
32 Vgl. BAG v. 22.10.2019 – 1 ABR 11/18, Rn. 22.
33 Vgl. BAG 22.7.2003 – 1 ABR 28/02.
34 Ebd. Rn. 29.

Praxistipp:
Das Gremium sollte aber unbedingt darauf achten, ggf. durch entsprechende Anpassung der Betriebsvereinbarungen zur Arbeitszeit und / oder in der zum Desksharing diese Grundsätze nochmals unmissverständlich festzuhalten. So kann z. B. die Einführung von Desksharing die Anpassung von pauschal gutgeschriebenen Rüstzeiten, die ursprünglich nur das Hochfahren des Computers abbilden sollten, erforderlich machen.

(Keine) Besonderheiten im Homeoffice
Bezogen auf das Thema Homeoffice ergeben sich hier im Kern weder Einschränkungen noch Besonderheiten. Das bedeutet, dass die bestehenden Betriebsvereinbarungen zum Thema Arbeitszeit selbstverständlich auch für die Beschäftigten gelten, die ihre Arbeit ganz oder teilweise im Homeoffice erbringen. Etwas anderes wäre nur dann der Fall, sollten diese Betriebsvereinbarungen die Beschäftigten im Homeoffice vom Anwendungsbereich ausnehmen.

Praxistipp:
Wird in einem Betrieb Homeoffice erstmals eingeführt oder das bisher ungeregelte Homeoffice geregelt, bietet es sich also auf jeden Fall an, alle relevanten Betriebsvereinbarungen – in unserem Beispiel also die zum Thema Arbeitszeit, Arbeitszeiterfassung und gegebenenfalls Arbeitszeitkonten – zu durchforsten.

Soweit der Betriebsrat dabei feststellt, dass das Thema Homeoffice bisher nicht bedacht wurde, ist es jetzt an der Zeit, darüber nachzudenken, ob die bestehenden Betriebsvereinbarungen vollständig geeignet sind, die besondere Problematik des mobilen Arbeitens oder auch der Telearbeit abzubilden.
Wie bei allen anderen Themen auch, bezüglich derer der Betriebsrat Dinge regeln oder gar verändern möchte, bietet es sich an, die Expert:innen für die praktische Seite des Problems, die **Beschäftigten**, nach ihren bisherigen **Erfahrungen, Eindrücken und Veränderungswünschen zu befragen**.
Aus den Ergebnissen dieser Erfahrungssammlung lassen sich dann gegebenenfalls auch schnell die aktuellen Regelungs- oder Veränderungsbedarfe destillieren.

Grenzen setzen / Gesundheit schützen
Der Betriebsrat sollte aber auch bei seiner Erfahrungssammlung bedenken, dass gerade in Bezug auf Homeoffice die Mitbestimmungsrechte

und Anforderungen an den Betriebsrat zu den Themenkreisen Arbeitszeit und Arbeits- und Gesundheitsschutz immer im Zusammenhang betrachtet werden müssen.
Wie wir im Kapitel zu den wissenschaftlichen Erkenntnissen sehen, ist es einerseits für die Arbeitszufriedenheit und damit auch die psychische Belastung der Beschäftigten essenziell, möglichst autonom und eigenverantwortlich über die Gestaltung ihres Arbeitstages entscheiden zu können und dabei die beruflichen und die privaten Anforderungen möglichst optimal koordinieren zu können. Auf der anderen Seite ist gerade im Homeoffice die Gefahr der entgrenzten Arbeit sehr groß.

Beachten:
Der Betriebsrat steht also vor der Herausforderung, einerseits für möglichst viel Flexibilität und Eigenverantwortung für die Beschäftigten zu sorgen, andererseits diese aber auch vor sich selbst bzw. vor überzogenen Anforderungen von Führungskräften, Kolleg:innen oder Kund:innen zu schützen.

Daher wäre eine Betriebsvereinbarung, die z. B. nicht dafür sorgt, dass die erforderlichen Ruhezeiten nach § 5 ArbZG eingehalten werden oder die die Grenzen des § 3 ArbZG (jeweils ggf. unter Beachtung der Regelungen nach § 7 ArbZG) überschreitende tägliche Arbeitszeiten zulässt oder gar ausdrücklich verlangt, rechtswidrig und daher unwirksam.
Die Erfahrung zeigt auch, dass viele Beschäftigte die Erbringung der Arbeitsleistung erst am späteren Abend oder gar in der Nacht, an Sonntagen oder Feiertagen aufgrund familiärer Verpflichtungen zu Tageszeiten an den normalen Wochentagen für praktisch empfinden.
Der Betriebsrat ist dennoch schon aus gesetzlichen Gründen und eben auch unter dem Aspekt des Gesundheitsschutzes für die Beschäftigten, der den gesetzlichen Beschränkungen der Arbeitszeit ja zugrunde liegt, gehalten, durch geeignete Regelungen dafür zu sorgen, dass die Beschäftigten von diesen Möglichkeiten nur im Rahmen der Grenzen des Arbeitszeitgesetzes Gebrauch machen können und dürfen.
Ein weiterer Aspekt, der im Zusammenhang mit Homeoffice geprüft werden sollte, ist die Frage, ob eine eventuell bestehende Regelung zu Kernarbeitszeiten auch auf die Beschäftigten im Homeoffice Anwendung finden soll oder wie diese gegebenenfalls passend zu modifizieren ist.
Hierbei ist wiederum daran zu denken, dass es mögliche Reibungsverluste und viel Ärger vermeiden kann, wenn klare und transparente fixe Zeiten vereinbart werden, in denen die Beschäftigten im Homeoffice für Kolleg:innen, Kund:innen und Führungskräfte verlässlich erreichbar sind.

Hinweis:
Wie bei jeder Gleitzeitregelung ist zudem zu bedenken, das weitgehende Flexibilisierung für die Beschäftigten auch dann einen Preis hat, wenn sie über die Nutzung der Flexibilität tatsächlich eigenverantwortlich entscheiden können.

Beispiel:
Aus § 616 BGB ergibt sich grundsätzlich das Recht, ohne Verlust an Arbeitsentgelt während der Arbeitszeit notwendige Arztbesuche durchzuführen. Kommt diese Regelung (oder eine vergleichbare tarif- / arbeitsvertragliche Klausel) zur Anwendung, können Beschäftigte während ihrer Arbeitszeit zum Arzt, soweit sich dieser Arztbesuch nicht außerhalb der Arbeitszeit durchführen lässt. Ein Streit mit dem Arzt, der die Termine vorgibt oder gar Arztwechsel ist den Beschäftigten nicht zuzumuten.[35]

Je mehr Gleit- je weniger Kernzeit nun aber betrieblich festgelegt ist, desto eher wird es den Beschäftigten möglich sein, außerhalb der Kernzeit und damit in der Freizeit zu erforderlichen Untersuchungen oder Behandlungen zu gehen.

Flexibilität und Autonomie durch Arbeitsplanung
Die in diesem Ratgeber enthaltene Betriebsvereinbarung zum Homeoffice versucht den Zwiespalt zwischen dem Bedürfnis und der Notwendigkeit für die Beschäftigten, ihre Arbeitszeit eigenverantwortlich, flexibel und autonom zu gestalten einerseits und der Notwendigkeit, Arbeitszeiten zu begrenzen und Erreichbarkeiten sicherzustellen, andererseits darüber zu lösen, dass es den Beschäftigten obliegt, innerhalb eines vorgegebenen Rahmens eine Arbeitsplanung abzugeben, die sie unter Berücksichtigung der jeweilig im Planungszeitraum anfallenden betrieblichen und persönlichen Bedürfnisse erstellen können.
Ist diese Arbeitsplanung dann mit der Führungsebene abgestimmt, kann sie entsprechend inner- oder auch außerbetrieblich bekannt gegeben werden, sodass für alle Beteiligten Transparenz besteht und Erreichbarkeiten sichergestellt werden.
Eine Alternative oder Ergänzung kann es zudem sein, über betriebliche Regelungen sicherzustellen, dass die Beschäftigten nur zu bestimmten

35 Vgl. BAG v. 29.2.1984 – AZR 92/82.

Zeiten / in bestimmten Umfang überhaupt auf die betrieblichen Systeme zugreifen können.[36]

Familienfreundliche Termine / Meetingzeiten
Ebenso bietet es sich im Zusammenhang mit Gleitzeitregelungen u. ä. immer an, betrieblich klar zu regeln, zu welchen Zeiten Meetings, Schulungen oder Besprechungen anfangen dürfen, beziehungsweise bis wann diese spätestens auch beendet sein müssen.

> **Praxistipp:**
> Dabei ist darauf zu achten, dass solche Meetings nicht zu früh beginnen und nicht zu spät enden, um den Beschäftigten, die z. B. Kinder in den Kindergarten bringen müssen, oder diese von dort abholen, die Vereinbarkeit ihrer verschiedenen Verpflichtungen zu erleichtern.

In der in diesem Buch abgedruckten Betriebsvereinbarung wird auch geregelt, dass es ausreichend Pausen in der Mittagszeit gibt, damit die Beschäftigte, die von zu Hause aus arbeiten, um dort Kinder oder andere Angehörige zu versorgen, auch Gelegenheit haben, nicht nur selbst zu essen, sondern diese entsprechend mit Mahlzeiten zu versorgen.

Mehrarbeit / Überstunden
Außerdem sollte sich der Betriebsrat in seiner Vereinbarung unbedingt dem ansonsten hoch konfliktträchtigen Thema, ob und wann die Beschäftigten Überstunden erbringen bzw. Anspruch auf entsprechende Zuschläge haben, annehmen.
Dabei wird das »Ob« der Überstunden- bzw. Mehrarbeitszuschläge und auch deren Höhe in der Regel gemäß § 77 Abs. 3 BetrVG für die Mitbestimmung des Betriebsrats gesperrt sein, da diese Fragen in der Regel abschließen tarifvertraglich geregelt sind.
Allerdings lässt sich in einer Betriebsvereinbarung (allerdings unter Beachtung des Tarifvorranges) durchaus regeln, ob im Homeoffice überhaupt Überstunden erbracht werden dürfen und wie die Anordnung / Ableistung gegebenenfalls auch so rechtssicher zu dokumentieren ist, dass Streitigkeiten über das Vorliegen der Voraussetzungen für die Überstundenvergütung von vornherein vermieden werden können. In der hier abgedruckten Vereinbarung wird dies darüber gelöst, dass klargestellt

36 Siehe E-Mail-Nutzung und Internetdienste; Betriebs- und Dienstvereinbarungen – Analyse und Handlungsempfehlungen; Hans Böckler Stiftung – *https://www.boeckler.de/pdf/mbf_bvd_e_mail_nutzung_und_internetdienste.pdf.*

wird, das gegebenenfalls zuschlagpflichtige Überstunden nur dann anfallen, wenn das Überschreiten der arbeitstäglichen oder wöchentlichen Arbeitszeit durch die betriebliche Sphäre veranlasst wurde und nicht auf den rein persönlichen Flexibilitätsbedürfnissen der Beschäftigten beruht. Sichergestellt wird dies damit, dass Arbeitszeit im Grundsatz nur dann als Überstunden (also in der Regel mit Zuschlag) vergütet wird, wenn die Beschäftigten nachweisen können, dass die entsprechende Mehrleistung auch von einer Führungskraft angeordnet oder unabdingbar zur Erfüllung der Arbeitsaufgaben nötig war. Dies entspricht der ständigen Rechtsprechung und auch meist den tarifvertraglichen Regelungen.
Um es hier von vornherein aber gar nicht erst zur Beweisschwierigkeiten kommen zu lassen, wird in der Betriebsvereinbarung klargestellt, dass rein mündliche Anordnungen von Führungskräften für die Beschäftigten nicht verbindlich sind, sondern diese das Recht haben, von den Führungskräften, die entsprechende Mehrarbeit anordnen, eine Bestätigung in Textform (sei es E-Mail, sei es eine schriftliche Anordnung oder wie auch immer das üblicherweise betrieblich gehandhabt wird) zu verlangen.

Hinweis:
1.) Die Begriffe »Überstunde« und »Mehrarbeit« sind leider gesetzlich nicht geregelt. Oft definieren Tarifverträge diese Fragen für ihren Anwendungsbereich, oft werden dann auch nur entweder für Überstunden oder Mehrarbeit Zuschläge gezahlt. Soweit ein im Betrieb anwendbarer Tarifvertrag die Begriffe definiert, sollten die entsprechenden Definitionen auch in den zugehörigen Betriebsvereinbarungen übernommen werden, um Verwirrung bei den Rechtsanwender:innen vorzubeugen.
2.) Selbstverständlich wären Beschäftigte ohnehin nicht zur Ableistung von Überstunden / Mehrarbeit verpflichtet, wenn das Mitbestimmungsrecht des Betriebsrats gem. § 87 Abs. 1 Nr. 3 BetrVG nicht beachtet wurde.

Ob der Betriebsrat aber ordnungsgemäß einbezogen worden ist oder nicht, lässt sich in der konkreten Situation für die Beschäftigten kaum rechtssicher klären. Diese werden deshalb in den seltensten Fällen ein Zurückbehaltungsrecht an der Arbeitsleistung geltend machen und die Überstunden verweigern.

Praxistipp:
Die in der Betriebsvereinbarung enthaltene Klarstellung, dass Führungskräfte die Überstunden nachweislich anordnen müssen, erleichtert ggf. auch dem Betriebsrat im Nachhinein die Beweisführung für die Verletzung seiner Rechte.

Regelungen zu Arbeitszeitnachweisen

In möglicher Überschneidung mit dem Themenkomplex technische Einrichtungen ist auch zu regeln, ob und wie die Beschäftigten im Homeoffice ihre Arbeitszeit dokumentieren.

In der Regel wird es ohnehin im Betrieb bereits eine Betriebsvereinbarung zur Arbeitszeiterfassung geben. Hier gilt dann wieder das oben Gesagte. Soweit diese Betriebsvereinbarung Beschäftigte im Homeoffice nicht vom Anwendungsbereich ausnimmt, sind diese davon ohnehin erfasst.

Praxistipp:[37]

Der Betriebsrat hat hinsichtlich der Erfassung der Arbeitszeit nicht nur ein volles Mitbestimmungsrecht, sondern auch ein Initiativrecht!

- Es besteht kein Mitbestimmungsrecht nach § 87 Abs. 1 BetrVG bei der Frage, ob die Arbeitszeit erfasst werden soll.
- Das Mitbestimmungsrecht scheidet nur deshalb aus, weil der Arbeitgeber wegen § 3 Abs. 2 Nr. 1 ArbSchG ohnehin zur Erfassung verpflichtet ist.
- Die Ausgestaltung des im Betrieb verwendeten Systems unterliegt der betrieblichen Entscheidungsfreiheit – der Betriebsrat hat deshalb bei dieser Ausgestaltung das volle Mitbestimmungsrecht nach § 87 Abs. 1 Nr. 7 BetrVG.
- Die Mitbestimmung im Gesundheitsschutz wird originär auf der Ebene des örtlichen Betriebsrates ausgeübt. Nur soweit auf dieser Ebene Zustimmung zu einer betriebsübergreifenden elektronischen Zeiterfassung besteht, kann dann ggf. der Gesamt- oder Konzernbetriebsrat für die Ausgestaltung dieser elektronischen Zeiterfassung originär zuständig sein.
- Der Betriebsrat kann daher – notfalls über die Einigungsstelle – eine Erfassung der Arbeitszeit der Beschäftigten durchsetzen.

Sollte es sich bei der Art der Arbeitszeiterfassung noch um eine klassische Form von Stechuhr oder ähnlichem handeln, gibt es beim mobilen Arbeiten natürlich ein Problem. Die Beschäftigten arbeiten ja von wechselnden Orten oder von zu Hause und haben daher nicht die Möglichkeit ihren Chip an einen Kasten im Eingangsbereich zu halten, tatsächlich eine Lochkarte in irgendeinen Kasten im Umkleidebereich zu stecken oder

37 Siehe dazu ausführlich: LAG München v. 22.5.2023 – 4 TaBV 24/23; diese Überlegungen gelten jedenfalls, solange der Gesetzgeber keine weitergehenden Regelungen zu diesen Fragen erlässt, die über die zum Zeitpunkt der Entscheidung bestehende Gesetzlage hinausgehen.

ähnliche Gerätschaften zu bedienen, die sich im Bereich der betrieblichen Arbeitsstätte befinden.

> **Hinweis:**
> In diesen und in allen anderen Fällen, in denen die bisherige betriebliche Zeiterfassung die Notwendigkeiten des Homeoffice nicht abbildet, bedarf es daher natürlich unbedingt einer eigenständigen auf diese Problematik zugeschnittenen Regelung.

In vielen Betrieben wird die Zeiterfassung aber wohl insbesondere für Bürotätigkeiten mittlerweile ohnehin durch das Einloggen in ein über den PC erreichbares Zeiterfassungssystem geregelt, was problemlos auch im Homeoffice nutzbar sein sollte. Lässt sich aktuell keine brauchbare systembasierte Lösung finden / vereinbaren, bietet sich im Zweifel die gute alte – mitbestimmte[38] – Excel-Liste an, in der die Beschäftigten Beginn und Ende ihrer Arbeitszeit, inklusive der Pausen nach Arbeitszeitgesetz und andere Unterbrechungen entsprechend dokumentieren können. Im Interesse der vereinfachten Auswertbarkeit sollte hier eine Vorlage entwickelt und mittels Betriebsvereinbarung entsprechend vorgegeben werden, die von allen Beschäftigten genutzt werden kann und dann auch genutzt werden muss.
Dabei empfiehlt es sich, nicht nur Spalten für Beginn und Ende der Arbeitszeit und die Pausen nach Arbeitszeitgesetz vorzusehen. Die Erfahrung zeigt, dass es nicht nur im Homeoffice, da aber besonders häufig, vorkommt, dass Beschäftigte betriebliche Tätigkeiten für private Verrichtungen unterbrechen müssen.
Diese Unterbrechungen können z. B. durch Rauchpausen bedingt sein, zu deren Zweck nach Betriebsvereinbarung auszustempeln ist, im Homeoffice klingelt ständig der Paketbote oder die Kinder haben Probleme usw. Ebenso kann es sein, dass Beschäftigte Gleitzeitvereinbarungen oder ähnliche Regelungen nutzen, um zwischendrin Einkäufe zu erledigen, Arzttermine wahrzunehmen oder auch einer zulässigen Nebentätigkeit nachzugehen.
All diese Unterbrechungen sollten die Beschäftigten problemlos in der vorgegebenen Excel Tabelle angeben können, um von vornherein den Vorwurf des Arbeitszeitbetrugs ausschließen zu können. Leicht erreichen lässt sich dies z. B. indem man ein paar Spalten vorsieht, in denen die Beschäftigten die Möglichkeit haben, Beginn und Ende von Unterbrechun-

38 Vgl. BAG v. 23. 10. 2018 – 1 ABN 36/18.

gen, soweit erforderlich auch deren Grund, in einer Bemerkungen-spalte anzugeben und dann z. B. nur die Summe der wegen der Unterbrechungen an diesem Tag nicht geleisteten Arbeitszeit in Abzug zu bringen. So bleibt die Tabelle übersichtlich, aber die Beschäftigten können alle erforderlichen Angaben machen.

Nicht nur für Beschäftigte im Homeoffice ist es dabei wichtig, dass ihre selbst erstellten Arbeitszeitaufzeichnungen zeitnah von den Führungskräften überprüft und entsprechend abgezeichnet werden. Für die Beschäftigten im Homeoffice ist dies deshalb umso wichtiger, weil im Gegensatz zur Arbeit in der Betriebsstätte, in der es eine grundsätzliche rechtliche Vermutung dafür gibt, dass ein anwesender Arbeitnehmer auch Arbeitsleistung erbringt, diese Vermutung im Homeoffice nicht greift. Hier bleibt es im Streitfall vor Gericht dabei, das ein Arbeitnehmer für die Behauptung, er habe die geschuldete Arbeit verrichtet, die Darlegungs- und Beweislast trägt.

Ausgehend von den Vorschriften des allgemeinen Schuldrechts i. V. m. § 614 BGB gilt im Arbeitsverhältnis der Grundsatz »Ohne Arbeit kein Lohn«.

Verlangt der Arbeitnehmer gem. § 611 BGB Arbeitsvergütung für Arbeitsleistungen, hat er deshalb darzulegen und – im Bestreitensfall – zu beweisen, dass er Arbeit verrichtet oder einer der Tatbestände vorgelegen hat, der eine Vergütungspflicht ohne Arbeit regelt. Gelingt dem Arbeitnehmer die Darlegung und im Fall substantiierten Bestreitens der Beweis nicht, muss er das Risiko des Prozessverlustes tragen, wenn sich die sein Begehren tragenden Tatsachen nicht feststellen lassen. Denn die Beweislast für die anspruchsbegründenden Tatsachen trägt, wer den Anspruch erhebt.[39] Haben die Beschäftigten nun also nur ihre eigenen Arbeitszeitaufzeichnungen vorzuweisen, so haben diese bestenfalls Indiz- aber keinen Beweiswert. Kommt es zum Streit über die Richtigkeit der Tabellen gegebenenfalls erst nach Monaten oder Jahren, wird es den Beschäftigten kaum noch gelingen, tatsächlich zu beweisen, dass sie zu den aufgeführten Zeiten auch Arbeitsleistung erbracht haben.

Deshalb ist es wichtig, dass die Selbstaufschriebe der Beschäftigten jeweils zeitnah von den Führungskräften auf Plausibilität geprüft und entsprechend abgezeichnet werden. Gibt es dann klärungsbedürftige Fragen, ist bei allen Beteiligten die Erinnerung noch frisch, Arbeitsergebnisse, wie z. B. E-Mails oder Dokumente, noch leicht zu beschaffen oder Kolleg:innen, die sich an Besprechungen erinnern können, noch leicht verfügbar.

---

39 Vgl. BAG v. 18. 4. 2012 – 5 AZR 248/11, Rn. 13.

In der **diesem Ratgeber abgedruckten Betriebsvereinbarung** ist deshalb dieser Problematik durch ein entsprechendes **Klärungsverfahren** Rechnung getragen.

ii. Dienstreisen und Wegezeiten

Wir erinnern uns: »Arbeit« ist eine Tätigkeit, die als solche der Befriedigung eines fremden Bedürfnisses dient.[40]Wegezeiten sind also Arbeitszeit im Sinne des BetrVG, wenn sie als zeitliche Komponente vom Arbeitgeber vorgegeben werden. Dies ist immer dann der Fall, wenn die Beschäftigten zur Arbeitsaufnahme im Betrieb innerbetriebliche Wege zum Arbeitsplatz zurücklegen müssen oder wenn sie ausgehend vom Betrieb auswärtige Betriebsstätten oder Kunden:innen aufzusuchen haben.[41]
Eine Dienstreise ist die Fahrt der Beschäftigten an einen Ort außerhalb der regulären Arbeitsstätte, an dem ein Dienstgeschäft zu erledigen ist (also wo eine Arbeitsleistung erbracht werden soll).[42]
Da demnach eine solche Reise nicht dem eigenen Antrieb der Beschäftigten entspringt, sondern auf Grund der Anordnung des Arbeitgebers, die vertraglich geschuldete Arbeit an einem bestimmten Ort zu erbringen, erfolgt, wird mit der Reise eine Vorgabe (oder eben ein »Bedürfnis«) des Arbeitgebers erfüllt. Nach entsprechenden Klarstellungen seitens des EuGH und Entscheidungen zur Vergütungspflicht des BAG ist demnach auch die Anordnung einer Dienstreise, während derer Beschäftigte keine Arbeitsleistungen zu erbringen haben, unter das Mitbestimmungsrecht nach § 87 Abs. 1 Nr. 2 oder Nr. 3 BetrVG zu fassen.[43]

Fahrten zwischen Homeoffice und betrieblicher Arbeitsstätte

Damit ist der Arbeitsweg (also die Fahrten von Beschäftigten von zu Hause zur Arbeit und zurück) grundsätzlich nicht der Arbeitszeit zuzurechnen. Das gilt für die Arbeitszeit im Sinne des Arbeitszeitgesetzes, in der Regel für die Vergütung und ebenso für die Überlegung, ob diesbezüglich ein Mitbestimmungsrecht des Betriebsrats in Frage kommt. Das Gleiche gilt natürlich, wenn die Beschäftigten den Arbeitsweg gar nicht zu Hause beginnen, sondern z. B. bei Freunden übernachtet haben und von dort zur Arbeit fahren. Stellt der Arbeitgeber den Beschäftigten frei, wo sie ihre Arbeitsleistung erbringen, ändert sich an dieser Überlegung ebenfalls nichts.

---

40 Vgl. BAG v. 14. 11. 2006 – 1 ABR 5/06, Rn. 28.
41 Ebd. Rn. 29.
42 Vgl. BAG v. 14. 11. 2006 – 1 ABR 5/06.
43 Vgl. DKW-*Klebe*, § 87 BetrVG Rn. 83.

Beachten:
Der Weg vom aktuellen Aufenthaltsort an den Ort der Erbringung der Arbeitsleistung zur Aufnahme der Arbeitstätigkeit ist grundsätzlich keine Arbeitszeit. Dabei spielt es auch keine Rolle, ob die Beschäftigten überhaupt oder gar auf Anweisung des Arbeitgebers Arbeitsmittel mit sich führen, ohne die sie ihre vertragsgemäße Arbeitsleistung nicht erbringen können.

Der Umstand, dass der Laptop – oder auch der ganze »Bürokoffer« – von der betrieblichen mit in die mobile Arbeitsstätte oder zwischen den verschiedenen Arbeitsorten transportiert werden muss, weil ansonsten eine Arbeitsleistung am »neuen« Arbeitsort gar nicht möglich wäre, lässt diese Wegezeiten dennoch nicht in die Mitbestimmung des Betriebsrats fallen.[44] **Etwas anderes** gilt nur dann, wenn dieser Weg der Befriedigung eines ausschließlich fremden Bedürfnisses (des Arbeitgebers) dient und den Beschäftigten aufgrund des arbeitsvertraglichen Direktionsrechts abverlangt wird.[45]
Vor dem Hintergrund dieser Überlegung steht der **Weg zwischen Homeoffice und Betriebsstätte** dann dem Kundenbesuch oder dem Besuch der auswärtigen Betriebsstätte gleich, wenn er **nicht im Eigeninteresse der Beschäftigten, sondern im Interesse des Arbeitgebers** liegt.
Das wiederum ist z. B. der Fall, wenn Beschäftigte an Tagen oder zu Zeiten, an denen sie berechtigt sind, ihre Arbeitsleistung im Homeoffice zu erbringen doch (noch, nochmals) im Arbeitgeberinteresse / auf entsprechende Anweisung den Betriebssitz aufsuchen müssen. In diesen Fällen liegt der Weg nicht in ihrem eigenen Interesse. Sie können und dürfen ihre Arbeitsleitung im Homeoffice anbieten. Nimmt der Arbeitgeber die Arbeitsleistung dort nicht an, kommt er in Annahmeverzug und muss die Zeit in der Regel vergüten (§ 615 BGB). Der Weg liegt also ausschließlich im Interesse des Arbeitgebers, der die Arbeitsleistung im Homeoffice nun doch nicht haben will, stattdessen aber an einem anderen Ort. Deshalb handelt es sich in diesen Fällen um betriebsverfassungsrechtliche / mitbestimmungspflichtige Arbeitszeit.

Beispiel:
Arbeitnehmer Karl ist berechtigt, an Freitagen im Homeoffice zu arbeiten. Freitag um 11:00 Uhr fällt der Führungskraft ein, dass Karl ganz dringend um 13:00 Uhr in der Betriebsstätte sein muss, weil da ein wichtiger Kunde zum Gespräch kommt, was sie leider vergessen hat, mit Karl abzustimmen.

44 Vgl. BAG v. 22.10.2019 – 1 ABR 11/18.
45 Vgl. LAG Berlin-Brandenburg v. 2.10.2020 – 13 Sa 1593/19, Rn. 135.

> Karl hat vereinbarungsgemäß Homeoffice. Er ist berechtigt, seine Arbeitsleistung von zu Hause aus zu erbringen, er ist dort arbeitsfähig und -willig. Wird ihm nun angewiesen, dennoch »im übergeordneten Betriebsinteresse« am Betriebssitz zu erscheinen, so dient die Fahrt nicht seinem Interesse (»ich muss zur Arbeit, um Geld zu verdienen«), sondern dem Interesse des Unternehmens (»Karl muss beim Gespräch anwesend sein, sonst hat ja niemand Ahnung von der Materie«). Die Wegezeit ist demnach betriebsverfassungsrechtliche / mitbestimmungspflichtige Arbeitszeit (und, soweit nicht anders vereinbart, vergütungspflichtig).
> Vergisst Karl aus unserem Beispiel aber am Donnerstag den Laptop mitzunehmen, den er im Homeoffice braucht, dann ist er am Freitag im Homeoffice vielleicht arbeitswillig, auf Grund eigenen Verschuldens aber nicht arbeitsfähig. In dem Fall dient die Fahrt ins Büro, um den Laptop zu holen, seinem Eigeninteresse, Arbeitsleistung anbieten zu können, um Vergütung zu erhalten. Also wäre diese Fahrt keine betriebsverfassungsrechtliche / mitbestimmungspflichtige Arbeitszeit.

Mit diesen Überlegungen im Kopf lässt sich auch folgendes Problem lösen: Beschäftigte habe das Recht oder die Pflicht, an einem bestimmten Arbeitstag in der Betriebsstätte zu arbeiten. Das Desksharing-Konzept war aber nicht ausreichend durchdacht; im Betrieb angekommen stellt sich heraus, es ist kein adäquater Arbeitsplatz verfügbar.
Fahren diese Beschäftigten nun wieder zurück ins Homeoffice, ist diese Fahrt nicht in ihrem eigenen Interesse (sie könnten ebenso gut in der Betriebsstätte warten, ob der Arbeitgeber eine Lösung findet bzw. bis die Arbeitszeit rum ist). Die Fahrt ist im Interesse des Arbeitgebers, der nun möchte, dass sie doch lieber von zu Hause aus arbeiten. Deshalb ist die erforderliche Fahrtzeit vorbehaltlich anderer, z. B. tariflicher Regelungen, Arbeitszeit in jeder Hinsicht, inkl. der Vergütungspflicht.

> **Praxistipp:**
> Solange diese Fragestellung nicht auch eindeutig höchstrichterlich in diesem Sinne entschieden wurde, bietet es sich zur Sicherung der Beschäftigten an, diese Regelung in der Betriebsvereinbarung nochmals ausdrücklich festzuhalten.

Dienstreise(n) als betriebsverfassungsrechtliche Versetzung

Die Anordnung einer Dienstreise kann eine betriebsverfassungsrechtliche Versetzung darstellen. Zur Vermeidung unnötiger Wiederholungen sei hier für Details auf die Ausführungen unter dem Stichwort »Versetzungen« verwiesen.

Wenn die Dienstreise also länger als einen Monat andauert oder – auch bei kürzeren Reisen – mit einer erheblichen Änderung der Umstände verbunden ist, unter denen die Arbeit zu leisten ist, ohne dass ein Fall vorliegt, in dem die Eigenart des Arbeitsverhältnisses die Beschäftigung an einem ständigen, bestimmten Arbeitsplatz ausschließt, ist der Betriebsrat also auch bei der Anordnung von Dienstreisen gem. § 99 BetrVG »im Boot«.
Für Beschäftigte, bei denen das Reisen nicht zum eigentlichen Arbeitsinhalt gehört (wie dies bei Außendienstmitarbeiter:innen, Monteur:innen, Flugbegleiter:innen etc. der Fall ist), wird die Dienstreise in der Regel wohl immer eine erhebliche Belastung darstellen, die Schwelle zur Versetzung sollte spätestens dann angenommen werden, wenn sich eine deutliche Häufung der Dienstreisen feststellen lässt.
Zudem lohnt es sich in vielen kleineren Betrieben zu prüfen, ob sich bei der Anordnung von Dienstreisen ein Muster erkennen lässt; in diesen Fällen und in Betrieben über 500 Arbeitnehmer kann der Betriebsrat dann u. U. eine Beteiligung bei der Aufstellung der diesbezüglichen (Versetzungs-)richtlinien erzwingen (§ 95 BetrVG).

jj. Leistungs- und Verhaltenskontrolle

§ 87 Abs. 1 Nr. 6 BetrVG regelt die Befugnis des Betriebsrats – wieder soweit eine gesetzliche oder tarifliche Regelung nicht besteht –, die Einführung und Anwendung von technischen Einrichtungen, die dazu bestimmt sind, das Verhalten oder die Leistung der Arbeitnehmer zu überwachen, mitzubestimmen.
Gerade im Homeoffice ist die Arbeitsleistung in der Regel ohne die Nutzung entsprechender technischer Einrichtungen kaum denkbar.
Beim Thema Desksharing ist es meist das Buchungstool, dem besondere Aufmerksamkeit im Sinne der Nr. 6 gewidmet werden muss.
Soweit also im Betrieb zu diesem Thema nicht bereits umfassende Betriebsvereinbarungen gelten, ist es die Aufgabe des Betriebsrats, an dieser Stelle sorgfältig zu prüfen, welche Soft- und Hardware für die Arbeit im Homeoffice eingesetzt wird und inwieweit diese zur Überwachung der Beschäftigten einsetzbar wäre. Hierfür kann der Betriebsrat wieder das gesamte Instrumentarium des Betriebsverfassungsgesetzes nutzen. Beginnend mit seinem allgemeinen Auskunfts- und Unterrichtungsanspruch nach § 80 Abs. 2 BetrVG, über die Nutzung sachkundige Auskunftspersonen im Betrieb, den Besuch von Schulungen und die Lektüre von Fachliteratur bis zur Hinzuziehung externer Sachverständiger werden die Grenzen der Möglichkeiten des Betriebsrats nur durch das Gebot der Erforderlichkeit entsprechender Aufwendungen für seine Arbeit begrenzt.

Hat der Betriebsrat unter Nutzung all seiner Möglichkeiten eine klare Vorstellung, welche technischen Einrichtungen zum Einsatz kommen, und welche Gefahren diese bezüglich Verhaltens- und Leistungskontrolle für die Beschäftigten beinhalten, kann er sein Mitbestimmungsrecht nutzen, um diesen Gefahren qualifiziert zu begegnen.
Dabei ist der übliche Satz »Eine Verhaltens- und Leistungskontrolle findet nicht statt.« in der Betriebsvereinbarung für die Beschäftigten unter Umständen nur begrenzt von Nutzen. Die Betriebsvereinbarung ist so etwas wie ein Vertrag zwischen Arbeitgeber und Betriebsrat. Eigenständige Rechte aus einer Betriebsvereinbarung herleiten können Beschäftigte daher nur dann, wenn sich dies aus der Betriebsvereinbarung zu ihren Gunsten auch ergibt. Führt der Arbeitgeber nun also eine Verhaltens- oder Leistungskontrolle unter Verstoß gegen die Betriebsvereinbarung durch, sind die daraus gewonnenen Ergebnisse nicht ohne weiteres von der Verwertung zu Lasten der Beschäftigten ausgeschlossen. Zudem können die rechtswidrig erlangten Erkenntnisse und Beweismittel benutzt werden, um sich weitere – legale – Beweismöglichkeiten zu beschaffen.

Beachten:
Erfährt der Arbeitgeber unter Bruch einer Betriebsvereinbarung, die verbietet, das Verhalten der Arbeitnehmer durch Auswertung der Browserverläufe zu überwachen, z.B. davon, dass eine Beschäftigte während ihrer Arbeitszeit Stunden zu privaten Zwecken auf Ebay verbringt, so würde eine Einführung der entsprechenden Logfiles im Arbeitsgerichtsprozess möglicherweise (und selbst das ist nach derzeitiger Rechtsprechung eher nicht zu erwarten) am Beweisverwertungsverbot scheitern. Wenn der Arbeitgeber diese Logfiles aber »nur« nutzt, um sie der Beschäftigten in einem Gespräch unter die Nase zu halten und diese dadurch dazu veranlasst, die viele im Internet zu privaten Zwecken verbrachte Zeit zuzugeben, so kann diese Aussage im anschließenden Arbeitsgerichtsprozess sehr wohl als Beweis eingebracht und gegen die betroffene Beschäftigte verwendet werden.

Möchte der Betriebsrat also effektiv verhindern, dass der Arbeitgeber die durch die technischen Einrichtungen gewonnenen bzw. gewinnbaren Daten zu Überwachung der Beschäftigten einsetzt, muss er entsprechende Verbote in der Betriebsvereinbarung auch mit Sanktionen belegen. Die Betriebsvereinbarung in diesem Ratgeber löst dies durch entsprechende Vertragsstrafenregelungen zugunsten der Beschäftigten, die von den betriebsvereinbarungswidrigen Maßnahmen des Arbeitgebers betroffen sind, und stellt insoweit auch eine vertragliche Regelung zugunsten Dritter (nämlich der Beschäftigten) dar.

kk. Entlohnungsgrundsätze / leistungsbezogenes Entgelt

Denkbar ist auch ein Mitbestimmungsrecht des Betriebsrats aus § 87 Abs. 1 Nr. 10 und Nr. 11 BetrVG.

Unter den bekannten Einschränkungen – soweit also eine gesetzliche oder tarifliche Regelung nicht besteht – hat der Betriebsrat nach Nr. 10 in Fragen der betrieblichen Lohngestaltung, insbesondere die Aufstellung von Entlohnungsgrundsätzen und die Einführung und Anwendung von neuen Entlohnungsmethoden sowie deren Änderung ein Mitbestimmungsrecht und nach Nr. 11 bei der Festsetzung der Akkord- und Prämiensätze und vergleichbarer leistungsbezogener Entgelte, einschließlich der Geldfaktoren.

Regelt also ein Tarifvertrag hier nicht abschließend und werden durch die Arbeit im Homeoffice die Entlohnungsgrundsätze berührt oder aber z. B. leistungsbezogene Entgelte vereinbart, ist die volle Mitbestimmung des Betriebsrats gegeben.

Entsprechendes gilt, in Bezug auf das Desksharing und die Möglichkeit, dass die Beschäftigten ihre Zeit statt zur Erfüllung der eigentlichen Arbeitsaufgaben und ggf. ihrer Zielvorgaben damit verbringen müssen, einen adäquaten Arbeitsplatz zu suchen oder sich einen solchen ergonomisch etc. einzurichten / am Abend wieder frei zu räumen.

II. Ordnung und Verhalten

Soweit eine gesetzliche oder tarifliche Regelung nicht besteht, hat der Betriebsrat auch in Fragen der Ordnung des Betriebs und des Verhaltens der Arbeitnehmer im Betrieb ein Mitbestimmungsrecht, § 87 Abs. 1 Nr. 1 BetrVG.

Das Mitbestimmungsrecht nach Nr. 1 umfasst alle Maßnahmen des Arbeitgebers, die auf das Ordnungsverhalten der Beschäftigten zielen. Maßnahmen, die das reine Arbeitsverhalten betreffen, unterliegen dagegen nach der gängigen Rechtsprechung nicht dem Mitbestimmungsrecht. Unter das Ordnungsverhalten und damit die Mitbestimmung des Betriebsrats fallen aber sämtliche Regelungen über den Umgang mit Arbeitsmitteln, z. B. private Nutzung von dienstlichen Laptops etc.

Damit ist z. B. auch eine Clean Desk Policy (also die Verpflichtung, keine privaten Gegenstände mit an den Arbeitsplatz zu bringen oder den Arbeitsplatz am Ende eines jeden Arbeitstages zu räumen) nach Nr. 1. mitbestimmungspflichtig.[46]

---

46 Vgl. auch ArbG Frankfurt v. 14. 9. 2016 – 3 BV 583/16.

mm. Personalplanung / Stellenbesetzung

§ 92 BetrVG verpflichtet den Arbeitgeber, den Betriebsrat bei der Personalplanung zu beteiligen. Er hat den Betriebsrat dazu unter Vorlage der zugehörigen Unterlagen rechtzeitig und umfassend über den gegenwärtigen und künftigen Personalbedarf sowie über die sich daraus ergebenden personellen Maßnahmen zu unterrichten. Er hat mit dem Betriebsrat über Art und Umfang der erforderlichen Maßnahmen und über die Vermeidung von Härten zu beraten (Abs. 1). Der Betriebsrat kann dem Arbeitgeber Vorschläge für die Einführung einer Personalplanung und ihre Durchführung machen (Abs. 2).

Zur Personalplanung gehört allerdings nicht nur das rein betriebswirtschaftliche Zahlenspiel, auf wie wenige Schultern sich wieviel Arbeit verteilen lässt, bevor die Beschäftigten so schnell zusammenbrechen, dass die Kosten den Nutzen der Arbeitsverdichtung übersteigen. Auch das Ziel, die Arbeit menschengerecht zu gestalten, gehört im Rahmen der Personalplanung gleichgewichtig neben die monetären Ziele des Unternehmens.[47]

Die betriebliche Personalplanung soll **im Spannungsfeld der unternehmerischen Aufgaben und der Leistungsanforderungen** einerseits **und den Interessen und Bedürfnissen der Beschäftigten** andererseits eine **optimale Entfaltung und Motivation der Beschäftigten** ermöglichen.[48]

Zudem erweitert Abs. 3 die oben genannten Rechte des Betriebsrats über die reine Personalplanung hinaus auch auf Maßnahmen zur Gleichstellung der Geschlechter und der Vereinbarkeit von Familie und Beruf, sowie zur Eingliederung von Menschen mit Behinderungen.

> **Hinweis:**
> In diesem Sinne und im Zusammenhang mit dem folgenden § 92a BetrVG (beschäftigungssichernde Maßnahmen) findet sich auch hier ein weiterer Hebel für den Betriebsrat, um sich nicht nur für die Einführung von Homeoffice, sondern auch für eine Ausgestaltung dieses Instrumentes stark zu machen, die dann tatsächlich zu einer Verbesserung der Möglichkeiten der Beschäftigten, berufliche Tätigkeit und private Anforderungen ohne Raubbau an der eigenen Gesundheit vereinbaren zu können, führt.

Inhaltlich sei hier vor allem auf das Kapitel zu den wissenschaftlichen Erkenntnissen rund ums Homeoffice verwiesen.

Der bereits benannte § 92a BetrVG gibt dem Betriebsrat das Recht, dem Arbeitgeber Vorschläge zur Sicherung und Förderung der Beschäftigung

47 DKW-*Homburg*, § 92 Rn. 1, m. w. N.

48 DKW-*Homburg*, § 92 Rn. 1, m. w. N.

machen. Diese können insbesondere eine flexible Gestaltung der Arbeitszeit, die Förderung von Teilzeitarbeit und Altersteilzeit, neue Formen der Arbeitsorganisation, Änderungen der Arbeitsverfahren und Arbeitsabläufe, die Qualifizierung der Arbeitnehmer, Alternativen zur Ausgliederung von Arbeit oder ihrer Vergabe an andere Unternehmen sowie zum Produktions- und Investitionsprogramm zum Gegenstand haben (Abs. 1). Der Arbeitgeber hat die Vorschläge mit dem Betriebsrat zu beraten. Hält der Arbeitgeber die Vorschläge des Betriebsrats für ungeeignet, hat er dies zu begründen; in Betrieben mit mehr als 100 Arbeitnehmern erfolgt die Begründung schriftlich. Zu den Beratungen kann der Arbeitgeber oder der Betriebsrat einen Vertreter der Bundesagentur für Arbeit hinzuziehen (Abs. 2).

§ 93 BetrVG legt das Recht des Betriebsrats fest, zu verlangen, dass Arbeitsplätze, die besetzt werden sollen, allgemein oder für bestimmte Arten von Tätigkeiten vor ihrer Besetzung innerhalb des Betriebs ausgeschrieben werden.

Führt man die im Kapitel über das Mitbestimmungsrecht bei Versetzungen gem. §§ 95, 99 BetrVG dargelegten Gedanken konsequent zu Ende, kann man sich auch auf den Standpunkt stellen, dass die Zuweisung eines Homeoffice-Arbeitsplatzes (oder bei Entzug, des wieder vollständig im betrieblichen Umfeld belegenen Arbeitsplatzes) die Besetzung eines (Teil) Arbeitsplatzes ist, für die der Betriebsrat eine betriebsinterne Stellenausschreibung verlangen kann.

In vielen Ratgebern zum Themenbereich mobiles Arbeiten / Telearbeit / Homeoffice wird geraten, der Arbeitgeber solle die Zuweisung / den Entzug von Homeoffice-Tätigkeiten ggf. von der Erfüllung besonderer Leistungen / dem Vorhandensein besonderer Fähigkeiten abhängig machen. Verwiesen werden dabei auf Anforderungen, wie z. B.

- Selbstdisziplin und Eigenverantwortung
- gutes Zeitmanagement
- Konzentrationsfähigkeit
- Selbstorganisation und -motivation
- Belastbarkeit
- Flexibilität im Denken und Handeln
- Kommunikationsfähigkeit
- professionelles Auftreten
- Fähigkeit zur Beziehungspflege
- gute Kenntnisse der Unternehmens- und Betriebsabläufe
- für die Beschäftigten soll es selbstverständlich sein, proaktiv Kontakt zum Unternehmen aufrecht zu erhalten.

Diese Aufzählung ist nur eine Auswahl der Adjektive, und Schlagworte, die in den einschlägigen Ratgebern, Artikeln und Betriebsvereinbarungen zum Thema als absolut notwendig vorausgesetzt werden, um Beschäftigten das »Privileg der Arbeit« im Homeoffice angedeihen lassen zu können.

Ein Unternehmen, das auch nur einen kleinen Teil dieser wunderbaren Eigenschaften verlangen möchte, um die Arbeit im Homeoffice zu gestatten, wird irgendeine Form von Abfrage (Personalfragebogen) oder Einschätzung von Führungskräften (Beurteilungsgrundsätze) benötigen. In diesen Fällen wird dann also auch § 94 BetrVG einschlägig. Personalfragebogen bedürfen der Zustimmung des Betriebsrats. Kommt eine Einigung über ihren Inhalt nicht zustande, so entscheidet die Einigungsstelle. Der Spruch der Einigungsstelle ersetzt die Einigung zwischen Arbeitgeber und Betriebsrat (Abs. 1).

Das gleiche gilt für persönliche Angaben in schriftlichen Arbeitsverträgen, die allgemein für den Betrieb verwendet werden sollen, sowie für die Aufstellung allgemeiner Beurteilungsgrundsätze (Abs. 2).

Abgerundet wird der vorgestellte Strauß von Betriebsratsrechten in Bezug auf die Besetzung / Zuweisung und den Entzug von Stellen durch § 95 BetrVG.

Richtlinien über die personelle Auswahl bei Einstellungen, Versetzungen, Umgruppierungen und Kündigungen bedürfen der Zustimmung des Betriebsrats (Abs. 1). In Betrieben mit mehr als 500 Arbeitnehmern kann der Betriebsrat die Aufstellung von Richtlinien über die bei Maßnahmen des Absatzes 1 Satz 1 zu beachtenden fachlichen und persönlichen Voraussetzungen und sozialen Gesichtspunkte verlangen (Abs. 2).

Für beide Absätze gilt: Kommt eine Einigung über die Richtlinien oder ihren Inhalt nicht zustande, so entscheidet die Einigungsstelle. Der Spruch der Einigungsstelle ersetzt die Einigung zwischen Arbeitgeber und Betriebsrat.

Wie wir bereits aus den Überlegungen zur Mitbestimmung bei der Zuweisung und dem Entzug des Homeoffice-Arbeitsplatzes wissen, wird die entsprechende Veränderung der arbeitsvertraglichen Situation für die Beschäftigten in aller Regel eine betriebsverfassungsrechtliche Versetzung im Sinne des § 95 Abs. 3 BetrVG darstellen. Denknotwendig sind dann auf solche Veränderungen auch die Absätze 1 und 2 dieses Paragrafen anwendbar.

In kleineren Betrieben hängt das Mitbestimmungsrecht des Betriebsrats nach Abs. 1 allerdings leider von der Frage ab, ob der betreffende Arbeitgeber überhaupt irgendeine Art von System bei der personellen Aus-

wahl in Bezug auf Einstellungen, Versetzungen, Umgruppierungen und Kündigungen erkennen lässt.
Soweit in der Personalabteilung eines solchen Unternehmens also tatsächlich rein emotionsgetriebene Entscheider:innen sitzen oder Zufallsfanatiker:innen, die ihre Entscheidungen dem Würfel oder einem anderen Zufallsgenerator überlassen, oder dem Betriebsrat schlicht die Mittel fehlen, ein Muster zu erkennen, welches bei den entsprechenden Maßnahmen angewandt wird, geht das Mitbestimmungsrecht über die Auswahlrichtlinien an dieser Stelle leider ins Leere.
In allen anderen Fällen, und den Betrieben mit mehr als 500 Arbeitnehmern muss der Betriebsrat gem. Abs. 2 aber über deutlich weniger detektivische Fähigkeiten verfügen. Erklärt der Arbeitgeber ausdrücklich, dass er bestimmte Kriterien anwendet, um zu entscheiden, wen er einstellt, versetzt, umgruppiert oder kündigt, kann auch der Betriebsrat im kleineren Betrieb die Aufstellung entsprechender Betriebsvereinbarungen gegebenenfalls sogar über die Einigungsstelle erzwingen.
Das Gleiche gilt, wenn der Betriebsrat ein Muster in den »Zufallsentscheidungen« der Personalverantwortlichen sichtbar machen kann.
In Betrieben mit mehr als 500 Arbeitnehmern kann der Betriebsrat die Aufstellung dieser Richtlinien sogar dann erzwingen, wenn der Arbeitgeber auf sein rein emotions- oder zufallsbasiertes System eigentlich gar nicht verzichten möchte.

> **Hinweis:**
> Dies könnte für diese Betriebe – aufgehängt z. B. an den sozialen Gesichtspunkten für Versetzungen – unter Umständen auch ein Hebel sein, die Einführung des Homeoffice zumindest für Beschäftigte, die diese Möglichkeit aus gesundheitlichen oder familiären Gründen nutzen möchten, wenn auch nicht zu erzwingen, so zumindest aber zu befördern.

nn. (Weiter-)Bildung und Qualifizierung

§ 96 BetrVG verpflichtet Arbeitgeber und Betriebsrat im Rahmen der betrieblichen Personalplanung und in Zusammenarbeit mit den für die Berufsbildung und den für die Förderung der Berufsbildung zuständigen Stellen die Berufsbildung der Arbeitnehmer zu fördern. Der Arbeitgeber hat auf Verlangen des Betriebsrats den Berufsbildungsbedarf zu ermitteln und mit ihm Fragen der Berufsbildung der Arbeitnehmer des Betriebs zu beraten. Hierzu kann der Betriebsrat Vorschläge machen. Arbeitgeber und Betriebsrat haben darauf zu achten, dass unter Berücksichtigung der betrieblichen Notwendigkeiten den Arbeitnehmern die Teilnahme an betrieblichen oder außerbetrieblichen Maßnahmen der Berufsbildung

ermöglicht wird. Sie haben dabei auch die Belange älterer Arbeitnehmer, Teilzeitbeschäftigter und von Arbeitnehmern mit Familienpflichten zu berücksichtigen.
Für die betriebliche Arbeit wichtig ist dabei zweierlei zu beachten:
1.) Der Begriff der Berufsbildung ist umfassend zu verstehen. Keinesfalls lässt sich dies auf die Berufsausbildung verengen – auch die berufliche Weiter- und Fortbildung fällt unter § 96 BetrVG.
Die Berufsbildung im Sinne der §§ 96ff. BetrVG umfasst alle Maßnahmen, die Beschäftigten systematisch Kenntnisse und Erfahrungen vermitteln, die diese zu ihrer beruflichen Tätigkeit befähigen bzw. diese verbessern.[49]
2.) Seit 18.6.2021 gibt § 96 Abs. 1a BetrVG den Betriebsräten hier eine neue Handhabe. Kommt nämlich eine Einigung über Maßnahmen der Berufsbildung nicht zustande, kann die Einigungsstelle des BetrVG angerufen werden. Diese kann dann zwar keinen Spruch fällen und damit keine Lösung erzwingen, aber vor ihr muss ernsthaft verhandelt werden. Die Erfahrung zeigt, dass allein der Hinweis auf die Möglichkeit, die Einigungsstelle anzurufen – die ja auch, wenn sie richtig genutzt wird, durchaus nicht geringe Kosten verursacht – viele Arbeitgeber zu ernsthaften Verhandlungen bzw. Zugeständnissen bewegen kann.
§ 97 BetrVG verpflichtet den Arbeitgeber, mit dem Betriebsrat u.a. über die Einführung betrieblicher Berufsbildungsmaßnahmen und die Teilnahme an außerbetrieblichen Berufsbildungsmaßnahmen zu beraten. Hat der Arbeitgeber Maßnahmen geplant oder durchgeführt, die dazu führen, dass sich die Tätigkeit der betroffenen Arbeitnehmer ändert und ihre beruflichen Kenntnisse und Fähigkeiten zur Erfüllung ihrer Aufgaben nicht mehr ausreichen, so hat der Betriebsrat bei der Einführung von Maßnahmen der betrieblichen Berufsbildung mitzubestimmen.
§ 98 BetrVG ergänzt zudem ein Mitbestimmungsrecht des Betriebsrats bei der Durchführung von Maßnahmen der betrieblichen Berufsbildung (Abs. 1) und ein Vorschlagsrecht bzgl. der Teilnehmenden an betrieblichen und außerbetrieblichen Maßnahmen der betrieblichen Berufsbildung.

Hinweis:
Der Betriebsrat hat damit sehr weitgehende Möglichkeiten, dafür zur sorgen, dass möglichst alle Beschäftigten die für die Arbeit im Homeoffice oder im Desksharing erforderlichen Kenntnisse und Fertigkeiten erwerben und aktuell halten können, unabhängig davon, ob es sich im Kenntnisse im

49 DKW-*Buschmann*, § 96 Rn. 6.

- technischen
- fachlichen
- datenschutzrechtlichen
- ergonomischen
- oder einem anderen Bereich mit beruflichem Bezug handelt.

Zudem ist es Aufgabe des Betriebsrats, unter Nutzung dieser Instrumente dafür zu sorgen, dass auch die Beschäftigten, die bereits im Homeoffice tätig sind, weiterhin in vollem Umfang und ohne Benachteiligung gegenüber den anderen Beschäftigten an beruflichen Qualifizierungsmaßnahmen partizipieren können.

Für den Fall, dass es in Bezug auf

- die Einführung von Maßnahmen der betrieblichen Berufsbildung, die es den Beschäftigten ermöglichen sollen, ihre beruflichen Kenntnisse und Fähigkeiten den vom Arbeitgeber gesetzten veränderten Anforderungen an ihre Tätigkeit anzupassen (§ 97 Abs. 2 BetrVG) oder
- die Durchführung von Maßnahmen der betrieblichen Berufsbildung (§ 98 Abs. 1 BetrVG) oder
- die vom Betriebsrat vorgeschlagenen Teilnehmenden an beruflichen Bildungsmaßnahmen (§ 98 Abs. 3 BetrVG)

nicht zu einer Einigung zwischen den Betriebsparteien kommt, entscheidet die Einigungsstelle ggf. durch einen Spruch.

oo. § 87 Abs. 1 Nr. 14 BetrVG

Seit 18.6.2021 hat der Betriebsrat – soweit nicht Gesetz oder einschlägiger Tarifvertrag bereits Abschließendes regeln – mitzubestimmen bei der Ausgestaltung von mobiler Arbeit, die mittels Informations- und Kommunikationstechnik erbracht wird.
Die Regelung ist zwar textlich seit 2021 neu im BetrVG, geht inhaltlich aber im Grunde kaum über die bereits bestehenden Möglichkeiten hinaus.
Zwar ist in der Bundesratsdrucksache vom 1.4.2021 zum Gesetzesentwurf zu lesen:

»Um mobile Arbeit zu fördern und um zum Schutz der Arbeitnehmerinnen und Arbeitnehmer bei ihrer Wahrnehmung einen einheitlichen und verbindlichen Rahmen zu gewährleisten, wird in § 87 Absatz 1 BetrVG ein neues Mitbestimmungsrecht bei der Ausgestaltung mobiler Arbeit eingeführt.«[50] *und*

50 BR-Drucks. 271/21 S. 2.

»Die Rechte der Betriebsräte im Hinblick auf mobile Arbeit werden zu einem Mitbestimmungsrecht bei der Ausgestaltung von regelmäßiger wie auch anlassbezogener mobiler Arbeit ausgebaut.«[51]

Dennoch gibt der Wortlaut des § 87 Abs. 1 Nr. 14 BetrVG wohl weder ein Initiativrecht zur Einführung von Homeoffice noch sonst wesentliche Handhabe, die nicht bereits aus den bestehenden Regelungen des BetrVG herleitbar wäre.[52]

So hat der Betriebsrat im Rahmen der Ausgestaltung von Homeoffice darüber mitzubestimmen, welchen Anteil diese Arbeitsformen an der betriebsüblichen Arbeitszeit im Sinne von § 87 Abs. 1 Nr. 2 BetrVG haben. Der auch von mir vertretenen Auffassung nach ergab sich dieses Mitbestimmungsrecht schon vor Inkrafttreten der Nr. 14 aus § 87 Abs. 1 Nr. 2, 3 BetrVG. Nunmehr kann man also auch mit Nr. 14 argumentieren.[53] Für den Betriebsrat entscheidend ist wohl nur die inhaltliche klare Feststellung: Sobald der Arbeitgeber (mitbestimmungsfrei) entschieden hat, dass es Homeoffice im Betrieb gibt, unterliegt auch die Festlegung der Frage, ob es nur einen begrenzten Anteil an Arbeitszeit im Homeoffice geben darf, der vollen Mitbestimmung. Das gleiche gilt dann auch bei der möglichen Festlegung an wie vielen / welchen Tagen Homeoffice möglich ist.

Auch das Mitbestimmungsrecht bezüglich der Orte, an denen mobil gearbeitet werden darf (oder nicht gearbeitet werden darf), kann nun ebenfalls auch Nr. 14 gestützt werden.[54]

Des Weiteren könnte ein Vorteil dieser Regelung darin liegen, dass bei Streitigkeiten um eine Homeoffice-Betriebsvereinbarung nun eine weitere, und damit auch erleichterte, Handhabe zur Anrufung der Einigungsstelle besteht. Die Einsetzung dieser Einigungsstelle kann nun wohl nur dann noch wegen offensichtlicher Unzuständigkeit abgelehnt werden, wenn der Arbeitgeber ganz klar weder Homeoffice duldet noch plant und der Betriebsrat diesbezüglich ein Initiativrecht per se behauptet.

Mit der richtigen Begründung lässt sich aber auch das relativieren.

Wie bereits erwähnt, könnte das Homeoffice, z. B. ggf. auch im Rahmen des betrieblichen Eingliederungsmanagements, zu erwägen sein, so dass spätestens dann auch über die Ausgestaltung zu verhandeln sein wird.

---

51 BR-Drucks. 271/21 S. 11.

52 Siehe dazu auch LAG Köln v. 23.4.2021 – 9 TaBV 9/21, LAG Mecklenburg-Vorpommern v. 25.2.2020 – 5 TaBV 1/20.

53 Vgl. LArbG Berlin-Brandenburg v. 30.1.2024 – 8 TaBV 748/23, Rn. 84, mit weiterem Nachweis.

54 Vgl. auch *Merzhäuser* in Bachner (Hrsg.), BetrVG für den Betriebsrat, § 87 BetrVG Rn. 263.

Und diesbezüglich und unter Bezug auf den Rahmen, den das BEM, also § 167 Abs. 2 SGB XI, für den Betrieb ausfüllbar lässt, wäre auch eine Initiative des Betriebsrats nicht gänzlich ausgeschlossen.
Ein weiteres Beispiel:
Die Covid-19-Pandemie hat gezeigt, wie schnell der Gesetzgeber ein Recht auf Homeoffice aus dem Hut zaubern kann bzw. wie schnell es plötzlich im Interesse des Arbeitgebers sein kann, möglichst viele Beschäftigte (vorübergehend) ins Homeoffice zu schicken. Mit Verweis auf diese Erfahrungen und die Wiederholungsgefahr, sei es durch neue Covid-19-Wellen, sei es durch andere Viren oder Ähnliches kann man die Notwendigkeit der Vereinbarung von Rahmenregelungen, die dann kurzfristig zum Tragen kommen, wenn Homeoffice wieder aktuell wird, ebenfalls sehr gut begründen. Dies gilt meiner Auffassung nach auch in Betrieben, in denen im »Normalzustand« kein Homeoffice ermöglicht wird.
Bis zu einer grundsätzlichen Entscheidung gegen diese Argumentation kann sich der Betriebsrat meiner Meinung nach auch dann auf § 87 Abs. 1 – nun auch Nr. 14 – BetrVG berufen, wenn die Ausgestaltung des Homeoffice (zunächst) nur für diese zu erwartenden Fälle zu klären ist.
Jedenfalls solle man Arbeitgebern, die sich dieser Argumentation verweigern, deutlich machen, dass es dann beim nächsten Mal kein »Augen zudrücken« des Betriebsrates geben wird.

c. Der Personalrat – Rechtsgrundlage BPersVG

aa. Zuständigkeit allgemein

Voraussetzung für eventuelle Rechte des Personalrats ist immer, dass er für die betreffenden Sachverhalte und die betroffenen Kolleg:innen überhaupt zuständig ist.

Desksharing

Die Zuständigkeitsfrage wird im Desksharing vermutlich in dem meisten Fällen nicht weiter relevant. Allerdings: wenn Büroflächen von mehreren Dienststellen und ggf. auch Arbeitgebern gemeinsam genutzt werden, wird es an dieser Stelle spannend. Die vielfältigen Möglichkeiten der Kombination und rechtlichen Probleme, die sich dann ergeben können, würden diesen Ratgeber sprengen.
Auf die wichtigsten Fragen, die sich dann stellen werden, sei hier deshalb nur hingewiesen.
Nutzt eine Behörde Büroflächen, um dort Beschäftigte mehrere seiner Dienststellen arbeiten zu lassen, ist zu prüfen, ob und wie weit die nach-

stehenden Themen ggf. in den originären Zuständigkeitsbereich der jeweiligen Stufenvertretung fallen.
Richtig kompliziert wird es, wenn sich ggf. mehrere Behörden Büroflächen teilen oder gar privatwirtschaftlich organisierte Arbeitgeber »mitspielen«. Ein derartiger Praxisfall ist mir aber bisher nicht bekannt.
Sollten derartige Konstellationen geplant sein oder mehr noch, wenn sich die Situation vor Ort unter keine meiner Beispielskonstruktionen fassen lässt, kann dem Personalrat nur dringend ans Herz gelegt werden, die Frage der Zuständigkeiten mit Hilfe qualifizierter juristischer Unterstützung im Einzelfall prüfen zu lassen.[55]

Homeoffice
Bezogen auf die Beschäftigten im Homeoffice, die ja gerade nicht in der Dienststelle arbeiten, könnte man auf den Gedanken kommen, in Frage zu stellen, dass deren diesbezügliche Probleme überhaupt in den Zuständigkeitsbereich des Personalrats fallen.
Ganz so elegant, wie § 5 Abs. 1 Satz 1 BetrVG – der uns das Problem zumindest für die Beschäftigten, die Telearbeit leisten – durch ausdrückliche Erwähnung löst, geht das BPersVG mit dem Problem leider nicht um.
§ 1 BPersVG definiert den Anwendungsbereich des Gesetzes auf Dienststellenseite. § 13 BPersVG regelt die Bildung von Personalräten. Gem. § 4 Abs. 1 Nr. 1 BPersVG sind »*Arbeitnehmerinnen und Arbeitnehmer die Beschäftigten, die nach dem für die Dienststelle maßgebenden Tarifvertrag oder nach der Dienstordnung Arbeitnehmerinnen und Arbeitnehmer sind, die als übertarifliche Arbeitnehmerinnen und Arbeitnehmer beschäftigt werden oder die sich in einer beruflichen Ausbildung befinden,*«, gem. § 4 Abs. 1 Nr. 3 BPersVG »*Beamtinnen und Beamte die Beschäftigten, die nach den jeweils für sie geltenden Beamtengesetzen Beamtinnen und Beamte sind*«. Der neue § 4 Abs. 1 Nr. 5 BPersVG definiert zudem: »*Beschäftigte im öffentlichen Dienst vorbehaltlich des Absatzes 2 die Beamtinnen und Beamten sowie die Arbeitnehmerinnen und Arbeitnehmer einschließlich der zu ihrer Berufsausbildung Beschäftigten sowie Richterinnen und Richter, die an eine der in § 1 Absatz 1 genannten Verwaltungen oder zur Wahrnehmung einer nichtrichterlichen Tätigkeit an ein Gericht des Bundes abgeordnet sind*«.
§ 4 Abs. 2 BPersVG nimmt nur die Personen:
»*1. deren Beschäftigung überwiegend durch Beweggründe karitativer oder religiöser Art bestimmt ist oder*

55 § 46 Abs. 1 BPersVG.

2. die überwiegend zu ihrer Heilung, Wiedereingewöhnung oder Erziehung beschäftigt werden«
aus dem Anwendungsbereich des BPersVG aus.
Inhaltlich lässt sich unter Bezug auf unser Thema daraus ableiten:

> **Beachten:**
> Es kommt für die Zuständigkeit des Personalrats darauf an, ob die Beschäftigten in die jeweilige Dienststelle eingegliedert sind.

Der Begriff der Eingliederung bestimmt sich dabei nach den für die §§ 75 Abs. 1 Nr. 1 / 76 Abs. 1 Nr. 1 BPersVG a. F. entwickelten Grundsätzen. Daran hat sich auch durch die Neufassung des BPersVG mit Gültigkeit ab 15. 6. 2021 nichts geändert, da der neue § 78 Abs. 1 BPersVG insoweit mit seinen Vorgängerregelungen inhaltsgleich ist.
Für die Eingliederung kommt es also nach wie vor auf die tatsächliche Integration in den Dienstbetrieb der Dienststelle an. Diese Integration ist dann gegeben, wenn für die Beschäftigten die Unterordnung unter das Direktionsrecht des Arbeitgebers / Dienstherrn vollzogen, eine Weisungsgebundenheit mit entsprechenden Schutzpflichten begründet wird.[56]
Das Homeoffice – egal in welchem Modell – ändert aber an der Eingliederung in die Dienststelle nichts. Unabhängig davon, ob die Arbeitsleistung der Beschäftigten ganz oder teilweise von einem Arbeitsort aus erbracht wird, der räumlich außerhalb der Dienstgebäude liegt, bleibt es doch dabei, dass die Beschäftigten den Weisungen der Dienststelle unterworfen bleiben und damit auch in den Zuständigkeitsbereich des jeweils bei der Dienststelle gebildeten Personalrats fallen.[57]
Das LPersVG für Rheinland-Pfalz z. B. stellt in § 4 Abs. 1 Satz 4 ausdrücklich klar, dass die Homeofficebeschäftigten in den Zuständigkeitsbereich des Personalrats fallen. Dabei benutzt das Gesetz den – eher seltenen – Begriff der Fernarbeit. Diesen Begriff definiert es als Arbeitsleistung »außerhalb der Dienststelle mit ihr durch elektronische Mittel verbunden«.
In der Regel kann man es sich aber einfach machen und festhalten: Wer bei der letzten Personalratswahl auf der Wählerliste stand (oder bei neu eingestellten, darauf gehört hätte, wäre er / sie damals schon in der Dienststelle gewesen), unterfällt auch jetzt dem Verantwortungsbereich des Personalrats, soweit nicht zwischenzeitlich eine wesentliche Ver-

---

56 Vgl. BVerwG v. 15. 7. 2004 – 6 P 15.03; BVerwG v. 26. 5. 2015 – 5 P 9.14.
57 Altvater-*Noll*, § 4 Rn. 28.

tragsänderung stattgefunden hat, die dann aber wieder nach § 78 Abs. 1 BPersVG mitbestimmungspflichtig gewesen wäre.
Bleiben diesbezüglich Fragen offen, ist die Situation im Einzelfall also kompliziert, kann und sollte der Personalrat sich bei der Klärung Unterstützung in Form qualifizierter juristischer Beratung bedienen.

Beachten:
Mitbestimmung bei Arbeit außerhalb der Dienststelle
Das seit 15.6.2021 gültige neugefasste Bundespersonalvertretungsgesetz (BPersVG) enthält für Arbeitsformen außerhalb der Dienststelle – also auch und gerade für Arbeiten im Homeoffice – einen neuen Mitbestimmungstatbestand. Nach § 80 Abs. 1 Nr. 5 BPersVG bestimmt der Personalrat bei der Einführung, Änderung und Aufhebung von Arbeitsformen außerhalb der Dienststelle mit.

Auf den ersten Blick sieht es dabei so aus, als könne der Personalrat nun die Einführung von Homeoffice erzwingen, kann er doch nun auch bei der »Einführung« des Modells mitbestimmen.
In der Tat: Personalräte können ab sofort auch einen Initiativantrag auf die Einführung von Arbeitsformen außerhalb der Dienststelle stellen. Dass der Tatbestand des § 80 Abs. 1 Nr. 5 BPersVG nicht im Katalog der uneingeschränkten Initiativrechte enthalten ist, bedeutet aber, dass Personalräte letztlich keine Entscheidung der Einigungsstelle herbeiführen können. Die Entscheidung verbleibt bei der Leitung der Dienststelle. Erzwingen lässt sich die Einführung von Homeoffice also auch im Geltungsbereich des neuen BPersVG weiterhin nicht per se.[58]
Wie aber schon im Rahmen der bisherigen Rechtslage bestimmen Personalräte selbstverständlich weiterhin umfassend über die Rahmenbedingungen und technische Ausgestaltung des Homeoffice mit. Dabei sollten die Details in Dienstvereinbarungen festgelegt werden.

bb. Allgemeine Aufgaben – Kontrolle Einhaltung Schutzgesetze etc.

Wie wir im Folgenden sehen werden, hat der Personalrat also eine Vielzahl von Mitbestimmungsrechten, wenn in der Dienststelle überhaupt Homeoffice eingeführt / ausgestaltet wird. Zudem kann er die Einführung mittlerweile per Initiativrecht anregen; ohne eine eigenständige

58 Siehe dazu ausführlich: Mitbestimmtes Home-Office? *Wolfgang Däubler*, Der Personalrat 1/2022, S. 8ff., *https://www.bund-verlag.de/bundonline/modul/1726!69208/inhalt/1726!55129_archive/zeitschrift/396!5469/asset/150!134682/position/_*

weitergehende Rechtsgrundlage (Tarifvertrag, Gesetz) jedoch nach wie vor grundsätzlich nicht erzwingen.
Es lohnt sich deshalb trotz der Neuregelung in § 80 Abs. 1 Nr. 5 BPersVG und eben auch für das Desksharing neben den personalvertretungsrechtlichen Spezialtatbeständen zunächst mal in den allgemeinen Aufgaben zu stöbern, ob sich diese für das jeweilige Anliegen fruchtbar machen lassen.
Gemäß § 62 Abs. 1 Nr. 2 BPersVG hat der Personalrat unter anderem darüber zu wachen, dass die zugunsten der Beschäftigten geltenden Gesetze, Verordnungen, Unfallverhütungsvorschriften, Tarifverträge, Dienstvereinbarungen und Verwaltungsanordnungen durchgeführt werden. Gemäß § 66 Abs. 1 BPersVG ist der Personalrat zur Durchführung seiner Aufgaben nach diesem Gesetz rechtzeitig und umfassend zu unterrichten, ihm sind die hierfür erforderlichen Unterlagen proaktiv von der Dienststelle vorzulegen.

Beachten:
In § 66 Abs. 1 BPersVG wurde im Vergleich zur alten Fassung des § 62 BPersVG der Passus eingefügt »einschließlich der für die Durchführung seiner Aufgaben erforderlichen personenbezogenen Daten«. Damit ist die bisherige Rechtsprechung, die das Einsichtsrecht des Personalrats z. B. in die Arbeitszeitaufzeichnungen der Beschäftigten im Vergleich zu den Rechten der Betriebsräte extrem eingeschränkt hatte, meiner Auffassung nach obsolet. Nunmehr kann die Herausgabe dieser Daten bei Bedarf auch an den gesamten Personalrat verlangt werden bzw. entsprechend Einsicht genommen werden.

Im Hinblick auf die Themen Homeoffice im weitesten Sinne und Desksharing betrifft diese Überwachungsaufgabe natürlich zu allererst die einschlägigen Gesetze und Vorschriften zum Arbeits- und Gesundheitsschutz, auf die wir später noch näher zu sprechen kommen.
TVÖD und TV-L greifen die Themen vorerst zwar noch nicht auf.
Da Tarifverträge aber wie Gesetze nichts Statisches sind, ist dennoch zuerst immer zu prüfen, ob für die Dienststelle ein Tarifvertrag anwendbar ist, in dem die Materie, zumindest teilweise, geregelt ist. Dann hat der Personalrat natürlich auch das Recht und die Pflicht darüber zu wachen, dass die Regelungen dieses Tarifvertrages eingehalten werden.
Dabei sollte der Personalrat immer daran denken, dass die Regelungen in Tarifverträgen, die den Inhalt von Arbeitsverhältnissen ordnen, unmittelbar und zwingend wie Gesetze gelten – aber nur für die Mitglieder der Tarifvertragsparteien (§ 4 Abs. 1 Satz 1 TVG). Für die Beschäftigten, die sich gegen die Mitgliedschaft in der tarifvertragschließenden Gewerk-

schaft entschieden haben, gelten die Tarifverträge nicht; diese können also auf dieser Ebene keine Rechte daraus herleiten, der Personalrat für diese Kolleg:innen also auch nicht auf die Einhaltung der Tarifverträge als solcher hinwirken.
Selbstverständlich können aber auch diese Kolleg:innen sich gemäß § 62 Nr. 3 BPersVG beim Personalrat beschweren, wenn der Tarifvertrag in ihrem Arbeitsvertrag in Bezug genommen wurde und sie nun der Meinung sind, der Vertrag werde nicht eingehalten.
Bezogen insbesondere auf das Thema Homeoffice, z. T. aber auch auf das Desksharing, im § 62 Abs. 1 BPersVG unmittelbar weiter relevant sind die Aufgaben

- § 62 Nr. 1 BPersVG, Maßnahmen, die der Dienststelle und ihren Angehörigen dienen, zu beantragen;
- § 62 Nr. 4 BPersVG, der Benachteiligung von Menschen mit Behinderungen entgegenzuwirken sowie die Inklusion und Teilhabe behinderter Menschen zu fördern, insbesondere die Eingliederung und berufliche Entwicklung schwerbehinderter und ihnen gleichgestellter Beschäftigter und sonstiger besonders schutzbedürftiger, insbesondere älterer Beschäftigter zu fördern sowie Maßnahmen zur beruflichen Förderung schwerbehinderter und ihnen gleichgestellter Beschäftigter zu beantragen;
- § 62 Nr. 5 BPersVG, die Durchsetzung der tatsächlichen Gleichstellung von Frauen und Männern zu fördern sowie Benachteiligungen von Menschen, die sich keinem dieser Geschlechter zuordnen, entgegenzuwirken, insbesondere bei der Einstellung, Beschäftigung, Aus-, Fort- und Weiterbildung und dem beruflichen Aufstieg, zu fördern;
- § 62 Nr. 6 BPersVG, die Vereinbarkeit von Familie, Pflege und Beruf zu fördern;
- § 62 Nr. 7 BPersVG, die Integration ausländischer Beschäftigter in die Dienststelle und das Verständnis zwischen ihnen und den deutschen Beschäftigten zu fördern sowie Maßnahmen zur Bekämpfung gruppenbezogener Menschenfeindlichkeit in der Dienststelle zu beantragen;
- § 62 Nr. 9 BPersVG, Maßnahmen des Arbeitsschutzes und des Gesundheitsschutzes in der Dienststelle zu fördern.

Selbstverständlich können auch andere als die aufgeführten Punkte für den konkreten Fall relevant werden. Jedoch kann das Homeoffice aus all den in diesem Ratgeber an den verschiedenen Stellen näher erläuterten Gründen bei richtiger Gestaltung Vorteile für die Arbeitszufriedenheit der Beschäftigten haben und bei entsprechender Arbeitszeitautonomie vor allem auch die Vereinbarkeit von Familie / Privatleben und Beruf vereinfachen. Damit wäre der Dienststelle und seiner Belegschaft gedient und ein Schritt in Richtung Förderung von Vereinbarkeit von Familie und Beruf getan.

Diese Aufgabe – die Förderung von Vereinbarkeit von Familie und Beruf – findet sich nun im § 62 BPersVG auch ausdrücklich. Zudem ist in § 62 Nr. 5 BPersVG (anders als im ebenfalls seit Juni gültigen überarbeiteten BetrVG) nun auch berücksichtigt, dass Menschen nicht immer in das binäre und vereinfachte Schema von Frau / Mann passen.

Die Gleichstellung der Geschlechter (die ausdrückliche Aufgabe inklusive Mitbestimmungsrecht im § 80 Abs. 1 Nr. 13 BPersVG ist) kann nur dann gelingen, wenn unter anderem die unbezahlte Reproduktionsarbeit in der Familie und die Geldeinkommen generierende berufliche Tätigkeit zwischen den Partnern einer Beziehung so aufgeteilt wird, dass beide Aufgaben die gleiche Wertschätzung erfahren und im gleichen Maße zur wirtschaftlichen Eigenständigkeit beitragen.

Für schwerbehinderte und gesundheitlich beeinträchtigte Beschäftigte und / oder Ältere kann die Möglichkeit, zumindest teilweise im Homeoffice zu arbeiten, ggf. eine Erwerbstätigkeit überhaupt erst ermöglichen. In vielen Fällen wird diese Erwerbstätigkeit jedenfalls durch Tage, an denen die Belastungen des Arbeitsweges inkl. des Zeitaufwandes wegfallen deutlich erleichtert.

Gleiches gilt unter Umständen für ältere Beschäftigte, die durch den Wegfall dieser zusätzlichen Belastungen eventuell umfangreicher und / oder länger am Erwerbsleben teilnehmen können.

Auf Basis dieser Argumentationslinie, die natürlich auf die konkreten Gegebenheiten in der Dienststelle abgestimmt werden muss, und unter Bezug auf § 80 Abs. 1 Nr. 5 BPersVG lässt sich nicht nur der Wunsch an den Arbeitgeber, in Verhandlungen über die Einführung einer Homeoffice-Dienstvereinbarung einzutreten, wenn dieser das Instrument bisher noch gar nicht nutzt, rechtfertigen. Meines Erachtens muss die Initiative geradezu erfolgen, soweit eine Prüfung durch den Personalrat ergibt, dass die oben genannten Ansatzpunkte in der Dienststelle Relevanz haben.

Mit weitergehenden Argumenten aus der konkreten betrieblichen Praxis und konkreten Fragestellungen des Personalrats lässt sich sodann (und nun wegen § 80 Abs. 1 Nr. 5 BPersVG noch besser als unter Geltung des früheren BPersVG) sogar die Heranziehung externer Sachverständiger (zu den Kosten siehe im entsprechenden Abschnitt) zur Erstellung eines Verhandlungspapiers rechtfertigen.

cc. Billigkeitskontrolle / freie Entfaltung Persönlichkeit

§ 2 BPersVG verlangt in Abs. 4 von den Parteien der Dienststelle darüber zu wachen, dass alle in der Dienststelle tätigen Personen nach den Grundsätzen von Recht und Billigkeit behandelt werden und das Diskriminierungen zu unterbleiben haben.
Auch dieser Paragraf kann vom Personalrat ggf. genutzt werden, um mit der Dienststelle in Gespräche über die Einführung von Homeoffice zu treten. Im Zusammenhang mit § 62 Nr. 4–7 BPersVG steckt hier aber auch eine Aufgabe drin.

> **Hinweis:**
> Diese Aufgabe besteht darin, dafür zu sorgen, dass der Zugang zur Arbeit im Homeoffice allen Beschäftigten gleichermaßen zur Verfügung steht und allenfalls sachliche Gründe (in der Regel werden das rein arbeitsplatzbezogene Gründe sein) zu Unterschieden führen.

Denn wir erinnern uns an die Erkenntnisse aus dem **WSI-Report** Nr. 54 / Januar 2020 der **Hans-Böckler-Stiftung:**
Demnach werden die Beschäftigten – vor allem Frauen –, die flexible Arbeitsarrangements wie Homeoffice nutzen, in betrieblichen Beurteilungen und Einschätzungen bzgl. ihrer Leistungen häufig unangemessen benachteiligt. Die Folge sind dann Stress, Vereinbarkeitsprobleme und letztlich Karrierehemmnisse.
Auf der anderen Seite ist der Zugang zu – gelegentlichem und flexiblem – Homeoffice in der Regel leichter, je höher in der Hierarchie die Betreffenden stehen.
Die Autor:innen des Reports kommen deshalb zu dem Schluss, dass die Möglichkeit, ortsflexibel zu arbeiten, in vielen Betrieben noch ein Privileg ist, von dem gerade Beschäftigte in niedriger betrieblicher Hierarchiestufe (das sind oft ethnische Minderheiten unabhängig vom Geschlecht und Frauen gleich welcher ethnischer Zugehörigkeit) ausgeschlossen werden.
Auch wenn man davon ausgehen darf, dass die Studienergebnisse wohl in deutlich stärkerem Maße auf die Privatwirtschaft zutreffen, denn auf den öffentlichen Dienst lohnt sich hier auch für den Personalrat besondere Sensibilität.
Selbstverständlich ist auch bei der Ein- und Durchführung von Desksharing engagiert und sensibel darauf zu achten, dass keine diskriminierenden Kriterien angewandt werden, wenn es z. B. darum geht, wer am Desksharing teilnehmen muss und wer den fixen Schreibtisch oder gar das eigene Büro behält.

dd. Auskunftspersonen / Sachverständige einbinden

Die Themenbereiche dieses Buches sind komplex. Sie berühren ganz wesentlich, aber eben nicht nur, die wichtigen Fragen des Arbeits- und Gesundheitsschutzes und des Datenschutzes (inklusive IT, Schutz der Beschäftigten vor ungerechtfertigte Überwachung).

Ebenso sind, wie oben dargestellt, die Auswirkungen der Möglichkeit, überhaupt Teile der Arbeitsleistung im Homeoffice zu erbringen und der entsprechenden Rahmenbedingungen auf die Gleichstellung der Beschäftigten im Hinblick auf Geschlecht, mögliche Schwerbehinderung oder Alter, ethnische Zugehörigkeit und so weiter zu beachten.

Der Personalrat tut daher gut daran, sich in seinen Verhandlungen mit der Dienststelle über eine entsprechende Dienstvereinbarung ausreichend sachverständiger Zuarbeit in allen relevanten Bereichen zu bedienen.

> **Beachten:**
> Der **Beratungsbedarf** wird in den meisten Dienststellen – insbesondere aber nicht ausschließlich – **in folgenden Themenbereichen** hoch sein:
> - Fragen des Arbeits- und Gesundheitsschutzes insbesondere ergonomisches Arbeiten und Arbeitspsychologie
> - sichere und überwachungsfreie Gestaltung der elektronischen Kommunikation
> - Einhaltung datenschutzrechtlicher Anforderungen (bezogen einerseits natürlich auf den Datenschutz für Kundendaten etc., andererseits aber auch bezogen auf die Daten, die seitens der Beschäftigten durch die Nutzung elektronischer Kommunikationsdienste, Kollaborationstools oder Videokonferenzprogrammen anfallen)
> - rechtssichere Formulierung der Dienstvereinbarungsentwürfe bzw. Überprüfung von erzielten Verhandlungsergebnissen darauf, ob die gefundenen Formulierungen auch tatsächlich den vereinbarten Inhalt tragen.

Das BPersVG gibt Möglichkeiten, diesen Beratungsbedarf zu decken.

Soweit in der Dienststelle zu den Fragen, die der Personalrat hat, Kolleg:innen arbeiten, die zu den entsprechenden Fragen ausreichende Kenntnisse haben und denen der Personalrat dahingehend vertraut, dass sie ihm wahrheitsgemäß auf seine Fragen antworten und nicht etwa auf ausgesprochenen (oder vielleicht sogar nur vermuteten) Wunsch von Vorgesetzten wichtige Informationen vorenthalten, ist der Personalrat

berechtigt diese Kolleg:innen als Informationsquelle zu nutzen. Ihre Hinzuziehung bedarf wohl der Zustimmung der Dienststelle.[59]
Beschäftigte, wie z. B. Beauftragte für den Datenschutz oder Gleichstellungsbeauftragte, die kein eigenständiges Teilnahmerecht an Personalratssitzungen haben, aber in der Ausübung ihrer Fachkunde beziehungsweise im Hinblick auf ihre Tätigkeit weisungsfrei sind, können auch ohne Zustimmung der Dienststellenleitung als sachverständige Auskunftspersonen an Personalratssitzungen (beratend, nicht an den Beschlussfassungen!) teilnehmen.
Findet der Personalrat keine:n Kolleg:in, der/die die oben genannten Anforderungen erfüllt, dann ist er berechtigt, nach entsprechender ordnungsgemäßer Beschlussfassung den erforderlichen Sachverstand extern einzukaufen. Dies geschieht dann je nach Fragestellung, indem man z. B. eine Rechtsanwaltskanzlei beauftragt, einen Arbeitspsychologen hinzuzieht oder eine IT- und / oder Datenschutzexpertin ins Boot holt.
Eine dem § 80 Abs. 3 BetrVG entsprechende ausdrückliche Regelung fehlt dem BPersVG zwar, aber § 46 Abs. 1 BPersVG legt fest: *»Die durch die Tätigkeit des Personalrates … entstehenden Kosten trägt die Dienststelle.«*

> **Hinweis:**
> Damit kann der Personalrat, der begründen kann, zur Erfüllung welcher gesetzlichen Aufgaben und Beantwortung welcher Fragestellungen er die externe fachliche Unterstützung braucht, die Übernahme der angemessenen Kosten dieser Unterstützung notfalls im Wege der Beschlussverfahrens vor dem Verwaltungsgericht durchsetzen.

ee. Durchsetzung der Gleichberechtigung der Geschlechter

Gemäß § 80 Abs. 1 Nr. 13 BPersVG hat der Personalrat – soweit eine gesetzliche oder tarifliche Regelung nicht besteht, gegebenenfalls durch Abschluss von Dienstvereinbarungen – bei Maßnahmen mitzubestimmen, die der **Familienfreundlichkeit**, der **Vereinbarkeit von Familie, Pflege und Beruf**, der **Durchsetzung der tatsächlichen Gleichstellung von Frauen und Männern**, der Vermeidung von Benachteiligungen von **Menschen, die sich keinem dieser Geschlechter zuordnen**, sowie der Vermeidung von Benachteiligungen von **Menschen mit Behinderungen** dienen, insbesondere bei der Einstellung, Beschäftigung, Aus-, Fort- und Weiterbildung und dem beruflichen Aufstieg dienen.
Der Personalrat ist in diesem Zusammenhang auch bei der Aufstellung des Gleichstellungsplanes – zu dem jede unter das Bundesgleichstellungs-

59 Vgl. OVG NW v. 13. 8. 1996 – 1 A 91/95.PVL.

gesetz fallende Dienststelle gem. § 12 BGleiG verpflichtet ist, gem. § 80 Abs. 1 Nr. 13 BPersVG zu beteiligen.
Wie wir im Kapitel zu den wissenschaftlichen Erkenntnissen gesehen haben, kann gut gestaltetes Homeoffice der Vereinbarkeit von familiären und beruflichen Verpflichtungen sehr nützen; schlecht gestaltetes Homeoffice aber noch zu weiteren Konflikten innerhalb der Familien bzw. bei den Beschäftigten selbst führen. Die Einrichtung von Homeoffice Arbeitsplätzen, deren familiengerechte Gestaltung und die Sicherstellung von Zugangsmöglichkeiten zu diesen Arbeitsplätzen für alle Beschäftigten mit familiären Betreuungs- und Pflegeaufgaben stellt daher einen wichtigen Beitrag zur Herstellung dieser Geschlechtergerechtigkeit dar. Unter Berücksichtigung aller nachstehend erläuterten Überlegungen und der wissenschaftlichen Erkenntnisse kann der Personalrat also zumindest für die Beschäftigten mit familiären Verpflichtungen verlangen, dass deren Bedürfnisse bei der Gestaltung ihrer Arbeitszeit und bei der Festlegung des Arbeitsortes so weit wie dies mit den dienstlichen Belangen vereinbar ist, berücksichtigt werden.
Stützen kann er sich dabei insbesondere auch auf **§ 16 Abs. 1 BGleiG**. Dort heißt es:

»Die Dienststellen haben Anträgen von Beschäftigten mit Familien- oder Pflegeaufgaben auf familien- oder pflegebedingte Teilzeitbeschäftigung oder Beurlaubung zu entsprechen, soweit zwingende dienstliche Belange nicht entgegenstehen; dies gilt auch bei Arbeitsplätzen mit Vorgesetzten- oder Leitungsaufgaben ungeachtet der Hierarchieebene. Im Rahmen der dienstlichen Möglichkeiten haben die Dienststellen den Beschäftigten mit Familien- oder Pflegeaufgaben auch Telearbeitsplätze, mobile Arbeitsplätze oder familien- oder pflegefreundliche Arbeits- und Präsenzzeitmodelle anzubieten. Die Ablehnung von Anträgen muss im Einzelnen schriftlich begründet werden.«

Unter Bezug auf § 80 Abs. 1 Nr. 13 BPersVG, Art 3 (vor allem) Abs. 2 GG und das BGleiG kann der Personalrat daher meiner Ansicht nach von der Dienststelle sogar den Abschluss einer Dienstvereinbarung zur Einrichtung von Homeoffice-Arbeitsplätzen für alle Beschäftigten mit familiären Aufgaben im Sinne des § 16 BGleiG verlangen, soweit die Erfüllung der dienstlichen Aufgaben im Homeoffice nicht objektiv unmöglich oder unverhältnismäßig ist.[60]

60 Vgl. BVerwG v. 31.8.2008 – 2 C 31/06, Rn. 22 (aktueller Inhalt § 16 entspricht damals § 13).

ff. Arbeits- und Gesundheitsschutz

Anhörungsrecht

Die Gestaltung der Arbeitsplätze unterliegt gem. § 80 Abs. 1 Nr. 4 BPersVG der Mitbestimmung des Personalrats. Gem. § 80 Abs. 1 Nr. 20 BPersVG gilt dies auch für die Einführung grundlegend neuer Arbeitsmethoden und gem. § 80 Abs. 1 Nr. 19 BPersVG für Maßnahmen zur Hebung der Arbeitsleistung und Erleichterung des Arbeitsablaufs.

Effektive Mitbestimmung setzt immer rechtzeitige und umfassende Unterrichtung voraus, so dass sich aus den vorgenannten Bestimmungen auch ein Unterrichtungsrecht zu den genannten Themen ableitet; im Detail wird auf diese Bestimmungen aber der besseren Übersicht wegen im entsprechenden Abschnitt einzugehen sein.

In § 84 BPersVG finden sich aber ausdrücklich bezeichnete und auf das Recht zur Information und Stellungnahme beschränkte Anhörungsrechte. So bestimmt § 87 BPersVG, dass der Personalrat anzuhören ist, bevor die Dienststelle Neu-, Um- und Erweiterungsbauten von Diensträumen vornimmt. Gibt der Personalrat einer nachgeordneten Dienststelle zu den Personalanforderungen eine Stellungnahme ab, so ist diese mit den Personalanforderungen der übergeordneten Dienststelle vorzulegen.

Das Anhörungsrecht gilt gem. § 87 Abs. 3 BPersVG auch vor grundlegenden Änderungen von Arbeitsverfahren und Arbeitsabläufen.

> **Hinweis:**
> Die Mitbestimmungs- und Unterrichtungsrechte sind demnach miteinander verzahnt bzw. überlagern sich zum Teil. Die Dienststelle hat den Personalrat umfassend über ihre Planungen zur Veränderung / Neueinrichtung oder Erweiterung der materiellen Rahmenbedingungen, unter denen die Beschäftigten ihre Arbeitsleistung zu erbringen haben, zu unterrichten. Des Weiteren sind mit dem Personalrat die vorgesehenen Maßnahmen und ihre Auswirkungen auf die Beschäftigten, insbesondere auf die Art ihrer Arbeit sowie die sich daraus an sie ergebenden Anforderungen so rechtzeitig zu beraten, dass Vorschläge und Bedenken des Personalrats bei der Planung berücksichtigt werden können.[61]

Im Einzelnen kann der Personalrat sich dabei – bezogen auf unsere Themenkomplexe – auf die nachfolgenden Überlegungen stützen. Verwaltungsrechtliche Rechtsprechung zu diesem Komplex ist bis dato weniger ergangen. In Übereinstimmung mit vielen Kommentaren zu den entsprechenden Vorschriften des BPersVG lassen sich aber die zu den

---

61 Altvater-*Baden*, § 78 Rn. 62 mit Verweis auf DKW-*Klebe*, § 90 Rn. 28f.

wort- bzw. inhaltsgleichen Vorschriften des BetrVG ergangenen Entscheidungen und die dazu anzustellenden Überlegungen auch auf das BPersVG übertragen.

§ 87 BPersVG: Neu-, Um- und Erweiterungsbauten von Diensträumen
Diese Vorschrift ist weitergehend, als das auf den ersten Blick aussieht. Selbst der Einbau neuer Türen in den Arbeitsräumen soll darunter fallen.[62] Die Vorschrift erfasst also jede Veränderung der Arbeitsräume, die Einfluss hat, auf die Bedingungen unter denen Beschäftigte ihre Arbeit leisten. Sowohl die Einführung eines Desksharing-konzeptes als auch die Einrichtung eines Homeoffice-Arbeitsplatzes haben aber erheblichen Einfluss auf die Arbeitsbedingungen der Beschäftigten. Letzteres gilt meinem Verständnis nach gleichermaßen für die Einrichtung klassischer Telearbeitsplätze wie für die Einführung von mobile working, bei dem eben gerade nicht klar ist, an welchem Ort und unter welchen Bedingungen genau die Arbeitsleistung jeweils erbracht werden wird.

§ 87 Abs. 3 BPersVG: Änderungen von Arbeitsverfahren und Arbeitsabläufen
Niemand wird ernsthaft bestreiten, dass die Einführung bzw. Umsetzung von Homeoffice erheblichen Einfluss auf Gestaltung der Arbeitsabläufe in der Dienststelle hat. Der Personalrat kann seinen Unterrichtungsanspruch deshalb auch auf Abs. 3 stützen. Dabei sollte auch daran gedacht werden, dass zum Arbeitsverfahren bzw. Arbeitsablauf auch die Arbeitsmethode gehört, mit der festgelegt wird, auf welche Art und Weise die Beschäftigten das gewünschte Arbeitsergebnis erreichen sollen.[63] Auch auf diese Frage hat die Erbringung der Arbeitsleistung aus dem Homeoffice oft Einfluss.
Unter Arbeitsverfahren ist zudem auch die technische Art und Weise der Erledigung einer Arbeitsaufgabe zu verstehen, die insbesondere durch die dabei eingesetzten Arbeitsmittel gekennzeichnet ist. Arbeitsablauf ist die funktionelle, räumliche und zeitliche Abfolge der verschiedenen unselbständigen Arbeitsvorgänge.[64]

---

62 DKW-*Klebe*, § 90 Rn. 7 mit Verweis auf GK-*Weber*, Rn. 10; *GL*, Rn. 1; HWK-*Sittard*, Rn. 2; ArbG Düsseldorf, a. a. O.; Richardi-*Annuß*, Rn. 8; a. A. ErfK-*Kania*, Rn. 2; *Fitting*, Rn. 18a; HWGNRH-*Rose*, Rn. 27.
63 DKW-*Klebe*, § 90 Rn. 14.
64 Altvater-*Baden*, § 78 Rn. 63.

Als grundlegend ist eine Änderung wohl spätestens dann zu verstehen, wenn diese für die von ihr betroffenen Beschäftigten ins Gewicht fallende körperliche oder geistige Auswirkungen hat.[65]
Versteht man das Arbeitsverfahren wie dargestellt umfassend und unter Einschluss der eingesetzten Arbeitsmittel, dann sind hiervon erfasst auch technische Anlagen im Büro bzw. Verwaltungsbereich, wie z. B. Computer oder Bildschirme.
Die Umstellung auf Cloud Computing[66] oder (auch das soll in der Praxis durchaus vorkommen) auch die Gestattung oder dienstlichen Nutzung privater technischer Geräte (Stichwort Bring-your own device)[67] unterfallen folglich ebenfalls dieser Vorschrift. Das gleiche gilt, wenn geplant ist, die Genehmigung zur Erbringung der Arbeitsleistung im Homeoffice davon abhängig zu machen, dass die Beschäftigten ihre privaten Geräte (Smartphone, Laptop / PC etc.) nutzen (so geschehen nicht nur unter Geltung des BetrVG, sondern auch in mindestens einem dem BayPVG unterfallenden mir bekannten Fall).
Da die Einführung von Homeoffice in den meisten Fällen mit der Nutzung von technischen Lösungen wie dem Cloud Computing, Kollaborationstools oder Videokonferenzprogrammen verbunden sein dürfte, können sich auch hier sehr frühzeitige Unterrichtungsansprüche des Personalrats ergeben. Wie wir im Kapitel über die wissenschaftlichen Erkenntnisse zum Thema gesehen haben, hat das Homeoffice für die Beschäftigten vielfältige Auswirkungen im Hinblick auf die gesundheitliche Belastung und Arbeitsbeanspruchung. Homeoffice geht oft einher mit einer weiteren Leistungsverdichtung und erweiterter Leistungskontrolle. Von der Dienststelle in ihren Planungen zu berücksichtigen sind zudem mögliche entstehende Kommunikationsverluste und die entsprechenden Gegenmaßnahmen. Des Weiteren muss berücksichtigt werden, dass Homeoffice – vor allem in der Form ausschließlicher Telearbeit – oft zu erheblichen Nachteilen für die Beschäftigten führt, was ihre Wahrnehmung durch die Führungskräfte angeht. Diese Wahrnehmungsverluste führen dann ohne entsprechende Gegenmaßnahmen zu massiven Nachteilen in Bezug auf Beförderungschancen und damit Einkommen.
Plant die Dienststelle Desksharing kann und muss auch ebenfalls geprüft werden, ob bei dieser Gelegenheit technische Anlagen neu eingeführt /

65 Ebd.

66 DKW-*Klebe*, § 90 Rn. 9 mit Verweis auf NK-GA/*Eylert/Waskow*, Rn. 4; Hilber-*Hexel*, Teil 5 Rn. 87 ff.

67 DKW-*Klebe*, § 90 Rn. 9 mit Verweis auf *Däubler*, Digitalisierung und Arbeitsrecht, § 3 Rn. 10; vgl. auch § 87 Rn. 67 und 201.

verändert werden und damit die entsprechenden Unterrichtungs- und vor allem Erörterungsrechte ausgelöst werden.

Zusammenarbeit mit anderen Stellen

§ 68 Abs. 1 BPersVG verpflichtet den Personalrat, sich dafür einzusetzen, dass die Vorschriften über den Arbeitsschutz und die Unfallverhütung in der Dienststelle durchgeführt werden.

Des Weiteren hat der Personalrat bei der Bekämpfung von Unfall- und Gesundheitsgefahren die für den Arbeitsschutz zuständigen Behörden, die Träger der gesetzlichen Unfallversicherung und die übrigen in Betracht kommenden Stellen durch Anregung, Beratung und Auskunft zu unterstützen

Zu beachten ist dabei, dass die Überwachung des Arbeitsschutzes in den Betrieben und Verwaltungen des Bundes nach § 21 Abs. 5 ArbSchG grundsätzlich Aufgabe eigenständiger Behörden des Bundes ist. Die allgemeine Überwachungsbehörde des Bundes ist die Zentralstelle für Arbeitsschutz beim BMI. Im Auftrag dieser Stelle handelt in der Regel die Unfallkasse Bund und Bahn, Soweit jedoch der Geschäftsbereich des ehemaligen Bundesministeriums für Post und Telekommunikation betroffen ist, ist die Unfallkasse Post und Telekom zuständig. Die exakte Aufgabenverteilung der Behörden ist themenbezogen und kompliziert. Eine Darstellung würde den Rahmen dieses Ratgebers sprengen; insoweit muss auf weiterführende Literatur[68] verwiesen werden.

Zu den in Absatz 1 genannten »übrigen in Betracht kommenden Stellen« gehören auch die Sicherheitsbeauftragten i. S. d. § 22 SGB VII, Vertrauens- und Betriebsärzte, Fachkräfte für Arbeitssicherheit i. S. d. § 5 ASiG und die Beauftragten für bestimmte Sicherheits- und Gefährdungsbereiche (z. B. Immissionsschutzbeauftragte gem. BImSchG).

Die genannten Stellen wiederum sind wie die Dienststelle gem. § 68 Abs. 2 BPerVG verpflichtet, den Personalrat bei allen im Zusammenhang mit dem Arbeitsschutz oder der Unfallverhütung stehenden Besichtigungen und Fragen und bei Unfalluntersuchungen hinzuzuziehen.

Zu beachten ist dabei, dass hier ausdrücklich nicht zwangsweise das ganze Gremium gemeint ist, sondern durchaus und sinnvollerweise nur eines oder wenige seiner Mitglieder (ggf. aus der jeweils betroffenen Dienststelle), die entsprechend durch Personalratsbeschluss beauftragt werden.

---

68 Z.B. Altvater-*Seulen*, § 81 BPersVG, Rn. 12ff. in der 9. Auflage.

> **Beachten:**
> Aus dieser Regelung ergibt sich bereits ohne nähere Vereinbarung, dass der Personalrat immer hinzuzuziehen ist, sollte die Dienststelle es für notwendig erachten, die Homeoffice-Arbeitsplätze der Beschäftigten vor Ort zu besichtigen.
> Diese Beteiligung des Personalrats ergibt sich zwingend aus dem BPersVG, unterliegt also auch keinem Zustimmungs- / oder Ablehnungsvorbehalt der Beschäftigten.

Soweit diese den Personalratsmitgliedern den Zutritt zu ihrer Wohnung zu Besichtigungszwecken verweigern, lässt sich dieser Zutritt aber nicht durchsetzen (Grundrechtsschutz der Wohnung). Jedoch würde eine ohne den Personalrat durchgeführte Besichtigung als geeignete Erkenntnisquelle für die arbeitsschutzrelevante Geeignetheit des Homeoffice-Arbeitsplatzes ausscheiden. In der Konsequenz könnte es daher sein, dass den Beschäftigten, die zwar Vertreter:innen der Dienststelle, aber nicht den Personalratsmitgliedern das Recht auf Besichtigung des Arbeitsplatzes einräumen wollen, die Genehmigung zur Nutzung des Homeoffice-Arbeitsplatzes verweigert werden könnte und ggf. müsste, soweit eine Besichtigung überhaupt als Erkenntnisquelle erforderlich ist.

> **Praxistipp:**
> In diesen Fällen, in denen eine Besichtigung der Räume vor Ort erforderlich erscheint, tut der Personalrat aber ohnehin gut daran, bereits im Vorfeld des geplanten Besichtigungstermins Kontakt zu den betreffenden Beschäftigten aufzunehmen und zu klären, ob es ggf. beachtenswerte Einwände dahingehend gibt, welchen konkreten Personen der Zugang zum privaten Wohnbereich gewährt oder eben nicht gewährt werden soll.

§ 68 Abs. 2 BPersVG verpflichtet die Dienststelle zudem, dem Personalrat unverzüglich die den Arbeitsschutz und die Unfallverhütung betreffenden Auflagen und Anordnungen der in Absatz 1 genannten Stellen (insbesondere der für den Arbeitsschutz zuständigen Behörden und der Träger der gesetzlichen Unfallversicherung) mitzuteilen.
Gemäß § 68 Abs. 3 BPersVG nehmen vom Personalrat beauftragte Mitglieder an den Besprechungen mit den Sicherheitsbeauftragten teil.
§ 22 SGB VII legt fest, dass in Unternehmen mit 20 Beschäftigten, in manchen Fällen sogar darunter, unter Beteiligung des Personalrats Sicherheitsbeauftragte zu bestellen sind, die den Arbeitgeber bei der Durchführung der Maßnahmen zur Verhütung von Arbeitsunfällen und Berufskrankheiten zu unterstützen haben. Dabei ist ihre Aufgabe, sich

insbesondere vom Vorhandensein und der ordnungsgemäßen Benutzung der vorgeschriebenen Schutzeinrichtungen und persönlichen Schutzausrüstungen zu überzeugen und auch Unfall und Gesundheitsgefahren für die Versicherten aufmerksam zu machen.
In diesem Zusammenhang ist auch zu erwähnen, dass der Personalrat bei der Bestellung und Abberufung der Fachkraft für Arbeitssicherheit, des Betriebsarztes und von Sicherheitsbeauftragten gem. § 80 Abs. 1 Nr. 16 BPersVG / § 78 Abs. 1 Nr. 14 BPersVG mitbestimmt. Soweit es sich dabei um Personen handelt, die in die Dienststelle eingegliedert werden, greift zudem § 78 Abs. 1 Nr. 1 BPersVG, die Mitbestimmung bei der jeweiligen Einstellung.
§ 68 Abs. 4 BPersVG / § 87 Abs. 3 BPersVG verpflichten die Dienststelle zur Aushändigung der Niederschriften über Untersuchungen, Besichtigungen und Besprechungen, für den in der Personalrat nach den vor anstehenden Absätzen hinzuzuziehen ist, sowie der Unfallanzeigen / Unfallberichte. Auf die genannten Protokolle hat der Personalrat auch dann Anspruch, wenn an den entsprechenden Terminen keines seiner Mitglieder teilgenommen haben sollte.
Aus diesen Papieren lässt sich dann unter Umständen auch wieder weiterer Handlungsbedarf in Bezug auf künftige Gefahrvermeidung ableiten.

Mitbestimmung im Arbeits- und Gesundheitsschutz
Gestaltung der Arbeitsplätze

Wie bereits erwähnt, hat der Personalrat, soweit eine gesetzliche oder tarifliche Regelung nicht besteht, gegebenenfalls durch Abschluss von Dienstvereinbarungen, bei Gestaltung der Arbeitsplätze mitzubestimmen (§ 80 Abs. 1 Nr. 4 BPersVG).
Unter Berufung auf dieses Mitbestimmungsrecht kann demzufolge Einfluss genommen werden, auf die Ausgestaltung der Bildschirmarbeitsplätze im Sinne des Anhanges 6 der Arbeitsstättenverordnung, aber auch auf die Rahmenbedingungen für die Arbeit mit Bildschirmgeräten i. S. v. § 2 Abs. 6 ArbStättV ganz allgemein.
Der Arbeitsplatz ist der gängigen Definition nach der räumlich-funktionale Bereich, in dem die Beschäftigten im Rahmen ihrer Arbeitsaufgaben mit Arbeitsmitteln und Arbeitsgegenständen in einem bestimmten Arbeitssystem tätig sind. Zum Mitbestimmungsrecht gehört wie erwähnt auch ein diesbezügliches Unterrichtungsrecht, so dass der Personalrat in der Lage ist, schädigende Einflüsse auch aus der Arbeitsumgebung auf den Arbeitsplatz zu erkennen und dazu beizutragen diese zu minimieren bzw. zu verhindern.

Niemand wird ernsthaft diskutieren wollen, dass die Einrichtung bzw. Durchführung von Homeoffice eine Frage der Gestaltung der Arbeitsplätze ist. Das entsprechende Mitbestimmungsrecht des Personalrats liegt quasi auf der Hand.
Die Einführung von Desksharing ist ebenfalls eine Änderung der Gestaltung der Arbeit und fällt damit ebenso unter Nr. 3.

Maßnahmen zur Verhütung von Dienst- und Arbeitsunfällen und sonstigen Gesundheitsschädigungen

Gem. § 80 Abs. 1 Nr. 16 BPersVG hat der Personalrat, soweit eine gesetzliche oder tarifliche Regelung nicht besteht, gegebenenfalls durch Abschluss von Dienstvereinbarungen, mitzubestimmen, über Maßnahmen zur Verhütung von Dienst- und Arbeitsunfällen und sonstigen Gesundheitsschädigungen.
Wie auch im Bereich der Betriebsverfassung bedarf es also zur Mitbestimmung eines Spielraumes. (Nur) an den Stellen, an denen das Gesetz oder anwendbare tarifliche Bestimmungen die Materie schon so abschließend regeln, dass die Dienststelle Maßnahmen nur noch eins zu eins umsetzen muss, bleibt der Personalrat außen vor. Gibt es dagegen ausfüllungsbedürftige Spielräume, sind Entscheidungen zu treffen, ist der Personalrat im Boot.

Beachten:
Die Mitbestimmung des Personalrats gem. § 80 Abs. 1 Nr. 16 BPersVG greift also nur dann, wenn es zwar Arbeitsschutzvorschriften gibt, diese aber noch einen Spielraum für Entscheidungen in der betrieblichen Praxis lassen.

Im Bereich des Arbeitsschutzes liegt es in der Natur der Sache, dass dieser auf die konkreten Bedürfnisse und Gegebenheiten vor Ort zugeschnitten werden muss. Die gesetzlichen Vorgaben enthalten deshalb in der Regel nur Rahmenvorschriften. Welche Schutzmaßnahmen dann zum Beispiel gegen Lärm, Hitze oder beim Umgang mit gefährlichen Stoffen ergriffen werden, muss die Dienststelle in Zusammenarbeit mit dem Personalrat entscheiden. Für das Homeoffice, wie auch für das Desksharing, wird es hier wohl vor allem um die Arbeitsplatzgestaltung zur Vermeidung von Unfällen; Gesundheitsschäden z. B. durch Ausdünstungen vom Kopierer etc. gehen.
Um die erforderlichen Maßnahmen erkennen zu können, müssen die sich aus dem konkreten Arbeitsplatz möglicherweise ergebenden Gefahren bekannt sein.

Gefährdungsbeurteilungen

Das bedeutet also: Der Personalrat, der beabsichtigt, auf diesem wichtigen Gebiet Regelungen mit dem Arbeitgeber zu treffen, wird sich zunächst die erstellten Gefährdungsbeurteilungen ansehen müssen. Gibt es solche Gefährdungsbeurteilungen noch nicht, müssen diese erstellt werden. Sollen Homeoffice oder Desksharing erstmals eingeführt werden oder gibt es solche Gefährdungsbeurteilungen aus anderen Gründen noch nicht, müssen diese erstellt werden.

Ein Arbeits- und Gesundheitsschutz in der Dienststelle, der diese Bezeichnung auch verdient, ist nur mit Gefährdungsbeurteilungen denkbar. Ohne Gefährdungsbeurteilung sind weder Gefahren noch mögliche Schutzmaßnahmen erkennbar / greifbar. Zunächst bedarf es daher immer einer Feststellung, welche Gesundheits- und Sicherheitsrisiken bei der Arbeit bestehen, es muss also der »Ist-Zustand« festgestellt werden. Erst dann lassen sich gezielte und wirksame Maßnahmen des Arbeitsschutzes festlegen.

> **Beachten:**
> Das »Wie« der Erstellung der Gefährdungsbeurteilungen seinerseits unterliegt ebenfalls der Mitbestimmung des Personalrats nach § 80 Abs. 1 Nr. 16 BPersVG.[69]
> Zu beachten ist beim Vorstehenden aber unbedingt, dass die Rechtsprechung noch nicht auf dem Stand dieser Überlegungen angekommen ist.

Das Bundesverwaltungsgericht hat 2002 entschieden, dass die Durchführung einer Gefährdungsbeurteilung gem. § 5 Abs. 1 ArbSchG nach § 75 BPersVG a. F. nicht mitbestimmungspflichtig ist.[70] Leider hat das Gericht auch noch vor gut 10 Jahren[71] daran festgehalten. Diese Rechtsprechung bewegt sich damit konträr zur Rechtsprechung des BAG zur Mitbestimmung bei Gefährdungsbeurteilungen im Bereich des BetrVG.

Das Bundesverwaltungsgericht begründete seine Entscheidungen damals damit, dass eine Voraussetzung für die Mitbestimmung sei, dass die Dienststelle überhaupt beabsichtige, Maßnahmen zu treffen. Im Gegensatz dazu sei die Beurteilung von Gefährdungen nur die Vorbereitungshandlung für die möglichen Maßnahmen.

Dabei wird übersehen, dass § 5 ArbSchG (Gefährdungsbeurteilungen) und Anhang 6 der Arbeitsstättenverordnung (Bildschirmarbeitsplätze)

---

69 Altvater-*Berg*, § 75 Rn. 209ff.
70 Vgl. BVerwG v. 14.10.2022 – 6 P 7/01.
71 Vgl. BVerwG v. 5.3.2012 – 6 PB 25/11.

ausfüllungsbedürftige Rahmenvorschriften sind. Sie enthalten keine zwingenden Vorgaben, wie die Gefährdungsbeurteilung durchzuführen ist. Vielmehr lassen sie der Dienststelle Handlungsspielräume bei der Umsetzung und lösen so das Mitbestimmungsrecht des Personalrats gem. § 80 Abs. 1 Nr. 16 BPersVG meines Erachtens nach ausdrücklich aus.[72] Das Gleiche gilt im Übrigen auch für die gem. § 12 ArbSchG erforderlichen Unterweisungen der Beschäftigten.[73] Nur Beschäftigte, die sich der Gefahren, die von ihrer Tätigkeit für ihre eigene Gesundheit und ggf. auch die Gesundheit anderer ausgehen, bewusst sind, können entsprechende Eigen- oder Fremdschäden vermeiden.

> **Beachten:**
> Es ist daher erforderlich, die vorstehenden Mitbestimmungsrechte der Personalräte bei allen in Frage kommenden Gelegenheiten einzufordern und nötigenfalls mit entsprechenden Argumentationen für eine Änderung der Rechtsprechung zu sorgen.

Die **Handlungsreihenfolge** im Bereich des § 80 Abs. 1 Nr. 16 BPersVG wäre demnach

- Mitbestimmung (ggf. Initiative) des Personalrats bei der Erstellung von Gefährdungsbeurteilungen
- Auswertung der Gefährdungsbeurteilungen / Ableitung von Konsequenzen
- Mitbestimmung (ggf. Initiative) des Personalrats bei der Festlegung der den gesetzlichen Rahmen ausfüllenden Arbeitsschutzmaßnahmen
- Mitbestimmung (ggf. Initiative) des Personalrats bei der Anpassung der Gefährdungsbeurteilungen

Zustimmungsverweigerung und Initiativrechte

Personalräte sind allerdings auch auf dem derzeitigen Stand der Rechtsprechung im Bereich des Gesundheitsschutzes nicht völlig rechtlos. Darauf hat sogar das BVerwG in seiner Entscheidung vom 5.3.2012[74] hingewiesen. Es verweist ausdrücklich auf seine Entscheidung aus dem Jahr 2002. Damals wurden die Antragstellenden auf die rechtlichen Möglichkeiten der Zustimmungsverweigerung bei (unzureichenden) Maßnahmen des Gesundheitsschutzes sowie der Initiativrechte nach § 70 Abs. 1 Satz 1 BPersVG a. F. hingewiesen. Letztere können genutzt werden,

---

72 Vgl. BAG v. 8.6.2004 – 1 ABR 4/03, Rn. 26.
73 Vgl. BAG v. 8.6.2004 – 1 ABR 4/03, Rn. 29.
74 Vgl. BVerwG v. 5.3.2012 – 6 PB 25/11, Rn. 6.

wenn nach durchgeführter Gefährdungsbeurteilung keine ausreichenden Maßnahmen getroffen werden.

> **Hinweis:**
> Der Personalrat hat also das Recht, selbständig die Initiative zu ergreifen, um von der Dienststelle, gestützt auf sein Mitbestimmungsrecht nach § 80 Abs. 1 Nr. 16 BPersVG, den Abschluss einer Dienstvereinbarung zur Umsetzung von Arbeitsschutzvorschriften zu verlangen.

(Keine) Erhöhung des Schutzstandards

Dabei muss allerdings beachtet werden, dass es nach dem derzeitigen Stand der Rechtsprechung wohl nicht möglich ist, die Dienststelle zu zwingen, den gesetzlich oder tarifvertraglich bereits festgelegten Schutzstandard durch Dienstvereinbarung weiter zu erhöhen. Jedenfalls wurde dies so für die quasi wortgleiche Regelung des § 87 Abs. 1 Nr. 7 BetrVG vom BAG entschieden.[75]

Die Ausgestaltung als Rahmenvorschrift liegt vor, wenn die gesetzliche Regelung Maßnahmen zur Gewährleistung des Gesundheitsschutzes erfordert, die zu treffenden Maßnahmen aber nicht selbst detailliert beschreibt, sondern dem Arbeitgeber lediglich ein zu erreichendes Schutzziel vorgibt.

Zudem setzt das Mitbestimmungsrecht bei öffentlich-rechtlichen Regelungen, die sehr weit gefasste Generalklauseln enthalten, das Bestehen einer unmittelbaren objektiven Gesundheitsgefahr voraus.[76]

Solche durch Dienstvereinbarung auszufüllenden Generalklauseln, die das Mitbestimmungsrecht nur dann auslösen, wenn es eine unmittelbare objektive Gesundheitsgefahr in der konkreten betrieblichen Konstellation gibt, sind nach Ansicht des LAG Nürnberg (auch zum § 87 Abs. 1 Nr. 7 BetrVG) zum Beispiel:

- § 3 Abs. 1 Satz 1 ArbSchG
- § 4 ArbSchG
- §§ 3a und 6 Abs. 1 ArbStättV

Der Übertragung der genannten Rechtsprechung, die eine Erhöhung des Schutzniveaus für Beschäftigte durch Betriebsvereinbarung für nicht erzwingbar hält, auf § 80 Abs. 1 Nr. 16 BPersVG kann man dann im Bereich des BPersVG aber auch entgegenhalten, dass der Betriebsrat, der durch die Einigungsstelle im Zusammenhang mit § 87 Abs. 1 Nr. 7 BetrVG keine Erhöhung des Schutzniveaus für die Beschäftigten erzwingen kann, eine

75 LAG Nürnberg v. 9.12.2015 – 4 TaBV 13/14.
76 Vgl. BAG v. 8.6.2004 – 1 ABR 4/03, Rn. 24.

solche Erhöhung aber immerhin gem. § 88 BetrVG wirksam vereinbaren kann, wenn er den Arbeitgeber argumentativ von den Vorteilen einer solchen Regelung für den Betrieb überzeugt.
Dem Personalrat steht das Instrument der Dienstvereinbarung nur deutlich eingeschränkter zur Verfügung als dem Betriebsrat. Der Personalrat kann Dienstvereinbarungen nur zu den gesetzlich ausdrücklich geregelten Themenkomplexen abschließen.

Hinweis:
Damit könnte man im Umkehrschluss argumentieren, dass dann zumindest im Rahmen des § 80 Abs. 1 Nr. 16 BPersVG die Erhöhung des Schutzniveaus für die Beschäftigten aufgrund Einigung zwischen Dienststelle und Personalrat möglich sein muss. Der Personalrat muss dann aber – wie der Betriebsrat im Bereich des § 88 BetrVG auch – natürlich solche weitergehenden Ideen der Dienststelle argumentativ »verkaufen« können; gegen den Willen der Dienststelle über das gesetzliche Schutzniveau hinaus zu gehen, dürfte unmöglich sein.

Eine Anhebung des Arbeitsschutzstandards über das gesetzlich normierte Maß im Rahmen einer Dienstvereinbarung wird also nur gelingen, wenn sich der Personalrat im Vorfeld gut vorbereitet, um die Dienststelle durch entsprechende Argumente dazu zu bringen, seinen Vorschlägen zu folgen. Hier kommt wieder die Möglichkeit ins Spiel, sich sämtlicher Erkenntnisquellen des Personalvertretungsgesetzes zu bedienen. Der Personalrat kann also im Vorfeld der Verhandlungen zu solchen Dienstvereinbarungen Schulungen besuchen, Bücher und Zeitschriften lesen und sich gegebenenfalls durch externe Sachverständige nicht nur über die Möglichkeiten des Arbeitsschutzes jenseits der gesetzlichen Grenzen informieren, sondern auch darüber, welche Vorteile solche Möglichkeiten gegebenenfalls für die Dienststelle in der Gesamtbetrachtung hätten.

Praxistipp:
Erfahrungsgemäß ziehen dabei wirtschaftliche Argumente am meisten. Möchte man die Dienststelle also dazu bewegen, etwas zu regeln, wozu es keine gesetzliche Verpflichtung gibt, lohnt es sich meist, vorzurechnen, dass sich durch diese Regelungen unter dem Strich doch Mittel sparen bzw. durch Produktivitätssteigerungen Ressourcen gewinnen lassen.

Bezogen auf das Thema Homeoffice und den Gesundheitsschutz könnte das z. B. heißen, dass man, gestützt auf die wissenschaftlichen Erkennt-

nisse, die nahelegen, dass Beschäftigte im Homeoffice dazu neigen, sich selbst noch mehr auszubeuten, als sie dies in der betrieblichen Arbeitsstätte ohnehin täten, einerseits natürlich auch darüber nachdenkt, durch entsprechende technische Eingriffe, die Zeitspanne, in der Beschäftigte im Homeoffice arbeitstäglich arbeiten können, gegebenenfalls zu beschränken, andererseits aber in der entsprechenden Dienstvereinbarung die Möglichkeit einbaut, dass Beschäftigte sich auf Kosten der Dienststelle entsprechender psychologische Beratungen oder Coachings bedienen können, die ihnen dabei helfen, mit den erhöhten psychischen Anforderungen des Homeoffice ohne gesundheitliche Schäden klarzukommen.
Das Argument, warum die Dienststelle das bezahlen sollte, läge dann in einer entsprechenden und gut aufbereiteten Auswertung, die belegt, dass die geschilderten psychische Belastungen erfahrungsgemäß zu erhöhten Arbeitsunfähigkeitszeiten führen. Die Kosten durch diese zu erwartenden Arbeitsunfähigkeitszeiten und die Folgekosten durch den Ausfall der entsprechenden qualifizierten Beschäftigten, sind den Kosten des Coaching-Angebotes gegenüberzustellen.
Bezüglich Weiterbildung im Bereich Gesundheitsschutz wäre zudem an das Mitbestimmungsrecht gem. § 80 Abs. 1 Nr. 10 BPersVG zu denken.

Rechte zur richtigen Zeit einfordern

Wichtig – gerade auch in Bezug auf das Thema Homeoffice – ist, daran zu denken, dass der Personalrat seine Rechte nicht etwa dadurch verliert, dass die Dienststelle die Rechte des Personalrats ignoriert und vollendete Tatsachen schafft. Ebenso lässt sich daraus ableiten, dass der Personalrat (egal ob ein Vorgängergremium oder auch das aktuell amtierende) entsprechenden Veränderungen erst einmal tatenlos zusieht.
Der Unterrichtungs- und Anhörungsanspruch des Personalrats entsteht ständig neu; ein Verzicht auf Mitwirkungs- und Mitbestimmungsrechte wäre unwirksam. Demnach kann auch der Personalrat, der erst nachdem die ersten Kolleg:innen bereits im Homeoffice arbeiten, davon erfährt, dass dieses Instrument jetzt in der Dienststelle genutzt wird, seine vollen Rechte geltend machen.
Das gleiche gilt natürlich auch für die Gremien, die z. B. in der Situation der Covid-19-Pandemie 2020 die ungeordnete Einführung von Homeoffice aus Praktikabilitätsgründen geduldet und seither das Thema nicht mehr angefasst haben. Auch diese Personalräte können sich jederzeit auf alle in diesem Ratgeber genannten Informations-, Anhörungs- und Mitbestimmungsrechte berufen und den Abschluss einer ordnungsgemäß mitbestimmten Dienstvereinbarung verlangen.

Praxistipp:
Ganz im Gegenteil. Manchmal kann es aus taktischen Gründen für den Personalrat durchaus geschickt sein, das Homeoffice zunächst ohne großes Tamtam einführen zu lassen.

Erinnern wir uns daran: Derzeit hat der Personalrat keine Möglichkeit, die Einführung von Homeoffice per se gegen den Willen der Dienststelle zu erzwingen. Die vielfältigen Rechte des Personalrats greifen so recht erst dann, wenn die Dienststelle Homeoffice selbst einführen möchte bzw. bereits eingeführt hat.
Während also ein Personalrat, der sehr frühzeitig seine Unterrichtungs- und Mitbestimmungsrechte anmahnt, möglicherweise Widerstände provoziert, kann es in der konkreten Situation durchaus sinnvoll sein, die Dienststelle erst mal machen zu lassen und so dann im Nachgang regulierend mit einer entsprechend durchdachten Dienstvereinbarung einzugreifen.

gg. Arbeitszeit

Wichtige Vorüberlegungen

§ 80 Abs. 1 Nr. 1 BPersVG gibt dem Personalrat das Recht, soweit eine gesetzliche oder tarifliche Regelung nicht besteht, Beginn und Ende der täglichen Arbeitszeit einschließlich der Pausen sowie Verteilung der Arbeitszeit auf die einzelnen Wochentage mitzubestimmen.
Ergänzt wird diese Regelung durch **§ 80 Abs. 2 BPersVG**, der festlegt:

»Muss für Gruppen von Beschäftigten die tägliche Arbeitszeit nach Erfordernissen, die die Dienststelle nicht voraussehen kann, unregelmäßig und kurzfristig festgesetzt werden, so beschränkt sich die Mitbestimmung nach Absatz 1 Nummer 1 und 2 auf die Grundsätze für die Aufstellung der Dienstpläne, insbesondere für die Anordnung von Dienstbereitschaft, Mehrarbeit und Überstunden.«

Beachten:
Es gibt verschiedene »Arbeitszeiten«:
- vergütungspflichtige Arbeitszeit
- personalvertretungsrechtliche Arbeitszeit
- Arbeitszeit nach dem Arbeitszeitgesetz (die sich nach er europäischen Arbeitszeitrichtlinie Richtlinie 2003/88/EG richtet)

Der Begriff der personalvertretungsrechtlichen mitbestimmten »Arbeitszeit« muss also eigenständig betrachtet werden. Die personalvertretungsrechtliche Arbeitszeit ist nicht vollständig deckungsgleich mit dem Begriff der vergütungspflichtigen Arbeitszeit, der Arbeitszeit nach dem Arbeitszeitgesetz oder dem nach der europäischen Arbeitszeitrichtlinie Richtlinie 2003/88/EG.

Der Begriff der personalvertretungsrechtlichen »Arbeitszeit« bestimmt sich nach dem Zweck des Mitbestimmungsrechts.[77] Das Mitbestimmungsrecht des Personalrats bei Arbeitszeitregelungen dient – wie das des Betriebsrats – dem Zweck, die Beschäftigten durch Einbringung ihrer Interessen in den Entscheidungsprozess über Beginn und Ende sowie Lage und Dauer der täglichen Arbeitszeit zu schützen. Die Festlegung von Beginn und Ende sowie Lage und Dauer der täglichen Arbeitszeit beinhaltet – unter Berücksichtigung der Wegezeiten – letztlich auch die Festlegung der Zeit, die den Beschäftigten für ihr Privatleben zur Verfügung steht.

Damit gehört zu diesen Interessen:

- die Einhaltung der arbeitszeitrechtlichen Vorschriften
- die Berücksichtigung aller berechtigten Bedürfnisse, z. B.
  - Rücksichtnahme auf zumutbare Verkehrsverbindungen[78]
  - Vereinbarkeit von Familie und Erwerbstätigkeit
  - gesundheitliche Belange bei der Lage und Verteilung der Arbeitszeit, insb. für (schwer-)behinderte Menschen

Der Personalrat darf und muss diese Interessen in den Entscheidungsprozess einführen, damit diese mit den dienstlichen Erfordernissen in Einklang gebracht werden können.[79] Ziel ist der optimale Ausgleich zwischen den persönlichen Belangen der Beschäftigten auf der einen und den dienstlichen Belangen auf der anderen Seite.[80]

Grenze des Mitbestimmungsrechts sind die Fälle, in denen die Dienststelle aufgrund nicht vorhersehbarer Erfordernisse die tägliche Arbeitszeit unregelmäßig und kurzfristig festsetzen muss, insbesondere bei der Anordnung von Dienstbereitschaft, Mehrarbeit und Überstunden.

Nach § 80 Abs. 2 BPersVG ist in derartigen Fällen das Mitbestimmungsrecht auf die Aufstellung von Grundsätzen für Dienstpläne beschränkt. Hier ist allerdings nach streng objektiven Kriterien zu prüfen und in der

77 Vgl. BAG v. 22.10.2019 – 1 ABR 11/18, Rn. 22.

78 Vgl. BVerwG v. 9.10.1991 – 6P 12.90.

79 Vgl. BVerwG v. 20.1.1993 – 6 P18 90.

80 Ebd.

Regel lediglich eine Einschränkung des Mitbestimmungsrechts in Eil- und Notfällen gegeben.

Wichtig:
Auch das Bundesverwaltungsgericht hat mittlerweile die in der Rechtsprechung des Bundesarbeitsgerichts zum Ausdruck kommenden Überlegungen zur Natur der arbeitszeitrechtlichen Mitbestimmung übernommen.[81] Dies kommt unter anderem darin zum Ausdruck, dass die Anordnung von Rufbereitschaft nunmehr auch nach der Rechtsprechung des Bundesverwaltungsgerichts von der Mitbestimmung des Personalrats umfasst wird.

Die Mitbestimmung nach § 80 Abs. 1 Nr. 1 BPersVG bezieht sich auf die Einführung, die Änderung und die Aufhebung von Arbeitszeitregelungen unabhängig davon, ob diese auf Dauer angelegt sind oder nur vorübergehend gelten sollen. Damit unterliegt selbst eine Regelung, die sich nur auf einen einzigen Tag beschränkt, der vollen Mitbestimmung des Personalrats, soweit nicht die Einschränkung nach § 80 Abs. 2 BPersVG greift.[82] Zudem ist zu beachten, dass sich der Regelungsbereich des Mitbestimmungsrechts zwar auf den gesamten Arbeitstag der Beschäftigten erstreckt, es aber durchaus möglich und zulässig ist, dass Dienststelle und Personalrat Regelungen nur für den Teil des Arbeitstages treffen, der aus ihrer Sicht regelungsbedürftig ist.

Beachten:
Auf das Thema Homeoffice bezogen bedeutet das z. B., dass **für Beschäftigte**, die entsprechend tätig sind, **mitbestimmungspflichtig** sind:
- die Festlegung der Zeiten ihrer Erreichbarkeit
- die Festlegung der Einschaltzeit (Betriebszeit) des Computers[83]
- die Festlegung der Anwesenheitszeiten oder -tage in der Dienststelle
- die Folgen einer Anordnung zur Arbeitsleistung in der Dienststelle, trotz vereinbartem Homeoffice

Das Mitbestimmungsrecht bezieht sich also auf die Festlegung des Zeitraums, während dessen die Dienststelle von den Beschäftigten die Erfüllung ihrer vertraglichen Hauptleistungspflichten verlangen und diese sie ihr ggf. mit der Folge des § 293 BGB anbieten können.[84] »Arbeit«

81 Vgl. BVerwG v. 4. 9. 2012 – 6P 10/11.
82 Vgl. BVerwG v. 9. 10. 1991 – 6P 12.90.
83 Altvater-*Berg*, § 75 Rn. 124.
84 Vgl. BAG v. 17. 11. 2015 – 1 ABR 76/13, Rn. 24.

ist dabei eine Tätigkeit, die als solche der Befriedigung eines fremden Bedürfnisses dient.[85]

> **Beachten:**
> Arbeitszeit i.S.v. § 80 Abs. 1 Nr. 1 BPersVG ist also die Zeit, in der die Beschäftigten die geschuldete Arbeitsleistung tatsächlich zu erbringen haben. Wieviel von dieser Zeit die Beschäftigten der Dienststelle schulden, richtet sich nach der vertraglichen oder tarifvertraglichen Vereinbarung und ist der betrieblichen Vereinbarung entzogen.[86]

Anwendung im Desksharing

Dass die Nutzung eines Buchungstools, um für kommende Arbeitstage einen Arbeitsplatz zu buchen, in die mitbestimmte Arbeitszeit fällt, wird soweit ersichtlich in der Praxis nicht in Frage gestellt. Anders sieht es – was Mitbestimmung und vor allem auch was Vergütung angeht – oft bei der täglichen Arbeitsplatzsuche nach dem Prinzip des »Schreibtischtanzes« aus.

Sehen wir uns aber die oben dargestellten Überlegungen an, sollte es eigentlich keine Zweifel mehr geben. Dass Suchen des Arbeitsplatzes ist eine Tätigkeit, »die als solche der Befriedigung eines fremden Bedürfnisses dient«. Es ist der Arbeitgeber, der sich entscheidet, den Beschäftigten keine festen Arbeitsplätze (mehr) zuzuweisen, sondern diese sich regelmäßig selbst geeignete Plätze suchen zu lassen. Die Beschäftigten legen also zur Arbeitsaufnahme im Betrieb innerbetriebliche Wege zum Arbeitsplatz zurück.[87]

Wie lang diese Wege sind, wie lange die Suche dauert, darauf haben die Beschäftigten im Grunde keinen Einfluss. Daher unterliegen die Zeiten der Suche auch voll der betrieblichen Mitbestimmung zur Lage der Arbeitszeit. Dass diese Zeiten zudem in der Regel auch zu vergüten sein werden, haben wir uns an anderer Stelle bereits angesehen.

> **Praxistipp:**
> Das Gremium sollte aber unbedingt darauf achten, ggf. durch entsprechende Anpassung der Dienstvereinbarungen zur Arbeitszeit und / oder in der zum Desksharing diese Grundsätze nochmals unmissverständlich festzuhalten. So kann z.B. die Einführung von Desksharing die Anpassung

85 Vgl. BAG v. 14.11.2006 – 1 ABR 5/06, Rn. 28.
86 Vgl. BAG 22.7.2003 – 1 ABR 28/02.
87 Ebd. Rn. 29.

von pauschal gutgeschriebenen Rüstzeiten, die ursprünglich nur das Hochfahren des Computers abbilden sollten, erforderlich machen.

(Keine) Besonderheiten im Homeoffice

Bezogen auf das Thema Homeoffice ergeben sich im Kern in Bezug auf das Vorstehende weder Einschränkungen noch Besonderheiten. Das bedeutet, dass die bestehenden Dienstvereinbarungen zum Thema Arbeitszeit selbstverständlich auch für die Beschäftigten gelten, die ihre Arbeit ganz oder teilweise im Homeoffice erbringen. Etwas anderes wäre nur dann der Fall, sollten diese Dienstvereinbarungen die Beschäftigten im Homeoffice vom Anwendungsbereich ausnehmen.

Praxistipp:
Wird in einer Dienststelle Homeoffice erstmals eingeführt oder das bisher ungeregelte Homeoffice geregelt, bietet es sich also auf jeden Fall an, alle relevanten Dienstvereinbarungen – in unserem Beispiel also die zum Thema Arbeitszeit, Arbeitszeiterfassung und gegebenenfalls Arbeitszeitkonten – zu durchforsten.

Soweit der Personalrat dabei feststellt, dass das Thema Homeoffice bisher nicht bedacht wurde, ist es also jetzt an der Zeit, darüber nachzudenken, ob die bestehenden Dienstvereinbarungen vollständig geeignet sind, die besondere Problematik des mobilen Arbeitens oder auch der Telearbeit abzubilden.
Wie bei allen anderen Themen auch, bezüglich derer der Personalrat Dinge regeln oder gar verändern möchte, bietet es sich an, die Expert:innen für die praktische Seite des Problems, die **Beschäftigten**, nach ihren bisherigen **Erfahrungen, Eindrücken und Veränderungswünschen zu befragen**.
Aus den Ergebnissen dieser Erfahrungssammlung lassen sich dann gegebenenfalls auch schnell die aktuellen Regelungs- oder Veränderungsbedarfe destillieren.

Grenzen setzen / Gesundheit schützen

Der Personalrat sollte aber auch bei seiner Erfahrungssammlung bedenken, dass gerade in Bezug auf Homeoffice die Mitbestimmungsrechte und Anforderungen an den Personalrat zu den Themenkreisen Arbeitszeit und Arbeits- und Gesundheitsschutz immer Zusammenhang betrachtet werden müssen.

Wie wir im Kapitel zu den wissenschaftlichen Erkenntnissen sehen, ist es einerseits für die Arbeitszufriedenheit und damit auch die psychische Belastung der Beschäftigten essenziell, möglichst autonom und eigenverantwortlich über die Gestaltung ihres Arbeitstages entscheiden zu können und dabei die beruflichen und die privaten Anforderungen möglichst optimal koordinieren zu können. Auf der anderen Seite ist gerade im Homeoffice die Gefahr der entgrenzten Arbeit sehr groß.

> **Beachten:**
> Der Personalrat steht also vor der Herausforderung, einerseits für möglichst viel Flexibilität und Eigenverantwortung für die Beschäftigten zu sorgen, andererseits diese aber auch vor sich selbst bzw. vor überzogenen Anforderungen von Führungskräften, Kolleg:innen oder Kund:innen zu schützen.

Daher wäre eine Dienstvereinbarung, die z. B. nicht dafür sorgt, dass die erforderlichen Ruhezeiten nach § 5 ArbZG eingehalten werden oder die die Grenzen des § 3 ArbZG (jeweils ggf. unter Beachtung der Regelungen nach § 7 ArbZG) überschreitende tägliche Arbeitszeiten zulässt oder gar ausdrücklich verlangt, rechtswidrig und unwirksam.
Die Erfahrung zeigt auch, dass viele Beschäftigte die Erbringung der Arbeitsleistung erst am späteren Abend oder gar in der Nacht, an Sonntagen oder Feiertagen aufgrund familiärer Verpflichtungen zu Tageszeiten an den normalen Wochentagen für praktisch empfinden.
Der Personalrat ist dennoch schon aus gesetzlichen Gründen und eben auch unter dem Aspekt des Gesundheitsschutzes für die Beschäftigten, der den gesetzlichen Beschränkungen der Arbeitszeit ja zugrunde liegt, gehalten, durch geeignete Regelungen dafür zu sorgen, dass die Beschäftigten von diesen Möglichkeiten nur im Rahmen der Grenzen des Arbeitszeitgesetzes, inklusive seiner Ausnahmen und zugehöriger Bestimmungen, Gebrauch machen können und dürfen.

> **Hinweis:**
> Ein weiterer Aspekt, der im Zusammenhang mit Homeoffice geprüft werden sollte, ist die Frage, ob eine eventuell bestehende Regelung zu Kernarbeitszeiten auch auf die Beschäftigten im Homeoffice Anwendung finden soll oder wie diese gegebenenfalls zu modifizieren ist.
> Hierbei ist wiederum daran zu denken, dass es mögliche Reibungsverluste und viel Ärger vermeiden kann, wenn klare und transparente fixe Zeiten vereinbart werden, in denen die Beschäftigten im Homeoffice für Kolleg:innen, Kund:innen und Führungskräfte verlässlich erreichbar sind.

Flexibilität und Autonomie durch Arbeitsplanung

Die in diesem Ratgeber enthaltene Betriebsvereinbarung zum Homeoffice versucht den Zwiespalt zwischen dem Bedürfnis und der Notwendigkeit für die Beschäftigten, ihre Arbeitszeit eigenverantwortlich, flexibel und autonom zu gestalten einerseits und der Notwendigkeit, Arbeitszeiten zu begrenzen und Erreichbarkeiten sicherzustellen, andererseits darüber zu lösen, dass es den Beschäftigten obliegt, innerhalb eines vorgegebenen Rahmens eine Arbeitsplanung abzugeben, die sie unter Berücksichtigung der jeweilig im Planungszeitraum anfallenden betrieblichen und persönlichen Bedürfnisse erstellen können.

Ist diese Arbeitsplanung dann mit der Führungsebene abgestimmt, kann sie entsprechend inner- oder auch außerbetrieblich bekannt gegeben werden, sodass für alle Beteiligten Transparenz besteht und Erreichbarkeiten sichergestellt werden.

Eine Alternative oder Ergänzung kann es zudem sein, über betriebliche Regelungen sicherzustellen, dass die Beschäftigten nur zu bestimmten Zeiten / in bestimmten Umfang überhaupt auf die betrieblichen Systeme zugreifen können.[88]

Familienfreundliche Termine / Meetingzeiten

Ebenso bietet es sich an, wobei dies bei weitem nicht auf Homeoffice-Dienstvereinbarungen beschränkt sein sollte, klar zu regeln, zu welchen Zeiten Meetings, Schulungen oder Besprechungen anfangen dürfen, beziehungsweise bis wann diese spätestens auch beendet sein müssen.

> **Hinweis:**
> Dabei ist darauf zu achten, dass solche Meetings nicht zu früh beginnen und nicht zu spät enden, um den Beschäftigten, die z.B. Kinder in den Kindergarten bringen müssen, oder diese von dort abholen, die Vereinbarkeit ihrer verschiedenen Verpflichtungen zu erleichtern.

In der in diesem Buch abgedruckten Betriebsvereinbarung wird auch geregelt, dass es ausreichend Pausen in der Mittagszeit gibt, damit die Beschäftigte, die von zu Hause aus arbeiten, um dort Kinder oder andere Angehörige zu versorgen, auch Gelegenheit haben, nicht nur selbst zu essen, sondern diese entsprechend mit Mahlzeiten zu versorgen.

---

88 Siehe E-Mail-Nutzung und Internetdienste; Personal- und Dienstvereinbarungen – Analyse und Handlungsempfehlungen; Hans-Böckler-Stiftung – *https://www.boeckler.de/pdf/mbf_bvd_e_mail_nutzung_und_internetdienste.pdf.*

Mehrarbeit / Überstunden

Außerdem sollte sich der Personalrat in seiner Vereinbarung unbedingt dem ansonsten hoch konfliktträchtigen Thema, ob und wann die Beschäftigten Überstunden erbringen bzw. Anspruch auf entsprechende Zuschläge haben, annehmen.

Dabei wird das »Ob« der Überstunden- bzw. Mehrarbeitszuschläge und auch deren Höhe in der Regel für die Mitbestimmung des Personalrats gesperrt sein, da diese Fragen in der Regel abschließend tarifvertraglich geregelt sind (siehe § 8 TVöD).

Allerdings lässt sich in einer Dienstvereinbarung durchaus regeln, ob im Homeoffice im Normalfall überhaupt Mehrarbeits- / oder Überstunden erbracht werden dürfen und wie die Anordnung / Ableistung gegebenenfalls auch so rechtssicher zu dokumentieren ist, dass Streitigkeiten über das Vorliegen der Voraussetzungen für die entsprechende Vergütung von vornherein vermieden werden können.

In der in diesem Buch abgedruckten Vereinbarung wird dies darüber gelöst, dass klargestellt wird, das gegebenenfalls zuschlagpflichtige Überstunden nur dann anfallen, wenn das Überschreiten arbeitstäglichen oder wöchentlichen Arbeitszeit durch die betriebliche Sphäre veranlasst wurde und nicht auf den rein persönlichen Flexibilitätsbedürfnissen der Beschäftigten beruht.

Sichergestellt wird dies damit, dass Arbeitszeit im Grundsatz nur dann als Überstunden (also in der Regel mit Zuschlag) vergütet wird, wenn die Beschäftigten nachweisen können, dass die entsprechende Mehrleistung auch von einer Führungskraft angeordnet war.

Um es hier von vorne rein gar nicht erst zur Beweisschwierigkeiten kommen zu lassen, wird nochmals festgehalten, dass rein mündliche Anordnungen von Führungskräften für die Beschäftigten nicht verbindlich sind, sondern diese das Recht haben, von den Führungskräften, die entsprechende Überstunden anordnen, eine Bestätigung in Textform (sei es E-Mail, sei es eine schriftliche Anordnung oder wie auch immer das üblicherweise betrieblich gehandhabt wird) zu verlangen.

> **Hinweis:**
> Die Begriffe »Überstunde« und »Mehrarbeit« sind leider gesetzlich nicht geregelt. Oft definieren Tarifverträge diese Fragen für ihren Anwendungsbereich, oft werden dann auch nur entweder für Überstunden oder Mehrarbeit Zuschläge gezahlt.

In der Regel wird einer der Tarifverträge für den öffentlichen Dienst in der Dienststelle Anwendung finden.
TVöD und **TV-L** definieren:

§ 7 (6): Mehrarbeit sind die Arbeitsstunden, die Teilzeitbeschäftigte über die vereinbarte regelmäßige Arbeitszeit hinaus bis zur regelmäßigen wöchentlichen Arbeitszeit von Vollbeschäftigten (§ 6 Absatz 1 Satz 1) leisten.
§ 7 (7) Überstunden sind die auf Anordnung des Arbeitgebers geleisteten Arbeitsstunden, die über die im Rahmen der regelmäßigen Arbeitszeit von Vollbeschäftigten (§ 6 Absatz 1) für die Woche dienstplanmäßig beziehungsweise betriebsüblich festgesetzten Arbeitsstunden hinausgehen und nicht bis zum Ende der folgenden Kalenderwoche ausgeglichen werden.

> **Praxistipp:**
> Soweit ein in der Dienststelle anwendbarer TV die Begriffe definiert, sollten die entsprechenden Definitionen auch in den zugehörigen Dienstvereinbarungen übernommen werden, um Verwirrung bei den Rechtsanwender:innen vorzubeugen.

Regelungen zu Arbeitszeitnachweisen
In möglicher Überschneidung mit dem Themenkomplex technische Einrichtungen ist natürlich auch zu regeln, ob und wie die Beschäftigten im Homeoffice ihre Arbeitszeit dokumentieren. In diesem Zusammenhang ist neben § 80 Abs. 1 Nr. 21 BPersVG bei elektronischer Zeiterfassung auch an das Mitbestimmungsrecht gem. § 80 Abs. 1 Nr. 18 BPersVG zu denken.
Für die Einführung von klassischen Stechuhren[89] oder Anwesenheitskontrollen bei Gleitzeit[90] wurde dies vom BAG zur inhaltsgleichen Vorschrift im § 87 Abs. 1 Nr. 1 BetrVG schon vor Jahrzehnten anerkannt. Leider hat das BVerwG sich dieser Auffassung noch nicht anschließen können.[91]
In der Regel wird es aber ohnehin in der Dienststelle bereits eine Dienstvereinbarung zur Arbeitszeiterfassung geben. Hier gilt dann wieder das oben Gesagte. Soweit diese Dienstvereinbarung Beschäftigte im Homeoffice nicht vom Anwendungsbereich aus nimmt, sind diese davon ohnehin erfasst.

89 Vgl. BAG v. 18.7.1978 – 1 ABR 80/75.
90 Vgl. BAG v. 25.5.1982 – 1 AZR 1073/79, ab6 P 3/87.
91 Vgl. BVerwG v. 13.8.1992 – 6 P 20/91; v. 13.8.1992 – 6 P 3/87.

Praxistipp:
Für die Betriebsverfassung wurde vom LAG München im Jahr 2023 sogar ein Initiativrecht des Betriebsrates bestätigt, mit dem dieser den Arbeitgeber dazu zwingen kann, in Verhandlungen über eine geeignete Art der Arbeitszeiterfassung einzutreten.[92] Meiner Meinung nach lässt sich diese Entscheidung vollständig auf das System des BPersVG übertragen. Der Personalrat hat demnach ein Initiativrecht zur Ausgestaltung der Arbeitszeiterfassung nach § 80 Abs. 1 Nr. 16 BPersVG mit Stufenvertretungsverfahren und Einigungsstelle.

Sollte es sich bei der Art der Arbeitszeiterfassung noch um eine klassische Form von Stechuhr oder ähnlichem handeln, gibt es beim mobilen Arbeiten natürlich ein Problem. Die Beschäftigten arbeiten ja von wechselnden Orten oder von zu Hause und haben daher nicht die Möglichkeit ihren Chip an einen Kasten im Eingangsbereich zu halten, tatsächlich eine Lochkarte in irgendeinen Kasten im Umkleidebereich zu stecken oder ähnliche Gerätschaften zu bedienen, die sich im Bereich der betrieblichen Arbeitsstätte befinden.

Hinweis:
In diesen und in allen anderen Fällen, in denen die bisherige betriebliche Zeiterfassung die Notwendigkeiten des Homeoffice nicht abbildet, bedarf es daher unbedingt einer eigenständigen auf diese Problematik zugeschnittenen Regelung.

In vielen Betrieben wird die Zeiterfassung aber wohl insbesondere für Bürotätigkeiten mittlerweile ohnehin durch das Einloggen in ein über den PC etc. erreichbares Zeiterfassungssystem geregelt, was problemlos auch im Homeoffice nutzbar sein sollte.
Lässt sich aktuell keine brauchbare systembasierte Lösung finden, bietet sich im Zweifel die gute alte Excel-Liste an, in der die Beschäftigten Beginn und Ende ihrer Arbeitszeit, Pausen nach Arbeitszeitgesetz und andere Unterbrechungen entsprechend dokumentieren können. Im Interesse der vereinfachten Auswertbarkeit sollte hier eine Vorlage entwickelt und mittels Dienstvereinbarung entsprechend vorgegeben werden, die von

92 Siehe dazu ausführlich: LAG München v. 22.5.2023 – 4 TaBV 24/23; diese Überlegungen gelten jedenfalls, solange der Gesetzgeber keine weitergehenden Regelungen zu diesen Fragen erlässt, die über die zum Zeitpunkt der Entscheidung bestehende Gesetzlage hinausgehen.

allen Beschäftigten genutzt werden kann und dann auch genutzt werden muss.
Dabei empfiehlt es sich, nicht nur Spalten für Beginn und Ende der Arbeitszeit und die Pausen nach Arbeitszeitgesetz vorzusehen. Die Erfahrung zeigt, dass es nicht nur um Homeoffice, da aber besonders häufig, vorkommt, dass Beschäftigte dienstliche Tätigkeiten für private Verrichtungen unterbrechen müssen.
Diese Unterbrechungen können z. B. durch Rauchpausen bedingt sein, zu deren Zweck nach Dienstvereinbarung auszustempeln ist, im Homeoffice klingelt ständig der Paketbote oder die Kinder haben Probleme usw.
Ebenso kann es sein, dass Beschäftigte Gleitzeitvereinbarungen oder ähnliche Regelungen nutzen, um zwischendrin Einkäufe zu erledigen, Arzttermine wahrzunehmen oder auch einer zulässigen Nebentätigkeit nachzugehen.
All diese Unterbrechungen sollten die Beschäftigten problemlos in der vorgegebenen Excel-Tabelle angeben können, um von vornherein den Vorwurf des Arbeitszeitbetrugs ausschließen zu können. Leicht erreichen lässt sich dies z. B., indem man ein paar Spalten vorsieht, in denen die Beschäftigten die Möglichkeit haben Beginn und Ende von Unterbrechungen, soweit erforderlich auch deren Grund, in einer Bemerkungen-spalte anzugeben und dann z. B. nur die Summe der wegen der Unterbrechungen an diesem Tag nicht geleisteten Arbeitszeit in Abzug zu bringen. So bleibt die Tabelle übersichtlich, aber die Beschäftigten können alle erforderlichen Angaben machen.
Nicht nur für Beschäftigte im Homeoffice ist es dabei wichtig, dass ihre selbst erstellten Arbeitszeitaufzeichnungen zeitnah von den Führungskräften überprüft und entsprechend abgezeichnet werden. Für die Beschäftigten im Homeoffice ist dies deshalb umso wichtiger, weil im Gegensatz zur Arbeit in der Dienststelle, in der es eine grundsätzliche rechtliche Vermutung dafür gibt, dass eine anwesende Beschäftigte auch Arbeitsleistung erbringt, diese Vermutung im Homeoffice nicht greift. Hier bleibt es im Streitfall vor Gericht dabei, dass die Beschäftigten, die behaupten, sie hätten die geschuldete Arbeit verrichtet, die Darlegungs- und Beweislast für diese Vergütungsvoraussetzung tragen.
Ausgehend von den Vorschriften des allgemeinen Schuldrechts i. V. m. § 614 BGB gilt im Arbeitsverhältnis der Grundsatz »Ohne Arbeit kein Lohn«. Verlangt der Arbeitnehmer gemäß § 611 BGB Arbeitsvergütung für Arbeitsleistungen, hat er deshalb darzulegen und – im Bestreitensfall – zu beweisen, dass er Arbeit verrichtet oder einer der Tatbestände vorgelegen hat, der eine Vergütungspflicht ohne Arbeit regelt. Gelingt dem Arbeitnehmer die Darlegung und im Fall substantiierten Bestreitens

der Beweis nicht, muss er das Risiko des Prozessverlustes tragen, wenn sich die sein Begehren tragenden Tatsachen nicht feststellen lassen. Denn die Beweislast für die anspruchsbegründenden Tatsachen trägt, wer den Anspruch erhebt.[93]
Haben die Beschäftigten nun also nur ihre eigenen Arbeitszeitaufzeichnungen vorzuweisen, so haben diese bestenfalls Indiz- aber keinen Beweiswert. Kommt es zum Streit über die Richtigkeit der Tabellen gegebenenfalls erst nach Monaten oder Jahren, wird es den Beschäftigten kaum noch gelingen, tatsächlich zu beweisen, dass sie zu den aufgeführten Zeiten auch Arbeitsleistung erbracht haben.
Deshalb ist es wichtig, dass die Selbstaufschriebe der Beschäftigten jeweils zeitnah von den Führungskräften auf Plausibilität geprüft und entsprechend abgezeichnet werden. Gibt es dann klärungsbedürftige Fragen, ist bei allen Beteiligten die Erinnerung noch frisch. Arbeitsergebnisse, wie z. B. E-Mails oder Dokumente noch leicht zu beschaffen oder Kolleg:innen, die sich an Besprechungen erinnern können, noch leicht verfügbar.

> **Hinweis:**
> In der diesem Ratgeber abgedruckten Betriebsvereinbarung ist deshalb dieser Problematik durch ein entsprechendes Klärungsverfahren Rechnung getragen. Soweit sich eine entsprechend weitgehende Regelung in der Dienststelle nicht umsetzen lässt, ist jedenfalls darauf zu achten, dass insbesondere Selbstaufschriebe der Beschäftigten zeitnah geprüft und verbindlich abgezeichnet bzw. Unklarheiten umgehend der Klärung zugeführt werden.

hh. Dienstreisen und Wegezeiten

Wie bereits erläutert: »Arbeit« ist eine Tätigkeit, die als solche der Befriedigung eines fremden Bedürfnisses dient.[94]
Wegezeiten sind (nur dann) Arbeitszeit, wenn sie als zeitliche Komponente von der Dienststelle vorgegeben werden. Dies ist immer dann der Fall, wenn die Beschäftigten zur Arbeitsaufnahme in der Dienststelle innerbetriebliche Wege zum Arbeitsplatz zurücklegen müssen oder wenn sie ausgehend von der Dienststelle auswärtige Arbeitsstätten oder Kunden aufzusuchen haben.[95]

93 Vgl. BAG v. 18.4.2012 – 5 AZR 248/11, Rn. 13.
94 Vgl. BAG v. 14.11.2006 – 1 ABR 5/06, Rn. 28.
95 Ebd. Rn. 29.

Eine Dienstreise ist die Fahrt einer Arbeitnehmerin an einen Ort außerhalb der regulären Arbeitsstätte, an dem sie ein Dienstgeschäft zu erledigen hat (also wo sie eine Arbeitsleistung erbringen soll).[96]
Da demnach eine solche Reise nicht dem eigenen Antrieb der Beschäftigten entspringt, sondern auf Grund der Anordnung des Arbeitgebers, die vertraglich geschuldete Arbeit an einem bestimmten Ort zu erbringen, erfolgt, wird mit der Reise eine Vorgabe (oder eben ein »Bedürfnis«) des Arbeitgebers erfüllt. Nach entsprechenden Klarstellungen seitens des EuGH und Entscheidungen zur Vergütungspflicht des BAG ist demnach (nun zumindest im Bereich der Betriebsverfassung) auch die Anordnung einer Dienstreise, während derer Beschäftigte keine Arbeitsleistungen zu erbringen haben, unter das Mitbestimmungsrecht nach § 87 Abs. 1 Nr. 2 oder Nr. 3 BetrVG fassen.[97]
In sachgerechter Auslegung der § 80 Abs. 1 Nr. 1 BPersVG wird man entsprechend dieses Mitbestimmungsrecht auch dem Personalrat zuerkennen müssen.

Fahrten zwischen Homeoffice und betrieblicher Arbeitsstätte
Der Arbeitsweg (also die Fahrten von Beschäftigten von zu Hause zur Arbeit und zurück) ist grundsätzlich nicht der Arbeitszeit zuzurechnen. Das gilt für die Arbeitszeit im Sinne des Arbeitszeitgesetzes ebenso wie für die Frage, ob diesbezüglich ein Mitbestimmungsrecht des Personalrats in Frage kommt. Das Gleiche gilt natürlich, wenn die Beschäftigten den Arbeitsweg gar nicht zu Hause beginnen, sondern z. B. bei Freunden übernachtet haben und von dort zur Arbeit fahren. Stellt die Dienststelle den Beschäftigten frei, wo sie ihre Arbeitsleistung erbringen, ändert sich an dieser Überlegung ebenfalls nichts.

> **Beachten:**
> Der Weg vom aktuellen Aufenthaltsort an den Ort der Erbringung der Arbeitsleistung zur Aufnahme der Arbeitstätigkeit unterfällt grundsätzlich nicht der Arbeitszeit. Dabei spielt es keine Rolle, ob die Beschäftigten überhaupt oder gar auf Anweisung der Dienststelle Arbeitsmittel mit sich führen, ohne die sie ihre vertragsgemäße Arbeitsleistung nicht erbringen können.

Der Umstand, dass der Laptop – oder auch der ganze »Bürokoffer« von der betrieblichen mit in die mobile Arbeitsstätte oder zwischen den ver-

96 Vgl. BAG v. 14.11.2006 – 1 ABR 5/06.
97 vgl. DKW-*Klebe*, § 87 BetrVG Rn. 83.

schiedenen Arbeitsorten transportiert werden muss, weil ansonsten eine Arbeitsleistung am »neuen« Arbeitsort gar nicht möglich wäre, lässt diese Wegezeiten dennoch nicht in die Mitbestimmung des Personalrats fallen.[98] **Etwas anderes** gilt nur dann, wenn dieser Weg der Befriedigung eines ausschließlich fremden Bedürfnisses (der Dienststelle) dient und den Beschäftigten aufgrund des arbeitsvertraglichen Direktionsrechts abverlangt wird.[99]

Vor dem Hintergrund dieser Überlegung steht der **Weg zwischen Homeoffice und Dienststelle** dann dem Kundenbesuch oder den Besuch der auswärtigen Arbeitsstätte dann gleich, wenn er **nicht im Eigeninteresse der Beschäftigten, sondern im Interesse der Dienststelle** liegt.

Das wiederum ist z. B. der Fall, wenn Beschäftigte an Tagen oder zu Zeiten, an denen sie berechtigt sind, ihre Arbeitsleistung im Homeoffice zu erbringen doch (noch, nochmals) im Interesse der Dienststelle / auf entsprechende Anweisung in die Dienststelle kommen müssen. In diesen Fällen liegt der Weg nicht in ihrem eigenen Interesse. Sie können und dürfen ihre Arbeitsleitung im Homeoffice anbieten. Nimmt die Dienststelle die Arbeitsleistung dort nicht an, kommt es zu Annahmeverzug und die Zeit muss dennoch vergütet werden (§ 615 BGB). Der Weg liegt also ausschließlich im Interesse der Dienststelle, die die Arbeitsleistung im Homeoffice nun doch nicht haben will, stattdessen aber an einem anderen Ort. Deshalb handelt es sich in diesen Fällen um personalvertretungsrechtliche / mitbestimmungspflichtige Arbeitszeit, jedenfalls soweit kein (Eil-/Not-)Fall im Sinne des § 80 Abs. 2 BPersVG vorliegt.

Beispiel:
Arbeitnehmer Karl ist berechtigt, an Freitagen im Homeoffice zu arbeiten. Freitag um 11:00 Uhr fällt der Führungskraft ein, dass Karl ganz dringend um 13:00 Uhr in der Dienststelle sein muss, weil da ein wichtiger Kunde zum Gespräch kommt, was sie leider vergessen hat, mit Karl abzustimmen. Karl hat vereinbarungsgemäß Homeoffice. Er ist berechtigt, seine Arbeitsleistung von zu Hause aus zu erbringen, er ist dort arbeitsfähig und -willig. Wird ihm nun angewiesen, dennoch »im übergeordneten Interesse« am Dienstsitz zu erscheinen, so dient die Fahrt nicht seinem Interesse (»ich muss zur Arbeit, um Geld zu verdienen«), sondern dem Interesse der vergesslichen Führungskraft (»Karl muss beim Gespräch anwesend sein, sonst hat ja niemand Ahnung von der Materie«). Die Wegezeit ist demnach personalvertretungsrechtliche / mitbestimmungspflichtige Arbeitszeit (und soweit nicht anders vereinbart, vergütungspflichtig).

98 Vgl. BAG v. 22. 10. 2019 – 1 ABR 11/18.
99 Vgl. LAG Berlin-Brandenburg v. 2. 10. 2020 – 13 Sa 1593/19, Rn. 135.

Vergisst Karl aus unserem Beispiel aber am Donnerstag den Laptop mitzunehmen, den er im Homeoffice braucht, dann ist er am Freitag im Homeoffice vielleicht arbeitswillig, auf Grund eigenen Verschuldens aber nicht arbeitsfähig. In dem Fall dient die Fahrt ins Büro, um den Laptop zu holen, seinem Eigeninteresse, Arbeitsleistung anbieten zu können, um Vergütung zu erhalten. Also wäre diese Fahrt keine personalvertretungsrechtliche / mitbestimmungspflichtige Arbeitszeit.

Mit diesen Überlegungen im Kopf lässt sich auch folgendes Problem lösen: Beschäftigte habe das Recht oder die Pflicht, an einem bestimmten Arbeitstag in der Dienststelle zu arbeiten. Das Desksharing-Konzept war aber nicht ausreichend durchdacht; vor Ort angekommen stellt sich heraus, es ist kein adäquater Arbeitsplatz verfügbar.
Fahren diese Beschäftigten nun wieder zurück ins Homeoffice, ist diese Fahrt nicht in ihrem eigenen Interesse (sie könnten ebenso gut in der Dienststelle warten, ob die Dienststellenleitung eine Lösung findet bzw. bis die Arbeitszeit rum ist). Die Fahrt ist im Interesse des Arbeitgebers, der nun möchte, dass sie doch lieber von zu Hause aus arbeiten. Deshalb ist die erforderliche Fahrtzeit vorbehaltlich anderer, z. B. tariflicher Regelungen, Arbeitszeit in jeder Hinsicht, inkl. der Vergütungspflicht.

Praxistipp:
Solange diese Fragestellung nicht auch eindeutig höchstrichterlich in diesem Sinne entschieden wurde, bietet es sich zur Sicherung der Beschäftigten an, diese Regelung in der Dienstvereinbarung nochmals ausdrücklich festzuhalten.

ii. Leistungs- und Verhaltenskontrolle

§ 80 Abs. 1 Nr. 21 BPersVG regelt die Befugnisse des Personalrats – wieder soweit eine gesetzliche oder tarifliche Regelung nicht besteht –, die Einführung und Anwendung von technischen Einrichtungen, die dazu bestimmt sind, das Verhalten oder die Leistung der Arbeitnehmer zu überwachen, mitzubestimmen.
Das BVerwG misst in seinen Entscheidungen zu § 80 Abs. 1 Nr. 21 BPersVG in den vergangenen Jahren der von der modernen Technik in immer stärker werdendem Maße ausgehenden Gefahr der Beeinträchtigung der Persönlichkeitsrechte der Beschäftigten, vor allem des Rechts auf informationelle Selbstbestimmung, immer größere Bedeutung zu.
Erkennbar ist dies auch an der zunehmenden Aufgabe der bisherigen, den Anwendungsbereich der Mitbestimmung eng ansehenden, Auffassungen.

Hinweis:
Deshalb ist nunmehr auch anerkannt, dass der Personalrat ein Initiativrecht dahingehend hat, die Reduzierung des Überwachungsdrucks auf die Beschäftigten durch tiefgreifende Änderungen in eine bereits bestehende Anlage, die zur Überwachung eingesetzt wird, zu verlangen.[100]

Gerade im Homeoffice ist die Arbeitsleistung in der Regel ohne die Nutzung entsprechender technischer Einrichtungen kaum denkbar. Beim Thema Desksharing ist es meist das Buchungstool, dem besondere Aufmerksamkeit gewidmet werden muss. Soweit also in der Dienststelle zu diesem Thema nicht bereits umfassende Dienstvereinbarungen gelten, ist es die Aufgabe des Personalrats, an dieser Stelle sorgfältig zu prüfen, welche Soft- und Hardware für die Arbeit im Homeoffice eingesetzt wird und inwieweit diese zur Überwachung der Beschäftigten einsetzbar wäre. Hierfür kann der Personalrat wieder das gesamte Instrumentarium des Personalvertretungsgesetzes nutzen. Beginnend mit seinem allgemeinen Auskunfts- und Unterrichtungsanspruch nach § 66 Abs. 1 BPersVG, über die Nutzung sachkundiger Auskunftspersonen in der Dienststelle, den Besuch von Schulungen (§ 54 Abs. 1 BPersVG)und die Lektüre von Fachliteratur bis zur Hinzuziehung externer Sachverständiger (§ 46 BPersVG) werden die Grenzen der Möglichkeiten des Personalrats nur durch das Gebot der Erforderlichkeit entsprechender Aufwendungen / die sparsame Mittelverwendung für seine Arbeit begrenzt.
Hat der Personalrat unter Nutzung all seiner Möglichkeiten eine klare Vorstellung, welche technischen Einrichtungen zum Einsatz kommen, und welche Gefahren diese bezüglich Verhaltens- und Leistungskontrolle für die Beschäftigten beinhalten, kann er sein Mitbestimmungsrecht nutzen, um diesen Gefahren qualifiziert zu begegnen.
In diesem Zusammenhang ist auch an die Gefahren **nichttechnischer Leistungskontrollen** zu denken. Zwar unterliegen Leistungskontrollen nichttechnischer Art im Vorfeld von Beurteilungen nicht der Mitbestimmung (z. B. Beobachtungen). Sobald jedoch die Ergebnisse dieser Kontrollen edv-technisch ausgewertet werden (§ 80 Abs. 1 Nr. 21 BPersVG) oder die Auswertung mit einer Bewertung der Beschäftigten verbunden wird (§ 80 Abs. 1 Nr. 11 BPersVG), greifen wieder Mitbestimmungstatbestände.
Die nichttechnisch durchgeführte Leistungskontrolle, die der Gewinnung von Beurteilungsgrundlagen dient oder mit einer Beurteilung in einem engen sachlichen oder zeitlichen Zusammenhang steht, ist als diese vor-

100 Vgl. BVerwG v. 29. 9. 2004 – 6 P 4.04.

bereitende Handlung somit bereits mitbestimmungspflichtig. Zudem gibt es gute Argumente, nichttechnische Überwachungen der Beschäftigten als Maßnahmen der Ordnung und des Verhaltens gem. § 80 Abs. 1 Nr. 18 BPersVG der Mitbestimmung zu unterwerfen.[101]

jj. Entlohnungsgrundsätze / leistungsbezogenes Entgelt

Denkbar ist auch ein Mitbestimmungsrecht des Personalrats aus § 80 Abs. 1 Nr. 8 BPersVG.

Unter den bekannten Einschränkungen – soweit also eine gesetzliche oder tarifliche Regelung nicht besteht – hat der Personalrat nach Nr. 8 in Fragen der betrieblichen Lohngestaltung, insbesondere die Aufstellung von Entlohnungsgrundsätzen und die Einführung und Anwendung von neuen Entlohnungsmethoden und deren Änderung sowie bei der Festsetzung der Akkord- und Prämiensätze und vergleichbarer leistungsbezogener Entgelte, einschließlich der Geldfaktoren, mitzubestimmen.

Regelt also ein Tarifvertrag hier nicht abschließend und werden durch die Arbeit im Homeoffice die Entlohnungsgrundsätze berührt oder aber z. B. leistungsbezogene Entgelte vereinbart, ist die volle Mitbestimmung des Personalrats gegeben.

Im Anwendungsbereich von TVÖD und TV-L erscheint das diesbezügliche Mitbestimmungsrecht allerdings versperrt.

Etwas anderes gilt in Bezug auf das Desksharing und die Möglichkeit, dass die Beschäftigten ihre Zeit statt zur Erfüllung der eigentlichen Arbeitsaufgaben und ggf. ihrer Zielvorgaben damit verbringen müssen, einen adäquaten Arbeitsplatz zu suchen oder sich einen solchen ergonomisch etc. einzurichten / am Abend wieder frei zu räumen. Diese Konstellation ist bisher in den Tarifverträgen des öffentlichen Dienstes, soweit erkennbar, nicht abgebildet. Daher kann und sollte für diese Problematik auch entsprechend mitbestimmt Vorsorge getroffen werden.

kk. Ordnung und Verhalten

Soweit eine gesetzliche oder tarifliche Regelung nicht besteht, hat der Personalrat auch in Fragen der Ordnung der Dienststelle und des Verhaltens der Beschäftigten ein Mitbestimmungsrecht gem. § 80 Abs. 1 Nr. 18 BPersVG.

Das Mitbestimmungsrecht umfasst alle Maßnahmen der Dienststelle, die auf die Ordnung in der Dienststelle zielen. Deshalb fallen auch sämtliche Regelungen über den Umgang mit Arbeitsmitteln, z. B. private Nutzung von dienstlichen Laptops, unter die Mitbestimmung des Personalrats.

---

101 Altvater-*Berg*, § 75 Rn. 243.

Damit ist z. B. auch eine Clean Desk Policy (also die Verpflichtung, keine privaten Gegenstände mit an den Arbeitsplatz zu bringen oder den Arbeitsplatz am Ende eines jeden Arbeitstages zu räumen) mitbestimmungspflichtig.

II. Personalplanung / Stellenbesetzung

Gem. § 87 Abs. 1 BPersVG ist der Personalrat vor der Weiterleitung von Personalanforderungen zu hören.

Ein dem § 92 Abs. 2 BetrVG entsprechendes Recht, Vorschläge für die Einführung einer Personalplanung und ihre Durchführung machen, enthält das BPersVG zwar nicht; aber ein Personalrat, der diesbezüglich Gesprächsbedarf sieht, kann seine Vorschläge auf § 62 Nr. 1 BPersVG stützen.

Zur Begründung lässt sich anführen, dass zur Personalplanung nicht nur das rein betriebswirtschaftliche bzw. haushaltstaktische Zahlenspiel, auf wie wenige Schultern sich wieviel Arbeit verteilen lässt, bevor die Beschäftigten so schnell zusammenbrechen, dass die Kosten den Nutzen der Arbeitsverdichtung übersteigen, gehört. Auch das Ziel, die Arbeit menschengerecht zu gestalten, gehört zu einer guten Personalplanung.

Die betriebliche Personalplanung soll **im Spannungsfeld der unternehmerischen Aufgaben und der Leistungsanforderungen** einerseits **und den Interessen und Bedürfnissen der Beschäftigten** andererseits eine **optimale Entfaltung und Motivation der Beschäftigten** ermöglichen.[102]

Demnach dient eine gute Personalplanung den Interessen der Dienststelle und der Beschäftigten. Zu den Aufgaben des Personalrats gehört es nun wiederum, Maßnahmen, die der Dienststelle und ihren Angehörigen dienen, zu beantragen, womit sich der Kreis zu § 62 Nr. 1 BPersVG schließt.

Zu den **Aufgaben des Personalrats** gehört es zudem

- § 62 Nr. 4 BPersVG, der Benachteiligung von Menschen mit Behinderungen entgegenzuwirken sowie die Inklusion und Teilhabe behinderter Menschen zu fördern, insbesondere die Eingliederung und berufliche Entwicklung schwerbehinderter und ihnen gleichgestellter Beschäftigter und sonstiger besonders schutzbedürftiger, insbesondere älterer Beschäftigter zu fördern sowie Maßnahmen zur beruflichen Förderung schwerbehinderter und ihnen gleichgestellter Beschäftigter zu beantragen;
- § 62 Nr. 5 BPersVG, die Durchsetzung der tatsächlichen Gleichstellung von Frauen und Männern zu fördern sowie Benachteiligungen von Menschen, die sich keinem dieser Geschlechter zuordnen, entgegen-

102 DKW-*Homburg*, § 92 Rn. 1, m. w. N.

zuwirken, insbesondere bei der Einstellung, Beschäftigung, Aus-, Fort- und Weiterbildung und dem beruflichen Aufstieg, zu fördern;

- § 62 Nr. 6 BPersVG, die Vereinbarkeit von Familie, Pflege und Beruf zu fördern;
- § 62 Nr. 7 BPersVG, die Integration ausländischer Beschäftigter in die Dienststelle und das Verständnis zwischen ihnen und den deutschen Beschäftigten zu fördern sowie Maßnahmen zur Bekämpfung gruppenbezogener Menschenfeindlichkeit in der Dienststelle zu beantragen.

Beachten:
In diesem Sinne findet sich auch hier ein zusätzlicher Hebel für den Personalrat, um sich nicht nur für die Einführung von Homeoffice, sondern auch für eine Ausgestaltung dieses Instrumentes stark zu machen, das dann tatsächlich zu einer Verbesserung der Möglichkeiten der Beschäftigten, berufliche Tätigkeit und private Anforderungen ohne Raubbau an der eigenen Gesundheit vereinbaren zu können, führt.

Inhaltlich sei hier vor allem auf das Kapitel zu den wissenschaftlichen Erkenntnissen rund ums Homeoffice verwiesen.
Der Personalrat kann daher unter Verweis auf § 62 BPersVG der Dienststelle Vorschläge zur Verbesserung des Arbeitsklimas, zur Sicherung und Förderung der Beschäftigung der oben genannten Personenkreise und besseren Vereinbarkeit von familiären und beruflichen Aufgaben machen. Diese können insbesondere eine flexible Gestaltung der Arbeitszeit, die Förderung von Teilzeitarbeit und Altersteilzeit, neue Formen der Arbeitsorganisation, Änderungen der Arbeitsverfahren und Arbeitsabläufe, die Qualifizierung der Arbeitnehmer, Alternativen zur Ausgliederung von Arbeit oder ihrer Vergabe an andere Stellen zum Gegenstand haben. Die Dienststelle hat die Vorschläge mit dem Personalrat zu beraten (§ 65 Satz 3 BPersVG).

Hinweis:
Durch entsprechende Rechtsprechungsänderung zum inhaltsgleichen früheren § 75 Abs. 3 Nr. 14 BPersVG a. F. geklärt ist nunmehr auch die früher umstrittene Frage, ob § 78 Abs. 1 Nr. 12 BPersVG ein Recht des Personalrats enthält, zu verlangen, dass Arbeitsplätze, die besetzt werden sollen, allgemein oder für bestimmte Arten von Tätigkeiten vor ihrer Besetzung ausgeschrieben werden.[103]

---

103 Vgl. BVerwG v. 9. 1. 2007 – 6 P 6.06.

Soweit also Homeoffice-Stellen – dabei wird es sich dann wohl um echte Telearbeitsplätze handeln – zu besetzen sind, kann der Personalrat ggf. eine entsprechende interne Ausschreibung verlangen.
In vielen Ratgebern zum Themenbereich mobiles Arbeiten / Telearbeit / Homeoffice wird geraten, der Arbeitgeber solle die Zuweisung / den Entzug von Homeoffice-Tätigkeiten ggf. von der Erfüllung besonderer Leistungen / dem Vorhandensein besonderer Fähigkeiten abhängig machen.

- Verwiesen werden dabei auf Anforderungen, wie z. B.
- Selbstdisziplin und Eigenverantwortung
- gutes Zeitmanagement
- Konzentrationsfähigkeit
- Selbstorganisation und -motivation
- Belastbarkeit
- Flexibilität im Denken und Handeln
- Kommunikationsfähigkeit
- professionelles Auftreten
- Fähigkeit zur Beziehungspflege
- gute Kenntnisse der Unternehmens- und Personalabläufe
- für die Beschäftigten soll es selbstverständlich sein, proaktiv Kontakt zum Unternehmen aufrecht zu erhalten.

Diese Aufzählung ist nur eine Auswahl, der Adjektive und Schlagworte, die in den einschlägigen Ratgebern, Artikeln und Vereinbarungen zum Thema als absolut notwendig vorausgesetzt werden, um Beschäftigten das Privileg der Arbeit im Homeoffice angedeihen lassen zu können.
Eine Dienststelle, die auch nur einen kleinen Teil dieser wunderbaren Eigenschaften verlangen möchte, um die Arbeit im Homeoffice zu gestatten, wird irgendeine Form von Abfrage (Personalfragebogen) oder Einschätzung von Führungskräften (Beurteilungsgrundsätze) benötigen. In diesen Fällen wird dann also auch wieder § 80 Abs. 1 Nr. 11, Nr. 15 BPersVG einschlägig. Personalfragebogen bedürfen der Zustimmung des Personalrats. Das gleiche gilt für die Aufstellung von Beurteilungsrichtlinien.

mm. (Weiter-)Bildung und Qualifizierung

Unter der bekannten Einschränkung, dass es eine gesetzliche oder tarifliche Regelung, die die Materie abschließend regelt, nicht gibt, hat der Personalrat das Recht, gegebenenfalls durch Abschluss von Dienstvereinbarungen, mitzubestimmen in folgenden Punkten:

- Durchführung der Berufsausbildung bei Arbeitnehmern (§ 80 Abs. 1 Nr. 9 BPersVG)

- allgemeine Fragen der Fortbildung der Beschäftigten (§ 80 Abs. 1 Nr. 10 BPersVG)
- Auswahl der Teilnehmer an Fortbildungsveranstaltungen (§ 78 Abs. 1 Nr. 13 BPersVG).

Unter »Berufsausbildung« i. S. d. § 80 Abs. 1 Nr. 9 BPersVG ist dabei die Erstausbildung in den für eine bestimmte Tätigkeit erforderlichen Fachkenntnissen zu verstehen bzw. die berufliche Umschulung, die zu einer anderen beruflichen Tätigkeit befähigen soll. Für unser Thema wird dieser Punkt also der Regel kaum eine Rolle spielen.

Der Begriff der »Fortbildung« i. S. d. § 80 Abs. 1 Nr. 10 BPersVG ist deckungsgleich mit »Weiterbildung«. Hier geht es primär um die berufliche Fortbildung, aber auch um die politische und allgemeine Weiterbildung, soweit eine solche von der Dienststelle angeboten wird.[104]

Ziel der Fortbildung ist der Erwerb zusätzlicher Qualifikationen. Das betrifft nach der Rechtsprechung des BVerwG[105] »*alle Maßnahmen, die an den vorhandenen Wissensgrundstock anknüpfen, fachliche und berufliche Kenntnisse vertiefen und aktualisieren und die ein Mehr an Kenntnissen vermitteln, als für den Eintritt in die Laufbahn bzw. für die Befähigung zur Ausübung der dem Beschäftigten übertragenen Arbeit erforderlich ist.*«

Fortbildung ist für die Beschäftigten also Grundlage für den Erhalt, ggf. die Verbesserung beruflicher Perspektiven.

Unter die Mitbestimmung nach § 80 Abs. 1 Nr. 10 BPersVG fällt demnach auch

- die Planung des Fortbildungsangebots der Dienststelle einschließlich der Entscheidung
  - über die Inanspruchnahme externer Fortbildungsangebote, z. B. von Bildungsträgern oder Verwaltungsakademien
- die Festlegung von
  - Teilnehmerzahlen
  - Teilnehmerkreis
  - Auswahlkriterien für die Teilnahme.

Unter § 80 Abs. 1 Nr. 10 BPersVG fällt zwar **nicht** die Auswahl der Teilnehmer für die jeweilige Fortbildungsveranstaltung. Allerdings ist dies Inhalt der Mitbestimmungsrechte nach § 78 Abs. 1 Nr. 13 BPersVG (Auswahl der Teilnehmer an Fortbildungsveranstaltungen).

Ebenfalls nicht der Mitbestimmung unterliegen die Gestaltung der Fortbildungsmaßnahmen im konkreten Einzelfall und die Einweisung von Beschäftigten in neue technische Systeme oder in neue Tätigkeiten.

---

104 Altvater-*Baden*, § 76 Rn. 110.

105 Vgl. BVerwG v. 17. 10. 2002 – 6 P 3/02.

Der Personalrat hat mit den vorgestellten Regelungen also sehr weitgehende Möglichkeiten, dafür zur sorgen, dass möglichst alle Beschäftigte die für die Arbeit im Homeoffice oder im Desksharing erforderlichen Kenntnisse und Fertigkeiten erwerben und aktuell halten können, unabhängig davon, ob es sich um Kenntnisse im

- technischen
- fachlichen
- datenschutzrechtlichen
- ergonomischen
- oder einem anderen Bereich mit beruflichem Bezug handelt.

Zudem ist es Aufgabe des Personalrats, unter Nutzung dieser Instrumente dafür zu sorgen, dass auch die Beschäftigten, die bereits im Homeoffice tätig sind, weiterhin in vollem Umfang und ohne Benachteiligung gegenüber den anderen Beschäftigten an beruflichen Qualifizierungsmaßnahmen partizipieren können.

IX. Vereinbarungen zu Homeoffice und Desksharing – Arbeitshilfen

1. Wichtige Hinweise zur Verwendung

Die nachstehende Vereinbarung zum Homeoffice ist kein Muster.
Ich rate ohnehin immer zur Vorsicht, wenn ich um eine Muster-BV gebeten werde. Was soll das denn sein? Eine Vereinbarung, die in irgendeinem Betrieb schon in Kraft ist und sich dort bewährt? Nun, dann heißt das noch nicht, dass sie in einem anderen Betrieb, der ja kein Klon des »Musterbetriebes« sein wird, auch funktioniert.
Außerdem sind Verhandlungen in der Praxis meist Geschäfte aus Fordern, Geben und Nehmen. Wenn Sie nun also mit einem BV-Entwurf in die Verhandlungen gehen, der woanders schon gelebt wird, dann wird in Ihrer Vereinbarung am Ende der Verhandlungen erfahrungsgemäß nicht mehr viel von dem drinstehen, was diese BV im anderen Betrieb auch für die Beschäftigten attraktiv macht.
Also: Will man verhandeln, muss man auch die andere Seite einschätzen. Hat man es da mit vernünftigen Menschen zu tun, die guten Argumenten zugänglich sind, dann vertut man mit überzogenen Forderungen nur Zeit und Energie. Hat man es aber mit kurzsichtigen Kennzahlfetischist:innen zu tun, die Verhandlungen nach dem sogenannten Basar-Prinzip führen, dann muss die Forderung deutlich höher sein als das angestrebte Ergebnis. Sie kennen Ihre betrieblichen Gegenspieler:innen – stellen Sie Ihre Verhandlungstaktik und -strategie darauf ein!
Die im folgenden abgedruckte Vereinbarung zum Homeoffice soll, ebenso wie die Eckpunkte zum Desksharing, dazu anregen, einen eigenen Entwurf zu entwickeln.[1]
Dabei ist es nicht Ihre Aufgabe als Betriebs- oder Personalräte, diesen Entwurf so zu formulieren, dass er im Streitfall vom Gericht auch so ausgelegt wird, wie er gedacht war.

---

1 Lassen Sie sich gern auch von Wolfgang Däubler inspirieren: Mobile Arbeit: Dienstvereinbarung mit Hinweisen, Der Personalrat 1/22 *https://www.bund-verlag.de/bundonline/modul/1726!69208/inhalt/1726!55129_archive/zeitschrift/396!5469/asset/150!134627/position/_*

Das Ausformulieren können Sie (wie übrigens auch die Überprüfung eines Arbeitgeberentwurfs) Ihren juristischen Berater:innen überlassen.[2] Ihre Aufgabe als Gremium ist es zu überlegen, welche der angesprochenen Punkte für Ihren Betrieb / Ihre Dienststelle relevant sind. Sie sollten überlegen, was bei Ihnen vielleicht noch zusätzlich geregelt werden sollte, hier aber nicht vorkommt, und wie weitgehend Rechte und Möglichkeiten der Beschäftigten nach Meinung des Gremiums sein sollen. Nutzen Sie vor allem die Argumente des Arbeits- und Gesundheitsschutzes; holen Sie sich dazu ggf. auch Unterstützung ins Haus.
Zerbrechen Sie sich auch den Kopf der Gegenseite! Nicht, um Selbstzensur zu üben, streichen werden die dann von ganz allein. Wichtig ist aber zu überlegen, welche Punkte aus welchen Gründen zum Problem gemacht werden können und sich argumentativ entsprechend vorzubereiten. Das gilt auch für Sollbruchstellen (wo können wir nachgeben, was können wir anbieten) und Haltelinien (wenn wir das nicht bekommen, gib es keine Einigung).
Ich werbe für die Haltung: Wir unterschreiben nur Vereinbarungen, die wir auch mit gutem Gewissen mittragen können. Faule Kompromisse fallen dem Gremium immer auf die Füße. Wenn man Gutes nicht erreichen kann, dann ist es meiner Meinung nach besser, den Kolleg:innen zu erklären, woran das lag, was sie ggf. tun können, damit es beim nächsten Mal besser läuft, als sich eine miese Vereinbarung zu eigen zu machen. In Fällen erzwingbarer Mitbestimmung entscheidet notfalls die Einigungsstelle. Das lässt sich den Kolleg:innen oft besser erklären als die Unterschrift des Gremiums unter einer schlechten Lösung.

2. Betriebs- oder Dienstvereinbarung

Diese Frage hängt natürlich von der Rechtsgrundlage ab, auf der Sie agieren (müssen). Aber leider ist das eben nicht nur eine Frage des Begriffes. Da die Rechtsgrundlagen nicht identisch sind, kann ein Betriebs-

2 Soweit im Gremium nicht ohnehin fachlich einschlägig qualifizierte Jurist:innen sitzen (und unter Umständen sogar dann), wird die Hinzuziehung externer qualifizierter juristischer Unterstützung in der Regel erforderlich sein, um juristisch haltbare Formulierungen zu finden bzw. die Vorschläge von Arbeitgeberjurist:innen zu prüfen. Damit sind die Kosten für diesen externen Beistand je nach Situation gem. §§ 40 oder 80 Abs. 3 BetrVG / § 46 Abs. 1 BPersVG vom Arbeitgeber/der Dienststelle zu tragen.

rat manches vereinbaren oder gar durchsetzen, was ein Personalrat nicht kann (in seltenen Fällen auch andersrum). Im Bereich der Personalvertretung gibt es sogar 17 unterschiedliche Regelungen zu beachten und die Mitarbeitervertretungen müssen noch einmal ganz besonders genau prüfen, welche Anregungen sie übernehmen und was sie abändern müssen.

Vor allem die nachstehende durchgeschriebene Vereinbarung zum Homeoffice enthält viel »Wünsch Dir was« – also Anregungen, was aus meiner Sicht gut für Betrieb und Beschäftigte wäre. Der Betriebsrat hat (erzielbares Einvernehmen mit dem Arbeitgeber vorausgesetzt) wegen § 88 BetrVG und gerade im Arbeits- und Gesundheitsschutz die rechtlich gesicherte Möglichkeit, in Betriebsvereinbarungen auch Angelegenheiten zu regeln, in denen die Betriebsverfassung ihm keine erzwingbare Mitbestimmung gibt.

Der Personalrat ist hier eingeschränkter in seinen Möglichkeiten. Es macht aus meiner Sicht dennoch Sinn, wenn auch die Personalrät:innen, zumal die nach den Landesgesetzen, die zum Teil wieder weitergehende Möglichkeiten haben, auch die nachstehende Vereinbarung zum Homeoffice durcharbeiten und sich genauso anregen lassen, wie ich das oben beschreibe.

Gleiches gilt für Betriebs- und Personalrät:innen bezogen auf die ebenfalls im Folgenden abgedruckten Eckpunkte für eine Dienstvereinbarung zum Desksharing.

Auch hier soll wieder zum Mit- und Selbstdenken angeregt werden. Vieles, was sich in der Homeofficevereinbarung findet, könnte man auch zum Desksharing verwenden – die nachstehenden weiteren allgemeinen Überlegungen gelten sowieso immer.

Sollte man dann vielleicht nur EINE Vereinbarung im Betrieb abschließen, in der Homeoffice und Desksharing gemeinsam und umfassend geregelt werden? Nun, dass kann im Einzelfall einmal sinnvoll sein; generell würde ich davon abraten. Werden die Themen zeitgleich angegangen und verhandelt oder hat man zu einem der Themen schon eine gute Vereinbarung, kann es sich u. U. anbieten, auf die passenden Passagen Bezug zu nehmen. »All in one« dürfte aber meist zu unübersichtlich werden bzw. macht natürlich auch ggf. später auftretenden (Teil-)Kündigungsbedarf schwieriger umsetzbar.

3. Nachwirkung

Die Nachwirkung ist – auch mit Blick auf das Vorstehende – immer der letzte Punkt, über den ich mir Gedanken machen und verhandeln möchte. Zunächst muss man sich klarmachen, was Nachwirkung ist bzw. wie diese gesetzlich geregelt ist.
In den Fällen erzwingbarer Mitbestimmung haben Betriebsvereinbarungen Nachwirkung, freiwillige Vereinbarungen wirken nicht nach. Nachwirkung bedeutet, die Vereinbarung wirkt trotz Ablauf der Kündigungsfrist oder ihrer Befristung gemäß § 77 Abs. 6 BetrVG weiter, »bis sie durch eine andere Abmachung ersetzt« wird.
Die Nachwirkung beeinflusst also die Verhandlungsposition beim nächsten Mal ganz entscheidend. Haben (aus Sicht der Beschäftigten faule) Kompromisse auch noch Nachwirkung, kann der Arbeitgeber viel entspannter auf Zeit spielen – diese Position hat er dann schon mal relativ sicher. Gibt es keine neue Lösung, gilt die schlechte »ewig«. Hat der Betriebsrat dagegen etwas Gutes erreicht, wäre es natürlich toll, wenn diese Lösung dann die oben beschriebene Wirkung hätte, auch wenn die zugrundeliegende Vereinbarung gekündigt ist.
Spannend wird das Ganze noch zusätzlich dadurch, dass (ohne besondere Regelung von Gesetzes wegen) nicht ganze Betriebsvereinbarungen nachwirken oder nicht nachwirken. Die Nachwirkung haben nur die Regelungen, die Tatbestände erzwingbarer Mitbestimmung regeln. Eine Betriebsvereinbarung ist aber oft (die hier abgedruckte ist es ganz gewiss) eine Mischung aus erzwingbaren und freiwilligen Regelungen.
Ohne eine ausdrückliche Vereinbarung der Nachwirkung der ganzen BV (oder deren Ausschluss) würde dann nach Ablauf der Kündigungsfrist ggf. ein Flickwerk mit Nachwirkung zurückbleiben, mit dem keiner so Recht etwas anfangen kann. In dieser Überlegung wiederum steckt dann auch das Argumentationspotential, die Nachwirkung für die ganze BV zu vereinbaren, auch wenn nur Teile davon erzwingbar wären. Oder aber, wenn die Kröte doch gerade noch klein genug war, um sie zu schlucken, wenigstens die Nachwirkung auszuschließen, um bei späterer Gelegenheit hoffentlich mit besseren Ausgangspositionen von Null auf neu zu verhandeln.
Für Dienstvereinbarungen nach BPersVG gibt es zwar keine ausdrückliche Regelung wie den § 77 Abs. 6 BetrVG, es wurde aber zumindest bis zur Neufassung des BPersVG überwiegend angenommen, dass jedenfalls in den Angelegenheiten, in denen dem Personalrat ein uneingeschränktes Initiativrecht nach § 70 Abs. 1 BPersVG a. F. zusteht, Nachwirkung gegeben ist. Diese Überlegungen lassen sich auch auf den jetzigen Stand mit § 77 Abs. 2 BPersVG übertragen. Es schadet deshalb keineswegs, wenn

der Personalrat die gleichen Überlegungen anstellt, die ich eben für den Betriebsrat erläutert habe.

4. Beendigung der Vereinbarung

Gemäß **§ 77 Abs. 5 BetrVG** können Betriebsvereinbarungen, soweit nichts anderes vereinbart ist, mit einer Frist von drei Monaten gekündigt werden.

Demnach ist die Vereinbarung anderer Lösungen aber zulässig, das heißt, eine **BV kann befristet werden** und endet dann automatisch mit Fristablauf, die **Kündigungsfrist** kann **aber auch länger oder kürzer vereinbart** werden als 3 Monate.

Beendigungsmöglichkeiten und Nachwirkung der Vereinbarung müssen immer im Zusammenhang gesehen und bedacht werden, daher gelten die oben angestellten Überlegungen hier auch.

Das **BPersVG** enthält **keine Regelung zur Kündigung von Dienstvereinbarungen**. Dennoch **können** entsprechende Regelungen **mit der Dienststelle vereinbart** werden, was in der Regel auch sinnvoll sein dürfte.

Nachwirkung und Beendigung sind mit dem Vorstehenden natürlich nur angerissen, nicht umfassend erklärt und behandelt. Leser:innen, die mit diesen wichtigen Überlegungen noch nicht in der Tiefe vertraut sind, rate ich, sich die Angebote der geeigneten Bildungsträger zu diesen Themen anzusehen und sich in Theorie und praktischen Übungen einzuarbeiten.

5. Arbeitshilfe Betriebsvereinbarung Homeoffice

Vereinbarung zur Regelung von Rahmenbedingungen für die Erbringung von Arbeitsleistungen außerhalb der Betriebsstätte

zwischen

der Betriebsrat der MusterGmbH, Niederlassung Musterstadt, vertreten durch den Vorsitz, Aisha Powerfrau (im Folgenden Betriebsrat)

und der

MusterGmbH, Niederlassung Musterstadt, vertreten durch die Geschäftsführung (im Folgenden Arbeitgeberin)

wird folgende Vereinbarung geschlossen:

ggf. Präambel (Anlass; Ziele)

[hier ist Gelegenheit, Anlass und Ziele, die mit der Vereinbarung erreicht werden sollen, näher zu beschreiben. Der Betriebsrat sollte dem Text der Präambel, falls eine solche vereinbart wird, unbedingt ausreichend Aufmerksamkeit widmen.
Wichtig ist, dass die Ziele nicht nur die Unternehmens- / Dienstelleninteressen widerspiegeln, sondern auch die Interessen der Beschäftigten ausreichend Raum finden. Die Präambel dient im Falle späterer Auseinandersetzungen um Inhalte / Bedeutung von Passagen oder Lücken im Text der Vereinbarung den Gerichten als »Taschenlampe«.
Unter anderen im Lichte der in der Präambel niedergelegten Absichten und Ziele ist die Vereinbarung auszulegen. Deshalb müssen die im Interesse der Beschäftigten zu beachtenden Punkte mit dem Strahl dieser Taschenlampe auch zu sehen sein.]

1. Geltungsbereich

a. Räumlich

Diese Vereinbarung gilt für die Niederlassung Musterstadt.

b. Persönlich

Diese Vereinbarung gilt für alle Arbeitnehmer:innen im Sinne des § 5 Abs. 1 BetrVG, mit Ausnahme der Leitenden Angestellten im Sinne des § 5 Abs. 3 BetrVG.
Damit gilt diese Vereinbarung ausdrücklich auch für Leiharbeitnehmer:innen und die zu ihrer Berufsausbildung Beschäftigten, wobei den Besonderheiten der Berufsausbildung bei der Anwendung Rechnung zu tragen ist.

c. Zeitlich

Diese Vereinbarung gilt ab dem DATUM und kann frühestens zum DATUM mit einer Frist von 3 Monaten gekündigt werden.
Soweit mit Ablauf der Kündigungsfrist noch keine ersetzende Vereinbarung zustande gekommen ist, haben sämtliche Bestimmungen dieser Vereinbarung vollumfänglich Nachwirkung / keine Nachwirkung.

2. Gegenstand und Grundsätze

Gegenstand dieser Vereinbarung sind Rahmenbedingungen für die Einrichtung, Nutzung und Auflösung einer außerbetrieblichen Arbeitsstätte.
Soweit Beschäftigte bei Abschluss dieser Vereinbarung bereits im Homeoffice tätig sind, haben diese Anspruch auf Anpassung ihrer Vertragsbedingungen entsprechend den Regelungen dieser Vereinbarung. Bestehende Regelungen (sei es ausdrücklicher, sei es konkludenter Natur), die Beschäftigte besserstellen als die Regelungen dieser Vereinbarung, gelten unverändert fort.
Die Betriebsparteien sind sich einig, dass Beschäftigten mit Tätigkeiten in der außerbetrieblichen Arbeitsstätte keine Nachteile gegenüber den Beschäftig-

ten, die ihre vertraglich geschuldeten Tätigkeiten im Betrieb des Unternehmens (betriebliche Arbeitsstätte) erbringen, entstehen dürfen.
Die Erbringung der Arbeitsleistung im Homeoffice soll grundsätzlich nur maximal die Hälfte der geschuldeten monatlichen Arbeitszeit umfassen. Ausweitungen bis hin zur vollständigen Erbringung der Arbeitsleistung im Homeoffice sind in begründeten Fällen, z.B. zur Erfüllung familiärer Aufgaben, während Fort- und Weiterbildungen, möglich.
Bei Abschluss dieser Vereinbarung gibt es keine grundsätzliche gesetzliche Grundlage für einen Rechtsanspruch auf Homeoffice. Ebenso besteht für den Betrieb keine tarifvertragliche Regelung, die den Beschäftigten Rechtsansprüche auf die Erbringung ihrer Arbeitsleistung aus dem Homeoffice verschafft. Falls nach Abschluss dieser Vereinbarung diesbezügliche Grundlagen geschaffen werden, sollen die Regelungen dieser Vereinbarung soweit rechtlich zulässig eigenständig weitergelten.[3] Die Betriebsparteien werden in diesem Fall prüfen, ob Anpassungen dieser Vereinbarung erforderlich sind. Soweit hierzu kein Einvernehmen hergestellt werden kann, entscheidet die Einigungsstelle (siehe dazu 13. »Konfliktlösungsverfahren«).

3. Begriffsbestimmungen

a. Beschäftigte

Als Beschäftigte im Sinne dieser Vereinbarung werden – soweit im Einzelnen nichts anderes geregelt ist – die im persönlichen Anwendungsbereich dieser Vereinbarung unterworfenen Personen bezeichnet.

b. Telearbeit

Telearbeit ist die in § 2 Abs. 7 ArbStättV geregelte Arbeit am fest eingerichteten Bildschirmarbeitsplatz im Privatbereich der Beschäftigten.

c. Mobiles Arbeiten

Mobiles Arbeiten umschreibt die im Rahmen der tarifvertraglichen bzw. individuellen regelmäßigen Arbeitszeit zu erbringende Arbeitsleistung an Orten außerhalb der betrieblichen Arbeitsstätte bzw. der betrieblich veranlassten Arbeitsorte (außerbetriebliche Arbeitsorte / -stätte), wenn Arbeitsinhalte ausgeführt werden, die üblicherweise an der Betriebsstätte erbracht werden, aber auch außerhalb erbracht werden können.

d. Homeoffice

Unter Homeoffice im Sinne dieser Vereinbarung ist sowohl die Telearbeit als auch das mobile Arbeiten zu verstehen, soweit Beschäftigte ihre sich aus dem

3 Ggf. entsprechend anpassen, wenn es bei Abschluss der Vereinbarung ein »Homeoffice-Gesetz« gibt bzw. im Betrieb eine tarifvertragliche Regelung Anwendung findet, die das Thema (teilweise) behandelt.

Anstellungsvertrag ergebenden Verpflichtungen zur Erbringung einer Arbeitsleistung ganz oder zeitweise in außerbetrieblichen Arbeitsstätten erfüllen.

e. Individuelle Homeoffice-Vereinbarung
Die individuelle Homeoffice-Vereinbarung ist der Zusatzvertrag zum geltenden Arbeitsvertrag der Beschäftigten, denen die Teilnahme am Homeoffice genehmigt wurde.

4. Teilnahme am Homeoffice
Alle Beschäftigten haben das Recht, sich um die Teilnahme am Homeoffice nach dieser Vereinbarung zu bewerben. Die Bewerbung ist freiwillig und an die Personalabteilung zu richten.[4]
Im Antrag haben die Beschäftigten ihre Wünsche zu Beginn, bei zeitlicher Befristung auch das gewünschte Ende, zu Umfang und Verteilung der Homeoffice-Zeit mitzuteilen. Zudem ist das gewünschte Modell (Telearbeit oder mobiles Arbeiten) mitzuteilen.
Beschäftigte mit Homeoffice-Vereinbarung haben das Recht, diese jederzeit ohne Angabe von Gründen wieder zu kündigen. Die Arbeitgeberin kann sich das Recht zum Widerruf der Homeoffice-Genehmigung gemäß dieser Vereinbarung vorbehalten.
Mit Ablauf der Kündigungs- / bzw. Widerrufsfrist dürfen und müssen die Beschäftigten ihre Arbeitsleistung wieder vollständig in der betrieblichen Arbeitsstätte erbringen. Soweit ihnen während der Laufzeit der Homeoffice-Vereinbarung ein solcher Arbeitsplatz nicht oder nicht für die volle vertragliche Arbeitszeit zur Verfügung stand, ist ihnen mit Ablauf der Frist ein dem vor Beginn des Homeoffice zugewiesenem Arbeitsplatz mindestens gleichwertiger zuzuweisen. Beschäftigten, die von Beginn ihres Arbeitsverhältnisses an vollständig im Homeoffice gearbeitet haben, ist beim Wechsel in die betriebliche Arbeitsstätte ein möglichst wohnortnaher adäquater Arbeitsplatz anzubieten.

5. Homeoffice – Eignung von Arbeitsplätzen / Genehmigungsverfahren
Die Betriebsparteien sind sich darüber einig, dass grundsätzlich jeder Arbeitsplatz als für das Homeoffice geeignet angesehen wird.
[ggf. davon ausgenommen sind folgende Betriebsteile / Abteilungen / Positionen, hinsichtlich derer sich die Betriebsparteien einig sind, dass die dort ausgeübten Tätigkeiten vollständig ungeeignet für die Erbringung der Arbeitsleistung an außerbetrieblichen Arbeitsorten sind: … Beschäftigte, die in den genannten Bereichen eingesetzt sind, haben das Recht, sich dennoch um die Teilnahme am Homeoffice zu bewerben, sofern sie ein nachvollziehbares Konzept zur Organisation der Erbringung ihrer vertraglichen Arbeitsleistung unter

4 Ggf. zudem regeln, dass und wie die Personalabteilung die betroffenen Führungskräfte informiert. Alternative z. B.: Der Antrag ist bei der betreffenden Führungskraft zu stellen und von dieser mit einer befürwortenden oder ablehnenden Stellungnahme versehen an die Personalabteilung weiterzuleiten.

den von ihnen gewünschten Bedingungen vorlegen. Dazu können sie sich analog § 85 BetrVG bei dem Betriebsrat beschweren. Soweit der Betriebsrat die Beschwerde für berechtigt erachtet, findet das Verfahren des § 85 BetrVG analog Anwendung.]

Soweit dem Antrag der Beschäftigten keine dringenden betrieblichen Gründe entgegenstehen, ist dem Antrag innerhalb 4 Wochen nach Eingang stattzugeben. Bestehen Ablehnungsgründe nur bezüglich änderbaren Teilen des Antrags (z.B. Modell, Umfang oder Verteilung) so ist den Beschäftigten spätestens mit der Ablehnung ein genehmigungsfähiger Änderungsvorschlag zu unterbreiten.

Falls die Arbeitgeberin dringende betriebliche Gründe hat, Anträgen der Beschäftigten nicht oder nicht vollständig zustimmen zu können, teilt sie dies dem Betriebsrat und den betreffenden Beschäftigten unverzüglich, spätestens 4 Wochen nach Zugang des Antrags, schriftlich unter vollständiger und abschließender Angabe der Gründe mit.

Geht den Beschäftigten eine begründete ablehnende Mitteilung nicht innerhalb 4 Wochen nach Antragstellung zu, gilt der Antrag der Beschäftigten als genehmigt; die Arbeitgeberin soll die Beschäftigten jedoch auch schriftlich über die Genehmigung informieren.

Stimmt der Betriebsrat der Einschätzung der Arbeitgeberin bzgl. der entgegenstehenden dringenden betrieblichen Gründe hinsichtlich des Antrages auf Homeoffice zu, ist die Arbeitgeberin aus innerbetrieblicher Sicht zur Ablehnung des Antrages berechtigt. Ein weitergehender Anspruch auf gerichtliche Überprüfung der Antragsablehnung soll mit dieser Vereinbarung in Fällen der übereinstimmenden Beurteilung von Arbeitgeberin und Betriebsrat nicht geschaffen werden.

Stimmt der Betriebsrat der Einschätzung der Arbeitgeberin bzgl. der entgegenstehenden dringenden betrieblichen Gründe für bestimmte Teilaspekte des Antrags der Beschäftigten zu, wirkt er auf ein Einigungsgespräch zwischen Beschäftigten und Arbeitgeberin hinsichtlich der Neuverteilung der Arbeitszeit hin. An diesem Gespräch ist ein Mitglied des Betriebsrats zu beteiligen.

Kommt dieses Gespräch ohne hinreichende Gründe seitens der Arbeitgeberin nicht innerhalb von 2 Wochen zustande, bzw. bleibt es ergebnislos, ist der Betriebsrat berechtigt, die in dieser Vereinbarung unter Punkt 13 geregelte Einigungsstelle anzurufen.

Stimmt der Betriebsrat der Einschätzung der Arbeitgeberin bzgl. der Ablehnung des Homeoffice-Antrages nicht bzw. nicht innerhalb einer Woche zu, gilt der Arbeitsplatz als für das Homeoffice geeignet und der Antrag der Beschäftigten als bewilligt, sofern nicht die Arbeitgeberin innerhalb X Tagen nach Fristablauf bzw. schriftlicher Mitteilung der Nichtzustimmung die Einigungsstelle anruft und den / die Antragsteller:in hierüber schriftlich und unter Mitteilung der Rechtsfolgen in Kenntnis setzt.

Die diesbezügliche Anrufung der Einigungsstelle mit gleichzeitiger Mitteilung an den/die Antragsteller:in gilt als vorläufige Ablehnung des Homeoffice-

Begehrens und ist dem Betriebsrat und dem/der Antragsteller:in unverzüglich, spätestens eine Woche nach Fristablauf bzw. der Entscheidung mitzuteilen.
Die im Einigungsstellenverfahren gefundene Regelung oder der Spruch der Einigungsstelle entscheidet verbindlich darüber, ob der konkrete Arbeitsplatz zum konkreten Zeitpunkt betrieblich als für das Homeoffice im gewählten Modell geeignet angesehen wird bzw. ob und ggf. wie das Homeoffice-Begehren der Beschäftigten anderweitig ermöglicht werden kann.
Die Arbeitgeberin ist verpflichtet, diese Entscheidung umzusetzen und den / der Antragsteller:in innerhalb 2 Wochen nach Abschluss des Einigungsstellenverfahrens endgültig schriftlich über die Genehmigung / Ablehnung des Homeoffice-Begehrens zu unterrichten.
Soweit der Homeoffice-Antrag sich (auch ggf. auch vorsorglich) auf eine gesetzliche oder tarifliche Möglichkeit, eine entsprechende Vertragsänderung zu verlangen, bezog, steht den Beschäftigten nach Zugang einer vorläufigen Ablehnung (siehe oben) der Rechtsweg offen; gleiches gilt in diesen Fällen bei ablehnender oder modifizierender Entscheidung in der oder durch die Einigungsstelle.
Die Betriebsparteien sind sich darüber hinaus einig, dass Betriebsratstätigkeiten grundsätzlich als homeoffice-geeignet angesehen werden; Betriebsratsmitgliedern steht demnach der Abschluss von Homeoffice-Vereinbarungen nach den Regelungen dieser Vereinbarung offen.
Betriebsratsmitgliedern, die nicht nach § 38 BetrVG (teil-)freigestellt sind, steht es zudem frei, im Ehrenamt anfallende Bürotätigkeiten, wie z. B. Recherche, Lektüre Fachliteratur, Vor- / Nachbereitung Seminare etc., nach eigenem Ermessen im Homeoffice durchzuführen, soweit dadurch keine zusätzlichen Kosten entstehen.[5]

6. Auswirkungen des Homeoffice auf den Vertragsinhalt / die Vertragsdurchführung

Die Teilnahme am Homeoffice hat grds. keine Auswirkung auf den Tätigkeitsbereich bzw. betrieblichen Arbeitsplatz der Beschäftigten.
Sollten sich die Arbeitsvertragsparteien bei Abschluss der Homeoffice-Vereinbarung auf arbeitsvertragliche oder tatsächliche Veränderungen bzgl. Tätigkeitsbereich / betrieblichem Arbeitsplatz, Vergütung etc. geeinigt haben, so sind mit Ende der Homeoffice-Vereinbarung die ursprünglichen Bedingungen wieder herzustellen; die Beschäftigten kehren an den ursprünglichen, soweit dies objektiv unmöglich ist, einen mindestens gleichwertigen betrieblichen Arbeitsplatz zurück.
Die Beschäftigten können längstens 3 Monate, spätestens 4 Wochen vor Ende der Homeoffice-Vereinbarung schriftlich gegenüber der Arbeitgeberin

---

5 Der Betriebsrat darf aber nicht vollständig im Homeoffice »verschwinden«. Siehe dazu Kapitel X. Betriebliche Interessenvertretung in Homeoffice und Desksharing.

erklären, dass und welche der geänderten Bedingungen wie z.B. Aufgabenzuschnitt / Arbeitszeit inkl. -verteilung sie auch nach vollständiger Rückkehr in die betriebliche Arbeitsstätte beibehalten wollen.
In diesem Fall bleiben die während des Homeoffice geänderten Bedingungen im von den Beschäftigten gewünschten Umfang auch nach vollständiger Rückkehr in die betriebliche Arbeitsstätte Inhalt des Arbeitsverhältnisses, wenn die Arbeitgeberin nicht nachweist, dass dem im Einzelnen dringende betriebliche Gründe entgegenstehen.

7. Modelle

a. Telearbeit

Die Teilnahme am Modell Telearbeit setzt die grundsätzliche Bereitschaft der Beschäftigten voraus, die Arbeitsleistung verbindlich an bestimmten – in der individuellen Homeoffice-Vereinbarung festgelegten – Tagen vom Telearbeitsplatz aus zu erbringen.
Beschäftigte, die sich für das Modell Telearbeit entscheiden, verpflichten sich, für die Einrichtung der außerbetrieblichen Arbeitsstätte einen Raum zur Verfügung zu stellen, der für einen dauernden Aufenthalt sowie für die Aufgabenerledigung unter Berücksichtigung der Anforderungen des Arbeits- und Gesundheitsschutzes geeignet ist. Dieser Raum kann, muss sich aber nicht zwingend, im Wohnbereich der Beschäftigten befinden.
Die vorstehenden Voraussetzungen sind mit Antragstellung in geeigneter Weise darzulegen (Grundriss / Skizze / Fotos oder ähnliches). Soweit die Darstellung der Beschäftigten im Antrag zur abschließenden Beurteilung nicht ausreicht, ist ihnen unter konkreter Darlegung des erforderlichen Informationsbedarfs Gelegenheit zur Nachbesserung binnen einer Woche zu geben. Sollten danach immer noch Zweifel / Unklarheiten bzgl. der Geeignetheit des betreffenden Arbeitsraumes bestehen, ist den Beschäftigten eine Begehung vor Ort nach Terminvereinbarung anzubieten. An der Terminvereinbarung und Begehung nimmt ein Mitglied des Betriebsrats teil, soweit nicht die Beschäftigten der Teilnahme dem Betriebsrat widersprechen. Seitens der Arbeitgeberin dürfen maximal drei geeignete Personen (in der Regel Fachkraft Arbeitssicherheit, unmittelbare Führungskraft der Beschäftigten, eine Vertretung Personalabteilung) an der Begehung teilnehmen.
Die Antragsablehnungsfrist ruht, vom Zugang des Besichtigungsangebotes bei den Beschäftigten bis zwei Arbeitstage nach dem Besichtigungstermin.
Soweit während des Laufs der Telearbeitsvereinbarung weitere Besichtigungen erforderlich sind, gilt das oben genannte entsprechend. Bei Uneinigkeit zwischen Beschäftigten und Arbeitgeberin über die Erforderlichkeit des Betretens können die Beschäftigten sich gemäß § 85 BetrVG bei dem Betriebsrat beschweren. Soweit der Betriebsrat die Beschwerde für berechtigt erachtet, findet das Verfahren des § 85 BetrVG Anwendung.

b. Mobiles Arbeiten

Beschäftigte, die sich für das mobile Arbeiten entscheiden, sind – vorbehaltlich etwaiger in ihrer individuellen Homeoffice-Vereinbarung vereinbarter Einschränkungen, siehe nachstehend – frei, an welchem Ort sie ihre jeweilige Arbeitsleistung erbringen.
Bei Vorliegen sachlicher Gründe können jedoch bestimmte Orte als Leistungserbringungsorte ausgeschlossen oder eingeschränkt werden.
[ENTWEDER:
Sofern hierzu keine Einigung zwischen Beschäftigten und Arbeitgeberin erzielt werden kann, gilt das bzgl. der Genehmigung von Homeoffice beschriebene Konfliktlösungsverfahren entsprechend.
ODER:
Die möglichen Einschränkungen können auch bereits in der Betriebsvereinbarung, ggf. als Anlage oder in der Muster-Homeoffice-Vereinbarung geregelt werden.]
Beschäftigte, die am Modell mobiles Arbeiten teilnehmen, reichen eine
ENTWEDER / ODER: wöchentliche / zweiwöchentliche / monatliche
Arbeitsplanung bei der jeweiligen Führungskraft ein. Diese Planung muss bis jeweils spätestens X Wochentage vor Beginn des Planungszeitraumes zugegangen sein. Die Führungskraft hat eventuelle Einwendungen / Änderungswünsche, die die An- bzw. Abwesenheitszeiten in der betrieblichen Arbeitsstätte betreffen, unverzüglich an die Beschäftigten mitzuteilen. Gehen den Beschäftigten spätestens Y Wochentage vor Beginn des Planungszeitraumes keine konkreten Änderungsvorschläge zu, gilt die Arbeitsplanung als genehmigt.
Die Einwendungen können sich dabei nur auf die geplanten Arbeitsinhalte und die Verteilung der mobilen Arbeitszeit im Planungszeitraum beziehen.
Gegenstand der Einwendungen der Führungskraft kann nicht der Umfang der geplanten mobilen Arbeit im Planungszeitraum sein, soweit dieser den in der individuellen Homeoffice-Vereinbarung geregelten Maximalumfang nicht überschreitet. Den Beschäftigten steht zudem die Erbringung der Arbeitsleistung in der betrieblichen Arbeitsstätte statt in mobilem Arbeiten jederzeit frei.
Kann zwischen Beschäftigten und Führungskraft kein Einvernehmen hinsichtlich der Arbeitsplanung erzielt werden, entscheidet im konkreten Streitfall die nächst höhere betriebliche Führungskraft verbindlich. Bei Konflikten bzgl. der Verteilung der mobilen Arbeitszeit im Planungszeitraum haben Beschäftigte in diesen Fällen jedoch die Möglichkeit, sich gemäß § 85 BetrVG bei dem Betriebsrat zu beschweren. Soweit der Betriebsrat die Beschwerde für berechtigt erachtet, findet das Verfahren des § 85 BetrVG Anwendung.

8. Ausstattung des Homeoffice-Arbeitsplatzes

Die notwendigen Arbeitsmittel für die außerbetriebliche Arbeitsstätte werden für die Zeit der Geltung der Homeoffice-Vereinbarung von der Arbeitgeberin kostenlos zur Verfügung gestellt.

Als notwendig gelten dabei grundsätzlich die nachstehend geregelten / in der ANLAGE aufgeführten Arbeitsmittel. Soweit die Tätigkeit im Einzelfall Abweichungen von diesen Grundsätzen erforderlich macht, können diese entsprechend vereinbart werden.

a. Modell Telearbeit

Die Ausstattung des Telearbeitsplatzes umfasst die für die Arbeitsleistung erforderlichen Büroausstattungsgegenstände, inklusive ergonomischer Büromöbel, Beleuchtung etc. [i.d.R. wohl sinnvoll Anlage mit Musterausstattung vereinbaren].

Soweit von den Beschäftigten keine (teilweise) Einrichtung durch die Arbeitgeberin gewünscht wird, können auch geeignete Büroausstattungsgegenstände der Beschäftigten für die Erbringung der Arbeitsleistung genutzt werden. Über die Eignung der Gegenstände entscheidet im Konfliktfall die Fachkraft für Arbeitssicherheit abschließend. Die Beschäftigten haben, insbesondere, wenn die von ihnen eingebrachten Gegenstände durch Beschädigung oder Abnutzung repariert / ersetzt werden müssen, das Recht, jederzeit von der Arbeitgeberin die Stellung der Büroausstattung zu verlangen.

Die Arbeitsvertragsparteien können vereinbaren, dass der bereits vorhandene private Internet- / Telefonanschluss der Beschäftigten auch für dienstliche Belange genutzt wird. In diesem Fall erstattet die Arbeitgeberin entstehende Mehrkosten auf Nachweis spätestens mit dem übernächsten auf die Rechnungslegung folgenden Entgeltlauf und stellt die Beschäftigten vollständig von der Haftung für eventuelle Sicherheitsmängel der Kommunikationseinrichtungen frei.

Alternativ kann vereinbart werden, dass die Arbeitgeberin auf eigene Kosten eine zweite Kommunikationsleitung (auch Funkverbindung oder ähnliches) in den vereinbarten Arbeitsraum legen lässt. In diesem Fall ist eine private Nutzung dieser Leitung durch die Beschäftigten ausgeschlossen und durch geeignete Sicherheitsmaßnahmen seitens der Arbeitgeberin zu unterbinden.

Beeinträchtigungen der privaten Nutzung der Wohnung inkl. des konkreten Arbeitsraumes egal ob optischer, technischer oder anderweitiger Art sind dabei so gering wie technisch möglich zu halten.

Der Auf- und Abbau der gestellten Arbeitsmittel sowie eine evtl. Wartung erfolgt durch die Arbeitgeberin. Die bereitgestellten Arbeitsmittel sind durch zumutbare Maßnahmen vor dem Zugriff Dritter zu schützen.

Spätestens mit dem Ende der Telearbeitsplatzvereinbarung sind sämtliche von der Arbeitgeberin gestellten Einrichtungsgegenstände zu entfernen / der ursprüngliche Zustand des Arbeitsraumes der Beschäftigten wiederherzustellen. Die Arbeitgeberin ist verpflichtet, den Beschäftigten eventuelle Schäden, die sich nicht rückstandslos beseitigen lassen, zu ersetzen bzw. die Beschäftigten vollständig von entsprechenden (Vermieter-)Forderungen freizustellen. Letzteres umfasst auch die Freistellung von erforderlichen Schadensabwehrkosten.

b. Modell Mobiles Arbeiten

In der individuellen Homeoffice-Vereinbarung wird geregelt, ob und welche der ihnen von der Arbeitgeberin zur Verfügung gestellten mobilen technischen Arbeitsmittel (Laptop o.ä.; Smartphone, ggf. mobile Drucker etc.) die Beschäftigten zur Erbringung der Arbeitsleistung außerhalb der Betriebsstätte nutzen können.

[Angestrebt wird dabei die Mindestausstattung gem. ANLAGE.]

Soweit die den Beschäftigten zur Verfügung gestellten Arbeitsmittel noch nicht mobil sind, ist zu prüfen, ob eine entsprechende Ausstattung beschafft werden kann. In Frage kommen dabei insbesondere die Neubeschaffung (z.B. Laptop statt PC), die Nutzung von vorhandenen Reservegeräten oder auch der Tausch mit anderen Beschäftigten, die derzeit nicht am Homeoffice teilnehmen. Jegliche von Beschäftigten oder betrieblicher Interessenvertretung vorgebrachte Lösungsmöglichkeit ist wohlwollend zu prüfen und deren Ablehnung in Textform zu begründen.

Die Arbeitgeberin wird ab Inkrafttreten dieser Vereinbarungen bei Neu- und Ersatzbeschaffung von technischen Arbeitsmitteln bevorzugt mobile Arbeitsmittel beschaffen, soweit diese in einer Gesamtschau hinsichtlich Kosten, Eignung zur Erfüllung des Arbeitszweckes und Möglichkeiten des ergonomischen Einsatzes den stationären Geräten nicht deutlich unterlegen sind.

Der Einsatz privater Geräte der Beschäftigten ist möglichst zu vermeiden, aber nicht grundsätzlich ausgeschlossen. In diesen Fällen ist in die individuelle Homeoffice-Vereinbarung eine Regelung zum Ausschluss jeglicher Haftung / zur Freistellung der Beschäftigten oder anderen Personen, die die privaten Geräte der Beschäftigten nutzen, von jeglichem Ersatzanspruch für Schäden an materiellen oder immateriellen Werten der Arbeitgeberin oder von Dritten aufzunehmen, die durch die Nutzung der privaten Geräte für dienstliche Aufgaben entstehen.

9. Arbeitszeitregelung

a. Grundsätze

Grundsätzlich gelten die üblichen im Betrieb angewandten arbeitszeitrechtlichen Regelungen, die auf die Arbeitsverhältnisse der Beschäftigten Anwendung finden.[6]

Insbesondere ist von Führungskräften und Beschäftigten darauf zu achten, dass die Grenzen des Arbeitszeitgesetzes – hier insbesondere die Regelungen in den §§ 3–5 Abs. 1 und 9 Abs. 1 ArbZG – eingehalten werden, soweit keine Ausnahmetatbestände des Arbeitszeitgesetzes greifen.

Das Tätigwerden im Homeoffice an als frei geplanten Tagen, insbesondere an Urlaubstagen, ist grundsätzlich ausgeschlossen. Seitens der Arbeitgeberin

---

6 An dieser Stelle sollte geprüft werden, ob diese Regelungen auf das Homeoffice passen. Andernfalls kann hier Passendes vereinbart werden. Eine Möglichkeit ist mit den Erreichbarkeitszeiten hier vorgestellt.

ist durch geeignete Maßnahmen sicherzustellen, dass Beschäftigte an freien Tagen nicht kontaktiert und zur Erbringung von Arbeitsleistung aufgefordert werden. Es ist zudem Aufgabe der Führungskräfte, einer Erwartungshaltung im Betrieb entgegenzuwirken, die eine ständige Erreichbarkeit der Beschäftigten im Homeoffice voraussetzt, sowie dafür zu sorgen, dass die zeitliche Beanspruchung der Beschäftigten das Maß der vertragsgemäßen Wochenarbeitszeit nicht dauerhaft oder erheblich überschreitet.

b. Erreichbarkeitszeiten

Führungskräfte und Beschäftigte legen [soweit vorhanden unter Beachtung der allgemeinen betrieblichen Arbeitszeitregelungen] eine Kernzeit fest, zu der die Beschäftigten an Homeoffice-Tagen arbeiten und vergleichbar der Arbeit in der betrieblichen Arbeitsstätte erreichbar und ansprechbar sind.
Die Interessen der Arbeitgeberin und der Beschäftigten sind dabei angemessen zu berücksichtigen. Insbesondere ist auf familiäre Verpflichtungen und gesundheitliche Belange der Beschäftigten Rücksicht zu nehmen.
Fixe Termine, Besprechungen, (Video-) Konferenzen und ähnliches dürfen im Regelfall nicht vor 9 Uhr beginnen und nicht nach 16 Uhr enden [soweit vorhanden hier den Kernzeitbereich der vorhandenen Arbeitszeit-BV nicht überschreiten!]. Auf ausreichende Pausen, insb. in der Mittagszeit, die Beschäftigten im Homeoffice gegebenenfalls auch die Versorgung von Familienangehörigen erlauben, ist zu achten.
Kann zwischen Beschäftigten und Führungskraft kein Einvernehmen hinsichtlich der Kernzeit erzielt werden, entscheidet im konkreten Streitfall die nächst höhere betriebliche Führungskraft verbindlich. Beschäftigte haben in diesen Fällen jedoch die Möglichkeit, sich gemäß § 85 BetrVG bei dem Betriebsrat zu beschweren. Soweit der Betriebsrat die Beschwerde für berechtigt erachtet, findet das Verfahren des § 85 BetrVG Anwendung.
Soweit dies aus betrieblichen Gründen dringend erforderlich ist, können in der individuellen Homeoffice-Vereinbarung feste Arbeitszeiten vereinbart werden.

c. Zuschlagspflichtige Arbeitsleistungen

Während der Tätigkeit im Homeoffice erfasste Arbeitszeiten sind den Beschäftigten vollumfänglich und vertragsgemäß zu vergüten.
Zuschläge für Überstunden / Mehrarbeit oder die Arbeit zu ungewöhnlichen Zeiten (Nachtarbeit, Sonn- und Feiertagsarbeit) werden nur gezahlt, soweit die Beschäftigten ausdrücklich zur Arbeitsleistung in entsprechendem Umfang bzw. zu entsprechenden Zeiten angewiesen wurden. Ohne die dokumentierte Anweisung sind Beschäftigte nicht verpflichtet, Überstunden / Mehrarbeit, Nacht-, Sonntags- oder Feiertagsarbeit zu leisten.
Die Mitbestimmungsrechte des Betriebsrats und die betriebsverfassungsrechtlichen Folgen eines Verstoßes bei der Anordnung derartiger Arbeitsleistung bleiben unberührt.

d. Art der Arbeitszeiterfassung

Die Zeiterfassung erfolgt über das im Betrieb jeweils rechtmäßig angewandte Zeiterfassungssystem.

Im Fall technischer Probleme sind die Arbeitszeiten in geeigneter Weise aufzuzeichnen und unverzüglich bei der Führungskraft zur Nacherfassung einzureichen.

Die Führungskraft ist verpflichtet, regelmäßig, mindestens einmal monatlich, die erfassten Arbeitszeiten der Beschäftigten zu sichten.

Fallen der Führungskraft Unklarheiten, Ungereimtheiten oder ungewöhnliche Arbeitszeiten (Lage oder Dauer abweichend der geltenden Vereinbarungen) auf, so hat sie die Beschäftigten unverzüglich zu bitten, entsprechende Auffälligkeiten zu erläutern. Können die aufgetretenen Probleme durch dieses bilaterale Gespräch nicht hinreichend geklärt werden, kann die Führungskraft die Probleme der nächsthöheren Führungsebene melden.

Hält diese eine weitere Klärung für erforderlich, erhalten betroffene Beschäftigte die Einladung zu einem klärenden Gespräch mit dieser nächsthöheren Führungskraft.

Die unmittelbare Führungskraft der Beschäftigten kann an diesem Gespräch beteiligt werden. Die Beschäftigten haben das Recht mindestens ein Betriebsratsmitglied ihrer Wahl zu diesem Klärungsgespräch hinzuzuziehen. Nimmt auf Seiten der Arbeitgeberin / Führungskräfte mehr als eine Person an diesem Gespräch teil, so haben auch die betroffenen Beschäftigten das Recht, eine entsprechende Anzahl Betriebsratsmitglieder ihrerseits zum Gespräch hinzuzuziehen, sodass (ohne Hinzurechnung der betroffenen Person) immer die gleiche Anzahl Gesprächsteilnehmende von jeder Seite, ggf. zzgl. Schwerbehindertenvertretung, beteiligt ist.

Die Anzahl der geplanten Beteiligten auf Seiten der Arbeitgeberin und das Thema des Gespräches sind den Betroffenen rechtzeitig bekanntzugeben, diese sind dabei auf die Möglichkeit, eine entsprechende Anzahl Mitglieder der Betriebsrat hinzuzuziehen, ausdrücklich hinzuweisen.

Können die aufgetretenen Probleme auch in diesem Klärungsgespräch nicht ausgeräumt werden, so sind in diesem Gespräch bzw. im Nachgang unter Einbeziehung des Betriebsrats, Maßnahmen zu vereinbaren, die geeignet sind, die aufgetretenen Probleme in Zukunft zu verhindern.

Entsteht im Laufe der beschriebenen Überprüfungsmaßnahmen der Verdacht auf Arbeitszeitbetrug, bzw. besteht dieser Betrug nach den Gesprächen fort, steht der Arbeitgeberin die Einleitung entsprechender Maßnahmen frei. Eine Verdachtskündigung darf jedoch nur dann ausgesprochen werden, wenn die betroffenen Beschäftigten, in der Regel spätestens in der Einladung zum Klärungsgespräch mit der nächsthöheren Führungskraft, ausreichend über den ihnen zur Last gelegten Verdacht informiert wurden und hinreichend Gelegenheit hatten, diese zu entkräften.

10. Ersatz entstehender Kosten

a. Mehrkosten für Beschäftigte

Die Arbeitgeberin trägt die Kosten für die Hard- und Softwareausstattung inklusive Wartung, Reparatur, Instandsetzung gemäß den Bestimmungen dieser Vereinbarung. Grund- und Verbindungsentgelte für arbeitgeberseitig zur Verfügung gestellte SIM-Karten, Datenleitungen etc. werden von der Arbeitgeberin vollständig getragen.

Soweit Beschäftigte bereit sind, privat beschaffte Arbeitsmittel, inkl. Datenvolumina, -leitungen etc. zur Verfügung zu stellen, sind ihnen nachgewiesene Mehrkosten zu erstatten. Die Betriebsparteien können Pauschalen für diese Nebenkosten vereinbaren,[7] den Beschäftigten steht jedoch der Nachweis über die Pauschalen hinausgehender Kosten frei. In diesem Fall sind entsprechend nachgewiesene Kosten zu erstatten.

Gleiches gilt für Mehrkosten, die den Beschäftigten durch die Erbringung der Arbeitsleistung im privaten Bereich entstehen, insbesondere Mehrkosten durch erhöhten Verbrauch von Energie (Strom, Heizung, Beleuchtung) oder durch die betriebliche Tätigkeit entstehender Abnutzungen / Schäden.

b. Fahrtkosten

Kosten für Fahrten zwischen betrieblicher und Homeoffice-Arbeitsstätte werden grundsätzlich nicht erstattet. Soweit sich aus dieser oder anderen Vereinbarungen / Regelungen nichts anderes ergibt sind die Kosten einer Fahrt pro Arbeitstag (Hin- und Rückweg) zwischen betrieblicher und Homeoffice-Arbeitsstätte daher analog der Fahrt zwischen Wohnung und Betriebsstätte von den Beschäftigten zu tragen. Diese Fahrten zwischen betrieblicher und Homeoffice-Arbeitsstätte sind grundsätzlich keine Arbeitszeit.

Werden Beschäftigte jedoch aus dem Einsatz im Homeoffice in die betriebliche Arbeitsstätte (zurück-) beordert, werden die durch diese Fahrt verursachten Fahrtkosten erstattet, die Fahrzeit ist Arbeitszeit.

Gleiches gilt für Fahrten, die zur Teilnahme an Betriebs- / Abteilungsversammlungen und vergleichbaren Veranstaltungen unternommen werden bzw. für Mitglieder betrieblicher Interessenvertretungen, die zur Erfüllung ihrer diesbezüglichen Aufgaben die Betriebsstätte oder andere Orte aufsuchen.

11. Sicherstellung des Datenschutzes

Die Arbeit im Homeoffice, im Modell »Mobiles Arbeiten« noch mehr als im Modell »Telearbeit«, erfordert besondere Anstrengungen, um Betriebs- und Geschäftsgeheimnisse bzw. sensible Daten vor unbefugten Kenntnisnahmen und Zugriffen zu schützen.

---

7 Pauschalen können natürlich auch gleich an dieser Stelle festgelegt werden. Bei Vereinbarung an Regelungsmechanismen zur Anpassung – regelmäßige Überprüfung / Inflationsausgleich o. ä. denken.

Die innerbetrieblichen Vorschriften zur ordnungsgemäßen Nutzung von Hard- und Software sowie die datenschutzrechtlichen Bestimmungen, finden für die im Homeoffice Tätigen Anwendung.
Die Arbeitgeberin hat Hard- und Software so einzurichten, dass sie die Beschäftigten bei der Einhaltung der Datenschutzbestimmungen unterstützt (z.B. Datenverschlüsselung; verschlüsselte VPN – Zugänge, entfernbare Sichtschutzfolie).
Soweit mit den Beschäftigten der Gebrauch privater Arbeitsmittel vereinbart ist, ist durch die Vereinbarung entsprechender geeigneter Lösungen (z.B. Einrichtung eines arbeitsbezogenen Benutzers und entsprechender Sicherungsmaßnahmen) sicherzustellen, dass die Sicherheit der betrieblichen Daten gewährleistet, die private Nutzung aber nicht eingeschränkt und die Sicherheit der privaten Daten vor betrieblichen Einblicken gewährleistet ist.
Den Beschäftigten sind geeignete Möglichkeiten zur Verfügung zu stellen, um die dienstlichen Datenträger und Unterlagen so zu sichern, dass Familienangehörige oder gar sonstige Dritte keinen Zugriff hierzu erhalten.
Beschäftigte dürfen Pass- und Codewörter nicht an Dritte weitergeben oder leicht zugänglich aufbewahren.
Betriebliche Unterlagen sind ausschließlich datenschutzkonform zu vernichten. In der Regel verbringen die Beschäftigten diese Unterlagen dazu wieder in die Betriebsstätte. Anderweitige Regelungen können vereinbart werden; anfallende Kosten trägt die Arbeitgeberin.
Die im Homeoffice Beschäftigten erhalten vor Aufnahme der entsprechenden Tätigkeit eine ausführliche Einweisung über die Datensicherheit und die Gelegenheit, bei Fragen / in Zweifelsfällen jederzeit Unterstützung zu erfahren. [Liste geeigneter Ansprechpartner:innen in der ANLAGE]
Die Beschäftigten sind [im Modell Mobile Arbeit] nicht verpflichtet, bei der Teilnahme an Videokonferenzen / – Telefonaten oder ähnlichem die Kamera zu nutzen [evtl. Zusatz: soweit sie sich in privaten Räumlichkeiten (unabhängig davon, ob es sich um ihre eigene Wohnung handelt) aufhalten.]
Beschäftigte, die sich während solcher Gespräche in fremden Betriebsstätten oder an öffentlichen Plätzen aufhalten, haben die in ANLAGE[8] dokumentieren Regelungen zu beachten.

12. Haftung

Die den Beschäftigten zur Verfügung gestellten Arbeitsmittel sind mit der gebotenen Sorgfalt zu behandeln – eine Benutzung zu privaten Zwecken ist auch außerhalb der Arbeitszeit lediglich unter der Maßgabe gestattet, dass der Arbeitgeberin dadurch keine Zusatzkosten entstehen und keine dauerhaften Veränderungen vorgenommen werden (z.B. also zum Surfen im Internet, Be-

8 Diese Regelungen sollten von den Betriebsparteien entsprechend der betrieblichen Anforderungen insb. an den Datenschutz vereinbart werden.

arbeiten privater E-Mails im Browser, Streamen von Videos / Audios ausschließlich von legalen Quellen).
Manipulationen und / oder Auf-/Umrüstungen von Hard- und / oder Software durch die Beschäftigten sind nur nach vorheriger Genehmigung gestattet [ggf. Verweis auf eine vorhandene Liste zulässiger Add-ons, Apps / Programme / Zusatztools etc.].
Die Haftung der Beschäftigten z. B. im Fall der Beschädigung und des Verlusts der zur Verfügung gestellten Arbeitsmittel einschließlich des Verlustes von Daten- und Aktenbeständen ist auf grobe Fahrlässigkeit und Vorsatz beschränkt.
Die Arbeitgeberin trägt dafür Sorge, dass die den Beschäftigten zur Verfügung gestellten Arbeitsmittel im Rahmen der bestehenden Versicherungen versichert sind / werden.
Arbeitsmittel, die im Eigentum der Beschäftigten stehen und dienstlich genutzt werden, sind von dieser Versicherung nicht erfasst.
Die Arbeitgeberin stellt die Beschäftigten, die zulässig private Arbeitsmittel für betriebliche Zwecke nutzen und/oder privat beschaffte Datenleitungen etc. zur Verfügung stellen, jedoch von jeglicher Haftung für Schäden an materiellen oder immateriellen Werten der Arbeitgeberin oder von Dritten frei, die ggf. durch die Nutzung der privaten Geräte und Einrichtungen für dienstliche Aufgaben entstehen.
Die vorgenannten Regelungen für Arbeitsmittel, die im Eigentum der Arbeitgeberin stehen, und für von den Beschäftigten für betriebliche Belange zur Verfügung gestellten Geräten und Einrichtungen gelten auch für Personen, die mit den Beschäftigten in häuslicher Gemeinschaft leben bzw. anderweitig legal Zugang zu den Arbeitsmitteln erhalten haben, z. B. Besucher:innen, Gastgeber:innen (Vertrag zu Gunsten Dritter).
Die Arbeitgeberin schließt hierfür soweit möglich eine gesonderte Versicherung ab. Kosten werden nicht auf die Beschäftigten umgelegt.
Die Arbeitgeberin prüft den Umfang der Unfallversicherung und schließt ggf. entsprechende Zusatzversicherungen ab, um zu gewährleisten, dass alle Tätigkeiten in mobiler Arbeit mindestens entsprechend der Tätigkeit in der Betriebsstätte versichert sind.
Eventuell bestehende Versicherungslücken gehen nicht zu Lasten der Beschäftigten.
Die Inanspruchnahme der Beschäftigten für mögliche materielle oder immaterielle Schäden der Arbeitgeberin, der Beschäftigten oder Dritter ist ausgeschlossen; die Arbeitgeberin trägt auch ggf. anfallende Schadenabwehrkosten. Dies gilt nicht, wenn die Arbeitgeberin die vorsätzliche oder grob fahrlässige Verursachung des Schadens nachweisen kann. Im Falle grober Fahrlässigkeit ist die Haftung der Beschäftigten oder ihrer Sphäre zuzurechnenden Dritten aber auf maximal 3 Bruttomonatsgehälter der Beschäftigten, höchstens jedoch 7500 Euro beschränkt.

13. Konfliktlösungsverfahren

Soweit in dieser Vereinbarung Bezug auf die Einigungsstelle genommen wird (ggf. auch indirekt, z. B. durch Verweis auf § 85 BetrVG) vereinbaren die Betriebsparteien folgendes:
Die §§ 76, 76a BetrVG kommen [ggf. analog] zur Anwendung.
Die Einigungsstelle besteht aus je 3 Beisitzenden auf Seite der Arbeitgeberin und dem Betriebsrat und der / dem Vorsitzenden.
Soweit es um die Belange schwerbehinderter Arbeitnehmer:innen geht, hat die bestehende Schwerbehindertenvertretung in der Einigungsstelle ein Beratungsrecht.
Der Vorsitz der Einigungsstelle wird jeweils der Anlage NR zu dieser BV entnommen, wobei die Betreffenden in der Reihenfolge der Auflistung in Anlage NR innerhalb 3 Tagen (Samstag, Sonntag und gesetzliche Feiertage zählen hierbei nicht als Tage) durch die Betriebspartei, die die Einigungsstelle anruft, nach ihrer Bereitschaft zur Übernahme und der Möglichkeit, schnellstmöglich, spätestens innerhalb 4 Wochen einen Einigungsstellentermin und zwei Ersatztermine anzubieten, zu fragen sind.
Ist ein:e Kandidat:in für den Vorsitz innerhalb der Frist nicht erreichbar und / oder kann ein Termin nebst Ersatzterminen im angegebenen Zeitraum nicht angeboten werden, ist die anrufende Betriebspartei verpflichtet, spätestens nach Ablauf der 3-Tages-Frist unverzüglich und nach dem gleichen Verfahren den/die nächsten potentiellen Vorsitzende:n anzufragen.
Die Betriebsparteien orientieren sich bei der Auswahl ihrer Beisitzenden möglichst an den vom Einigungsstellenvorsitz vorgeschlagenen Terminen und streben damit ein zügiges Tätigwerden der Einigungsstelle an.

14. Beendigung der Homeoffice-Vereinbarung

Die Homeoffice-Vereinbarung kann durch die Beschäftigten ordentlich gekündigt, durch die Arbeitgeberin widerrufen oder jeweils ausgesetzt werden.
Den Beschäftigten im Modell mobiles Arbeiten steht die Erbringung der Arbeitsleistung in der betrieblichen Arbeitsstätte statt in mobilem Arbeiten jederzeit frei; einer Kündigung der individuellen Homeoffice-Vereinbarung durch die Beschäftigten bedarf es daher grundsätzlich nicht. Soweit Beschäftigte auf Dauer kein Interesse mehr an der Teilnahme am Homeoffice haben, genügt eine entsprechende Mitteilung in Textform an die Personalabteilung.
Zudem steht die außerordentliche Kündigung der Vereinbarung mit sofortiger Wirkung beiden Vertragsparteien offen, wenn Tatsachen vorliegen, auf Grund derer dem Kündigenden unter Berücksichtigung aller Umstände des Einzelfalles und unter Abwägung der Interessen beider Vertragsteile die Fortsetzung des Arbeitsverhältnisses in der gewählten Form des Homeoffice bis zum Ablauf der Kündigungsfrist nicht zugemutet werden kann. § 626 Abs. 2 BGB gilt entsprechend.
Die Kündigung der Telearbeitsplatzvereinbarung durch die Beschäftigten ist mit der gleichen Frist, wie die Kündigung eines Mietverhältnisses (Stand Ab-

schluss dieser Vereinbarung also spätestens am dritten Werktag eines Kalendermonats zum Ablauf des übernächsten Monats, entsprechend § 573c Abs. 1 Satz 1 BGB) zulässig.
Soweit Beschäftigte nur die Telearbeitsplatzvereinbarung kündigen, aber nach deren Ablauf weiterhin am Homeoffice im Modell mobiles Arbeiten teilnehmen wollen, steht ihnen eine entsprechende Antragstellung selbstverständlich frei.
Der arbeitgeberseitige Widerruf der Vereinbarung ist mit angemessener Frist möglich.
Die Erlaubnis zum Tätigwerden im Homeoffice kann nur bei Vorliegen eines sachlichen Grundes widerrufen werden.
Ein solcher Widerrufsgrund liegt insbesondere vor, wenn

- die Einhaltung der Vorgaben des Arbeitsschutzes nicht mehr sichergestellt ist;
- der / die betroffene Beschäftigte trotz einschlägiger Abmahnungen wiederholt gegen Regelungen in der Homeoffice-Vereinbarung verstößt

Soweit sonstige betriebliche Gründe, z. B. durch die Arbeitgeberin unverschuldete Personalunterbesetzung durch vermehrte Krankheitsfälle vorliegen, kann die Homeoffice-Vereinbarung durch einseitige Erklärung der Arbeitgeberin an die Betroffenen zur Vermeidung einer ansonsten möglichen außerordentlichen Kündigung der Vereinbarung auch kurzfristig und zeitlich auf den Grund bezogen ausgesetzt werden.
Ebenso haben die in Telearbeit beschäftigten Betroffenen die Möglichkeit, kurzfristig und zeitlich befristet für Homeoffice-Tage um Beschäftigung im Modell mobiles Arbeiten oder am betrieblichen Standort zu bitten, soweit die Arbeitsleistung im Homeoffice vorübergehend nicht möglich ist, z. B. wegen Bauarbeiten / Renovierungstätigkeiten.
Halten sie dabei eine Vorankündigungsfrist von mindestens 14 Tagen ein, sind sie im gewünschten Zeitraum entsprechend zu beschäftigen, anderweitig kommen die Regelungen des § 615 BGB zur Anwendung. Im Falle kurzfristigerer Unmöglichkeit der Arbeitsleistung am Telearbeitsplatz und gleichzeitiger Unmöglichkeit der Beschäftigung im mobilen Arbeiten oder im Betrieb, ist den Betroffenen, die die Unmöglichkeit der Arbeitsleistung am Telearbeitsplatz ebenso wie die Kurzfristigkeit der Mitteilung nicht zu vertreten haben, auf Antrag in entsprechendem Umfang vorhandener Erholungsurlaub oder Mehrarbeitsausgleich zu gewähren oder Gelegenheit zu geben, in entsprechendem Umfang Minusstunden aufzubauen. [oder ähnliche Regelungen – hängt von den im Übrigen geltenden Regelungen zu Arbeitszeitkonten ab]
Beschäftigte, die mit Widerruf / Kündigung oder Aussetzung der Vereinbarung durch die Arbeitgeberin oder der Ablehnung der Beschäftigung in der betrieblichen Arbeitsstätte nicht einverstanden sind, haben die Möglichkeit, sich gemäß § 85 BetrVG bei dem Betriebsrat zu beschweren. Soweit der Betriebsrat die Beschwerde für berechtigt erachtet, findet das Verfahren des § 85 BetrVG Anwendung.

Für Zwecke des Homeoffice überlassene Arbeitsmittel, insbesondere den Firmenlaptop oder Datenträger sowie in diesem Zusammenhang genutzte dienstliche Unterlagen, werden nach Ablauf der Berechtigung zur Erbringung der Arbeitsleistung im Homeoffice unverzüglich an die Arbeitgeberin herausgegeben, soweit diese nicht aus anderen dienstlichen Gründen benötigt oder auf Grund anderer Regelungen behalten werden dürfen. Ein Zurückbehaltungsrecht besteht nicht.

15. Arbeits- und Gesundheitsschutz

Die Einhaltung der einschlägigen gesetzlichen Vorgaben des Arbeits- und Gesundheitsschutzes und Gewährleistung des umfassenden Arbeitsschutzstandards ist auch im Homeoffice zu gewährleisten.
Im Modell Telearbeit wird entsprechend § 2 Abs. 7 ArbStättVO die Gestaltung des Arbeitsplatzes von der Arbeitgeberin übernommen. Dazu können den Betroffenen detaillierte Vorgaben gemacht werden, die – gegen Ersatz aller entstehenden Kosten – von den Beschäftigten umzusetzen sind.
Vor der Aufnahme der Tätigkeit im Homeoffice wird eine Gefährdungsbeurteilung nach § 5 ArbSchG durchgeführt und geeignete Maßnahmen zum Arbeitsschutz abgeleitet. Diese werden regelmäßig und zudem auf Antrag der Beschäftigten unverzüglich auf ihre Wirksamkeit hin kontrolliert.
Die Beschäftigten sind auf Grundlage dieser Gefährdungsbeurteilung umfassend über die Gefahren der Arbeit im Homeoffice zu unterrichten. Ebenso sind sie in der Gestaltung ihrer mobilen Arbeitsumgebung und hinsichtlich ergonomischem Arbeiten zu unterweisen.

16. Leistungs- und Verhaltenskontrolle

Personenbezogene Daten dürfen nur zur Sicherstellung eines ordnungsgemäßen Betriebs der E-Mail / Internet-Dienste, zur Gewährleistung der Systemsicherheit, zur Optimierung und Steuerung des Systems, zur statistischen Feststellung des Gesamtnutzungsvolumens, zur Fehleranalyse und -korrektur und zur kostenstellenbezogenen Abrechnung der Systemkosten erhoben und gespeichert werden.
Eine systematische Komplettüberwachung der Beschäftigten findet nicht statt.
Bei einem konkret begründeten Verdacht auf einen Verstoß gegen diese Vereinbarung oder gegen geltendes Recht (z.B. Strafgesetze) bei Nutzung eines von dieser Vereinbarung umfassten Dienstes, darf auf begründete Anordnung der Geschäftsführung und nach vorheriger Information dem Betriebsrat eine gezielte Überprüfung des relevanten Datenbestandes des / der verdächtigen Beschäftigten vorgenommen werden. Bei der Überprüfung sind der / die betriebliche Datenschutzbeauftragte und ein Mitglied des Betriebsrats hinzuzuziehen.
Über diese Regelung hinaus dürfen sämtliche Daten auf mobilen Endgeräten und Verbindungsdaten, die bei der Nutzung der Geräte entstehen, nicht zur

Leistungs- und Verhaltenskontrolle ausgewertet werden. Ortungen oder das Erstellen von Bewegungsprofilen sind grundsätzlich unzulässig.
Ebenso unzulässig ist das Erfassen, Auswerten oder gar Dritten Sichtbarmachen von Verhaltensdaten, die bei der Nutzung moderner Kommunikationstechniken anfallen. Nach derzeitigem Stand der Technik gemeint, aber nicht abschließend aufgezählt ist hierbei gedacht z. B. an:

- Daten, die Videokonferenzprogramme erheben können, betreffend Fokus der Teilnehmenden
- Daten darüber, wer (gerade), wie lange, seit wann (nicht mehr) online ist oder mit wem telefoniert / chattet / gemeinsam an einem Dokument arbeitet etc.

Informationen, die unter Verletzung von Bestimmungen dieser Vereinbarung gewonnen wurden, sind zur Begründung personeller Einzelmaßnahmen wie z. B. Abmahnungen, Kündigungen, Versetzungen nicht zulässig.
Soweit Daten dennoch unter Verletzung dieser Vereinbarung gewonnen, erhoben, genutzt, verarbeitet oder anderen zugänglich gemacht wurden, haben die Betroffenen Anspruch auf Zahlung eines Bruttotagesentgelts je Verstoßtatbestand und – tag.
Sind Maßnahmen, insb. personelle Einzelmaßnahmen, auf solche Daten gestützt worden, erhalten die Betroffenen ein Bruttomonatsgehalt als Entschädigungszahlung; bei Kündigungen 3 Bruttomonatsgehälter. Diese Zahlungen haben ihre Grundlage nur in dieser Vereinbarung und werden unabhängig von ggf. anderweitig vereinbarten oder geschuldeten Kompensationen, wie z. B. Abfindungen fällig.
Die Geltendmachung eines darüber hinausgehenden Schadens ist den Betroffenen unbenommen.

17. Kontakt zum Betrieb / Zuordnung der Beschäftigten im Homeoffice

a. Besprechungen

Bei der Terminierung von Mitarbeiterbesprechungen ist darauf zu achten, dass auch die sich in Telearbeit oder mobilem Arbeiten befindenden Beschäftigten daran teilnehmen können. Dazu sind die Besprechungen gegebenenfalls zusätzlich audio- / videobasiert abzuhalten. Auf die Belange behinderter Beschäftigter ist ggf. besondere Rücksicht zu nehmen.

b. Zuordnung der Beschäftigten

Beschäftigte im Homeoffice bleiben den Betriebsteilen / Abteilungen zugeordnet, denen sie vor Abschluss der Homeoffice-Vereinbarung angehörten. Änderungen dieser Zuordnung sind auf Antrag der Beschäftigten mit Zustimmung des Betriebsrats möglich. Im Falle organisatorischer Änderungen im Betrieb darf die Tätigkeit der Beschäftigten im Homeoffice keine im Vergleich zu entsprechenden Beschäftigten ohne Homeoffice-Vereinbarungen nachteiligen Auswirkungen haben.

18. Qualifikation / Schulungen

Die Arbeitgeberin organisiert regelmäßige Schulungen zum ergonomischen Arbeiten. Alle Beschäftigten haben das Recht, diese Schulungen zu besuchen. Mit Beschäftigten mit Homeoffice-Vereinbarung ist zudem – in zeitlicher Nähe zur Aufnahme der entsprechenden Tätigkeit, möglichst vor Beginn – auf Grundlage der erfolgten Gefährdungsbeurteilung eine vertiefende Schulung zur Ergonomie und Fragen des Arbeitsschutzes am Telearbeitsplatz / im mobilen Arbeiten durchzuführen.

Im Rahmen dieser Schulung werden auch psychologische Aspekte angesprochen, mit denen Beschäftigte im Homeoffice konfrontiert sein könnten (z. B. die mögliche soziale Isolation durch Verlust des Kontakts zu Kolleg:innen und Führungskräften; Probleme, familiäre und betriebliche Anforderungen zu koordinieren / zu bewältigen).

Des Weiteren erhalten auch die Beschäftigten mit Homeoffice-Vereinbarungen die Gelegenheit, sich auf geeignete Weise u. a. zu folgenden Themen vertieft weiterzubilden:

- Zeit- / Selbstmanagement
- Konzentration und Entspannung
- gesunde Ernährung / richtige Bewegung bei überwiegender Schreibtischarbeit
- kleinere IT-Probleme vor Ort selbst / remote-unterstützt lösen

Führungskräfte, die mit der Steuerung und Anleitung von Beschäftigten mit Homeoffice-Vereinbarungen betraut sind, werden zudem möglichst vor der Umsetzung der ersten Homeoffice-Vereinbarung, ggf. möglichst zeitnah, in den relevanten Themen weitergebildet.

Hierzu gehören neben der Schulung über den Inhalt dieser Vereinbarung und der ggf. anwendbaren Tarifverträge auch Fragen besonderer Anforderungen und Techniken in Bezug auf die Organisation der Arbeitsstrukturen der Einheit, zu der Beschäftigte im Homeoffice gehören, und der Betreuung / Einbindung dieser Beschäftigten. Ein besonderes Augenmerk ist dabei auf die Einhaltung der gesetzlichen Schutzbestimmungen für die Beschäftigten zu legen.

Sämtliche oben genannten Schulungen können von den Beschäftigten (auch Führungskräften) bei Bedarf / zur Auffrischung gegebenenfalls auch wiederholt besucht werden. Die Schulungen finden auf Kosten der Arbeitgeberin und innerhalb der individuellen oder/unter Anrechnung auf die individuelle Arbeitszeit der Beschäftigten statt.

Näheres regelt ein jährlicher Schulungsplan, der unter Wahrung der Rechte dem Betriebsrat jeweils bis spätestens 30. November des Vorjahres erstellt und bei Bedarf kurzfristig unter Wahrung dieser Rechte um aktuelle Schulungen ergänzt wird.

Die Betriebsparteien sind sich zudem einig, dass Beschäftigte mit Homeoffice-Vereinbarungen auch bezüglich anderweitiger – insbesondere berufsbezogener – Qualifikations- und Weiterbildungsangebote keine Nachteile gegenüber Beschäftigten haben sollen, die keine Homeoffice-Vereinbarung abgeschlossen haben.

19. Schlussbestimmungen

a. Wahrung der Rechte des Betriebsrats
Die Betriebsparteien sind sich darüber einig, dass – soweit nicht in dieser Vereinbarung ausdrücklich konkret geregelt – die Rechte des Betriebsrats durch diese Vereinbarung nicht eingeschränkt werden.
Demgemäß ist der Betriebsrat auch jeweils im Einzelfall bei der Zuweisung / Vereinbarung / dem Entzug von Arbeitsleistung außerhalb der betrieblichen Arbeitsstätte zu beteiligen, soweit dies (was in der Regel der Fall sein wird) eine Versetzung darstellt. In jedem Fall ist der Betriebsrat über derartige Veränderungen unter Vorlage ggf. vorhandener Unterlagen rechtzeitig zu informieren.

b. Regelungen zu Aufhebung / Weitergeltung bereits bestehender Betriebsvereinbarungen
Mit Abschluss dieser Vereinbarung treten folgende Vereinbarungen außer Kraft / vom Abschluss dieser Vereinbarung unberührt bleiben folgende Vereinbarungen …

c. Salvatorische Klausel
Soweit einzelne Regelungen dieser Vereinbarung auf Grund anderer rechtlicher oder tarifvertraglicher Regelungen unwirksam sein oder werden sollten, wird die Wirksamkeit der Vereinbarung im Übrigen hierdurch nicht berührt. Die Vertragspartner verpflichten sich, die Vereinbarung im Einzelnen oder insgesamt neu zu verfassen, wenn gesetzliche Bestimmungen dies erforderlich machen oder dies im gegenseitigen Einvernehmen für notwendig erachtet wird.

Datum – erforderliche Unterschriften

6. Eckpunkte für eine Dienstvereinbarung zum Desksharing

1. Ziel und Zweck (ggf. Präambel)
   - Klare Definition des Zwecks der Desksharing-Vereinbarung, z. B. Ressourcenoptimierung UND Verbesserung der Kommunikation und Zusammenarbeit, Flexibilität / gesundes Arbeiten / Verbesserung Work-Life-Balance, etc.

2. Gegenstand und Geltungsbereich
   - Definition(en): Was ist Desksharing, ggf. was sind variable / was feste Arbeitsplätze etc.
   - Welche Abteilungen oder Beschäftigten sind von der Desksharing-Regelung betroffen? Möglichst mit Verpflichtung des Dienstherrn, dass auch die Dienststellenleitung entsprechenden Regelungen unterworfen wird (mit gutem Beispiel voran!)
3. Einführung / Grundsätze des Desksharing
   - Modalitäten zur Einführung unter Wahrung des Mitbestimmungsrechts des Personalrats
   - Grundsatz der verpflichtenden Teilnahme: Klarstellung, dass damit keine Verpflichtung zu Arbeiten außerhalb der Dienststelle einhergeht (ggf. Verweis auf gesonderte DV zum mobilen Arbeiten / Telearbeit)
   - Klarstellung, dass unter bestimmten definierten Voraussetzungen für bestimmte Beschäftigte / Funktionen feste Arbeitsplätze zugewiesen werden (z. B. gesundheitliche Gründe, Arbeitsaufgaben mit besonderen technischen / rechtlichen Anforderungen)
   - Klarstellung, dass Auswahl und Zuweisung unter voller Mitbestimmung PR und ggf. SBV
   - Regelungen zu Arbeitsmitteln / deren Aufbewahrung; ggf. Modelle definieren: Liste der Ausstattungsmerkmale an den gemeinsam genutzten Arbeitsplätzen, z. B. IT-Ausstattung, Ergonomie, persönliche Ablagemöglichkeiten usw.
   - Wie werden die Arbeitsplätze den Beschäftigten zugewiesen? Gibt es ein Reservierungssystem oder wird nur vor Ort gesucht?
4. ggf. Reservierungsverfahren und Verfügbarkeit
   - Beschreibung, wie Beschäftigte Arbeitsplätze reservieren können, z. B. online, über eine App oder über das interne Buchungssystem
   - Back-up Strategien, wenn Beschäftigte keinen geeigneten Arbeitsplatz finden (wie lange suchen, an wen wenden, was in der Wartezeit tun usw.)
5. Arbeitszeitfragen
   - Sicherstellen, dass das Buchen und Einrichten ebenso Arbeitszeit ist wie ggf. Zeiten, in denen wegen fehlendem Arbeitsplatz nicht gearbeitet werden kann
6. Datenschutz und Sicherheit
   - Maßnahmen, um sicherzustellen, dass vertrauliche Informationen geschützt sind, wenn verschiedene Beschäftigte denselben Arbeitsplatz nutzen

- Verhinderung der Leistungskontrolle durch Systeme, die dem Desksharing-Prozess dienen

7. Verhalten am Arbeitsplatz
   - Festlegung von Verhaltensrichtlinien und Etikette am Arbeitsplatz, um eine angemessene Arbeitsumgebung aufrechtzuerhalten
8. Kommunikation und Zusammenarbeit
   - Wie wird die Kommunikation zwischen den Beschäftigten gefördert, wenn sie sich einen Arbeitsplatz teilen?
   - Gibt es Tools oder Richtlinien?
9. Reinigung und Pflege
   - Festlegung des Prozederes für die Reinigung und Pflege der gemeinsam genutzten Arbeitsplätze
10. Feedback und Anpassungen
    - Mechanismus zur Evaluation der Vereinbarung: Sammlung von Feedback der Beschäftigten und Durchführung von Anpassungen basierend auf diesem Feedback
11. Qualifizierung und Kommunikation
    - Anforderungen an die Qualifizierung von Beschäftigten (Ergonomie / Arbeitsschutz / Kommunikation) und Führungskräften
    - Regelungen dazu, wie diese Anforderungen kommuniziert und umgesetzt werden
12. Konfliktlösungsmechanismen
    - Verfahren zur Lösung von Konflikten oder Unstimmigkeiten im Zusammenhang mit dem Desksharing – zwischen Beschäftigten / Beschäftigten und Führung / Dienststelle und Personalrat
13. Beteiligung von Personalrat und SBV
    - Klarstellung, ob und welche Rechte mit dieser DV ausgeübt sind, welche unberührt bleiben
    - Ständige Beteiligungsmöglichkeiten offenhalten
    - Beteiligung bei Gefährdungsbeurteilungen vereinbaren
14. Schlussbestimmungen
    - Änderungen und Kündigung: Regelungen, wie Änderungen an der Desksharing-Vereinbarung vorgenommen werden können und wie die Vereinbarung gekündigt werden kann
    - Laufzeit der Vereinbarung: gerade am Anfang ggf. feste Laufzeit oder zeitweiser Kündigungsausschluss
    - Nachwirkung?

X. Betriebliche Interessenvertretung in Homeoffice und Desksharing

1. Einleitung

Die Überschrift dieses Kapitels mag verwirren, geht es doch im Vorstehenden schon um nichts anderes als die Aufgaben der betrieblichen Interessenvertretung im Zusammenhang mit dem Homeoffice und dem Desksharing. Die Erklärung:
Bisher standen die betrieblichen Mitbestimmungsrechte und die zugehörigen individualrechtlichen Fragen im Fokus. An dieser Stelle sollen aber zwei weitere Aspekte näher betrachtet werden, auf die sich besonderes Augenmerk zu legen lohnt.
Einerseits befassen wir uns mit den Fragen rund um die Arbeit der betrieblichen Interessenvertretung aus dem Homeoffice bzw. den Problemen, die sich für diese Arbeit aus dem Desksharing ergeben und andererseits mit der Arbeit der betrieblichen Interessenvertretung mit den Beschäftigten, die sich im Homeoffice befinden.

2. Konsequenzen der Arbeitsmodelle für die Arbeit der betrieblichen Interessenvertretung

a. Dürfen Gremiumsmitglieder Vertretungsarbeit ins Homeoffice verlegen?

Seien es gesundheitliche Fragen, seien es praktische Aspekte – immer öfter stellt sich auch die Frage, ob die Mitglieder betrieblicher Interessenvertretungen das Recht haben, ihre Betriebs- bzw. Personalratsarbeit aus dem Homeoffice zu verrichten. Dabei ist zu prüfen, ob es gegebenenfalls Unterschiede zwischen nicht freigestellten, teilfreigestellten und vollfreigestellten Mitgliedern der Interessenvertretung gibt und ob sich die

Rechtslage jeweils nach Betriebsverfassungsgesetz und Bundespersonalvertretungsgesetz unterscheidet.
»Vor die Klammer gezogen« sei an dieser Stelle aber auch der wichtige Hinweis, dass im Homeoffice nicht nur für Beschäftigte, sondern auch für die Gremienmitglieder und die Gremien insgesamt, eine sehr große Gefahr lauert. Menschen im Homeoffice werden unsichtbar. Das ist nicht zwangsläufig und immer der Fall, sollte aber das Mantra des Betriebs- und Personalrats werden.

> **Beachten:**
> Es ist die stetige Aufgabe der Gremien, den Kontakt zu den Beschäftigten zu halten, im Homeoffice und aus dem Homeoffice.

Im Mindestmaß muss das Gremium dafür sorgen, dass die Beschäftigten, im Notfall eine:n Ansprechpartner:in haben. Keinen Betriebsrat zu erreichen, wenn man morgens um 04:00 Uhr bei Schichtbeginn ein Problem hat, ist frustrierend und ärgerlich, im Einzelfall aber vermutlich nachvollziehbar. Wenn das gesamte Gremium aber seine Arbeit ins Homeoffice verlegt und / oder zu Nacht- und Schichtzeiten strukturell nicht mehr erreichbar ist, verspielt es leicht viel Vertrauen und Unterstützung der Kolleg:innen.

aa. Voll- / teilfreigestellte Betriebsratsmitglieder

Das **BAG** stellt in seiner Entscheidung vom 24.2.2016 fest:

»Nach § 38 Abs. 1 BetrVG ist ein Betriebsratsmitglied nur von seiner beruflichen Tätigkeit freigestellt, nicht aber von seiner Anwesenheitspflicht im Betrieb. An die Stelle der Arbeitspflicht tritt die Verpflichtung des Betriebsratsmitglieds, während seiner vertraglichen Arbeitszeit im Betrieb am Sitz des Betriebsrats, dem er angehört, anwesend zu sein und sich dort für anfallende Betriebsratsarbeit bereitzuhalten.«[1]

In dieser Entscheidung ging es aber gar nicht ums Homeoffice, sondern darum, dass Betriebsratsmitglieder die Anwaltskanzlei ihre Rechtsberatung aufsuchen wollten und zu diesem Zweck entsprechend den betrieblichen Vorgaben einen Dienstreiseantrag gestellt hatten. Dieser Antrag wurde seitens des Arbeitgebers abgelehnt, weil die Betriebsratsmitglieder

---

1 BAG v. 24.2.2016 – 7 ABR 20/14, Rn. 14; siehe auch BAG v. 10.7.2013 – 7 ABR 22/12, Rn. 20.

den Reisegrund pauschal mit »Besprechung mit unseren Beratern in Rechtsfragen« angegeben hatten. Der Arbeitgeber war der Meinung, einen Anspruch darauf zu haben, dass ihm der Betriebsrat deutlich genauer mitteilt, welche Fragen mit der Rechtsvertretung zu besprechen wären, bevor er verpflichtet sei, die Dienstreisekosten zu übernehmen.
In der daraus entstehenden Auseinandersetzung hatte der Betriebsrat vor dem Arbeitsgericht beantragt,
festzustellen, dass die vollständig freigestellten Mitglieder des Beteiligten zu 1. nicht verpflichtet sind,

- a) sich vor Verlassen des Betriebes innerhalb der Arbeitszeiten abzumelden,
- b) den Ort sowie die voraussichtliche Dauer der Betriebsratstätigkeit anzugeben,
- c) sich bei ihrer Rückkehr bei der Geschäftsführerin der Beteiligten zu 2. bzw. in der Personalabteilung der Beteiligten zu 2. zurückzumelden.

Diese Anträge hat das Bundesarbeitsgericht weitestgehend abgewiesen und zur Begründung unter anderem die oben zitierten Überlegungen angestellt.
Die führt zudem aus:

»Die Ab- und Rückmeldepflicht sowie die Pflicht zur Information des Arbeitgebers über die voraussichtliche Dauer der Abwesenheit vom Betrieb gehören auch bei den nach § 38 Abs. 1 BetrVG von der Arbeitsleistung freigestellten Betriebsratsmitgliedern zu den Nebenpflichten nach § 241 Abs. 2 BGB.
Sie beruhen zudem auf dem Gebot der vertrauensvollen Zusammenarbeit nach § 2 Abs. 1 BetrVG. Freigestellte Betriebsratsmitglieder unterliegen zwar keiner Arbeitspflicht, so dass der Arbeitgeber deshalb keine Organisationsmaßnahmen für eine Abwesenheit vom Arbeitsplatz zu treffen hat. Der Arbeitgeber hat jedoch ein berechtigtes Interesse daran, zu erfahren, ob und ggf. wie lange ein freigestelltes Betriebsratsmitglied vom Betrieb abwesend ist.«[2]

> **Hinweis:**
> Die eigentliche Frage, ob Betriebsratsmitglieder das Recht haben, ohne Einverständnis des Arbeitgebers und ohne das Homeoffice im Betrieb grundsätzlich schon möglich ist, ihre Betriebsratstätigkeit ins Homeoffice zu verlegen, ist damit aber nicht beantwortet und soweit erkennbar auch bisher von den Gerichten noch nicht beantwortet worden.

2 BAG v. 24.2.2016 – 7 ABR 20/14, Rn. 13.

Die juristische Debatte zu dieser Frage zitiert die genannten Entscheidungen jedoch ständig und leitet aus diesen Entscheidungen ab, dass Betriebsratsmitglieder – auch vollfreigestellte – kein Recht auf Homeoffice in eigener Entscheidungshoheit haben.
Für diese Auffassung spricht, dass Betriebsratsmitglieder nicht wegen ihrer Tätigkeit begünstigt werden dürfen (§ 78 BetrVG). Hätten Betriebsratsmitglieder die Möglichkeit, ohne vertragliche Grundlage auch gegen den Willen des Arbeitgebers im Homeoffice zu arbeiten, könnte man darin aber unter Umständen durchaus eine Begünstigung sehen.
Ein Gegenargument könnte es aber sein, wenn die Arbeit im Homeoffice – zumindest vorübergehend – erforderlich erscheint, um überhaupt (konzentriert oder sicher oder vertraulich) der Betriebsratstätigkeit nachgehen zu können. Steht dem Betriebsratsmitglied kein als Arbeitsplatz geeigneter und zudem hinreichend ruhiger / mithörsicherer Raum zur Verfügung, um in Ruhe Fachliteratur zu lesen, Recherchen zu betreiben, Gespräche zu führen, dann mag sich die Situation wieder ganz anders darstellen.
Für voll- oder auch teilfreigestellte Betriebsratsmitglieder würde ich diese Situation zwar nicht ausschließen, halte es aber für unwahrscheinlicher, dass diesen kein entsprechender Raum zur Verfügung steht.
Anders könnte man z. B. in der **Covid-19-Pandemie** bzw. in vergleichbaren Situationen argumentieren.

> **Beachten:**
> Soweit die Arbeit im (Betriebsrats-)Büro unter den geltenden Arbeits- und Gesundheitsschutzregelungen nicht (mehr) sicher möglich ist, muss es im Streitfall auch möglich sein, die Betriebsratsarbeit im Homeoffice auch gegen den Willen des Arbeitgebers durchzusetzen. Entsprechendes gilt dann auch für die erforderliche (technische) Ausstattung, die die Betriebsratsarbeit im Homeoffice ermöglicht.

In der Regel wird dieses Problem in solchen Fällen aber ohnehin nicht nur die Betriebsratsarbeit, sondern große Teile des Betriebes betreffen, so dass das Gremium wahrscheinlich bereits sein Initiativrecht gem. § 87 Abs. 1 Nr. 7 BetrVG (Arbeits- und Gesundheitsschutz) genutzt haben und mit dem Arbeitgeber geeignete Maßnahmen (notfalls über die Einigungsstelle) vereinbart / durchgesetzt haben wird.
Sollte dabei Homeoffice als (eine) Option für die Erbringung der vertraglichen Arbeitsleistung festgelegt worden sein, wird man dem Betriebsrat diese Option für seine Tätigkeiten nicht verweigern können. Idealerweise

hat der Betriebsrat dies zudem ausdrücklich in der Vereinbarung verankert.

bb. Betriebsratsmitglieder ohne Freistellung

Für Betriebsratsmitglieder ohne Freistellungsregelung nach § 38 BetrVG kommt es aber in der Praxis gar nicht so selten vor, dass sie nicht – vor allem nicht bei spontan auftretendem, aber schwer aufschiebbaren Bedarf – über einen geeigneten Arbeitsraum verfügen können. Dies trifft vor allem dann zu, wenn die Betriebsratsmitglieder arbeitsvertraglich keine Bürotätigkeiten schulden, sondern z. B. am Band, auf dem Bau, an der Kasse oder als Pflegende arbeiten.
Hier kommt es dann darauf an, wie der Arbeitgeber den Betriebsrat insgesamt mit Räumlichkeiten ausgestattet hat. Stehen dem Gremium ausreichend angemessene Räume zur Verfügung, um die oben genannten Tätigkeiten durchzuführen, würde auch ich davon ausgehen, dass es kein Recht gibt, sich zur Erledigung der Betriebsratstätigkeiten nach Hause zu verabschieden.
Gibt es aber z. B. nur ein Betriebsratsbüro, welches Vollzeit vom freigestellten Betriebsratsmitglied benutzt wird, kann es – je nach Umständen – durchaus sein, dass es anderen Betriebsratsmitgliedern nicht zuzumuten ist, sich dort noch an den »Katzentisch« zu quetschen, um den eigenen Betriebsratstätigkeiten nachzugehen.
In diesen Fällen sollte der Betriebsrat dann in Erwägung ziehen, vom Arbeitgeber die Zurverfügungstellung weiterer (gegebenenfalls temporär zu nutzender, aber spontan verfügbarer) Räume zu verlangen und / oder hilfsweise die Zustimmung zur Erledigung der genannten Betriebsratstätigkeiten im Homeoffice zu verlangen.

Hinweis:
Ein solches Anliegen, Betriebsratstätigkeiten im Homeoffice durchführen zu können, könnte dann durchaus durchsetzbar sein, wenn der Betriebsrat die Erforderlichkeit des ungestörten Arbeitens und die Unmöglichkeit, dies in der Betriebsstätte zu tun, nachweisen kann. In diesem Fällen kann es – je nach Art und Umfang der zu leistenden Betriebsratsarbeit – auch erforderlich sein, die betreffenden Gremiumsmitglieder mit Arbeitsgerät, insb. dem technischen Equipment, das für die Betriebsratsarbeit im Homeoffice nötig ist, auszustatten.

cc. Personalräte

Für Personalräte **können** die **oben genannten Überlegungen grundsätzlich übertragen** werden. Auch hier haben Gremiumsmitglieder nur dann das Recht auf Homeoffice, wenn sich dies aus einer Vereinbarung ergibt oder aber durch die Personalratsarbeit selbst oder den Arbeits- und Gesundheitsschutz erforderlich gemacht wird. Hinsichtlich des erforderlichen Equipments wird dabei der Gedanke des § 38 Abs. 3 Nr. 1 BPersVG herangezogen werden müssen und können.

b. Darf der Arbeitgeber die Vertretungsarbeit im Homeoffice verlangen?

Diese Frage hat sich vermutlich in der betrieblichen Praxis vor Corona niemand gestellt. In der Pandemiesituation ist sie dafür umso häufiger aufgetaucht.

Ganz und gar nicht ausschließen möchte ich, dass sich diese Frage auch im Zusammenhang mit der Verringerung von Bürokapazitäten wieder stellt.

An dieser Stelle möchte ich zunächst auf die entsprechenden Ausführungen zur Frage verweisen, ob Beschäftigte ins Homeoffice gezwungen werden können. Dort haben wir festgestellt, dass die Antwort faktisch wohl immer »nein« lauten wird. Für den Betriebs- bzw. Personalrat kann also schon aus diesem Grund nichts anderes gelten.

> **Hinweis:**
> Genau genommen ist die Antwort hier sozusagen ein doppeltes »**nein**«, da es natürlich den betrieblichen Interessenvertretungen überlassen bleiben muss, wie sie ihre Arbeit organisieren.

Ein vollständiges oder auch teilweises Betretungsverbot für die Betriebsstätte / Dienststelle für den Betriebs- oder Personalrat wäre daher mit allen Grundsätzen der entsprechenden Vertretungsgesetze unvereinbar, jedenfalls solange dort noch Beschäftigte ihrer Arbeitsleistung nachgehen.

Der Vollständigkeit halber sei darauf hingewiesen, dass die Mitglieder betrieblicher Interessenvertretungen natürlich schon im **Eigeninteresse** ihre Arbeit so organisieren müssen, dass **Abstands- und Hygieneregelungen wie z. B. in der Corona-Situation** sowohl **bei der Gremiumsarbeit** als auch **bei Gesprächen mit Beschäftigten im Betrieb/der Dienststelle** eingehalten werden.

c. Gefährdet die Einführung des Desksharing das Büro des Betriebs-/Personalrates?

Ein Gedanke, auf den ich – zugegeben – nie selbst gekommen wäre, aber in den Seminaren werde ich fast immer damit konfrontiert: Kaum wird über Desksharing nachgedacht, fangen offenbar viele Arbeitgeber auch an, das bisherige Büro des Betriebs- / Personalrates in Frage zu stellen. Frei nach dem Motto: »Es darf ja niemand begünstigt werden« und »Die anderen müssen ja auch«.

Nun ja. Um die Frage, ob der Arbeitgeber dem Gremium sein Büro entziehen (oder, was aufs Gleiche rauskäme, verweigern) kann, beantworten zu können, müssen wir uns erst einmal fragen, auf welcher Rechtsgrundlage das Gremium das Büro erhalten hat.

Grundlage ist § 40 Abs. 2 BetrVG / § 47 BPersVG, die in etwa gleichlautend feststellen, dass der Arbeitgeber in dem für die sachgerechte Aufgabenerfüllung erforderlichen Rahmen Räume und Ausstattung zur Verfügung zu stellen hat.

Das bedeutet meines Erachtens, dass dem Gremium als solchem grundsätzlich ein ausreichend großer, »mithörsicherer[3]« und »uneinsehbarer«[4] Raum zur Verfügung stehen muss, um Sitzungen durchzuführen. Ob dieser Raum ausschließlich dem Gremium zur Verfügung steht oder vom Vorsitz jederzeit innerhalb weniger Stunden für das Gremium gebucht werden kann, spielt dann m. E. keine Rolle mehr. Es muss auf jeden Fall, wenn es nicht der »eigene« Raum ist, sichergestellt sein, dass ein solcher geeigneter Raum kurzfristig für verfügbar gemacht wird. Darüber hinaus müssen alle Gremiumsmitglieder (nicht nur Freigestellte; diese aber besonders) jederzeit kurzfristig Gelegenheit haben, vertrauliche Gespräche in persona / am Telefon / ggf. auch per Videocall zu führen.

Schließlich müssen die vertraulichen Dokumente des Gremiums, sowohl die digitalen wie auch die körperlich vorhandenen, einerseits so aufbewahrt werden, dass sie nur dem Gremium zugänglich sind. Andererseits

3 Mit »mithörsicher« ist keine geheimdienstliche Abschirmung gemeint (außer vielleicht für die PR bei den Geheimdiensten etc., deren Dienststellenleitungen über entsprechendes Abhörequipment verfügen) – gemeint ist, dass im Nebenzimmer, auf dem Gang etc. die Besprechungen auch dann nicht mithörbar sind, wenn es mal lauter und heftiger werden sollte.

4 »Uneinsehbar« meint entsprechend auch nicht den fensterlosen Keller, sondern einen Raum, in dem – zumindest während der Besprechung durch geeignete Jalousien o. ä. dafür gesorgt werden kann, dass Flipcharts / Leinwände oder gar die Aufzeichnungen der Sitzungsteilnehmenden nicht von Unbefugten eingesehen werden können.

hat jedes Mitglied das Recht zu normalen Geschäftszeiten niederschwellig auf diese Dokument Zugriff zu bekommen.[5]

In Bezug auf das Desksharing bedeutet das m. E.: Sollte es dem Arbeitgeber gelingen, alle oben gestellten Anforderungen auch im Wege eines Desksharing-Konzeptes zu erfüllen, dann dürfte theoretisch auch kein Anspruch auf das eigene, feste Büro für das Gremium und dessen Mitglieder mehr bestehen. So richtig praktisch vorstellen, wie all diese Anforderungen ohne dieses Büro erfüllt werden können, kann ich mir aber nicht.

> **Praxistipp:**
> Im Alltag des konkret betroffenen Gremiums können sich ggf. natürlich weitere hier nicht – weil nicht für alle Gremien gleichermaßen relevanten – behandelten Anforderungen ergeben. In diesem Fall sind diese darzulegen und im Streitfall auch vor Gericht zu beweisen, dann kann sich auch aus diesen faktisch der Anspruch auf das eigene Büro ergeben.

d. Abmeldepflicht auch im Homeoffice?

aa. Freigestellte Betriebsräte

Nach§ 38 BetrVG freigestellte Betriebsratsmitglieder müssen sich, den oben dargestellten Überlegungen nach, nur dann beim Arbeitgeber an- und abmelden, wenn sie den Ort der vertraglichen Arbeitsleistung verlassen. Wird die Betriebsratstätigkeit also zulässig im Homeoffice durchgeführt, hängt es von der dazu geltenden Vereinbarung ab, ob sich auch für die Freigestellten noch Meldepflichten ergeben.

Das könnte z. B. dann der Fall sein, wenn echte Telearbeit im häuslichen Bereich vereinbart ist, nun aber wieder die Kanzlei der Rechtsberatung aufgesucht werden soll. Ist ohnehin mobiles Arbeiten an frei zu wählenden Orten vereinbart, fiele mir keine Konstruktion ein, bei der dann noch Meldepflichten aktuell wären.

> **Hinweis:**
> Für teilfreigestellte Betriebsratsmitglieder gelten die Ausführungen zur Vollfreistellung für die Tage/Zeiten, an denen die Freistellung greift.

5 Vgl. z. B. Thüringer LAG v. 29. 6. 2021 – 1 TaBVGa 1/21.

bb. Nicht freigestellte Betriebsräte

Dagegen müssen sich nicht freigestellte Betriebsratsmitglieder bei Aufnahme von Betriebsratstätigkeiten grundsätzlich immer bei ihrem Arbeitgeber ab- und bei Wiederaufnahme der arbeitsvertraglich geschuldeten Tätigkeiten wieder anmelden. Diese Meldepflicht soll im Wesentlichen zwei Dinge bewirken, erstens, dem Arbeitgeber ermöglichen, die Arbeit entsprechend so umzuorganisieren, dass der Ausfall des betreffenden Betriebsratsmitgliedes von seiner arbeitsvertraglich geschuldeten Tätigkeit kompensiert werden kann, und zweitens dem Arbeitgeber einen Überblick darüber zu geben, in welchem Umfang Betriebsratstätigkeiten geleistet werden.

Beides leuchtet zunächst ein. Allerdings zeigt die Erfahrung, dass es mit der Umorganisation der geschuldeten Arbeit in vielen Fällen nicht weit her ist. Auch und gerade bei Büroarbeitsplätzen wird es wohl in der Regel kaum so sein, dass – wenn das Betriebsratsmitglied mitteilt, jetzt für voraussichtlich zwei Stunden mit Betriebsratstätigkeiten befasst zu sein und für die arbeitsvertraglichen Pflichten nicht zur Verfügung zu stehen – sofort eine Ersatzkraft, das Telefon, die E-Mails oder was auch immer übernimmt. In der Regel bleibt die Arbeit dann liegen und muss vom Gremiumsmitglied später erledigt werden.

Der Betriebsrat eines Marktforschungsunternehmens war mit dem Arbeitgeber deshalb über diese Ab- und Anmeldepflichten in Streit geraten und wollte schließlich im Wege eines Beschlussverfahrens vor dem Arbeitsgericht durchsetzen, dass festgestellt wird, dass für Bürotätigkeiten keine derartigen Pflichten bestehen. Die befassten Arbeitsgerichte, bis hin zum Bundesarbeitsgericht, waren jedoch der Meinung, dass die gestellten Anträge zu weit formuliert waren, oder anders ausgedrückt, dass es zu weit gehen würde, eine solche Feststellung zu treffen.

Dennoch war das Verfahren Anlass für das Bundesarbeitsgericht, sich mit der Fragestellung tiefergehend auseinanderzusetzen und schließlich das Problem mit einem typisch juristischen »kommt drauf an« zu beantworten. Dabei hielt es zunächst fest, dass die Grundsätze der Meldepflichten auch auf Fallgestaltungen zu übertragen sind, in denen das Betriebsratsmitglied seinen Arbeitsplatz nicht verlässt, um Betriebsratstätigkeit zu versehen. Grundsätzlich besteht auch in diesen Fällen eine Ab- und Rückmeldepflicht.

Aber:

»Aufgrund der Umstände des Einzelfalls – etwa der Art der Arbeitsaufgabe, der wahrzunehmenden Betriebsratstätigkeit oder der voraussichtlichen Dauer der Arbeitsunterbrechung – können die Rücksichtspflichten jedoch

entfallen. Der Arbeitgeber kann dann verlangen, dass ihm die Gesamtdauer der in einem bestimmten Zeitraum verrichteten Betriebsratstätigkeit nachträglich mitgeteilt wird.«[6]

Beispiele nach dem BAG:
Unbedingte Abmeldeerfordernisse: z. B. die Arbeit von Fluglotsen oder Callcenter-Beschäftigten.
Tätigkeiten, bei denen es eher nicht ernsthaft in Betracht kommt, die Arbeit umzuorganisieren: einen mit einem langfristig angelegten Projekt befassten Entwicklungsingenieur, der seine Tätigkeit kurzfristig unterbricht, um an seinem Arbeitsplatz Betriebsratsaufgaben wahrzunehmen oder einen angestellten Lehrer, der während der Korrektur von Klassenarbeiten in seiner Eigenschaft als Betriebsratsmitglied ein Telefongespräch führt.

In derartigen Konstellationen begründen die berechtigten organisatorischen Interessen des Arbeitgebers keine Ab- und Rückmeldepflicht des Betriebsratsmitglieds.[7]
Die **Ab- und Anmeldung** ist also **nach BAG**-Rechtsprechung **nicht notwendig, wenn**

- die konkret geschuldete arbeitsvertragliche Aufgabe objektiv keine kurzfristige Vertretung erfordert
- das Betriebsratsmitglied nicht aus arbeitsorganisatorischen Gründen dauerhaft für den Arbeitgeber erreichbar sein muss
- die voraussichtliche Dauer der Betriebsratstätigkeit auch ansonsten keine organisatorischen Vorkehrungen des Arbeitgebers erfordert.

Dabei müssen die drei Punkte aber alle zugleich vorliegen.
Was das jetzt über- und umgesetzt auf das Homeoffice bedeutet, müsste sich nun jedes Gremiumsmitglied in jeder Situation neu überlegen. Das Problem ist: Soweit der Arbeitgeber mit der entsprechenden Einschätzung des Betriebsratsmitgliedes nicht übereinstimmt, ist der Ärger vorprogrammiert. Lag das Mitglied tatsächlich in der Einschätzung der Lage vollkommen daneben, kommt – weil das BAG die Meldepflicht als arbeitsvertragliche Nebenpflicht einstuft – auch eine wirksame Abmahnung in Betracht, im konstruierten Worst-Case-Szenario letzten Endes möglicherweise sogar eine Kündigung. Die Zeit und die Nerven, die in die solche Auseinandersetzung gesteckt werden müssen, sind meiner Meinung nach in anderweitige Betriebsratsarbeit mit Sicherheit besser investiert.

---

6 BAG v. 29.6.2011 – 7 ABR 135/09, Rn. 23.
7 BAG v. 29.6.2011 – 7 ABR 135/09, Rn. 25.

> **Praxistipp:**
> Es ist daher anzuraten, als Gremium mit dem Arbeitgeber eine Vereinbarung anzustreben, die die Meldepflichten bei Betriebsratsarbeit auch im Homeoffice angemessen regelt.

Sollten einzelne Punkte einer solchen Vereinbarung strittig bleiben, kommt gegebenenfalls aber tatsächlich eine entsprechende arbeitsgerichtliche Feststellung im Beschlussverfahren in Betracht. Bis dahin oder alternativ würde ich jedem Betriebsratsmitglied raten, sich lieber zu oft, als zu selten an- und wieder abzumelden.
Dabei bleibt es zunächst jedem Betriebsratsmitglied selbst überlassen, wie es die Meldungen bewirkt.[8] Wenn der Arbeitgeber darauf besteht, dass jede Minute der Betriebsratsarbeit mit An- und Abmeldung versehen wird, muss der entsprechende Zeitaufwand natürlich auch bei den Verhandlungen um die Gesamtmenge der geschuldeten Arbeitsleistung berücksichtigt werden. Dabei sollte immer daran gedacht und ggf. auch deutlich gemacht werden, dass auch das An- und Abmelden eine entsprechend zu meldende Tätigkeit darstellt, die von der für die vertraglich geschuldete Arbeitszeit zur Verfügung stehenden Gesamtzeitarbeitszeit abzuziehen ist.

e. Personalräte

Die Regelungen für Personalräte nach BPersVG sind an dieser Stelle dem BetrVG nahezu identisch, das Vorstehende ist damit übertragbar.[9]

f. Ordnungsgemäße Beschlussfassung auch im Homeoffice?

Die Details der richtigen Beschlussfassung, der erforderlichen Mehrheiten, Verhinderungsgründe etc. sind sowohl im BetrVG als auch im BPersVG umfangreich und kompliziert und können in diesem Ratgeber leider nicht besprochen werden. Hier soll es nur um die Frage gehen, ob und ggf. wie die Beschlussfassung anders als in Präsenzsitzung möglich ist.

---

8 Vgl. BAG 13.5.1997 – 1 ABR 2/97.

9 Siehe dazu auch: Mobile Arbeit: Präsenzpflicht für PR-Mitglieder? *Wolf Klimpe-Auerbach*, Der Personalrat 10/2023, S. 24ff., *https://www.bund-verlag.de/bundonline/modul/1726!69208/inhalt/1726!55129/zeitschrift/396!6281/asset/150!148916/position/_#none*

Dabei ist leider auch die Frage, ob denn die Gremienarbeit soweit ins Homeoffice verlagert werden kann, dass eine ordnungsgemäße Beschlussfassung auch dann möglich ist, wenn sich nicht alle Gremiumsmitglieder in Präsenzsitzung in einem Raum versammeln, nicht einfach mit einem simplen »Ja« oder »Nein« zu beantworten.
Zudem muss wieder getrennt betrachtet werden, welche Regelungen das Betriebsverfassungsgesetz und welche Regelung das Personalvertretungsrecht für diesen Fall vorsieht.

aa. BetrVG

Das an diesem Punkt mit Gültigkeit seit 18.6.2021 neu gefasste BetrVG statuiert ausdrücklich den Vorrang der Präsenzsitzung (§ 30 Abs. 1 Satz 5 BetrVG).
§ 30 Abs. 2 BetrVG regelt jedoch, dass abweichend davon die Teilnahme an einer Betriebsratssitzung mittels Video- und Telefonkonferenz erfolgen kann, wenn

1. die Voraussetzungen für eine solche Teilnahme in der Geschäftsordnung unter Sicherung des Vorrangs der Präsenzsitzung festgelegt sind,
2. nicht mindestens ein Viertel der Mitglieder des Betriebsrats binnen einer von dem Vorsitzenden zu bestimmenden Frist diesem gegenüber widerspricht und
3. sichergestellt ist, dass Dritte vom Inhalt der Sitzung keine Kenntnis nehmen können.

Alle drei Voraussetzungen müssen kumulativ (also alle zusammen) vorliegen.
Die letztgenannte Voraussetzung, dass Dritte der Sitzung nicht folgen können, ist eine technische / organisatorische Frage. Die Kosten erforderlicher Maßnahmen und Ausrüstung trägt der Arbeitgeber (§ 40 BetrVG).[10]
Die Regelung ist noch verhältnismäßig neu; veröffentliche Rechtsprechung zu den 3 benannten Voraussetzungen gab es bei Erstellung dieser Auflage noch nicht. Somit werden viele offene Fragen, die sich wohl vor allem auf die Punkte 1 und 2 beziehen, von den jeweiligen Betriebsräten intern geklärt werden können und müssen.

Vorrang der Präsenzsitzung

Der Gesetzesbegründung ist zu entnehmen, dass nur die Betriebsräte selbst die Rahmenbedingungen ihrer Arbeit in Bezug auf Video- / Tele-

10 Siehe (noch zu § 129 BetrVG a.F. ergangen) LAG BB v. 14.4.2021 – 15 TaBVGa 401/21; LAG Hessen v. 21.5.2021 – 16 TaBVGa 79/21.

fonkonferenzen bestimmen sollen.[11] Einzige Einschränkung soll nach Gesetzeswortlaut und -begründung der Vorrang der Präsenzsitzung sein. Die – zudem zum zeitweise geltenden § 129 BetrVG – ergangene Entscheidung einer Kammer des Arbeitsgerichtes Regensburg[12], in der ein Betriebsrat mit seinem Antrag, die Arbeitgeberin zur Unterlassung der Verhinderung von Betriebsratssitzungen in Präsenz anzuhalten, abgeblitzt ist, weil besondere Umstände (in diesem Fall die Ansteckungsgefahr in der Pandemie) nach Meinung der Arbeitgeberin die Präsenzsitzung unverantwortlich machten, ist also zumindest mit der nun geltenden Gesetzesfassung nicht mehr vereinbar. Ein gewichtiges Argument, warum es grundsätzlich **ausschließlich die Entscheidung des Betriebsrats** ist, **ob er seine Sitzungen** auch dann **in Präsenz halten will**, wenn die Arbeitgeberseite durchaus tragfähige Argumente für die virtuelle Sitzung anführt: Solange die Betriebsratsmitglieder ihre Gesundheit durchaus aufs Spiel setzen können, in dem die Arbeitgeberin die vertragliche Arbeitsleistung in Präsenz annimmt oder sogar fordert, dürfen die Betriebsratsmitglieder dieses Risiko auch eigenverantwortlich in der Betriebsratssitzung eingehen.[13]

Dieses Argument lässt sich auch auf andere Situationen übertragen.

Wegen des gesetzlich normierten Vorrangs der Präsenzsitzung wäre es also ein **Verstoß gegen die Betriebsverfassung**, sollte sich ein Gremium entschließen, **ab sofort und »für immer« ausschließlich virtuell zu tagen**.

Dagegen spricht aber rechtlich nichts gegen die Entscheidung, aus bestimmten Gründen einzelne Sitzungen (ggf. auch mehrere in Folge über Monate) vollständig virtuell zu halten.

Um als Beispiel beim Anlass der Gesetzgebungsänderung zu bleiben, der Covid-19-Pandemie:

Beschließt ein Gremium ordnungsgemäß seine Sitzungen aus begründbaren Infektionsschutzgründen ausschließlich virtuell zu halten, ist dieser Beschluss gesetzeskonform und wirksam, soweit nicht mindestens ein Viertel der Betriebsratsmitglieder der Einladung zur virtuellen Sitzung innerhalb der vom Vorsitz festgelegten Frist widersprechen und / oder die Vertraulichkeit nicht gewahrt ist.

---

11 BR-Drucks. 271/21 S. 3.

12 ArbG Regensburg v. 7. 12. 2020 – 2 BVGa 7/20.

13 So auch *Fischer*, jurisPR-ArbR 17/2021 Anm. 3, siehe auch LAG Berlin-Brandenburg v. 24. 8. 2020 – 12 TaBVGa 1015/20.

Es muss dabei auch im Ermessen des Gremiums liegen, alle Sitzungen virtuell abzuhalten, solange der Anlass dazu besteht, z. B. eben eine Pandemielage anhält.
Auf den Impfstatus Einzelner kann es dabei nicht ankommen.
Dies aus zwei Gründen. Erstens – der Impfstatus der Betriebsratsmitglieder als höchstpersönliche Information kann weder verbindlich vom Gremium noch vom Arbeitgeber noch vom Gericht erfragt werden, es sei denn, es gäbe für die konkrete Infektion eine gesetzliche Impfpflicht bzw. Rechtsgrundlage für die Frage nach dem Impfstatus. Im Übrigen wäre es mit den Betriebsratsmitgliedern ja nicht getan; Ersatzmitglieder, Schreibkräfte, Berater:innen usw., der in Frage kommende Personenkreis ist trotz Gebot der Nichtöffentlichkeit der Betriebsratssitzung nicht klein. Zweitens – je nach Infektion, um dies es geht, schützt ggf. auch die »vollständige« Impfung nicht vor Ansteckung und Weitergabe, so dass auch diesbezüglich von ausreichendem Schutz in Präsenzsitzungen während der Dauer einer Pandemielage nicht notwendigerweise auszugehen ist.

> **Beachte:**
> Beschließt der Betriebsrat die virtuelle Sitzung, aber einzelne Betriebsratsmitglieder können oder wollen nicht aus dem Homeoffice an der Betriebsratssitzung teilnehmen, haben diese das Recht, aus geeigneten Räumen in der Betriebsstätte (in der Regel wird das der Raum sein, in dem auch die Präsenzsitzungen des Betriebsrats stattfinden) zugeschaltet zu werden.

Widerspruch des Viertels der Betriebsratsmitglieder

Sieht man sich die Gesetzesbegründung[14] an, dann ist die Widerspruchsmöglichkeit eines Viertels des Betriebsrats meiner Meinung nach klar nur darauf bezogen, dass Sitzungen ausschließlich virtuell gehalten werden. Die virtuelle Teilnahme einzelner Betriebsratsmitglieder aus guten Gründen muss immer möglich bleiben, wenn die Geschäftsordnung das grundsätzlich hergibt. Mit Verweis auf die Gesetzesbegründung sollte es notfalls sogar möglich sein, die Schaffung einer solchen Möglichkeit in der Geschäftsordnung im Wege des Beschlussverfahrens zu erzwingen, wenn eine Mehrheit dies im Betriebsrat blockiert.
Sehen wir uns das an einem **Beispiel** näher an:
In der Gesetzesbegründung heißt es: »*Die Beweggründe, für die Nutzung einer solchen Option sind vielfältig: So kann eine Reduzierung von Reisetätigkeit dazu führen, dass körperlich benachteiligte Menschen sich eher dazu bereit erklären, ein Betriebsratsamt zu übernehmen. Auch für*

14 BR-Drucks. 271/21 S. 11.

Menschen mit Betreuungspflichten und Teilzeitbeschäftigte kann die verstärkte Nutzung von Video- und Telefonkonferenzen die Entscheidung für eine Tätigkeit im Betriebsrat erleichtern. Das gilt auch für Menschen mit Behinderungen, die zum Beispiel aufgrund einer Mobilitätseinschränkung von der Nutzung von Video- und Telefonkonferenzen in besonderer Weise profitieren können«.

Beispiel:
Nehmen wir an, Armin, der wegen einer körperlichen Behinderung an der Fahrt in die Betriebsstätte gehindert ist und einen arbeitsvertraglichen Telearbeitsplatz hat und Miriam, die ihre schwer pflegebedürftige Mutter betreut und deshalb nur vormittags in der Betriebsstätte arbeiten kann, weil da der Pflegedienst im Haus ist, kandidieren voller Freude über die neue Möglichkeit in § 30 BetrVG für den Betriebsrat; die beiden werden gewählt. Der Betriebsrat (oder schlimmer noch, wenn man annimmt, dass auch die Sperrminorität von 1/4 nach Abs. 2 Nr. 2 diese Wirkung hat) schafft aber keine Möglichkeit, virtuell an Sitzungen teilzunehmen bzw. das Viertel der Mitglieder legt ständig Veto ein. Dann wäre die virtuelle Teilnahme an den immer Mittwoch nachmittags stattfindenden Betriebsratssitzungen für Armin und Miriam auf Dauer unmöglich. Dies gilt in meinem Beispiel zumindest für den ans eigene Wohnhaus gebundenen Armin; für Miriam könnte man eventuell noch prüfen, ob nicht die Teilnahme an der Präsenzsitzung dadurch ermöglicht werden kann, dass die Kosten einer zusätzlichen Betreuung der Mutter an den Sitzungsnachmittagen (ebenso wie z.B. für Schulungsteilnahme) vom Arbeitgeber übernommen werden bzw. werden müssen.[15]
In diesem Fall muss nach der Gesetzesbegründung und wegen § 78 BetrVG zumindest ein Anspruch des Armin gegen den Betriebsrat auf Schaffung der Grundlage für die virtuelle Sitzungsteilnahme bejaht werden. Gleiches gilt, wenn es diese Grundlage gibt, aber das Veto des Betriebsratsviertels eine generelle virtuelle Sitzung verhindern soll. Andernfalls wäre Armin dauerhaft gehindert – bzw. könnte sogar von nur einem Viertel der Betriebsratsmitglieder dauerhaft gehindert werden –, sein Wahlamt ordnungsgemäß auszuüben. Damit allerdings wäre Armin letztlich wegen seiner gesundheitlichen Situation (und zudem ohne Not, da die Lösung ja einfach wäre) massiv in seiner Betriebsratstätigkeit behindert.[16]

---

15 Vgl. z.B. BAG v. 23.6.2010 – 7 ABR 103/08.

16 Soweit Menschen unabdingbar Unterstützung benötigen, um ihr Betriebsratsamt ordnungsgemäß ausüben zu können, sind diese Unterstützungspersonen trotz des Grundsatzes der Nichtöffentlichkeit der Betriebsratssitzung dennoch sowohl in Präsenz wie virtuell zur Teilnahme an der Sitzung berechtigt – allerdings dann ebenso bzw. noch weitergehend als das von ihnen unterstützte Mitglied zum Schweigen verpflichtet.

Diese **Überlegungen gelten** natürlich **nur**, wenn die **virtuelle Sitzungsteilnahme** der einzelnen Betriebsratsmitglieder auf **so gewichtigen Gründen** beruht, dass diese Gründe den **Vorrang der Präsenz,** den der Gesetzgeber nochmals bestätigt hat, **in diesem Einzelfall aushebeln** können.
Die Regelungen zu den Beschlüssen (§ 33 BetrVG) und der Sitzungsniederschrift (§ 34 BetrVG) wurden entsprechend angepasst; ebenso die § 51 BetrVG, so dass auch dem Gesamtbetriebsrat Beschlüsse mittels Video- und Telefonkonferenz erlaubt sind.

bb. BPersVG

Die Sitzungen des Personalrats finden gem. § 38 Abs. 3 BPersVG in der Regel als Präsenzsitzung statt.
Die Sitzung kann jedoch auch im Geltungsbereich des BPersVG vollständig oder unter Zuschaltung einzelner Personalratsmitglieder mittels Video- oder Telefonkonferenz durchgeführt werden, wenn
1. vorhandene Einrichtungen genutzt werden, die durch die Dienststelle zur dienstlichen Nutzung freigegeben sind,
2. nicht mindestens ein Viertel der Mitglieder oder die Mehrheit der Vertreterinnen und Vertreter einer Gruppe des Personalrats binnen einer von der oder dem Vorsitzenden zu bestimmenden Frist gegenüber der oder dem Vorsitzenden widerspricht und
3. der Personalrat geeignete organisatorische Maßnahmen trifft, um sicherzustellen, dass Dritte vom Inhalt der Sitzung keine Kenntnis nehmen können.
Anders als im BetrVG, in dem der Betriebsrat vom Arbeitgeber die Ausstattung mit ggf. erst zu beschaffender geeigneter Ausrüstung zur rechtssicheren Durchführung virtueller Sitzungen verlangen kann, soweit die virtuellen Sitzungen bzw. die Sitzungsteilnahme einzelner Betriebsratsmitglieder erforderlich erscheint, ist der **Personalrat auf die entsprechende Ausstattung der Dienststelle und deren Freigabe angewiesen.** Allerdings wäre eine begründungslose oder nicht hinreichend begründete Nichtfreigabe geeigneter Ausstattung unter Umständen eine Behinderung der Personalratsarbeit. Kürzlich wurde zudem gerichtlich bestätigt, dass Mitglieder einer Stufenvertretung natürlich auch dann Anspruch auf Ausstattung mit der für die Videositzung nötigen Technik haben, wenn sie selbst in einer (untergeordneten) Dienststelle arbeiten, in der diese Technik nicht genutzt wird. Bezugspunkt für die Entscheidung, welches

die üblicherweise genutzte Informations- und Kommunikationstechnik sei, ist in der Regel die Dienststelle, bei der der Personalrat gebildet ist.[17]
Die im Abschnitt zu den Sitzungen des Betriebsrats angestellten Überlegungen zum individuellen Recht auf virtuelle Teilnahme in besonderen Fällen lassen sich leider wegen dieser Nr. 1 und den vorhandenen sowie den fehlenden Überlegungen der Gesetzesbegründung nicht direkt auf das BPersVG übertragen. Es fehlt die ausdrückliche gesetzgeberische Motivation, Menschen mit besonderem Bedarf (z. B. wegen Behinderung oder familiären Verpflichtungen) durch die Möglichkeit der virtuellen Sitzungen in die Gremienarbeit einzubinden[18] bzw. das individuelle Recht wird ausdrücklich negiert.[19]
Gem. § 90 BPersVG gelten die Regelung zur virtuellen Sitzung auch für die Stufenvertretungen bzw. in Verbindung mit § 94 BPersVG auch für den Gesamtpersonalrat.
Auch in den meisten Länderpersonalvertretungsgesetzen gibt es zwischenzeitlich ähnliche Regelungen wie im BPersVG, was die Durchführung von / die Teilnahme an virtuellen Sitzungen angeht.

cc. Fahrtzeiten und Reisekosten zu Sitzungen aus dem Homeoffice

Soweit das Homeoffice (an dem Tag / zu der Zeit, wenn die Sitzung stattfindet) der Ort der vertraglich geschuldeten Arbeitsleistung ist, die Fahrt also nur wegen der Gremiumstätigkeit unternommen werden muss, sind die Reisekosten gem. § 40 BetrVG / § 46 Abs. 2 BPersVG vom Arbeitgeber zu erstatten. Die erforderliche Reisezeit ist gem. § 37 Abs. 2, 3 BetrVG / § 51 BPersVG wie Arbeitszeit zu vergüten / gutzuschreiben.[20]
Das gilt unter bestimmten Voraussetzungen selbst dann, wenn die Gremiumsmitglieder im Homeoffice arbeiten, an der virtuellen Betriebsratssitzung aber nicht von zuhause, sondern aus der Betriebsstätte teilnehmen wollen.
Ein Beispiel, warum die Teilnahme an einer vom Gremium beschlossenen rein virtuellen Sitzung dennoch aus der Betriebsstätte erforderlich sein dürfte, wäre die Situation in vielen Familien. Die wenigsten Menschen verfügen über ausreichend Wohnraum, um (zudem ggf. mehrere Familienmitglieder) mit einem abgeschlossenen und den Anforderungen der

---

17 Vgl. VG Köln v. 11. 12. 2023 – 33 K 5105/22.PVB.
18 Vgl. dagegen für das BetrVG BR-Drucks. 271/21 S. 11.
19 BT-Drucks. 19/26820 v. 19. 2. 2021, S. 73/74.
20 Siehe dazu auch LAG Schleswig-Holstein v. 26. 7. 2022 – 2 TaBV 8/22; in der Entscheidung geht es um Kosten für die Sitzung einer Einigungsstelle, m. E. ist die Lösung aber auf andere Betriebsratstätigkeiten übertragbar.

Gremienarbeit an die Nichtöffentlichkeit genügenden Arbeitsraum auszustatten.
Steht dem Gremiumsmitglied ein solcher Ort im Homeoffice aber nicht zur Verfügung, ist die Teilnahme an der virtuellen Sitzung unmöglich, zumindest unzumutbar. In diesem Fall ist aber die Fahrt in die Betriebsstätte zur Sitzungsteilnahme auch dann erforderlich, wenn dort wiederum nur an der rein virtuellen Sitzung teilgenommen wird.
Gleiches gilt z. B. auch, wenn die Datenleitung z. B. die Arbeit ermöglicht, aber keine stabile Videoübertragung mit Sprache und Bild bzw. wenn die Betreffenden einfach nur vom Recht Gebrauch machen wollen, in der häuslichen Umgebung die Kamera nicht anzuschalten.
Die Teilnahme an einer Gremiensitzung per Telefonkonferenz ist da auch keine zumutbare Alternative.[21]

Beachten:
Die telefonische Teilnahme halte ich ohnehin nur für eine Notlösung für Ausnahmefälle. Menschliche Kommunikation läuft zu ca. 80 Prozent nonverbal – also über Körpersprache und Mimik – ab. Eine Telefonkonferenz bietet diese Möglichkeiten, Signale aufzunehmen und Missverständnisse gar nicht erst aufkommen zu lassen, schlicht nicht.

dd. Beschlussfähigkeit und Zusammentritt (Sitzung) in besonderen Fällen

In der Covid-19-Pandemie wurde es besonders deutlich; falls Ausfälle z. B. wegen Erkrankungen (oder auch Quarantäneanordnungen ohne entsprechende Möglichkeit, per Videokonferenz an den Sitzungen teilzunehmen) die Zahl der Gremiumsmitglieder immer weiter reduzieren, kommt mancher Vorsitz ins Schwitzen. Schlimmer noch – oft ist dann der gewählte Vorsitz und die eingearbeitete Stellvertretung auch ausgefallen und »jemand« muss die Arbeit aufrechterhalten.
Das BetrVG ist hier nicht sehr eindeutig. Einer BAG-Entscheidung vom 28. 7. 2020 lässt sich jedenfalls entnehmen, dass das nicht ohne weiteres so einfach ist. Falls das BAG ein Recht des Betriebsrats, ohne Einladung durch den amtierenden Vorsitz zu tagen, überhaupt mittragen würde, würde es wohl verlangen, dass nicht nur sowohl der Betriebsratsvorsitz als auch dessen Stellvertretung verhindert sind, sondern dass zudem dringende – unaufschiebbare – Beratungsgegenstände zu erledigen wären.[22]

21 Vgl. LAG Hessen v. 27. 5. 2021 – 16 TaBVGa 79/21, Rn. 34.
22 Vgl. BAG v. 28. 7. 2020 – 1 ABR 5/19.

Ich empfehle daher zur Vereinfachung vorsorglich, dass der Betriebsrat neben der Wahl von Vorsitz und Stellvertretung immer auch über eine Liste beschließt, in welcher Reihenfolge beim Ausfall dieser beiden die weiteren Betriebsratsmitglieder aushilfsweise in die Funktion des Vorsitzes nachrücken. Allerdings ist auch meine Lösungsidee, soweit mir bekannt, noch nicht gerichtlich geprüft worden.
Fallen nach und nach die Betriebsratsmitglieder aus, dann hat die Person in der Funktion des Vorsitzes natürlich zunächst die entsprechenden Ersatzmitglieder zur Sitzung zu laden. Der Betriebsrat ist gemäß § 33 Abs. 2 BetrVG nur beschlussfähig, wenn mindestens die Hälfte der Betriebsratsmitglieder (hier geht es um die Anzahl der nach Wahlausschreiben gewählten Betriebsratsmitglieder, personell können das natürlich auch Ersatzmitglieder sein) an der Beschlussfassung teilnimmt, wobei § 33 Abs. 1 Satz 2 BetrVG klarstellt, dass ggf. die virtuelle Teilnahme genügt.

Beachten:
Sinkt die Gesamtzahl der Betriebsratsmitglieder auch nach Eintreten sämtlicher Ersatzmitglieder unter die vorgeschriebene Zahl, ist bis zur Neuwahl von der Zahl der noch vorhandenen Betriebsratsmitglieder auszugehen. Das gleiche gilt in analoger Anwendung von §§ 13, 22 BetrVG, wenn mehr als die Hälfte der Betriebsratsmitglieder an der Amtsausübung verhindert sind und nicht mehr durch Ersatzmitglieder vertreten werden können.[23]

Beispiel:
Der Betriebsrat ist 9-köpfig und verfügt über 5 Ersatzmitglieder. Beschlussfähig ist das Gremium bei Teilnahme von 5 Mitgliedern (oder entsprechend Ersatzmitgliedern) an der Sitzung. Im Extremfall haben sich alle 9 ordentlichen Mitglieder in der letzten Sitzung mit einem Virus infiziert, sind arbeitsunfähig erkrankt und ohne Möglichkeit zur Teilnahme per Video/Telefonkonferenz zu Hause.
Nun muss eine Anhörung zur Kündigung behandelt werden. Die 5 Ersatzmitglieder können und müssen sich unter Berufung auf das Selbstzusammentrittsrecht und in analoger Anwendung von §§ 13, 22 BetrVG zur Sitzung finden und sind dann bei 3 Teilnehmenden beschlussfähig.

Entsprechendes ergibt sich meinem Verständnis nach aus den §§ 16, 28, 39 BPersVG für den Personalrat, der aber anders als der Betriebsrat gem. § 39 Abs. 4 BPersVG unter bestimmten Voraussetzungen auch im elek-

---

23 Vgl. BAG v. 18. 8. 1982 – 7 AZR 437/80.

tronischen Verfahren (also der modernen Form der Umlaufmappe) beschließen kann.

g. Zuleitungen und Fristen im Homeoffice

Wenn der Betriebs- oder Personalrat ins Homeoffice gehen will, muss zuerst geklärt werden, wie dann die Kommunikation mit dem Arbeitgeber / der Dienststelle und innerhalb des Gremiums laufen soll.
Anhörungen müssen dem Gremium umgehend zugehen, Fristen müssen gewahrt werden können.
Damit stellt sich als erstes die Frage, wie und wann das Gremium von Zuleitungen des Arbeitgebers (z. B. Anhörungen zu Versetzungen, Einstellungen, Kündigungen oder andere Mitteilungen) Kenntnis nehmen kann. Geschieht die Kommunikation mit dem Arbeitgeber ohnehin schon via E-Mail dürfte das kein Problem sein. Andernfalls und zusätzlich muss aber sichergestellt werden, dass keine Schriftstücke im Postfach des Gremiums »versauern«. Eventuell kann man mit dem Arbeitgeber eine Lösung dahingehend finden, dass auf E-Mail umgestellt wird, eventuell muss auch jemand in die Betriebsstätte / die Dienststelle und den Posteingang täglich kontrollieren. Diese Fahrten wären dann wieder erforderlich für die Arbeit des Gremiums mit den oben beschriebenen Folgen für Gutschrift Arbeitszeit und Fahrtkostenerstattung.
Wird gescannt und an alle per E-Mail verteilt, müssen diese E-Mail-Adressen natürlich datenschutzrechtlich vertretbar sein. Für das Gremium im Homeoffice dürfte daher Mindestvoraussetzung auch sein, dass jedes Mitglied einen datenschutzrechtlich sauberen Zugang zu einer eigenen E-Mail-Adresse für seine Gremiumsarbeit hat.
Die Weiterleitung von Informationen aus dem Posteingang des Gremiums z. B. an private E-Mail-Adressen (die vielleicht auch noch von der ganzen Familie genutzt werden) kann zu großen Problemen bis hin zur strafrechtlichen Relevanz führen, soweit damit personenbezogene Daten von Beschäftigten oder Betriebs-/Geschäftsgeheimnisse an Unbefugte gelangen.
Für Gremiumsarbeit im Homeoffice braucht es also ein **Datenschutz**konzept des Gremiums, welches zu erarbeiten, zu beschließen und strikt einzuhalten ist. Soweit es das noch nicht gibt, sollte kurzfristig mit dem betrieblichen Datenschutzverantwortlichen und der IT Kontakt aufgenommen werden, erforderlichenfalls auch externer Sachverstand hinzugezogen werden, um die erforderlichen die Voraussetzungen zu klären, zu beschließen und dann vom Arbeitgeber verlangen zu können.

In diesem Zusammenhang ist darauf hinzuweisen, dass seit den Neufassungen laut § 69 BPersVG die Dienststelle der für die Verarbeitung Verantwortliche im Sinne der datenschutzrechtlichen Vorschriften ist; laut § 79a BetrVG der Arbeitgeber. Diese Regelungen bedeuten allerdings nicht, dass Arbeitgeber / Dienststelle den Gremien vorschreiben könnten, wie sie ihre datenschutzrechtlichen Verpflichtungen erfüllen (oder unter dem Deckmantel des Datenschutzes gar allgemeine Vorschriften zur Arbeitsorganisation machen könnten). Auf die weiterführende Literatur zum Thema Datenschutz im Gremium sei hier verwiesen.[24]
Bei der Mitteilung von Beschlüssen, Abgabe von Erklärungen, allgemein und an den Arbeitgeber, ist zu beachten, dass das Gesetz an manchen Stellen die gesetzliche **Schriftform** verlangt.

> **Zwei Beispiele:**
> § 36 BetrVG (Geschäftsordnung des Betriebsrats) und § 56 Abs. 2 BPersVG[25] (Weiterbeschäftigungsverlangen JAV): In beiden Fällen handelt es sich um Rechtsgeschäfte, so dass die gesetzliche Schriftform des § 126 BGB/§ 126a BGB erforderlich ist.

Das bedeutet, die Erklärungen müssen vom Aussteller eigenhändig unterzeichnet sein; im Falle einer E-Mail mit qualifizierter elektronischer Signatur versehen.
In anderen Fällen geht die Rechtsprechung davon aus, dass, obwohl auch da »schriftlich« im Gesetz steht, die Textform nach § 126b BGB, also auch eine normale E-Mail, genügt.

> **Auch hier zwei Beispiele:**
> § 99 Abs. 3 BetrVG: »Verweigert der Betriebsrat seine Zustimmung, so hat er dies unter Angabe von Gründen innerhalb einer Woche nach Unterrichtung durch den Arbeitgeber diesem schriftlich mitzuteilen. Teilt der Betriebsrat dem Arbeitgeber die Verweigerung seiner Zustimmung nicht innerhalb der Frist schriftlich mit, so gilt die Zustimmung als erteilt.«[26]
> § 69 Abs. 2 BPersVG a. F.: »Die Maßnahme gilt als gebilligt, wenn nicht der Personalrat innerhalb der genannten Frist die Zustimmung unter Angabe der Gründe schriftlich verweigert.«[27]

---

24 Siehe z. B. *Wedde*, Handbuch Datenschutz und Mitbestimmung, 3. A., 2023.
25 Hamburgisches OVG v. 15. 1. 2010 – 8 Bf 272/09.PVL.
26 BAG v. 10. 3. 2009 – 1 ABR 93/07.
27 OVG Nordrhein-Westfalen v. 1. 9. 2015 – 20 A 1868/14.PVB. – in § 70 Abs. 3 BPersVG wird nun ausdrücklich die elektronische Form zugelassen.

Es lohnt sich also, sich über die Frage, welche Erklärungen der Betriebs- oder Personalrat per einfacher E-Mail wirksam abgeben kann und wo die eigenhändige Originalunterschrift / die elektronische Signatur (bzw. ggf. ein Fax) erforderlich ist, Gedanken zu machen, bevor der Vorsitz ins Homeoffice wechselt. Auf jeden Fall sollte zumindest der Gremiumsvorsitz und die Stellvertretung über die Möglichkeiten zum Drucken und Faxen bzw. über eine elektronische Signaturkarte verfügen. Andernfalls und im Zweifel ist es besser, an den Betriebssitz / in die Dienststelle zu fahren und die Mitteilungen über die Beschlüsse des Gremiums, die Fristen waren sollen und bei denen die Schriftform zu wahren ist, rechtzeitig und nachweisbar dort im Original abzugeben.

3. Arbeit der betrieblichen Interessenvertretung mit den Beschäftigten im Homeoffice

Betriebs- und Personalratsarbeit ist stets anspruchsvoll. Den Kontakt zu den Beschäftigten zu halten, ihre Befürchtungen und Sorgen zu kennen, die mühevolle Arbeit des Gremiums und seine Erfolge ausreichend darzustellen und die getroffenen Entscheidungen für die Beschäftigten verständlich zu erläutern, ist ohnehin ein täglicher Kampf.

Etwas erleichtert wird dieser Kampf dadurch, dass man sich im betrieblichen Alltag kennt und sieht. Man läuft sich auf dem Flur oder dem Weg zur Kaffeeküche über den Weg und kann schnell ein paar Worte wechseln, man trifft sich in der Kantine und hat beim Mittagessen Zeit für ein etwas ausführlicheres informelles Gespräch und selbst der Weg ins Betriebsrats- / Personalratsbüro, um ein Anliegen offizieller zu besprechen, fällt leichter, wenn es sich nur um ein paar Schritte oder ein paar Stockwerke handelt, die überwunden werden müssen.

Diese tägliche Arbeit wird durch die räumliche Entfernung und den Wegfall der kleinen informellen Kontaktmöglichkeiten keinesfalls erleichtert. Befinden sich Beschäftigte, vielleicht sogar große Teile der Belegschaft und der Betriebs- oder Personalrat selbst, im Homeoffice, fallen zufällige Begegnungen und Gespräche quasi vollständig weg.

Die Herausforderung für das Gremium besteht also darin, für diesen Wegfall ausreichend kreativen Ersatz zu finden.

In meinen Webinaren und Workshops in der ersten Zeit der Covid-19-Pandemie haben mich die kreativen Ideen, die vielen Gremien mit Beginn der Pandemie sehr schnell gekommen sind, geradezu »vom Hocker gehauen«. Da wurden Betriebsratsinfos nicht mehr nur als dröge Flugblätter ans schwarze Brett gepinnt, sondern plötzlich gab es den Betriebsratspodcast. In diesem Podcast interviewen sich die Betriebsratsmitglieder gegenseitig, umso die aktuell anstehenden Themen leicht verständlich und mit Abwechslung darstellen zu können. Ebenso werden Beschäftigte ins Gespräch geholt, um an deren Beispiel (und natürlich mit ihrem Einverständnis!), den Umgang mit den aktuellen Problemlagen und Lösungsmöglichkeiten besprechen zu können. Andere Gremien produzierten gleich ganze Videoreihen, nutzten Messenger-Gruppen, Facebook, Instagram etc.

Beachten:
Bei aller Freude an den verhältnismäßig neuen Formen und Möglichkeiten muss das Gremium bei solchen Formaten natürlich immer bedenken, dass es weiterhin die strikte Pflicht hat, Betriebsinterna auch intern zu halten, und nicht etwa via Internet und YouTube etc. der ganzen Welt zu präsentieren. Auch die persönlichen Meinungen und Daten von Beschäftigten können den anderen Betriebs- und Dienststellenangehörigen unabhängig vom Medium natürlich nur mit dem Einverständnis der Betroffenen bekannt gemacht werden.

Diese technischen Möglichkeiten gibt es natürlich schon seit längerem und sie waren auch bereits vor der Pandemie anerkannt, um z. B. die alltägliche Betriebsratsarbeit zu koordinieren, Gremiensitzungen bzw. Beschlussfassungen vorzubereiten, aber auch, um im Rahmen von Einzelgesprächen oder offiziellen Sprechstunden mit dem Beschäftigten zu kommunizieren.

Hinweis:
Der Betriebsrat, der die Erforderlichkeit solcher Möglichkeiten entsprechend begründen kann, hat gegenüber seinem Arbeitgeber aus § 40 BetrVG den Anspruch auf eine entsprechende technische Ausstattung für die mit der Durchführung dieser Aufgaben beauftragten Betriebsratsmitglieder. Das kann je nach Sachlage und gerade mit Verweis auf § 30 BetrVG in der Neufassung so weit gehen, dass eine solche Ausstattung allen Betriebsratsmitgliedern zur Verfügung gestellt werden muss.

Ganz ähnlich kann der Personalrat aus § 46 BPersVG argumentieren. Dieser hat sich aber darauf einzurichten, nicht nur mit dem Gebot der sparsamen Verwendung öffentlicher Mittel konfrontiert zu werden, sondern den Gesetzeswortlaut »um die Ohren« zu bekommen, soweit die technischen Mittel in der Dienststelle noch nicht vorhanden sind.

Praxistipp:
Gibt es im Betrieb nur wenige Beschäftigte im Homeoffice, bietet es sich an, im Gremium zu besprechen, wer sich, in welchem Zeitfenster aktiv bei diesem Beschäftigten meldet.

Ob die entsprechenden Gespräche dann telefonisch, per Videocall oder bei entsprechendem Einverständnis / auf Wunsch der Beschäftigten in Form eines persönlichen Gespräches bei ihnen zu Hause stattfinden, hängt wieder von den Umständen des Einzelfalles ab.
Möglich ist alles, was vom Gremium als erforderlich für die ordnungsgemäße Arbeit angesehen wird. Dabei ist selbstverständlich von Betriebs- und Personalrat immer auch das Kosteninteresse des Arbeitgebers im Auge zu behalten. Einen Zwang, immer nur die billigste Lösung zu nehmen, gibt es aber weder in diesen Fällen noch sonst in der Betriebs- oder Personalratsarbeit.

a. Betriebs- und Personalversammlungen per Videokonferenztool?

§ 129 BetrVG, der dem Betriebsrat die Möglichkeit gab, Betriebsversammlungen auch per Videokonferenz durchzuführen, gilt seit 1. 7. 2021 nicht mehr. Eine entsprechende Regelung wurde – anders als mit § 30 BetrVG für die Betriebsratssitzungen – nicht geschaffen.
Es ist an dieser Stelle nicht der Raum, zu sehr ins Detail zu gehen. Dennoch erscheint der Hinweis erforderlich, dass sich aus dem Wortlaut des BetrVG aber nicht zwingend ablesen lässt, dass eine Abteilungs- oder auch (Teil-) Betriebsversammlung tatsächlich voraussetzt, dass die Menschen, die sich versammeln, körperlich in einem Raum anwesend sind.
Anerkannt – und in großen Betrieben auch genutzt – war bereits vor der damaligen Geltung des § 129 BetrVG, dass Betriebsversammlungen dergestalt abgehalten werden können, dass sich die Menschen in mehreren Räumen aufhalten und Bild und Ton wechselseitig in diese Räume übertragen werden.
Das Gesetz spricht nur von »Versammlung« – dass dieses Beisammensein durch technische Möglichkeiten vermittelt wird und nicht die körperliche Anwesenheit in einem Raum betrifft, wird meines Erachtens durch die Regelung durchaus offengelassen.

Plant das Gremium aber virtuelle (Teil-)Versammlungen muss es bedenken:
Betriebsversammlungen sind nicht-öffentliche Veranstaltungen. Das bedeutet, dass nur der teilnahmeberechtigte Personenkreis Kenntnis von dem Inhalt der Versammlung bekommen darf. Außerdem haben alle Beteiligten Anspruch auf den Schutz ihrer personenbezogenen Daten, die bei einer digital durchgeführten Betriebsversammlung unweigerlich entstehen.
Der Betriebsrat, der Konferenztools für eine Betriebsversammlung nutzen möchte, sollte sich deshalb unbedingt rechtzeitig vorher technisch und datenschutzrechtlich aufschlauen!
§ 80 Abs. 2 und 3 BetrVG geben ausreichend Möglichkeiten. Der / die betriebliche Datenschutzbeauftragte kann (und sollte meines Erachtens) erste Anlaufstelle sein. Bleiben dann Fragen offen oder erscheinen die Antworten gar zu eng gestrickt, besteht grundsätzlich immer auch die Möglichkeiten, konkret externen Sachverstand über § 80 Abs. 3 BetrVG einzukaufen.
Mindestens wird der **Betriebsrat** wohl **auf folgendes zu achten** haben:

- die Einwahl in die Videokonferenz muss nur teilnahmeberechtigte Personen vorbehalten bleiben. Die Teilnahme Unbefugter muss ausgeschlossen sein
- Die Eingeladenen sollten ausdrücklich belehrt werden:
  - Einladungen dürfen nicht weitergeleitet werden
  - Aufzeichnungen (auch Screenshots) sind unzulässig
  - die Teilnahme muss so erfolgen, dass Dritte (auch Familienmitglieder) keine Kenntnis nehmen können

Außerdem sollte der Betriebsrat sich bereits im Vorfeld überlegen, wie die Beschäftigten zur aktiven Teilnahme animiert werden können und wie diese Teilnahme dann gemanagt wird. Von »Daumen hoch« über Abstimmungstools, break-out-sessions (die Teilnehmer werden mit konkreten Aufgaben-/Fragestellungen in Gruppen zusammengeschaltet), kleinen Spiele- oder Quizrunden, die Möglichkeiten sind fast so vielfältig, wie das Internet tief ist. Auch zu diesen Fragen kann sich der Betriebsrat im Vorfeld schlau machen und Unterstützung holen.

Beachten:
Für den Personalrat ist zumindest die Übertragung der Personalversammlungen im Einvernehmen mit der Dienststellenleitung in Nebenstellen oder Teile der Dienststelle in § 58 Abs. 1 BPersVG geregelt. Einer Übertragung der vorgenannten Überlegungen zur grundsätzlichen Zulässigkeit der virtuellen Versammlung im Betrieb steht dies meiner Auffassung nach nicht

entgegen, im Gegenteil. Der Personalrat, der Entsprechendes plant, sollte sich jedoch unbedingt im Vorfeld zu den Details gut informieren und beraten lassen.

b. Digitale Sprechstunde

Nichts spricht dagegen, die Beschäftigten im Homeoffice individuell anzusprechen, anzurufen oder anzutexten.[28]

Das Gremium und seine Mitglieder dürfen sich nicht im Homeoffice verstecken.

In den Seminaren, gerade auch zum Thema Öffentlichkeitsarbeit, berichten mir die Teilnehmenden immer wieder, dass sie schon seit Jahren keine Sprechstunden mehr durchführen. Begründet wird dies oft damit, dass man da sinnlos rumsitzt, weil sowieso niemand käme. Abgesehen davon, dass das dann endlich mal die Ruhe und Muße bieten kann, die Fachzeitschriften zu studieren, die sich sonst stapeln: Wird die Arbeit für große Teile der Beschäftigten und damit auch für den Betriebs- oder Personalrat ins Homeoffice verlagert, könnte das der Anlass sein, mal wieder über das Thema Sprechstunde nachzudenken.

Wie erwähnt, fallen bei der Verlagerung der Arbeit aus der Betriebsstätte / Dienststelle heraus viele Möglichkeiten der niedrigschwelligen Kommunikation weg. Umso wichtiger ist es, den Beschäftigten Gelegenheit zu bieten, sich mit ihren Sorgen, Befürchtungen und Anliegen an das Gremium zu wenden. Die Einrichtung einer digitalen Sprechstunde kann die Hürde senken, die die Kontaktaufnahme mit Betriebs- oder Personalrat für viele Beschäftigte darstellt. Wird diese Sprechstunde entsprechend kommuniziert, dann wissen die Beschäftigten, dass sie zu dieser Zeit ein Gremiumsmitglied erreichen können, ohne zu »stören«. Viele tun sich dann leichter »durchzuklingeln«.

Was spricht z. B. dagegen, rotierend nach einem Plan, jedes Betriebs- und Personalratsmitglied in die Durchführung der Sprechstunden einzubinden? Für Kolleg:innen, die neu im Gremium sind oder sich aus anderen Gründen schwertun, könnte man zunächst Hospitationen organisieren. Das würde bedeuten, dass diese Kolleg:innen hauptsächlich zuhörend an der Sprechstunde und den Gesprächen teilnehmen, um ein Gefühl dafür zu bekommen, was da so üblicherweise gefragt wird und wie man gegebenenfalls mit heiklen oder komplizierten Situationen umgeht.

---

28 Wobei die Personalräte natürlich ggf. dienstliche Geheimhaltungsvorschriften beachten müssen bzw. die dienstlichen Einrichtungen für die digitalen Sprechstunden nutzen (§ 38 BPersVG).

Beteiligen sich dann aber alle Gremiumsmitglieder abwechselnd an der Durchführung der Sprechstunde, hält sich die Belastung für den oder die einzelne in Grenzen und zudem haben die Beschäftigten die Möglichkeit, sich im Rahmen der Sprechstunde jeweils auch an das Mitglied ihres Vertrauens zu wenden und ihre Anliegen entsprechend vorzutragen. Wer wann dran ist, kann dann entsprechend auf der Intranetseite des Betriebs- oder Personalrats bzw. anderweitig auf geeignete Weise kommuniziert werden. Das gibt Gelegenheit, dass sich auch die einzelnen Mitglieder des Gremiums immer mal wieder mit Bild und einem kurzen Text den Beschäftigten vorstellen. Dabei kann man – zusätzlich – darüber nachdenken, ob sich die einzelnen Kolleg:innen zu bestimmten Themen qualifizieren und spezialisieren bzw. ob man die Sprechstunden jeweils gezielt zu bestimmten Themen ausschreibt.

Beachten:
Für all das spielt es für den Betriebsrat grundsätzlich keine Rolle, ob die Sprechstunde in Präsenz (also in einem Besprechungsraum oder ähnlichem) abgehalten wird oder digital via Telefongespräch / Videokonferenz (§ 39 BetrVG / § 45 Abs. 3 BPersVG, in der Neufassung mit ausdrücklicher Klarstellung).

Praxistipp:
Wenn Sprechstunden – in welcher Form auch immer – angeboten werden, sollte unbedingt auch immer deutlich und gut erkennbar kommuniziert werden, dass dies die Beschäftigten nicht davon abhalten muss, sich bei zwischen diesen Sprechstunden auftretenden Beratungsbedarf bzw. grundsätzlich an das Gremiumsmitglied ihres Vertrauens zuwenden.

Sollten die Sprechstunden sich als Erfolg erweisen und die Beschäftigten tatsächlich oder virtuell Schlange stehen, um ihre Anliegen loszuwerden, muss das Gremium sich natürlich Gedanken um eine Ausweitung der Sprechzeiten und oder eine Art Ticket oder Buchungssystem machen, damit der Beratungsbedarf der Kolleg:innen entsprechend gedeckt werden kann.

4. Betriebsrat rund um die Uhr / Personalrat 7 Tage die Woche

Ich habe es zu Beginn dieses Kapitels bereits angedeutet: Ich bin der Auffassung, dass die Kolleg:innen in Betrieb und Homeoffice zu Recht einen Anspruch haben, in dringenden Fällen ihren Betriebs- oder Personalrat erreichen zu können.
Wird im Unternehmen / der Dienststelle rund um die Uhr und / oder an sieben Tagen die Woche gearbeitet, finde ich den Anspruch, dass auch der Betriebs- bzw. Personalrat 24/7 erreichbar ist, absolut legitim.
Die modernen Kommunikationsmittel haben aber leider die Eigenschaft, die Impulskontrolle der Menschen zu schwächen, bzw. Menschen, die mit ihnen aufwachsen, eine solche Impulskontrolle eher schwach entwickeln zu lassen. Heutzutage kann man leicht den Eindruck gewinnen, dass jede:r ernsthaft glaubt, das eigene Anliegen sei das Wichtigste auf der Welt überhaupt, Betriebs-/oder Personalrat hätten nur darauf gewartet, sich auf dieses Anliegen zu konzentrieren und nun würde dieses Anliegen auch sofort und umfassend bearbeitet. Dabei braucht die Bearbeitung dann selbstverständlich nicht länger als fünf Minuten, anderenfalls wird nachgefragt, warum das so lange dauert. Dieser Mentalität, die die meisten von uns vermutlich auch mit Grauen gelegentlich bei sich selbst beobachten, möchte ich aber keinesfalls das Wort reden, wenn ich mich dafür einsetze, das Betriebs- und Personalräte für die Beschäftigten erreichbar sind.
Wie sich dieser Widerspruch auflösen lässt? Nun ganz einfach, Betriebs- und Personalräte sind im Normalfall Gremien, die aus mehr als einer Person bestehen. Den Einzelbetriebs- bzw. personalrät:innen zolle ich bei jeder Gelegenheit meinen höchsten Respekt. Ich kann mir kaum einen anspruchsvolleren Job vorstellen als allein für die Belange der Kolleg:innen eintreten zu müssen. Je kleiner das Gremium ist, desto mehr muss man natürlich den Anspruch nach ständiger Erreichbarkeit relativieren und das auch klar in den Betrieb kommunizieren.

Hinweis:
Ein Einzelbetriebs- oder Personalrat kann aus verständlichen Gründen nur während seiner/ihrer individuellen Arbeitszeit für die Belange der Beschäftigten zu Verfügung stehen.
In einem größeren Gremium ist es aber meines Erachtens durchaus möglich und auch zu erwarten, dass sich Gedanken um eine Art Bereitschaft gemacht wird.

Aus der oben beschriebenen Erfahrung heraus, dass die Menschen (und das ändert sich leider nicht, wenn diese Menschen in ihrer Eigenschaft als Beschäftigte unterwegs sind) immer mehr dazu neigen, zu jeder Tages- und Nachtzeit unverzügliche Beantwortung ihrer – gefühlt gerade sehr, objektiv meist gar nicht mal so dringenden – Fragen zu erwarten, **rate** ich grundsätzlich und strickt **davon ab**, dass Mitglieder von Betriebs- und Personalräten ihre **privaten Kontaktdaten an die Beschäftigten** herausgeben.
Menschen müssen abschalten können, um sich zu erholen. Dem geistigen Abschalten muss ein technisches Abschalten vorausgehen, denn wenn das private Handy ständig klingelt und piepst, weil Anrufe, Messenger-Nachrichten etc. von den Kolleg:innen eingehen, leidet schlussendlich die Gesundheit, früher noch die Familie bzw. die Partnerschaft.
Auch und gerade wenn sich das Gremium überwiegend im Homeoffice befindet, sollte daher darüber nachgedacht werden, wie organisiert wird, dass den Beschäftigten zu ihren Arbeitszeiten Ansprechpartner:innen zur Verfügung stehen, ohne das einzelne Betriebs oder Personalratsmitglied dabei zu überfordern.
Aus § 40 BetrVG / § 46 BPersVG ergibt sich dabei auch der Anspruch gegen den Arbeitgeber, dem Gremium gegebenenfalls ein oder mehrere Mobiltelefone (oder Nummern mit Umleitungsmöglichkeit) zur Verfügung zu stellen, mit denen die Gremiumsmitglieder dann für die Beschäftigten erreichbar sind, ohne ihre privaten Telefonnummern, E-Mail-Adressen etc. herausgeben zu müssen.

Praxistipp:
Beim Zurück- / Anrufen vom privaten Anschluss aus sollte auch immer daran gedacht werden, die Rufnummer zu unterdrücken. Ansonsten landet diese Nummer doch schneller in der Betriebsöffentlichkeit als einem lieb sein kann.

5. Gewerkschaftsarbeit und Streiks in Zeiten von Homeoffice

Homeoffice – das weckt spontan eher keine Assoziationen von großen Zusammenkünften mit Kolleg:innen, Streiks oder Solidarität. Entsprechend groß sind oft auch die Befürchtungen, was den Zusammenhalt der Kolleg:innen, ihre Fähigkeit, sich gemeinsam und koordiniert für ihre Interessen einzusetzen und sich solidarisch zu zeigen, angeht.
Thomas Hampel ist Gewerkschaftssekretär bei ver.di, Fachbereich E (Postdienste, Speditionen und Logistik) mit Zuständigkeitsbereich im fränkischen Raum. Er hat – »dank und seit Corona« – schon im Frühjahr 2020 Erfahrungen mit der Organisation von gewerkschaftlicher Arbeit bis hin zum erfolgreichen Streik auch mit Beschäftigten im Homeoffice sammeln können. Ich habe mir deshalb von seinen Erfahrungen der letzten Jahre berichten lassen.

Interview mit Thomas Hampel, Gewerkschaftssekretär bei ver.di: Thomas, »Streik im Homeoffice«, wie darf ich mir das vorstellen? Das geht ja schon mit der Frage los, wie erreichst Du die Kolleg:innen, wenn da morgens am Infostand am Werktor keiner mehr vorbeikommt?
Zu Beginn muss ich sagen, dass meine Betriebe schon gewerkschaftliche Strukturen bzw. aktive Betriebsräte im Betrieb haben. Das erleichtert zwar die Arbeit, gerade wenn ein großer Teil der Beschäftigten aus dem Homeoffice arbeitet, ist aber nur ein kleiner Teil des Ganzen.
Um die Beschäftigten im Homeoffice zu erreichen, müssen wir als ver.di unsere Tafeln und Aushänge auf geeignete Art ergänzen. Die Aushänge sind normalerweise in den Betrieben ein Teil der Kommunikation. Da können wir Botschaften senden an die Nichtmitglieder und natürlich auch an den mitlesenden Arbeitgeber.
Als das 2020 wegfiel, haben wir entsprechende E-Mail-Verteiler aufgebaut. Wir machen regelmäßig postalischen Versand und verschicken dabei auch ver.di Informationsmaterial, um unsere Mitglieder gut »ausgerüstet« zu haben.
Die Werbung zur Mitgliedschaft läuft somit noch mehr innerbetrieblich und kann nur seitens ver.di über Betriebsversammlungen gepusht werden.
Die Onlinevariante der Betriebsversammlung macht natürlich auch vieles schwieriger, da man keinerlei Stimmung aufnehmen kann.
Das heißt, wir müssen für unsere Themen, z. B. Tarifrunden, einen Spannungsbogen aufbauen und klare Absprachen treffen (wer macht was):

- Wann versenden wir postalisch als ver.di
- Wann gibt es eine Betriebsrats-Info
- Wann steht der Mailverteiler
- Welche weiteren Onlineplattformen bespielen wir, welche Gruppen nutzen wir
- Wie ist unsere interne »aktiven« Kommunikation (online oder Präsenz)
- Wann machen wir Mitgliedertreffen
- Welche Themen gibt es noch (und zu beachten)

Wie sieht das thematisch aus? Hat das Homeoffice etwas an der Bereitschaft der Beschäftigten, sich für ihre Interessen zu engagieren, geändert?

Wichtig ist immer klarzumachen: Eine schlechte Bezahlung bleibt auch im Homeoffice eine schlechte Bezahlung.

Aber wenn es z. B. keine (guten) Regelungen zum Homeoffice-Einsatz gibt (Betriebsvereinbarungen), dann muss das klar angesprochen und aufgezeigt werden.

Wo das gewünscht ist, stehen wir den Betriebsräten aber natürlich als Unterstützer:innen und Ratgeber:innen bei der Durchsetzung solcher Regelungen dann auch zur Seite.

Wir müssen uns als ver.di für diese Themen stark und bekannt machen! Den Leuten muss klarwerden, dass ver.di für gute Bezahlung und gute Arbeit steht.

Dabei ist es mühsam, aber unerlässlich, den Beschäftigten klarzumachen, dass Tarifverträge und deren Inhalte nicht vom Himmel fallen. Das ist alles nur von unseren Mitgliedern erkämpft worden!

Nun fiel Eure Tarifrunde 2020 ja mitten in den ersten Lockdown – was habt Ihr dabei gelernt?

Falls Verhandlungen um Neuabschlüsse von Tarifverträgen nicht so laufen, wie wir uns als ver.di das vorstellen, dann muss auch beim Streiken einiges beachtet werden, wenn die Kolleg:innen sich nicht im Betrieb treffen (können).

Bei Arbeitskämpfen gehen wir seither häufig einen zweigleisigen Weg. Wir rufen zu sogenannten »Stay@Home«-Streiks auf, bieten aber immer eine Streikaktion an.

Unser Spannungsbogen muss immer »da« sein und alle Infos müssen draußen sein. Eine erste Rundmail wird gestartet:

»Verhandlungen laufen schlecht, wir müssen streiken … wer mitmachen will, kommt ins Streiklokal oder bekommt das Streikgeldformular nach Hause geschickt. Wichtig ist, sich aber zu melden, um in unsere Liste sich eintragen zu können. Der Streiktag ist noch nicht bekannt …«

Diese Mail verteilt sich nach meiner Erfahrung »von selbst« auch an Nichtmitglieder und natürlich den Arbeitgeber (und das ist natürlich auch gewünscht).

Einen Tag vor dem Streik, gibts dann die Mail:

»Morgen ist kein Arbeitstag, morgen ist Streiktag … melden bei … oder komm ins Streiklokal …«

Der eigentliche Streikaufruf selbst wird natürlich durch mich, also das Gewerkschaftshauptamt, erstellt und auch an den Arbeitgeber verschickt. Ganz wichtig aber ist, dass die Kommunikation mit den Beschäftigten ansonsten von unseren aktiven Mitgliedern im Betrieb übernommen wird. Gewerkschaft – das ist das Prinzip und das funktioniert nur so – ist eine Selbstorganisation der Beschäftigten, Die müssen wissen, was sie wollen, wann sie es wollen und wie sie es wollen.

Wir Hauptamtlichen haben die Aufgabe zu organisieren, zu versenden und zu unterstützen. Aber der Leidensdruck, den haben die Kolleg:innen in den Betrieben, auch im Homeoffice. Deshalb können auch nur diese Kolleg:innen entscheiden, wann es reicht und wann die schärfste Waffe des Arbeitskampfes ausgepackt werden soll.

Den Streik entscheiden die Kolleg:innen (im doppelten Sinne des Wortes, sie entscheiden, wann und wie lange und sie sind entscheidend für den Ausgang).

Die Kolleg:innen haben bei diesem Vorgehen sehr gut teilgenommen. Das hat auch den Arbeitgeber überrascht – nur nicht so positiv wie uns.

Der wollte dann im Nachgang einige arbeitsrechtliche Angehen (unentschuldigtes Fernbleiben). Hier waren wir ebenfalls gleich da und haben unseren Mitgliedern aktiv Rechtsbeistand angeboten! Vollkommen klar, dass wir dann niemanden im Regen stehen lassen, der sich mit uns engagiert.

Wichtig ist an solchen Stellen – eigentlich in unserer ganzen Arbeit – immer, möglichst eng und gut mit den Betriebsräten zusammenzuarbeiten. Wenn für die Kolleg:innen vor Ort das Bestmögliche rauskommen soll, brauchen wir die Betriebsräte und die brauchen uns für gute Arbeit.

Das ist auch eine meiner Kernforderungen: Grundsätzlich Homeoffice-Einsätze nur in Betrieben mit Mitbestimmung!

Aus dem Desksharing ergeben sich aber keine besonderen Herausforderungen für die Gewerkschaftsarbeit, oder?

Klar, Desksharing findet in der Betriebsstätte statt und die Kolleg:innen sind vor Ort für uns erreichbar. Das macht die Arbeit im Verhältnis zum Homeoffice schon leichter. Aber aus dem Desksharing selbst ergeben sich natürlich besondere Herausforderungen. Als Gewerkschaft ist uns der Arbeits- und Gesundheitsschutz ein wichtiges Anliegen – bei diesem

Thema gibt es viel zu beachten und wir stehen unseren Mitgliedern und den engagierten Betriebs- und Personalräten natürlich unterstützend zur Seite.

Lieber Thomas, ich danke Dir für den spannenden Einblick in die Praxis gewerkschaftlicher Organisation in Zeiten stetigen Wandels in der Arbeitswelt.

XI. Anhang

- So klappt's auch mit dem Homeoffice – 7 (+x) wichtige Punkte für Beschäftigte
- Eckpunkte für eine Dienstvereinbarung Homeoffice
- Vor- und Nachteile von Homeoffice im Überblick – Telearbeit vs. Mobile Arbeit

So klappt's auch mit dem Homeoffice – 7 (+x) wichtige Punkte für Beschäftigte

1. **Typ prüfen**
   - Jongleur:in oder Grenzwächter:in
     - Jongleur:in – fühlt sich wohl, wenn Privates und Arbeit verschwimmen – jongliert beide Anforderungen
     - Grenzwächter:in – brauchen klare Grenzen / Abgrenzungen zwischen den Lebenssphären
2. **Erwartungen klären**
   - je nach Typ und Rolle im Unternehmen haben Menschen unterschiedliche Erwartungen z. B. Erreichbarkeit, Bearbeitungszeiten, Verhalten (Kamera an oder aus, Businesskleidung etc.) – Erwartungen im Team und mit Führungskräften klären, bevor es zu Konflikten kommt
     - Jongleur:innen erledigen mal Berufliches, mal Privates, je nachdem was gerade dringender erscheint; sind im Grunde den ganzen Tag verfügbar – aber nicht immer
     - Grenzwächter:innen brauchen und erwarten klare Zeiten, in denen nur gearbeitet wird, machen dann Feierabend und vertragen Störungen deutlich schlechter
3. **Abschalten**
   - Trennung Freizeit / Arbeit – je nach Typ strikter oder weniger strikt wichtig
     - Jongleur:innen: große Gefahr eigene Grenzen zu ignorieren
     - Grenzwächter:innen fühlen sich von fehlender Trennung schneller / deutlicher belastet
   - Recht auf Unerreichbarkeit durchsetzen
     - gegenüber sich selbst / dem Arbeitgeber / Familienangehörigen – Mitbewohner:innen während Homeoffice Arbeitszeit
   - Freizeit nicht auch noch vor einem Bildschirm verbringen
4. **Initiativ werden**
   - nicht auf Anweisungen warten, mitdenken, Ideen kommunizieren, aktiv sein
   - auf ergonomisches Arbeiten achten, Pausen machen, vor die Tür gehen
   - gesund ernähren – selbst kochen
5. **Transparent arbeiten – nicht unsichtbar**
   - in Kontakt mit Kolleg:innen und Führungskräften bleiben
   - klare / deutliche Kommunikation
     - Wer bearbeitet welches Projekt?
     - Welchen Bearbeitungsstand hat eine Angelegenheit?
     - Wie können Kolleg:innen auf Arbeitsergebnisse zugreifen?
6. **Konflikte offen ansprechen**
   - »Ungutes Bauchgefühl« nicht wachsen lassen – Unstimmigkeiten möglichst ansprechen, solange Ärger noch nicht zu groß ist

- Konflikte möglichst ansprechen (wenn echtes Gespräch Auge in Auge nicht möglich, ist das Telefon die zweitbeste Wahl; schriftliche Problemlösungsversuche eskalieren meist eher)

7. **Mehr Office als Home**
   - Arbeitsplatz ergonomisch einrichten
   - möglichst berufliche und private Unterlagen etc. trennen
   - möglichst für ablenkungs- / störungsfreie Umgebung sorgen
   - Grenzwächter:innen tut es oft gut, sich bürotauglich zu kleiden, auch wenn keine Videotermine anstehen

Eckpunkte für eine Dienstvereinbarung Homeoffice[1]

- Titel der Dienstvereinbarung
- ggf. Präambel (Auslegungshilfe im Falle späterer Streitigkeiten, daher Anlass, Motiv und Ziel der Dienstvereinbarung festlegen)
- Geltungsbereich
  - räumlich
  - persönlich
    - (alle Beschäftigten?
    - inklusive / exklusive Auszubildende?)
  - zeitlich
- Gegenstand und Grundsätze
  - Teilnahme am Homeoffice (Freiwilligkeit, Arbeitsplatzgarantie – alter, notfalls gleichwertiger – bei Ende)
- Begriffsbestimmungen
- Homeoffice – Eignung von Arbeitsplätzen / Genehmigungsverfahren
- (soweit geplant verschiedene) Modelle
  - Telearbeit
  - Mobiles Arbeiten
- Ausstattung des Homeoffice-Arbeitsplatzes
  - ggf. Modell Telearbeit
  - ggf. Modell mobiles Arbeiten
- Arbeitszeitregelung
  - Grundsätze
  - Erreichbarkeitszeiten
  - Art der Arbeitszeiterfassung
- Ersatz entstehender Kosten
- Sicherstellung des Datenschutzes
- Haftung
- Konfliktlösungsverfahren
- Beendigung der Homeoffice-Vereinbarung zwischen Dienststelle und Beschäftigten
- Arbeits- und Gesundheitsschutz
- (keine) Leistungs- und Verhaltenskontrolle durch IKT
- Kontakt zur Dienststelle / Zuordnung der Beschäftigten im Homeoffice
- Qualifikation / Schulungen

---

1 Zu beachten ist auf jeden Fall die »Tarifeinigung mobile Arbeitsformen« in Kraft seit 1.1.2022, frühestens zum 31.12.2025 kündbar, siehe dazu auch *Oliver Bandosz*, Der Personalrat 1/2022, S. 39ff., *https://www.bund-verlag.de/bundonline/modul/1726!69208/inhalt/1726!55129_archive/zeitschrift/396!5469/asset/150!134560/position/_*

- Schlussbestimmungen
  - Wahrung der Rechte des Personalrats
  - Regelungen zu Aufhebung / Weitergeltung bereits bestehender Dienstvereinbarungen
  - Beendigung der Vereinbarung
  - Nachwirkung
  - Inkrafttreten
  - ggf. Vereinbarungen zur Bekanntmachung
- Salvatorische Klausel

Vor- und Nachteile von Homeoffice im Überblick – Telearbeit vs. mobile Arbeit

Homeoffice (Telearbeit oder mobile Arbeit aus dem häuslichen Bereich)

- Arbeitsschutz: umfassender / besser kontrollierbar
- geringeres Risiko für Datenschutzverstöße
- tendenziell weniger Ablenkung für Arbeitnehmer:innen
  - konzentrierteres Arbeiten möglich
- bessere Erreichbarkeit der Arbeitnehmer:innen
- reine Homeoffice Vereinbarung schließt freie Wahl des Arbeitsortes aus

Mobiles Arbeiten

- geringere Anforderungen an Arbeitsschutz = geringere Kosten
  - erhöhtes Risiko für Erkrankungen
- freie / freiere Wählbarkeit des Arbeitsortes
  - höhere Flexibilität für Arbeitnehmer:innen
  - bessere Ausnutzung von Reisezeiten möglich
    - damit i. d. R. auch Vergütung von Reisezeiten erforderlich
- tendenziell deutlich erhöhtes Risiko für Datenschutzverletzungen
  - Einblick Unbefugter
  - Abhandenkommen von Unterlagen / Arbeitsmitteln
- Arbeit auch im Homeoffice möglich
  - Achtung: Umgehung Arbeitsschutz durch Vereinbarung zum mobilen Arbeiten in Kenntnis, dass Homeoffice höhere Anforderungen stellt

Arbeit außerhalb Betriebsstätte

Vorteile aus Arbeitgebersicht

- Incentive – Motivation für Arbeitnehmer:innen
- Kostenreduktion
- erhöhte Produktivität

Vorteile aus Arbeitnehmersicht

- Verbesserung Work-Life-Balance
- Reduktion Pendelzeiten/-kosten

Nachteile

aus Arbeitgebersicht

- schwierige Koordination und erhöhter Organisationsaufwand
- negative Effekte auf Gemeinschaftsgefühl und »Teamspirit« durch hohe Abwesenheitszeiten
- hohe Anforderungen an Datensicherheit und IT-Infrastruktur
- (Arbeitszeit-) Kontrolle nur eingeschränkt möglich
- Mehraufwand bei Vertragsgestaltung

Nachteile aus Arbeitnehmersicht

- Karrierenachteile erwartbar
- Vereinsamung
- Entgrenzung von Arbeit
- hohe Anforderungen an Selbstdisziplin und -organisation
- ggf. deutlich weniger Ergonomie

Stichwortverzeichnis